LA FRANCE EN MUTATION

DEPUIS 1955

Edited by

Joseph Labat
Washington State University

Howard L. Nostrand
University of Washington

Jean-Charles Seigneuret
Washington State University

Newbury House Publishers, Inc. / Rowley / Massachusetts / 01969

Library of Congress Cataloging in Publication Data

Main entry under title:

La France en mutation depuis 1955.

    Bibliography: p.
    Includes index.
    1. France--Civilization--1945- --Addresses, essays, lectures.   I. Labat, Joseph.   II. Nostrand, Howard Lee, 1910-   III. Seigneuret, Jean Charles.
DC415.F72   944.083   78-22062
ISBN 0-88377-160-8

NEWBURY HOUSE PUBLISHERS, INC.

Language Science
Language Teaching
Language Learning

ROWLEY, MASSACHUSETTS 01969

Cover designed by KATHE HARVEY.

Copyright © 1979 by Newbury House Publishers, Inc. All rights reserved. No part of this book may be reproduced or transmitted in any form or by any means, electronic or mechanical, including photocopying, recording, or by any information storage and retrieval system, without permission in writing from the Publisher.

First printing: November 1979
5   4   3   2   1

Printed in the U.S.A.

Matières

Avant-propos   v

Première Partie — *DONNEES ECONOMIQUES ET POLITIQUES*
1. **Valéry Giscard d'Estaing,** La France telle qu'elle est   1
2. **Alain de Vulpian,** Le Mouvement socioculturel en France   8
3. **René Lasserre,** Evolution de la structure sociale française   18
4. **André de Lattre,** Traits caractéristiques de l'économie française   30
5. **Henri Isaïa,** L'Opinion publique française et les Communautés européennes   52

Deuxième Partie — *POPULATION ET GROUPEMENTS SOCIAUX*
6. **Alfred Sauvy,** La Croissance et la politique de population en France   69
7. **Henri Mendras** et **François Clerc,** La Fin des paysans?   75
8. **René Pucheu,** Catholique et Français est-ce fini?   90
9. **Albert Memmi,** Les Minorités ethniques en France   104
10. **Andrée Michel,** Naissance d'une conscience féministe   113

Troisième Partie — *LA FAMILLE, LES JEUNES ET L'ENSEIGNEMENT*
11. **Philippe Ariès,** D'hier à aujourd'hui, d'une civilisation à l'autre   125
12. **Paul-Henry Chombart de Lauwe,** La Famille   134
    La Fin de la famille?   140
13. **Gérard Vincent,** La Révolte des lycéens français: une contestation ambigüe   148

14	Joseph Majault, Bref Historique de l'enseignement en France depuis la Libération	156
15	Maurice Crubellier, Education et culture	161

Quatrième Partie — *STYLES DE VIE EN DEVENIR*

16	Francis Balle et Jean Cazeneuve, Les Mass Media: leur développement, leur public, leur rôle	167
17	Joffre Dumazedier, Révolution culturelle du loisir dans la société française	177
18	Claude Fischler, La Cuisine et l'esprit du temps: quelques tendances récentes de la sensibilité alimentaire en France	191
19	Alain Fantapié, La Langue française: pourquoi change-t-elle?	209

Cinquième Partie — *TENDANCES ARTISTIQUES ET PHILOSOPHIQUES*

20	Bruno Vercier, La Littérature	221
21	France Vernillat, La Chanson française	233
22	Edwin Jahiel, L'Evolution du Cinéma Français	243
23	Edouard Morot-Sir, Les Idées philosophiques	267

Biographies	285
Sources bibliographiques	292
Index des sigles	298
Index des noms de personnes	300
Index thématique	308
Vocabulaire	311

Avant-propos

Ce recueil d'essais fut initié au sein de la Commission sur l'ethnographie de la culture française, présidée par Howard L. Nostrand, dans le cadre de l'Association américaine des professeurs de français. L'ouvrage s'adresse, bien entendu, au grand public, mais plus particulièrement aux professeurs de français à l'étranger, ainsi qu'aux étudiants ayant acquis une bonne connaissance de la langue française. Afin de faciliter la lecture de ce recueil, nous avons tenté d'expliquer les mots ou expressions susceptibles d'être méconnus au niveau de la troisième année d'études universitaires. On trouvera également à la fin de l'ouvrage un index des noms propres mentionnés dans les articles, un index des sigles, un index analytique, ainsi qu'une liste de sources bibliographiques qui permettra de pousser l'étude aussi loin que nous l'aurions souhaité, si l'espace ne nous avait pas fait défaut.

La mutation de la société française contemporaine a fait l'objet de nombreuses études. Certaines, thématiquement sélectives, s'adressent à des spécialistes des sciences sociologiques, politiques ou historiques. D'autres, destinées au plus grand nombre d'élèves de français, offrent, dans une perspective générale, de vivants reportages sur différents aspects socioculturels de la France en mutation. L'ouvrage que nous présentons tente, dans la mesure du possible, de combler une lacune en présentant aux professeurs de français des essais, rédigés par des experts, sur les différents aspects de la société française.

En effet, les départements de français, même ceux spécialisés en littérature contemporaine, transmettent encore un savoir fondé sur des concepts socioculturels dépassés. Car si le caractère français, lui, a relativement peu changé, il en va tout autrement de la société française en ce qui concerne ses structures, ses institutions, les rôles de ses citoyens, les modes, les formes et même les principes de vie: la France s'est engagée dans la mouvance de la modernité.

On se demandera sans doute pourquoi n'avoir considéré la mutation qu'à partir de 1955. Evidemment, le choix d'un point de départ est une affaire de convention, et ne peut être qu'arbitraire. D'ailleurs la "périodicité", la division de l'histoire en étapes, ne saurait être la même pour toutes les composantes socioculturelles. Il nous a semblé toutefois que 1955 était moins aléatoire. Le milieu des années 50 marque en effet la fin de la reconstruction d'après-guerre. A une économie à structure traditionnelle d'étroit dirigisme étatique succède bientôt celle de la productivité massive, plus attentive aux mécanismes du marché multinational. La France entre dans une ère de développement sans précédent dans son histoire, c'est l'époque du "décollage" de l'économie. Elle vise à mettre la plus grande quantité de biens matériels à la disposition du plus grand nombre. Si le Plan Monnet (1946-1953) contribue à mettre sur pied l'économie, le second Plan (1954) l'engage dans la compétition internationale. C'est le temps de l'automation, et bientôt de l'énergie nucléaire, où apparaissent les prémices d'une société prospère, une société d'abondance, provoquant aux niveaux social et culturel des modifications profondes. C'est également dans les années 50 que se posent les premiers jalons du Marché commun et d'Euratom (1957) et conséquemment que s'élabore une "dynamique d'accélération". Réformes politiques et sociales, démographie, immigration, décolonisation, relèvement du niveau de vie, accroissement des biens de consommation, naissance de la culture des loisirs, accélération de l'information, en somme tous les secteurs de la nation corroborent la conjoncture d'une mutation dans les années 50.

Mais on ne saurait épuiser ici tous les changements qui marquent la "rupture" par rapport à la société du passé, rupture coincidant avec les transformations culturelles rapportées par les auteurs respectifs des articles de ce recueil. Et bien que tous les secteurs caractéristiques de la société française ne puissent logiquement être insérés dans un même ouvrage, il est révélateur de constater que les experts qui s'y sont prononcés, sans aucune directive préalable à leur rédaction, soulignent tous, indépendamment l'un de l'autre, le caractère de la mutation culturelle de la France.

Quant à la situation présente, et pour autant que l'on puisse la définir, il est important de noter que la civilisation industrielle semble s'engager dans une nouvelle phase depuis la crise énergétique de 1973. Celle-ci, en effet, est survenue de concert avec un renouvellement technologique. C'est ainsi que les mini-ordinateurs*,[1] ou microprocesseurs, se commercialisent et révolutionnent les données économiques traditionnelles, tout en provoquant un chômage de plus en plus croissant. Une crise inévitable, encore plus sociale qu'économique, s'annonce d'ores et déjà car l'équation "production-consommation" ne semble plus en mesure d'humaniser le sort du prolétariat dans une société technicienne.

D'autre part, pour faire face à la compétitivité industrielle, notamment celle des Etats-Unis et du Japon, la France a relancé son économie au sein d'une Europe confédérale. En décembre 1978, dans le bâtiment Charlemagne des Communautés européennes à Bruxelles, les premiers accords sur le nouveau système monétaire européen (SME) ont été conclus. Cette nouvelle monnaie, l'Ecu (European Currency Unit), vise à réduire les fluctuations des marchés de changes, sans tenir compte du cours du dollar américain. Elle aura, sans mise en circulation de billets de banque, la valeur moyenne des différentes devises* européennes et servira à opérer les transactions financières entre elles. Par la suite, aucune devise ne pourra varier au-delà d'une marge définie par rapport à l'Ecu. Ces fluctuations possibles seront stabilisées par un fonds européen, équivalent à environ 32 milliards de dollars. En outre, au point de vue politique, l'élection au suffrage universel du Parlement européen en 1979 constitue une étape marquante vers l'intégration européenne.

Il reste aux rédacteurs de ce recueil à exprimer leur profonde reconnaissance à chacun des auteurs dont la contribution volontaire a rendu possible un tel ouvrage. Pour leur précieuse coopération à la mise au point du manuscrit, les rédacteurs remercient également Michelle Bréhé, Sylvia Frakes, Claudette Imberton, Nadine Labat, Frances Nostrand, Alain Ramvez, Elizabeth Stevenson, Warren Tucker et, lors de la rédaction finale, Mme Edna Sculley Hudon.

J. L.

NOTE

1. Les mots expliqués seront suivis d'un astérisque la première fois qu'ils apparaissent dans chaque chapitre. Les définitions que nous en proposons sont celles qui semblent s'appliquer le mieux au texte en question. [Les Rédacteurs]

LA FRANCE
EN MUTATION

Depuis 1955

Première Partie

DONNEES ECONOMIQUES ET POLITIQUES

1 La France telle qu'elle est[1]

Valéry Giscard d'Estaing

Les Français d'aujourd'hui ont du mal à comprendre la société dans laquelle ils vivent. La rapidité des transformations qu'elle a subies, le caractère contradictoire des résultats auxquels ces transformations ont conduit, l'impuissance des idéologies traditionnelles à leur fournir des perspectives qui les satisfassent complètement expliquent cette perplexité.

Les traits de notre caractère national ajoutent à cette difficulté: beaucoup de nos compatriotes sont persuadés qu'ils aimeraient mieux vivre dans un monde semblable à celui du passé, paisible, rustique, familier—à condition qu'il soit économiquement et socialement transformé—et ils ressentent*[2] en même temps l'inévitabilité du changement. Ils aspirent à un ordre qui soit à la fois semblable et meilleur. Mais ils éprouvent* de la peine à le définir. D'où bien davantage qu'un malaise, une anxiété profonde. Ils redoutent leur avenir, plus qu'ils ne l'aiment.

Qu'est-il arrivé à la société française?
Avant la guerre, et encore au début des années 50, la France offrait l'image d'une société à la fois évoluée et traditionnelle.

Evoluée: que l'on pense à la qualité de sa vie intellectuelle, à l'invention de son art, à la variété et au talent de sa vie politique, à sa contribution, malheureusement déclinante, au progrès des sciences.

Traditionnelle, car rurale et économe, masculine et gérontocratique*, centralisée et hiérarchisée.

Dans la France de ce temps-là, les distances sociales restaient immenses, plus grandes en tout cas que dans des pays comparables, tels que les Etats-Unis et l'Allemagne. Les réussites exceptionnelles des enfants les plus doués de l'école républicaine ne suffisaient pas à dissimuler l'épaisseur du cloisonnement* social. Les classes sociales étaient fortement différenciées dans leur niveau de vie, leur genre de vie—qu'il s'agisse du costume, de la nourriture, de l'habitat—leur langage, leur mentalité. Le grand bourgeois, le petit bourgeois, l'ouvrier, le paysan: les films d'avant-guerre nous ont conservé leurs images, vivantes et contrastées. Tout séparait les classes sociales. On ne passait que malaisément, et rarement de l'une à l'autre.

Si elle était réellement libérale dans ses structures politiques, cette société exerçait de puissantes contraintes sur l'individu. Les grandes institutions sociales que sont la famille, l'école, l'Eglise et bien entendu l'Etat, imposaient leur autorité sans partage, même si c'était d'une manière débonnaire.

En vingt-cinq ans, une sorte d'ouragan s'est abattu sur ce monde tranquille. Une révolution plus puissante que toutes les révolutions politiques s'est accomplie au sein de la société française, atteignant toutes ses structures, la famille, l'école, l'université, l'église, les moeurs. Elle a été entraînée par la combinaison de trois facteurs: une croissance économique sans précédent, la diffusion massive de l'éducation, et l'irruption permanente des moyens audio-visuels dans la vie individuelle.

Entre 1950 et 1975, soit en vingt-cinq ans, à peine le temps pour les fils de la guerre de devenir pères, le produit national, en volume, a été multiplié par plus de trois et la consommation réelle par tête par près de trois; le taux* de mortalité infantile a été divisé par quatre, l'espérance de vie des hommes a augmenté de six ans et celle des femmes de huit ans. La part de l'alimentation* dans nos dépenses a diminué de moitié, celle de l'hygiène et de la santé a triplé. Le nombre des bacheliers a sextuplé. Le minimum vieillesse a quadruplé en valeur réelle. Huit millions et demi de logements ont été construits. Il y a vingt-cinq ans, personne n'avait ni machine à laver, ni télévision; en 1975, sept ménages sur dix ont la première, neuf sur dix la seconde. En 1953, possédaient une voiture: 8% des ouvriers, 32% des cadres moyens, 56% des cadres supérieurs. En 1972: 66% des ouvriers, 86% des cadres moyens, 87% des cadres supérieurs.

Les choses changent si vite que les mots ne parviennent pas à les suivre. Dira-t-on qu'il y a aujourd'hui deux fois moins de paysans qu'en 1950? Ou qu'il n'y a plus de paysan du tout, au sens que ce mot avait il y a vingt-cinq ans? Le paysan est réellement devenu un exploitant agricole, agent qualifié de l'économie. Il a changé comme a changé le blé qu'il récolte: ce sont d'autres espèces, plus éloignées de celles qu'il cultivait au lendemain de la guerre que celles-ci ne l'étaient des espèces cultivées trois siècles plus tôt. La puissance motrice* installée chez l'exploitant agricole d'aujourd'hui est supérieure à celle de l'industriel d'autrefois. Quoi d'étonnant si sa façon de penser, de vivre et d'agir n'a plus beaucoup de points communs avec ce que l'on observait il y a vingt-cinq ans? Ce qui est vrai de l'agriculteur, symbole de stabilité, l'est de chaque profession, de chaque activité.

Les mots sont restés les mêmes, mais le pays est autre, plus différent de la France de 1950 que celle-ci de la France de 1870.

Les circonstances politiques que nous avons traversées ont partiellement dissimulé l'ampleur de cette évolution.

D'abord parce qu'elle a été accomplie dans une période d'exceptionnelle stabilité politique. Nos institutions, établies en 1958 et en 1962 sous l'impulsion du Général de Gaulle, après avoir été violemment combattues par une fraction du corps politique, ne paraissent plus réellement contestées. Situation plus exceptionnelle dans notre histoire, les Français ont le sentiment de disposer, dans son ensemble, d'un système politique adapté à la conduite d'un Etat moderne.

Ensuite parce que la stabilité du pouvoir politique et donc celle des hommes en place, due simplement à la fidélité du suffrage, a pu donner l'illusion d'une situation immuable*, alors que le pays était ébranlé jusque dans son tréfonds*. Le bouleversement s'est accompli sans les coups de clairon des révolutions politiques, comme à l'insu de tous, ce qui explique la difficulté qu'éprouve l'opinion à le mesurer et à en saisir la nature.

Pourtant, le caractère français, lui, est resté identique. Rapide, jusqu'à être changeant; généreux par élan, mais replié sur un instinct terrien* de la possession; avide de discussion, mais préférant parfois le fait accompli; ardemment fier de la France, mais peu informé du jugement extérieur; remueur de toutes les idées, mais conservateur de tout ce qui l'entoure; spirituel, délicat, décent, mais aimant la plaisanterie facile, la ripaille*, la contestation. Affectant le cynisme, hâbleur*, mais au total le peuple le plus sensible du monde. C'est pourquoi la démocratie conçue pour la France tiendra nécessairement compte du caractère français, de l'esprit de Gavroche* et de la gentillesse souriante de Marianne*.

Le résultat de cette évolution est avant tout un immense progrès.

Le progrès étant, comme le bonheur pour les individus et la paix pour les peuples, ce qui se remarque le moins, il n'est pas inutile de rappeler quelques faits, dont je souhaite que le lecteur, négligeant un instant les préjugés et les "malaises", mesure exactement la portée.

Progrès national: la France a cessé d'être dans le monde une curiosité archéologique et gastronomique, pour devenir un pays moderne et respecté.

Troisième puissance exportatrice du monde, à égalité avec le Japon, devançant de 56% le produit national britannique et marquant ainsi un avantage dans la plus longue compétition historique d'Europe, elle s'est dotée* d'un outil de production efficace. Par ce moyen, elle a élargi, comme nation, sa marge d'action et de liberté.

Progrès matériel et social: le pouvoir d'achat des travailleurs a pratiquement triplé en vingt-cinq ans. Si cette évolution nous paraît désormais aller de soi, qu'on se souvienne combien sa possibilité était controversée il y a peu d'années. C'est dans les années 50 que Maurice Thorez soutenait encore la thèse de la paupérisation* absolue des travailleurs.

La prise de conscience de cette évolution est contrariée par la dévalorisation de la monnaie, qui brouille la perception des ordres de grandeur. Le phénomène n'en est pas moins indiscutable. Il apparaît si l'on observe le prix "réel" des biens, c'est-à-dire, le temps de travail nécessaire pour les acquérir: en vingt ans, de 1956 à 1976, les prix des produits alimentaires, rapportés au salaire horaire, sont passés de l'indice 100 à l'indice 53; et ceux des produits manufacturés de 100 à 41,5. Ainsi, pour gagner de quoi acheter les mêmes biens, les Français ont besoin de travailler deux fois moins qu'il y a vingt ans.

Si éloquents soient-ils, ces chiffres ne donnent qu'une idée insuffisante du rapprochement des modes de vie. Car lorsque l'ensemble des revenus augmente, même si leur écart monétaire ne se réduit pas, les manières de vivre se rapprochent: nourriture, vêtements, vacances, et même, quoiqu'à un moindre degré, logement. Au-delà d'un certain seuil, comme on l'observe aux Etats-Unis ou dans les pays scandinaves, le même revenu additionnel n'entraîne qu'une différenciation sociale plus réduite.

Enfin, la diffusion massive de l'audio-visuel conduit la totalité de la population à recevoir chaque jour la même information et à assister chaque soir au même spectacle, c'est-à-dire à partager les mêmes biens culturels. Bons ou moins bons, c'est une autre affaire, sur laquelle je reviendrai, mais en tout cas, pour la première fois depuis notre préhistoire, les mêmes.

Progrès individuel, enfin: l'histoire de la société française est celle de l'effort millénaire* de l'individu en vue d'accroître et d'affirmer son autonomie. A aucun moment, sinon peut-être dans les toutes premières années de la Révolution française, un chemin aussi important n'a été parcouru si rapidement.

L'émancipation matérielle et juridique de la femme, même si elle n'est pas encore achevée, a franchi depuis deux ans une étape qui nous place en tête de l'évolution mondiale dans ce domaine; celle des jeunes a été récemment confirmée par la loi. Jamais aucune des générations précédentes n'avait commencé à disposer de pareilles possibilités de choix. La liberté individuelle cesse d'être un droit abstrait pour se matérialiser dans la vie quotidienne.

Ces progrès, ces résultats, dès lors qu'ils sont scientifiquement observés, prouvent la capacité de notre type de société à conduire et à absorber le changement. Ils devraient entraîner une confiance presque unanime en elle. Mais pendant que ces progrès s'accomplissent, un nouvel ensemble de problèmes, ceux que la croissance a posés, et ceux que la croissance n'a pas résolus, venait encombrer le chemin comme pour nous rappeler que le progrès de l'espèce humaine n'est pas linéaire, qu'il ne s'accomplit pas vers un horizon fixe et dégagé, mais qu'il ressemble à la poussée biologique de la nature, qui oblige chaque année à débroussailler*, à semer et à ordonner, comme si, en apparence, aucun effort n'était jamais achevé.

Ces problèmes, nouveaux ou non résolus, sont de trois sortes: les uns concernent les rapports entre les groupes sociaux; d'autres, la place de l'individu dans la société; le dernier intéresse la société elle-même, puisqu'il s'agit de sa vitalité démographique*.

Le fonctionnement quotidien de l'organisation sociale, qui règle les rapports entre les groupes qui la composent, n'est pas encore suffisamment conforme à l'aspiration de justice qui parcourt notre société.

La croissance économique, comme les données objectives le démontrent, a profondément réduit les *inégalités sociales*. La lecture de Zola ou des nouvelles paysannes de Maupassant peut en convaincre tous ceux qui ne cèdent pas à la persuasion des chiffres. Néanmoins, la croissance n'a pas fait disparaître les inégalités et elle en a parfois créé de nouvelles.

Les inégalités de l'âge antérieur, que l'évolution récente n'a pas encore permis de résorber, sont celles dont souffrent les femmes, notamment dans leur vie professionnelle; celles qui affectent certaines zones de pauvreté de notre territoire, à vocation agricole ou industrielle; celles qui s'observent dans les chances des enfants, d'autant plus injustes qu'elles sont souvent cumulatives: les handicaps liés à l'insuffisance des ressources, à la désorganisation du milieu familial, à la faiblesse de l'environnement culturel se superposent fréquemment sur la même tête.

Quant aux inégalités nouvelles, on les dirait favorisées par la croissance économique elle-même: à l'un des deux bouts de la chaîne, voici ceux que l'on nomme les "exclus", c'est-à-dire ceux qui, ne pouvant participer par leur travail aux activités productives, ont été longtemps tenus à l'écart de la répartition* des richesses. C'est le cas de beaucoup de personnes âgées, parfois privées, en outre, par la complexité des mécanismes administratifs, des concours sociaux qui leur sont destinés. A l'autre bout, voilà ceux qui, sans apporter de contribution réelle à l'effort collectif de développement, ont su se placer en un lieu bien choisi, comme jadis les brigands tenaient un pont ou une route sur le passage des marchands, leur permettant de prélever des rentes ou des avantages exorbitants sur le travail d'autrui.

Le second groupe de problèmes tient aux *rapports difficiles qui s'établissent entre l'individu et la société.*

La croissance économique a permis une émancipation réelle de l'individu à l'égard des contraintes qui l'oppressaient ou des fatalités que l'angoissaient. Mais elle s'est accompagnée, comme chacun le ressent et, alternativement, le réclame et le rejette, d'une dépendance plus étroite de l'individu vis-à-vis de la société tout entière.

Dépendance à l'égard de la société de consommation: des activités élémentaires, qui étaient exercées jadis, au moins pour une large part, de façon autonome par l'individu ou sa famille—se nourrir, se déplacer, se distraire—ont été transférées vers le système marchand: les exemples vont de l'alimentation et de l'habillement à l'organisation des vacances, en passant par les soins de beauté ou la gestion* de l'épargne* familiale. Il en résulte une élévation de la qualité des biens et des services auxquels les consommateurs ont accès, mais aussi, en contrepartie, une dépendance accrue de chacun vis-à-vis des services et des biens que l'économie lui fournit.

Dépendance symétrique à l'égard de la société de services collectifs: le développement des services communs de toute nature, notamment en matière de santé, d'éducation et de transport, met à la disposition de l'individu, de sa famille, de ses enfants, des commodités, des sécurités et des avantages toujours plus nombreux. La contrepartie en est une dépendance accrue vis-à-vis d'un système administratif sur lequel l'individu n'a guère de prise et auquel il a le sentiment d'être livré, pieds et poings liés.

Dépendance de l'homme au travail à l'égard du système de production: établissements industriels et maintenant commerciaux de dimension écrasante, division du travail poussée à l'extrême. Dépendance de la vie quotidienne à l'égard des grands systèmes urbains: villes congestionnées et gigantesques machines à habiter.

Paradoxalement, cette dépendance accrue vis-à-vis de la société s'accompagne d'une moindre participation sociale. La communauté étroite et quotidienne d'autrefois, où tout le monde connaissait tout le monde, et dans laquelle l'individu se trouvait enserré par un réseau de cérémonies, d'affections, de solidarités, depuis le baptême jusqu'à la mort, a fait place à un ensemble de relations plus diffuses. Cette évolution a permis un élargissement de l'horizon individuel et accru la liberté de chacun. Mais elle a aussi rendu plus fragile et plus ténue l'intégration sociale.

L'affaiblissement des relations de voisinage, le cloisonnement des groupes sociaux, la spécialisation de l'espace et du temps dans la vie moderne conduisent à une sorte d'univers éclaté, où le tissu de la proximité humaine s'est déchiré, où règnent la solitude et l'anonymat et où chacun éprouve, dans son trop vaste amoncellement* de verre et de béton*, la nostalgie d'une unité perdue.

Ces phénomènes profonds, impossibles à dissocier de l'évolution technique et économique de notre époque, sont à l'origine des maux et des malaises les plus apparents de notre société, tels que les grands moyens de communication les captent, les diffusent et par là les amplifient.

Ces maux et ces malaises, les voici: malgré l'amélioration rapide du niveau de vie général, l'exaspération des revendications catégorielles; l'inflation, d'apparence paradoxale dans une société riche, née d'une compétition aiguë des groupes et des catégories pour le partage de la ressource commune, et aussi témoignage des difficultés qu'éprouve la collectivité à faire son choix entre des demandes qui dépassent la capacité existante de l'économie; une nouvelle violence, qui ne se manifeste pas seulement dans des phénomènes de délinquance et d'inadaption, mais plus profondément dans l'excès du langage de chaque catégorie sociale, dans l'outrance et l'intolérance des propos de certains de leur responsables, dans la tentation latente du recours à la force; finalement, plus grave encore, puisqu'il atteint la cellule de l'être, le désarroi moral de nombre de nos concitoyens.

Et, comme pour couronner le tout, une crise économique mondiale, la plus générale et la plus forte depuis celle des années 30, est venue nous priver momentanément de deux biens dont l'opinion, après une expérience de vingt-cinq ans, considérait qu'ils lui étaient définitivement acquis: le plein emploi et l'élévation continue du niveau de vie.

Le troisième problème, qui touche à la vie profonde de la société, est celui de l'évolution préoccupante de *notre démographie**.

Après avoir été longtemps le pays le plus peuplé d'Europe, la France a traversé au XIXe siècle et au début du XXe siècle une période de longue stagnation démographique, seule parmi des nations dont la population s'accroissait rapidement.

Puis elle a connu un remarquable renouveau démographique au lendemain de la guerre. Celui-ci a stimulé l'essor national. Non seulement il a entraîné la croissance de notre économie, mais il a rendu à la France sa vitalité, son aptitude au changement et l'animation d'un pays jeune.

Brusquement, dans tous les pays industrialisés d'Europe et d'Amérique du Nord, ainsi qu'en Union Soviétique, la courbe de natalité s'est brisée à partir des années 65. La France a été la dernière à être atteinte par cette tendance, et jusqu'ici à un moindre degré. Mais elle n'y a pas échappé. Le taux de fécondité n'est désormais plus suffisant pour assurer le simple maintien de notre population actuelle.

La cause de ce phénomène, d'une singulière simultanéité, reste encore scientifiquement inexpliquée, malgré les recherches en cours.

Mais le problème, lui, nous est posé. L'intérêt collectif du pays, pour des motifs évidents, mais aussi l'intérêt individuel de chaque Français, si nous voulons poursuivre le progrès et améliorer la solidarité des générations, supposent que notre population reprenne à nouveau une croissance régulière.

Tel est le progrès; tels sont les problèmes. Pour assimiler l'un, et résoudre les autres, l'opinion ressent le besoin d'une explication globale, souhaite qu'un schéma d'ensemble lui soit tracé. D'instinct, elle se tourne vers les idéologies classiques.

Mais elle découvre qu'elles sont en grande partie impuissantes à l'aider.

NOTES

1. Cet article constitue le premier chapitre, "Le Diagnostic", de l'ouvrage *Démocratie française* (Paris: Fayard, 1976). Nous remercions vivement la maison Fayard de nous autoriser cette reproduction. Les notes sont celles des auteurs, à moins qu'elles ne soient suivies de l'indication: [Les Rédacteurs].

2. Les mots expliqués seront suivis d'un astérisque la première fois qu'ils apparaissent dans chaque chapitre. Les définitions que nous en proposons sont celles qui semblent s'appliquer le mieux au texte en question. [Les Rédacteurs]

2 Le Mouvement socioculturel en France: 26 courants dégagés par la COFREMCA de 1953 à 1976

Alain de Vulpian

NOTE EXPLICATIVE

Les études de marchés ou de "marketing" constituent une source précieuse de connaissances descriptives qui jusqu'ici a été négligée par l'ethnographie. Ces recherches n'examinent pas, bien sûr, le système socioculturel tout entier. Elles sont forcément limitées aux sujets d'intérêt des clients qui en financent la plupart. Mais les limites s'avèrent moins contraignantes que l'on ne supposerait. D'une part, la survie de l'organisme de recherche requiert l'objectivité des conclusions; d'autre part, le besoin de prédire des comportements précis amène les clients et les chercheurs à s'interroger sur des attitudes générales, voire aux tendances du "style de vie" global d'une population.

En France, trois organismes surtout se consacrent à ce domaine de recherches. Deux d'entre eux sont des entreprises privées: la COFREMCA,[1] dont le directeur, M. Alain de Vulpian, prend un intérêt de philosophe aux tendances culturelles; et Havas Conseil, où des études d'ensemble dirigées par M. Claude Matricon font preuve d'un intérêt semblable. Le troisième de ces organismes majeurs est le CREDOC (Centre de recherches et de documentation sur la consommation), agence de l'Etat qui s'étend partiellement dans le secteur privé, éditeur de la revue *Consommation* et de nombreuses monographies à ce sujet.

La synthèse qui suit n'est basée que sur les enquêtes et études d'une seule compagnie. Elle constitue néanmoins l'une des études d'ensemble les mieux documentées sur les tendances et volontés de la culture française actuelle.
[Les Rédacteurs]

LE CHANGEMENT SOCIOCULTUREL[2]

En un quart de siècle notre pays, l'environnement des Français et leur comportement, se sont transformés d'une façon révolutionnaire. La mesure du changement est facile à prendre, lorsqu'il se traduit par des faits objectifs que l'on peut compter facilement. Par exemple, en 25 ans, l'espérance de vie moyenne s'est accrue de 10 ans, la consommation d'électricité domestique a été décuplée, la proportion des cadres moyens* dans la population active est passée de 5 à 15%, etc.

Mais parallèlement, les besoins, les motivations et les sensibilités des hommes se transformaient. Les normes et les valeurs évoluaient, les façons d'être vis-à-vis des autres et les styles de vie changeaient profondément. Les systèmes de relation entre les gens voyaient leur structure se modifier.

Ces dernières transformations ont naturellement, elles aussi, un impact considérable sur la consommation, la communication, le travail et, d'une façon générale, sur l'environnement dans lequel doivent agir les responsables des entreprises et des organisations.

Mais, jusqu'à présent, ces transformations n'avaient été ni analysées de façon empirique ni mesurées. C'est une des tâches auxquelles s'est attachée la Cofremca depuis une dizaine d'années. Cet effort a été épaulé par un certain nombre de grandes entreprises.

Les milliers de recherches et d'enquêtes conduites par la Cofremca auprès de toutes les catégories de Français, depuis 1953, ont permis de repérer un certain nombre de changements collectifs massifs des besoins, des aspirations, des sensibilités, des valeurs, des normes, des modes de relation aux autres, des styles de vie, ... Ce sont ces changements, regroupés en un certain nombre de tendances lourdes, que nous avons appelés "courants socioculturels".

APPROCHE DYNAMIQUE ET APPROCHE STATIQUE

Les courants sont à la fois des forces en action et des dimensions de clivage. Ce sont des vecteurs, des courants puissants, qu'il est utile aux capitaines de connaître s'ils veulent choisir une route qui leur permettra d'atteindre vite et économiquement leur objectif et d'éviter les écueils qui la parsèment. Plus utilement encore, les repérer, suivre leurs développements, aide à prévoir le futur de notre société.

Ce sont aussi des dimensions qui, à un moment donné, peuvent permettre de segmenter une population, une clientèle potentielle, une cible (en distinguant, par exemple, dans le cas le plus simple, ceux qui sont en phase avec un courant de ceux dont la sensibilité est contraire à ce courant), d'une façon qui s'avère très rentable pour le marketing et la communication.

LE MOUVEMENT SOCIOCULTUREL EN FRANCE

La Cofremca a identifié et suit 26 courants socioculturels que nous évoquerons très succintement dans les pages suivantes. Pour la simplicité de la présentation, il est utile de les regrouper en sous-ensembles. Parmi les différents regroupements possibles, le suivant a été choisi:

Ouverture au plaisir et à l'affectivité

Courant 15: hédonisme*

La notion de devoir, encore très présente il y a quelques dizaines d'années, s'estompe*. La souffrance et l'effort, qui étaient considérés comme bons en eux-mêmes et formateurs du caractère (par exemple contraindre ou punir les enfants pour leur bien), sont de plus en plus souvent rejetés; le plaisir et la satisfaction des envies deviennent non seulement licites mais sont souvent considérés comme contribuant à la formation de personnalités équilibrées. Il s'agit là d'une évolution très profonde et très générale des valeurs et des normes dans notre société. Mais il s'agit aussi d'une évolution des types de personnalités. De plus en plus nombreux parmi nous sont les gens chez qui le sur-moi est affaibli, qui sont en prise relativement directe sur leur affectivité et leurs instincts. Leurs choix sont moins guidés par des impératifs intériorisés et l'irruption éventuelle du remords qui sanctionnait le manquement; ils sont moins guidés par une conscience claire du bien et du mal ou par des idéologies; ils le sont plus par la recherche de la satisfaction, du plaisir, du bonheur.

Courant 13: anti-accumulation

Les valeurs de rétention déclinent. La proportion de nos concitoyens qui se sentent contraints, par un impératif intériorisé, de se priver, d'accumuler, d'engouffrer* de la substance, de mettre de côté, diminue. Toute une série de phantasmes et de "fixations" se dénouent: l'argent, les banquiers, la nourriture, le linge de maison, etc., sont plus souvent pris pour ce qu'ils sont. Une grande variété de conduites, et notamment les conduites de dépense, se font moins rigides et moins stéréotypées: elles s'ajustent aux situations et aux états d'esprit momentanés.

Courant 25: polysensualisme

Notre mode de relation à notre environnement se transforme profondément. De visuel, il devient polysensuel. Le visuel a, pendant plusieurs siècles dans les segments participant le plus intensément à la culture dominante, affirmé sa prééminence sur les autres sens. Ce règne du visuel s'est accompagné d'une prépondérance du clairement représenté, du linéaire, du logique, du rationnel. Mais aujourd'hui l'appréhension spontanée du monde chez une proportion croissante devient moins uniquement visuelle: l'expérience olfactive, tactile, auditive, proprioceptive* reprend de l'importance. Le contact tend à devenir une expérience sensuelle totale avec toutes les résonances affectives (et non plus rationnelles) et avec tout le flou* (et non pas la clarté) que cela implique.

Affirmation personnelle

Courant 2: différenciation marginale

Depuis un quart de siècle les Français, rompant avec une ancienne façon d'être, ont commencé d'affirmer leur individualité en affichant* de petites différences de comportements. Ils sont ainsi passés, par exemple, des voitures uniformément noires aux automobiles "personnalisées" d'aujourd'hui, de l'appartement uniformément "coquille d'oeuf" ou gris trianon au papier peint ou à la polychromie. Mais un certain nombre d'entre eux qui, depuis peu, paraissent se multiplier, vont plus loin: ils ne se contentent pas de cette différenciation superficielle et cherchent à affirmer leur personnalité.

Courant 3: expression de le personnalité

Ceux de nos concitoyens qui sont en phase avec ce courant sont en prise* relativement directe sur leur vie affective et sur l'ensemble de leur personnalité: les filtres qui les en séparent sont atténués. De nouvelles motivations dominantes se développent chez eux: il est naturel pour eux de chercher à exprimer leur personnalité dans leurs conduites et leurs choix, il est essentiel pour eux, consciemment ou pas, d'affirmer leur personnalité, de la développer, de l'accomplir. Ces nouvelles motivations dominantes prennent ainsi progressivement la place, dans notre société, d'anciennes motivations dominantes, par exemple la sécurité (déclin du besoin d'accumulation) ou de la considération (déclin des motivations de standing).

Courant 5: créativité personnelle

Une proportion croissante ressent le besoin de créer et est tentée de rechercher des satisfactions créatives dans sa vie quotidienne, dans sa vie professionnelle ou dans de nouveaux loisirs. L'idée se répand que la création n'est plus le domaine réservé de l'artiste, que chacun dispose de réserves de créativité et qu'il est bon de créer. Mais les obstacles qu'opposent la timidité, le sentiment d'incompétence restent énormes et contraignent souvent la créativité à rester velléitaire*.

Courant 6: auto-manipulation

Une personne en prise relativement directe sur sa vie affective et sur sa personnalité est naturellement tentée de les influencer, de les manipuler. Nous voyons ainsi commencer à se développer parmi les masses de nouvelles conduites vis-à-vis de soi-même. Les conduites vis-à-vis de soi-même anciennement dominantes consistaient, soit à s'admettre tel qu'on était, soit à se contraindre par l'exercice de la volonté à se conformer à un modèle. Les conduites dont nous constatons le développement reposent sur l'idée que l'on peut, sans avoir recours à l'effort de la volonté, influencer ses états d'esprit et sa personnalité. Les manifestations de ce courant couvrent aussi bien l'induction d'humeurs passagères par la création d'ambiances favorables, la façon de s'habiller ou de se maquiller, l'utilisation de psychotropes*, que des actions à plus long terme sur soi-même, par exemple par la psychanalyse, le yoga, les techniques de développement de la créativité, etc.

Courant 7: épanouissement professionnel

Certains de nos concitoyens ne se satisfont plus, soit d'avoir une situation sûre, un travail qui paye bien ou qui confère du prestige ou du pouvoir, soit d'avoir un travail qui leur laisse du temps et de l'énergie pour s'épanouir par ailleurs. Ils veulent que leur travail soit intéressant, ils souhaitent que leur vie professionnelle ait un sens et qu'elle contribue à leur permettre d'épanouir leur personnalité.

Après une croissance rapide,
amorce d'un déclin des motivations de standing

Courant 1: déclin du standing

Les motivations de standing (besoin d'obtenir la considération des autres en manifestant son opulence par des signes extérieurs) avaient commencé à se répandre dans les masses françaises à partir des années 50. Elles devinrent rapidement une des motivations dominantes dans une partie notable de notre population. Elles ont été ainsi un des principaux moteurs de l'expansion de la consommation: acheter un réfrigérateur, une plus grosse voiture, un tracteur plus puissant que celui du voisin, un appartement de cadre, prendre l'avion, partir en vacances toujours plus loin, etc., pour paraître opulent. Ces motivations de standing n'ont pas encore terminé leur croissance dans les segments les plus défavorisés de notre société. Mais elles ont déjà commencé à décliner dans d'autres segments à partir de 1966-68. C'est dans les milieux étudiants et cadres supérieurs que ce déclin est aujourd'hui le plus avancé.

Changement de signification
de l'ouverture à la nouveauté

Courant 8: ouverture à la nouveauté et au changement

Parmi les traits caractéristiques de la personnalité de base* française, plusieurs ethnologues avaient noté la peur de l'inconnu, l'attachement à la stabilité et aux solutions éprouvées. Or, à partir des années 50, le mythe de la modernité a commencé à s'implanter dans les masses françaises: pour une proportion croissante de nos concitoyens, il fallait devenir et paraître moderne. Cette motivation a conduit un grand nombre d'entre eux, qui restaient pourtant rigides et satisfaits de leurs modèles anciens de conduite, à prendre sur eux pour modifier leurs habitudes et accueillir la nouveauté. Ils se sont fait violence pour être modernes. Ce processus a sans doute joué un rôle capital dans la rapidité et la profondeur de la transformation qu'a connue notre pays en vingt ans. Mais, entre 1967 et 1971, le mythe de la modernité s'est effrité*: "moderne" n'a plus nécessairement signifié progrès ni amélioration. Cependant les Français n'ont pas, pour autant, retrouvé leur attachement à la stabilité. Entre temps ils s'étaient assouplis, réellement ouverts au changement. Mais le changement qu'ils accueillent aujourd'hui n'est plus la nouveauté pour elle-même; c'est celle qui leur apporte une amélioration, qui répond à leurs motivations.

Réactions contre les pesanteurs sociales

Courant 9: rejet de l'autorité

L'acceptation de l'autorité se fait moins automatique. Les modes autoritaires de communication deviennent moins opérants. Nos concitoyens sont moins nombreux à accepter des modèles venant d' "en haut", de chez les puissants, les vieux, les parents, de chez ceux qui jouissent d'un statut consacré par l'habitude ou les conventions. Ils sont plus nombreux à rechercher leurs modèles en-dessous ou à côté d'eux, par exemple chez les jeunes, dans la rue, dans les groupes sociaux peu considérés. Les structures pyramidales s'effritent, que ce soient celles de la mode, des grandes entreprises, des syndicats, de l'Eglise. L'autorité tatillonne* de l'Etat se fait moins supportable.

Courant 10: moindre attachement à l'ordre

Simultanément, l'attachement à l'ordre, trait caractéristique de la personnalité de base française telle qu'elle avait été analysée aux environs de 1950, se fait moins scrupuleux. La tolérance s'accroît, notamment dans les couches les plus jeunes, pour les fautes de grammaire ou d'orthographe, les repas moins réglés, les manquements au savoir-vivre, le désordre vestimentaire et celui de la maison... Mais l'évolution semble se faire, ici, par saccades*: dès que le désordre dépasse un certain seuil dans un certain domaine, l'anxiété s'accroît et provoque un retour en force du besoin d'ordre.

Courant 19: anti contraintes sociales

La sensibilité aux contraintes sociales croît. Les Français deviennent plus conscients des conditionnements que la société leur impose, plus soucieux de les détecter et de s'en libérer, plus rétifs vis-à-vis des conventions. Des jeunes refusent de jouer le jeu. Des femmes de plus en plus nombreuses cherchent à se libérer des rôles (de mère, d'épouse, de ménagère, d'objet sexuel, ...) que la société cherche, d'après elles, à leur imposer. Des cadres moyens et de jeunes employés fuient, en réalité et surtout en rêve, les normes de compétition et d'efficacité dont ils ont l'impression qu'elles résultent du conditionnement social.

Courant 28: moindre différenciation des sexes

La distinction claire et traditionnelle des rôles et des signes virils et féminins s'estompe. Des hommes de plus en plus nombreux suivent leurs goûts et leurs désirs sans se soucier de paraître éventuellement efféminés. Et surtout, des femmes très nombreuses réagissent contre la traditionnelle définition des rôles féminins et sont à la recherche d'une nouvelle façon d'être femmes et personnes dans la société.

Courant 17: libéralisme sexuel

La relaxation des prohibitions concernant l'évocation des problèmes et des activités sexuelles est déjà bien avancée dans des segments très étendus de notre société. Cette relaxation des prohibitions ne fait que commencer à toucher les activités sexuelles elles-mêmes.

Courant 18: anti-manipulation

Nos concitoyens sont de plus en plus nombreux à vouloir s'auto-déterminer, prendre eux-mêmes leurs décisions et à savoir détecter les manipulations dont ils peuvent être les objets. La conscience s'accroît massivement dans notre société depuis dix ans d'être manipulé par la télévision et l'information en général, par la publicité et la promotion, par les grandes entreprises.... Plus récemment les partis politiques, les syndicats, les administrations, l'Etat... semblent avoir été atteints à leur tour par la suspicion. Les organisations grandes et puissantes et qui pourraient profiter de leur puissance, les messages qui paraissent un tant soit peu manipulatoires sans parvenir à susciter un intérêt, une sympathie ou une connivence compensatoire, les nouveautés dont l'intérêt réel n'est pas perçu, induisent une méfiance croissante et des réactions de défense.

Nouvelles postures vis-à-vis des autres et de la collectivité

Courant 11: ouverture aux autres

Les postures vis-à-vis des autres et de la société se transforment. Le repliement sur le foyer et sur soi est (était?) un des traits de la personnalité de base française: le foyer où l'étranger ne peut pénétrer, le pavillon entouré d'un jardin enclos de murs, les volets aux fenêtres, la ligne Maginot, le travail indépendant, l'"administration à la française", les bonnes manières qui protègent d'un véritable contact étaient autant de symptômes de ce repliement. Mais toutes nos enquêtes mettent en lumière un mouvement en sens inverse, souvent timide encore, mais très net:

crainte de la solitude, besoin de communiquer et de dialoguer plus réellement, créations spontanées d'associations, moindre formalisme, goût pour des plans de logement plus ouverts, etc.

*Courant 26: intraception **

Parallèlement à un meilleur contact avec soi-même, semblent se développer un goût pour—et le début d'une aptitude à—comprendre les autres comme de l'intérieur, par empathie. La tendance est à comprendre plutôt qu'à juger, à se mettre à la place et à éprouver plutôt qu'à évaluer.

La nouvelle posture concerne non seulement les personnes mais aussi la société. Les gens en phase avec le courant "intraception" ont ainsi moins tendance à juger les évolutions de la société ou à vouloir imposer à la société certaines évolutions et plus à sentir, comprendre, accompagner, infléchir* ses évolutions spontanées.

Courant 24: besoin d'enracinement

Le niveau auquel s'effectue la participation la plus spontanée change. Il y a vingt ans, de très nombreux Français avaient encore le sentiment de participer à la France ou au prolétariat (c'est-à-dire à des entités larges, abstraites et mythiques) en lisant le matin un quotidien national, par exemple *Le Figaro* ou *L'Humanité*. Aujourd'hui ce mode de participation est de moins en moins opérant. Nous voyons un bon nombre de concitoyens chercher des racines et une participation sociale à un niveau primaire et concret. Ils le font parfois de façon réaliste en s'insérant dans de petits groupes de camarades d'atelier ou de bureau, en créant des associations, en tentant de contribuer à redonner vie à la commune... Ils le font aussi au plan des symboles et du rêve en copiant le style de vie, la nourriture, les vêtements, la musique de groupes ethniques dans lesquels les communications directes d'homme à homme étaient plus développées, en lisant des livres qui évoquent des sociétés dont les membres étaient plus enracinés.

Courant 12: dévaluation de la supériorité nationale

La frustration du besoin de supériorité nationale a donné lieu, entre 1945 et 1958, à un foisonnement* de conduites compensatoires. Toutes les occasions, même les plus illusoires, d'imaginer ou de croire au renouveau de la France étaient bonnes. Nous avions, à l'époque, donné à ce phénomène le nom de "complexe cocorico*". De nombreuses grandes entreprises, et la grande entreprise en général, avaient su, délibérément ou pas, en tirer parti en incarnant le dynamisme et les records techniques de la France, suscitant ainsi la sympathie du public.

Le "complexe cocorico" s'est progressivement apaisé à partir de 1958/1960. La décrispation s'est affirmée depuis, mises à part quelques périodes de recrudescence* passagère et limitée d'un sentiment de frustration nationale.

Nouveau vécu de l'environnement

Courant 20: simplification de la vie

La simplification de la vie avait paru résulter des progrès constants des machines toujours plus perfectionnées: appareils ménagers, automobiles, électronique, etc.,... et d'une organisation toujours plus minutieuse de la vie sociale. Mais une attitude inverse se développe aujourd'hui dans certaines couches de la population. Une proportion croissante se détourne des produits, des techniques, des services, des réglementations et des modes de vie compliqués. Pour des motifs qui ne sont pas principalement économiques, ils vont ou souhaiteraient aller vers une vie plus simple.

Courant 21: sensibilité à la nature

Parallèlement, l'artificiel, le chimique, les créations de l'industrie et de la bureaucratie suscitent une hostilité croissante. Le désir se développe de retrouver, réellement ou symboliquement, la nature.

Courant 22: sensibilité au cadre de vie

La masse du public devient plus sensible à son cadre de vie. L'environnement, le cadre de vie, sont moins souvent évalués selon les habitudes et les conventions ou selon leurs seules caractéristiques fonctionnelles et plus selon les réactions personnelles à la forme, à l'ambiance qu'ils induisent, à leur influence sur la qualité de la vie.

Ce courant concerne non seulement la ville et la campagne mais aussi l'intérieur de la maison, l'apparence des points de vente, le conditionnement des produits, etc.

Divers

Courant 16: déclin du besoin d'"achievement"

Le "need for achievement" est le besoin de se surpasser, de s'affirmer, par ses travaux, par ses oeuvres.

La population française avait un des taux de besoin d'"achievement" les plus bas du monde vers 1925. A la suite d'une évolution extrêmement rapide, ce taux était au contraire extrêmement élevé vers 1950. Il est possible qu'il soit acutellement en train de diminuer de nouveau.

Courant 30: souci de son apparence personnelle

Au cours du dernier quart de siècle, le souci de son apparence s'est répandu dans la majorité de la population féminine française et dans une proportion notable de la population masculine. Il ne s'agit pas seulement de paraître propre ou beau ou élégant, mais aussi jeune, dans le vent*, etc.

Un certain nombre de signes laissent penser que ce courant n'est pas loin d'avoir fait le plein et qu'il pourrait, tout au moins dans certains segments, s'inverser.

Courant 31: souci de sa santé et de sa forme

Le courant est ancien mais, à la différence du précédent, ne semble pas avoir perdu de sa force. Son contenu se modifie et s'enrichit. Centré d'abord sur la maladie à éviter, son accent s'est porté sur la santé à entretenir. Aux notions de maladie et de santé s'est ajoutée celle de la forme.

La préoccupation de forme purement physique s'est enrichie, chez les personnes les plus en avance sur le courant, d'un souci de forme globale incluant des aspects nerveux et mentaux.

NOTES

1.   Les initiales de ce sigle ne servent point d'abréviation. [Les Rédacteurs]

2.   Les rédacteurs remercient M. Alain de Vulpian de les avoir autorisés à reproduire le texte qui suit, légèrement abrégé de *Le Système COFREMCA,* rapport rédigé avec l'aide de ses associés en aôut 1976.

3
Evolution de la structure sociale française[1]

René Lasserre

La société française a sans doute connu, au cours des 20 dernières années, le plus profond bouleversement sociologique de son histoire.

En 20 ans la France est passée d'une société de type traditionnel à la société industrielle. Le modèle classique de société immobile qui était celui de la France de l'entre-deux-guerres et qui se caractérisait par un savant équilibre entre le secteur agricole, le secteur industriel et le secteur commercial, a cessé d'exister. La trilogie: paysannerie/petit commerce/petite industrie qui caractérisait si bien la société française traditionnelle relève désormais de l'image* d'Epinal.

Une société nouvelle est née sous nos yeux. L'industrialisation n'a pas fait que bouleverser "l'ordre éternel des champs", que modifier le visage de la France, elle a également transformé la structure de la société française de manière irréversible.

Pour bien comprendre l'ampleur des transformations intervenues dans la structure sociale française, il est nécessaire de partir d'un certain nombre de données économiques fondamentales.

UNE MUTATION ECONOMIQUE

Depuis la fin des années 50, la France a connu une véritable mutation économique. Voici quelques données qui permettent d'évaluer cette mutation:

—L'économie française a connu *une croissance rapide*: de 1960 à 1974 la croissance du PNB a été en moyenne de 5,8% par an, ce qui place la France au second rang mondial après le Japon pour le taux de croissance. En termes absolus, cela signifie que la production intérieure brute*, c'est-à-dire l'ensemble des biens et services produits par les Français, a triplé pendant la période. La production industrielle, à elle seule, a *doublé,* passant de l'indice 100 en 1962 à l'indice 203 en janvier 1974.

—En second lieu l'économie française a été le théâtre d'un *puissant mouvement de concentration* des unités économiques. Le nombre d'exploitations agricoles a diminué de moitié entre 1958 et 1972. Le nombre d'établissements commerciaux est lui aussi en diminution rapide pour un chiffre d'affaire en forte expansion, ce qui marque la réduction progressive du petit commerce au profit des établissements à grande surface. Dans l'industrie, le processus de concentration présente également des dimensions spectaculaires: alors qu'en 1959 il y avait eu en France 930 concentrations d'entreprises, il s'en produisit 2240 au cours de l'année 1968. Depuis, le mouvement n'a fait que s'accélérer et l'on a assisté sous la présidence Pompidou à la création de groupes français de dimension internationale tels Saint-Gobain−Pont-à-Mousson/BSN-Gervais-Danone/Pechiney Ugine Kuhlmann. Un chiffre peut donner la mesure de cette forte concentration de l'économie française: en 1970, 0,86% des entreprises réalisaient 62% du chiffre d'affaires global de toutes les entreprises.

—Troisième élément de transformation de l'économie française: l'évolution de l'importance respective des trois grands secteurs économiques. C'est à cette évolution que l'on peut mesurer le passage de la société française à la société industrielle. On constate en premier lieu un très fort recul du secteur agricole. Alors qu'en 1962 l'agriculture occupait 20% de la population active (un Français sur 5) elle n'en occupait plus que 15% en 1968, et 11% en 1972 (soit un peu plus de 1 Français sur 10). Si l'on se souvient qu'en 1954 plus d'un Français sur 4 travaillait dans l'agriculture, on mesure l'ampleur de la mutation qui s'est produite. Pour ce qui est du secteur industriel, celui-ci a connu une progression sensible, mais relativement modeste de ses effectifs*. La part de la population active employée dans l'industrie est passée de 35% en 1954 à 39% en 1971. Sans que la progression des effectifs de l'industrie ne soit tenue pour négligeable, puisqu'elle concerne 1,3 mio* de personnes, on constate que l'industrialisation de la France s'est opérée moins par un bond en avant des effectifs globaux, que par une restructuration des activités, un processus de rationalisation croissante et une forte augmentation de la productivité. Face au secteur primaire* en regression et au secteur secondaire* en stagnation relative, on assiste à un puissant développement du secteur tertiaire* qui regroupe les activités de services. Alors que celui-ci regroupait 38% de la population active en 1954, il en occupe actuellement la moitié. Cette "explosion" du tertiaire est étroitement liée au développement industriel dont il est à la fois la conséquence induite* et le moteur. C'est ainsi que depuis 1954 la population employée dans le commerce a augmenté de 35%, celle employée dans les banques et les assurances de 70%, celle employée dans le secteur des services rendus aux entreprises de 250%.

—Quatrième élément qui permet de comprendre les changements intervenus dans la société française et qui est également lié étroitement au progrès économique: *l'urbanisation.* La population urbaine a doublé entre 1954 et 1968, passant de 17 mio à 35 mio. Le taux d'urbanisation qui était en 1954 de 58% dépasse actuellement les 70%. Il devrait atteindre les 80% en 1985. En dépit de l'inégale répartition* de la concentration urbaine sur le territoire, se dessine une nouvelle géographie de la population et par là un nouveau type de société: la société française rurale traditionnelle a cédé le pas à une société à dominante urbaine.

UNE STRUCTURE SOCIALE PROFONDEMENT TRANSFORMEE

La mutation qui a affecté l'économie française s'est naturellement traduite par des *changements considérables au niveau de la structure sociale,* au point que l'on peut également parler d'une mutation, d'une mutation sociologique.

Cette mutation sociologique peut s'analyser à deux niveaux: à celui de la stratification globale de la société, c'est-à-dire dans la répartition numérique des différentes couches* sociales d'une part, à celui de la stratification interne de ces couches, d'autre part.

Mutation dans la stratification globale:

Celle-ci se traduit d'abord par le déclin rapide des couches sociales dites traditionnelles, en premier lieu des agriculteurs, en second lieu des artisans et petits commerçants.

Nous avons déjà évoqué le cas des agriculteurs dont les effectifs ont été réduits de moitié depuis 1954 au rythme record de 4 à 5% l'an.[2] Les agriculteurs exploitants ne représentaient plus que 9% de la population active en 1972.

Ce mouvement de déclin touche également, mais dans une moindre mesure, les travailleurs indépendants, artisans et petits commerçants, dont les effectifs ont diminué de 15% depuis 1954. Ils représentent actuellement 8% de la population active.

Face à ce déclin des couches moyennes traditionnelles, on assiste, en relation directe avec l'extension du secteur tertiaire, à un développement rapide des couches moyennes salariées, notamment des cadres moyens et des employés. Le nombre des cadres moyens a augmenté de plus de 80% entre 1954 et 1968, celui des employés de 46%. Ces couches moyennes salariées représentent actuellement 28% de la population active.

C'est donc à son centre que ce double mouvement a affecté la société française. Il y a eu en quelque sorte, sinon substitution, du moins relève d'une couche moyenne par une autre: entre 1954 et 1972 l'importance numérique de la classe traditionnelle et de la classe moyenne salariée s'est pratiquement renversée.

TABLEAU 1

	% de la population active	
	Couche moyenne traditionnelle	Couche moyenne salariée
1954	32%	17%
1972	17%	28%

Cette relève des couches moyennes traditionnelles par les couches moyennes salariées n'est pas sans conséquence, quant à l'uniformisation du corps social. Elle met en évidence le processus d'extention du salariat propre aux sociétés industrielles et qui a touché la France au cours des 20 dernières années: alors que l'on comptait en 1954 64% de salariés, ceux-ci représentent actuellement 80% de la population active.

Mutation, également, dans la stratification interne des différentes couches: Si l'on se situe maintenant aux deux extrémités de l'échelle sociale, on s'aperçoit en effet que la couche dirigeante et la classe ouvrière ont connu de profonds changements internes.

La couche dirigeante: celle-ci est hétérogène dans sa composition et relativement difficile à appréhender statistiquement à travers la nomenclature officielle des catégories socioprofessionnelles de l'INSEE. Parmi cette couche, que nous appelons dirigeante par sa position fonctionnelle, il faut compter:

—les industriels et chefs d'entreprises privées,

—les hauts fonctionnaires, lesquels exercent des fonctions dirigeantes dans l'administration et les entreprises du secteur public,

—les cadres supérieurs et ingénieurs du secteur privé.

A cette couche dirigeante, il faut en outre assimiler, par le revenu et le statut social, les professions libérales. L'ensemble de cette couche sociale supérieure est en progression constante et représente actuellement environ 6% de la population active.

La progression numérique de cette couche s'accompagne cependant de mouvements internes qui témoignent d'un renouvellement profond. Ce renouvellement se caractérise par l'avènement des "managers" et des "technocrates": alors que les entrepreneurs et industriels propriétaires sont en diminution, les cadres supérieurs salariés connaissent une expansion de 50% de leurs effectifs dans la période 1962-1970.[3] Cette relève des propriétaires par les managers est particulièrement nette lorsque l'on examine l'origine des P.D.G. des 32 plus grandes entreprises françaises du secteur privé: si 13 sont encore les propriétaires ou héritiers de l'entreprise qu'ils dirigent, les 19 autres ont fait leur carrière soit dans l'administration comme hauts fonctionnaires, soit directement comme managers dans le secteur privé. De leur côté, fonctionnaires supérieurs et ingénieurs sont également en progression constante (respectivement + 20% et + 40% entre 1962 et 1970).

A côté de la bourgeoisie traditionnelle de l'argent émerge donc une "nouvelle bourgeoisie" dont le statut et la richesse s'appuient sur le capital intellectuel et l'exercice du pouvoir. Elle se distingue en outre de l'ancienne bourgeoisie d'idéologie conservatrice par une orientation plus ouvertement moderniste.

A l'autre extrémité de la pyramide sociale se trouve *la classe ouvrière*. Globalement, celle-ci n'a pas connu de mouvement numérique de grande ampleur pendant les 15 dernières années. Elle est toutefois en augmentation sensible: depuis 1962 ses effectifs absolus ont augmenté de 10%, passant de 7 mio à 7,7 mio. Par rapport à l'ensemble de la population active la proportion d'ouvriers a également continué de s'accroître mais dans une marge relativement faible, passant de 34% en 1954 à 38% actuellement. Avec 7,7 mio de personnes les ouvriers restent néanmoins, et de loin, le groupe social le plus nombreux de la société française. Toutefois, vu le développement rapide de l'industrie française, la progression globale des effectifs ouvriers est faible et équivaut à une stagnation relative.

Cette stagnation relative au plan numérique ne doit cependant pas dissimuler des changements internes importants. On constate en effet un processus de différenciation et une polarisation très nette à l'intérieur de la population ouvrière sous l'influence des progrès rapides de l'automation. A la fin des années 50 la composition interne de la classe ouvrière était caractérisée par la prédominance des ouvriers professionnels qualifiés, ce qui lui donnait une relative homogénéité quant aux qualifications techniques et quant aux comportements. L'automation a mis fin à cette homogénéité traditionnelle par une transformation structurelle de la qualification des emplois. A ce niveau, l'automation s'est en effet traduite par un double processus: d'une part elle a permis la création d'emplois nouveaux, requérant une qualification technique beaucoup plus poussée; d'autre part elle a entraîné une déqualification des autres emplois par la parcellisation des tâches, devenues simples tâches d'éxécution. Sous l'effet de ce processus, la classe ouvrière s'est progressivement différenciée en deux couches dont les contours tendent à se dessiner de plus en plus nettement au fur et à mesure que le mouvement de concentration et de rationalisation gagne du terrain: la première de ces couches, que l'on désigne généralement sous le terme de "nouvelle classe ouvrière" regroupe les nouveaux métiers nés de l'automation, à savoir les métiers qui ont trait principalement à l'organisation technique de la production.

Cette nouvelle classe ouvrière se recrute à la fois en dehors et à l'intérieur de la classe ouvrière traditionnelle. En dehors, parce qu'elle fait largement appel à des techniciens, jeunes pour la plupart, récemment formés aux techniques nouvelles. A l'intérieur de l'ancienne classe ouvrière, parce qu'elle fait également appel, à la fois pour des fonctions techniques et des fonctions d'encadrement, aux ouvriers appartenant aux franges* les plus qualifiées et qui forment ce que l'on appelle généralement l'"aristocratie ouvrière". L'autre couche ouvrière, elle, se recrute parmi les ouvriers qui n'ont pas bénéficié du processus, c'est-à-dire la majorité (2/3 environ) et qui se sont vus relégués aux emplois d'éxécution. Ils forment la couche des OS (ouvriers spécialisés au sens où les tâches qu'ils assument sont "spécialisées" et ne requièrent pas de qualifications particulières). Ce sont ceux qui travaillent à la chaîne*. La masse des OS se recrute parmi les ouvriers traditionnels de moindre qualification. (Ceux-là ont connu une déqualification par rapport à leur savoir-faire d'origine). Et de plus en plus, pour son nécessaire renouvellement et son accroissement relatif, l'armée des OS recrute parmi les paysans chassés par l'exode rural et parmi les travailleurs immigrés. Ces derniers forment environ 25% des effectifs ouvriers.

Tels sont, grossièrement décrits, les changements intervenus dans la stratification sociale française. Toutefois il faut bien voir que l'analyse numérique des couches socioprofessionnelles n'éclaire que très imparfaitement les structures sociales réelles, et notamment la distance sociale qui sépare les différentes couches à l'intérieur de la société. Pour appréhender de plus près ces structures sociales réelles il faut faire intervenir une seconde dimension: celle des différences de revenus et de conditions de vie.

DIFFERENCES DE REVENUS ET DE CONDITIONS DE VIE

De ce point de vue, l'évolution révèle une double tendance: d'une part tendance à l'amélioration générale et à l'uniformisation du standard de vie; d'autre part persistance de fortes inégalités qui laissent subsister des clivages sociaux très profonds.

L'élévation du niveau de vie touche l'ensemble des catégories sociales y compris les agriculteurs. Pour ce qui est des salariés le montant de l'ensemble des salaires nominaux a doublé entre 1962 et 1972, ce qui représente en termes de pouvoir d'achat une progression moyenne d'environ 4%. Cette progression a d'ailleurs été nettement plus forte pour les salaires situés en bas de l'échelle, notamment depuis 1968, à la suite des événements de Mai. La revalorisation de 35% du salaire minimum interprofessionnel garanti (SMIG) lors des accords de Grenelle en 1968 a permis aux salariés situés en bas de l'échelle de voir leur pouvoir d'achat augmenter plus vite que celui des autres salariés et de combler partiellement leur retard. En outre le salaire ouvrier moyen augmente sensiblement plus vite, depuis 1968, que celui des autres salariés, employés et cadres. Cette progression plus rapide des bas revenus tend donc à resserrer l'éventail* des revenus primaires; c'est du moins ce que révèle une étude de la revue *Expansion*.[4] Alors que l'écart entre le revenu moyen des catégories extrêmes, à savoir salariés agricoles et professions indépendantes allait de 1 à 5,3 en 1962, il n'irait plus, toujours selon *Expansion,* que de 1 à 4, 4 en 1974.

Cette hausse générale du niveau de vie et cette revalorisation relative des bas revenus se traduisent généralement par une uniformisation des modes de vie des différentes couches sociales. Cette uniformisation est particulièrement nette au niveau de la consommation, et se caractérise par l'accès du plus grand nombre aux biens de consommation courante. La part de consommation alimentaire tend à baisser pour l'ensemble des ménages. L'équipement des ménages ouvriers est supérieur à la moyenne nationale pour les produits suivants: automobile, télévision, réfrigérateur, machine à laver le linge. A partir de 1969, 30% des ouvriers sont propriétaires ou accèdent à la propriété de leur logement. On constate donc une tendance très nette au nivellement des disparités les plus criantes quant à l'accès au degré minimum de bien-être.

Toutefois cette amélioration du niveau de vie et l'uniformisation des modes de consommation courante ne doit pas faire oublier la persistance de profondes inégalités entre les différentes couches sociales.

Cela reste vrai quant aux revenus, en dépit du resserrement relatif de l'éventail des revenus moyens. En effet, si l'on considère non plus les revenus moyens, mais la dispersion réelle entre les revenus extrêmes, c'est-à-dire les retraités* touchant l'allocation du "minimum vieillesse" et les P.D.G. des grandes sociétés touchant en moyenne 300.000 fr. par an, la hiérarchie des revenus varie, toujours selon *Expansion* de 1 à 48. Cette statistique n'est qu'un élément qui permet d'appréhender l'injuste répartition des fruits de la croissance entre les différentes catégories sociales. Il en existe d'autres: c'est ainsi que les petits et moyens salariés qui représentent 62% de la population ne recevaient en 1972 que 38% du revenu total des ménages, alors que les hauts salariés qui ne représentent que 15% de la population en recevaient 22%, et les non salariés, qui forment 23% seulement de la population, 33%.[5] Au niveau des seuls salariés les disparités demeurent encore très fortes, les plus fortes d'Europe, et ce, en dépit du relèvement des salaires les plus bas. C'est ainsi que, en 1975, le salaire moyen du cadre supérieur était 4 fois plus élevé que celui de l'ouvrier spécialisé. Alors qu'un cadre gagnait en moyenne 8500 fr. par mois, toujours en 1975, 45% des salariés touchaient moins de 2000 fr., 15% moins de 1300 fr.[6]

A côté des inégalités de revenus persistent également de fortes disparités quant aux conditions de vie, au-delà de la sphère de consommation courante.

Inégalité devant la santé: la consommation médicale des cadres supérieurs est 5 fois plus élevée que celle des salariés agricoles, 1 fois et demie plus élevée que celle des ouvriers. Inégalité devant la mort: pour 100 personnes âgées de 35 ans, 500 manœuvres atteindront l'âge de 70 ans, 650 ouvriers, 720 patrons de l'industrie et du commerce.

Inégalité devant les conditions de logement: alors que 99% des logements de cadres supérieurs possèdent l'eau chaude, ceci n'est vrai que pour moins de la moitié des logements ouvriers.

Inégalité devant les loisirs: 12% des agriculteurs partent en vacances pour une durée moyenne de 16 jours, 46% des ouvriers pour une durée moyenne de 25 jours, 85% des cadres supérieurs pour une durée moyenne de 32 jours.[7]

Inégalité enfin quant aux conditions de travail: celle-ci est d'autant plus flagrante que les travaux les plus pénibles sont généralement les moins bien rémunérés (cf. ouvriers spécialisés et manœuvres).

UNE SOCIETE CLOISONNEE

La combinaison des différents critères à travers lesquels nous avons tenté d'appréhender le corps social, à savoir la répartition socioprofessionnelle d'une part, les disparités dans les niveaux et les conditions de vie d'autre part, peut maintenant nous permettre d'esquisser les grands traits de la structure réelle de la société française. Celle-ci se caractérise par l'existence de 5 groupes aux frontières assez nettement définies.[8]

En bas, le groupe des défavorisés et des dominés. Le plus nombreux: 50% de la population environ. Ce groupe rassemble les salariés agricoles, le personnel de service, les ouvriers. En dépit des différences, ces catégories ont une situation comparable quant à leur dépendance économique, leur bas niveau d'instruction, l'absence de perspectives de promotion. Leurs revenus sont les plus faibles, leurs conditions de vie les plus dures.

Au-dessus, mais légèrement à part par leur statut particulier qui leur donne une indépendance personnelle quant à l'organisation de leur travail, le groupe des "petits capitalistes". Situés en majorité assez bas sur l'échelle des revenus, petits commerçants, artisans, agriculteurs, sont en outre menacés économiquement et travaillent généralement durement pour se maintenir. Seule compensation: les possibilités d'évasion fiscale* qui peuvent être parfois un avantage social non négligeable.

Troisième groupe: celui des cols blancs. Groupe en pleine expansion, généralement assez bien rémunérés, bénéficiant d'avantages catégoriels* (13ème mois). Possibilité de promotion pour ceux qui disposent du niveau d'instruction le plus élevé. Ces couches jouissent de conditions de travail favorables, à l'exception des petits employés qui tendent de plus en plus à devenir des "OS" de la paperasserie*, de la perforation* ou de la dactylographie par l'intermédiaire du processus de rationalisation et de mécanisation croissante du travail de bureau.

Tout en haut, deux groupes minoritaires qui forment ce que l'on pourrait appeler la classe dirigeante. On trouve d'une part:

—la bourgeoisie traditionnelle composée des industriels, gros commerçants, gros agriculteurs. Ce groupe peu nombreux (2% de la population) se trouve au sommet de l'échelle des revenus. Il tire son prestige et ses privilèges de l'héritage. Sauf dans le cas des professions libérales, ce groupe ne fait que relativement peu appel aux diplômes dans sa réussite sociale.

—d'autre part, la technocratie, nouvelle classe dirigeante, formée de hauts fonctionnaires, cadres supérieurs, ingénieurs. Elle tire son pouvoir croissant et son revenu élevé de ses compétences intellectuelles. Cette couche est pour une bonne part issue des grandes écoles, et sa réussite se fonde généralement sur un héritage socioculturel élevé. Elle tend, par là-même, à se reproduire fortement sur elle-même.

Cette carte sociologique de la France que nous venons d'esquisser fait donc apparaître des clivages très nets quant aux conditions sociales respectives des différentes couches.

Ce tableau de la société serait toutefois incomplet si nous ne cherchions à appréhender les distances sociales qui séparent les cinq groupes sociaux que nous avons isolés.

La meilleure façon d'évaluer ces distances est d'examiner les éléments qui conditionnent et caractérisent la *mobilité sociale* à l'intérieur de la société française. C'est tout le problème de l'égalité des chances. Or, là encore, on constate de graves disparités qui, s'ajoutant aux disparités de condition de vie, contribuent à faire de la société française une société qui reste encore assez fortement cloisonnée.*

Cela est particulièrement net si l'on considère les chances d'accès à l'université. Dans la mesure où le salariat devient le lot commun de la grande majorité des actifs, l'acquisition des diplômes est devenue un facteur-clé de l'ascension sociale. En ce domaine les statistiques sont éloquentes. L'université française, dit-on souvent, est une pyramide renversée par rapport à la pyramide sociale. Parmi les étudiants inscrits à l'université, on ne compte que 10% de fils d'ouvriers alors que cette proportion atteint 33% pour les fils de cadres supérieurs ou de membres des professions libérales. En termes statistiques de chance d'accès des enfants à l'université, cela donne les résultats suivants: 2,7% pour les salariés agricoles, 3,4% pour les ouvriers, 16,2% pour les employés, 35,4% pour les cadres moyens, 58,7% pour les cadres supérieurs.[9] Encore convient-il de souligner qu'en France l'université ne permet pas d'accéder aux postes situés au sommet de la hiérarchie sociale, mais aux franges* supérieures de la classe moyenne. Les positions dirigeantes demeurent le privilège de ceux qui sont sortis des grandes écoles, dont l'accès est socialement encore plus discriminatoire. Prenons l'exemple de l'Ecole nationale d'administration d'où sont issus les hauts fonctionnaires de l'Etat: pour 100 élèves de l'ENA on compte en moyenne que 64 sont issus des milieux dirigeants, 35 de la classe moyenne, 1 de milieu ouvrier.[10] Ces données tendent à montrer que le système éducatif tend à reproduire et à perpétuer les privilèges de classe et que, de ce fait, subsistent des barrières qui, sans être totalement imperméables, demeurent très difficiles à franchir.

La société française se caractérise ainsi, du point de vue de la mobilité sociale, par l'existence, aux extrémités de l'échelle, de deux zones où l'hérédité sociale est très forte: ce sont d'une part la classe dirigeante qui tend à se reproduire sur elle-même, d'autre part les couches les plus basses dont on s'évade difficilement. Entre les deux existe une large zone de mobilité, mais de mobilité limitée. Cette mobilité se limite en fait à une osmose entre catégories socioprofessionnelles voisines dans l'échelle sociale.[11] A l'intérieur de la pyramide il n'y a donc pas réellement de brassage* en profondeur, mais des mouvements en escalier d'ampleur assez faible, au cours desquels on ne franchit que des échelons relativement rapprochés.

UNE INTEGRATION PRECAIRE

La persistance des inégalités et des cloisonnnements à l'intérieur d'une société en pleine mutation comme l'est la société française amène tout naturellement l'observateur à se pencher sur les antagonismes et les conflits qui la traversent et à s'interroger sur les facteurs et le degré de sa cohésion.

La société française se caractérise par un potentiel de conflits élevé, ce qui rend son degré d'intégration précaire. Le corps social fançais est en effet agité de manière simultanée par trois types de conflits.

Premier type de conflits: ceux que l'on peut désigner comme des conflits d'adaptation, c'est-à-dire des conflits nés des difficultés d'adaptation de certaines catégories sociales au développement économique. Ils sont en premier lieu le fait des couches moyennes traditionnelles, en particulier des paysans et petits commerçants, et s'expriment par une agitation paysanne chronique et l'activisme tapageur* des boutiquiers. Mais ils sont aussi le fait de certaines franges de la population ouvrière dont l'emploi se trouve menacé par l'évolution économique (cas des mineurs de Lorraine, des ouvriers du textile et du cuir . . .). Ces conflits chroniques sont très nombreux mais n'en gardent pas moins un caractère minoritaire, et s'ils sont généralement douloureux et difficiles à régler socialement et politiquement, ils ne menacent pas réellement l'ordre social.

Un deuxième type de conflits, beaucoup plus important, celui-là, est fourni par le conflit de répartition. C'est le conflit de classes traditionnel qui a pour enjeu la répartition des produits de l'économie entre le facteur travail et le facteur capital. Ce conflit demeure très vif et central dans la société française dans la mesure où il est nourri par la persistance de fortes inégalités quant aux revenus et aux conditions de vie. Il est en outre avivé par le phénomène de l'inflation qui oblige les salariés à lutter pour la conservation de leur pouvoir d'achat. Au niveau politique, la persistance de ce conflit se traduit par l'existence d'un parti communiste fort et par une polarisation droite-gauche accentuée.

Enfin la société française est marquée depuis quelques années par l'émergence d'un troisième type de conflits, de caractère nouveau, que l'on peut désigner comme des conflits de pouvoir. Ces conflits émergent généralement en ordre dispersé, mais de manière de plus en plus fréquente. Ils peuvent être assimilés à des conflits de pouvoir dans la mesure où ils remettent en cause des rapports de pouvoir et un style d'autorité à travers la contestation de décisions à dimension collective. On pourrait également les désigner, comme le fait le sociologue A. Touraine, comme des conflits de type "anti-technocratique" propres aux rapports de domination qui s'instaurent dans une société post-industrielle en voie d'émergence.[12] Ils sont le plus souvent le fait de groupes minoritaires, mais pas obligatoirement marginaux, qui, à l'occasion de décisions qui les concernent, refusent les rapports de pouvoir social auxquels ils sont soumis et, par là, la situation qui leur est faite dans l'organisation sociale. Ce fut notamment le cas des étudiants qui en 1968 s'élevèrent à la fois contre l'organisation traditionnelle et les projets de réforme de l'université. Depuis, ce type de contestation a gagné d'autres groupes comme par exemple les OS qui ici et là ont refusé les conditions de travail que leur imposait l'organisation moderne du travail industriel, ou les travailleurs de Lip qui se sont opposés à la décision unilatérale de fermeture de leur entreprise. Ce ne sont là que quelques exemples, mais on pourrait en citer d'autres qui débordent de la sphère économique et touchent l'organisation même du cadre de vie et tentent d'en garantir la sauvegarde (luttes "écologiques" diverses dont un exemple célèbre a été fourni par l'opposition à l'extension du camp militaire du Larzac et plus récemment par le mouvement anti-nucléaire).

Généralement ces trois types de conflits se déroulent parallèlement et ne font que se contaminer réciproquement dans la forme qu'ils prennent et les méthodes qu'ils utilisent. C'est ainsi que la contestation étudiante s'est nourrie des traditions du mouvement ouvrier (anarcho-syndicalisme en particulier) et que les luttes ouvrières classiques s'inspirent partiellement, mais fréquemment dans la période récente, des formes de la contestation étudiante (occupation de locaux). Il en va d'ailleurs de même des conflits du premier type, en particulier pour ce qui concerne les petits commerçants pour lesquels les méthodes violentes de contestation ont redonné au poujadisme* ces dernières années une certaine jouvence*. Ceci rend d'ailleurs difficile l'analyse du conflit social dans la mesure où, dans ses différentes formes, le neuf et l'ancien se trouvent étroitement imbriqués* du fait de ce processus de contamination réciproque.

Mais si l'analyse du conflit social est difficile, son interprétation quant à la cohésion globale de la société française est encore plus délicate. Dans quelle mesure l'existence de ces trois types de conflits menace-t-elle cette cohésion? En soi, la multidimensionalité des conflits ne met pas directement en péril l'ordre social. C'est d'ailleurs le propre de toute société que d'être soumise à des tensions diverses et contradictoires: tout dépend de sa capacité à les résoudre et à les intégrer dans le processus de développement. A première vue la société française témoigne d'un degré élevé de tolérabilité aux conflits puisque d'ordinaire elle semble pouvoir faire face à des tensions virulentes et multiples. Elle le peut cependant tant que l'interaction entre ces différents conflits se limite à une contamination réciproque au niveau des formes qu'ils prennent. A ce stade elle peut les assumer un à un en les affrontant en ordre dispersé. Il faut bien voir cependant que la multiplicité et la virulence des fronts mettent à mal le pouvoir politique non seulement au niveau de son autorité, mais surtout quant à la cohérence de sa politique, et qu'ainsi se créent périodiquement les conditions économiques d'une situation de pression sociale accentuée. Dans ces phases de mécontentement, et sous l'influence de facteurs conjoncturels concomitants, les différents types de conflits que nous avons évoqués peuvent non plus se contaminer, mais véritablement se conjuguer, pour donner lieu soit à une explosion sociale de grande ampleur comme ce fut le cas en 1968, soit à une situation d'incertitude politique totale comme ce fut le cas lors des élections présidentielles de 1974.

On constate néanmoins que ces phases de tension maximale n'ont pas débouché* jusqu'à présent sur des changements profonds, ce qui amène à s'interroger en dernier lieu sur les facteurs qui permettent de maintenir un consensus minimal relativement solide. Ces facteurs de consensus sont d'ordre divers. Il en est par exemple de politiques, entre autres: stabilité des institutions, long passif,* de crédibilité à gauche. Mais déjà à ce niveau politique de l'alternance au pouvoir on aperçoit le facteur essentiel: celui de la capacité à assurer le développement économique. Ce n'est en effet que parce qu'elle tend progressivement à se montrer à la hauteur de cette exigence fondamentale que la gauche se rapproche du pouvoir. Car c'est bien là en définitive le point-clé: ce sont le progrès et l'expansion économiques continus que la France a connus pendant les quinze années précédant la crise qui ont joué le rôle de ciment* décisif. Les Français n'ont en fait supporté les inégalités que dans la mesure où elles furent le tribut qu'ils ont accepté de payer pour pouvoir accéder à un degré supérieur de bien-être.

A cet égard, on aurait pu s'attendre à ce que la crise économique vienne effriter* cette base de consensus et débouche sur une crise sociale profonde. Jusqu'à présent il n'en a cependant rien été: les tensions sociales se sont certes multipliées, mais sont restées circonscrites à des conflits locaux de nature défensive. Il semble qu'au moins dans un premier temps la sauvegarde de l'emploi et du niveau de vie ait dans la circonstance incité à la modération. Il n'est pas sûr toutefois qu'avec la prolongation du marasme économique, caractérisé notamment par un niveau de chômage élevé, tout danger de crise sociale soit écarté et que le consensus soit désormais plus facile à maintenir: à bien des égards la crise aura pu jouer un rôle de révélateur et rendre les couches défavorisées plus attentives au partage des sacrifices en période difficile et par là même plus impatientes de voir opérer les changements qui leur semblent susceptibles d'améliorer leur situation.

NOTES

1. Nous sommes obligés à l'auteur d'avoir remis à jour cet article paru dans *Französisch heute* 6 (1, mars) 1975, 12-23. Nous remercions le Dr. Jürgen Olbert, rédacteur de cette revue, qui nous a autorisés à reproduire l'article. [Les Rédacteurs]

2. Sur le recul de la population agricole, voir en particulier: M. Gervais, C. Servolin, J. Weil, *Une France sans paysans* (Paris: Seuil, 1965. *Société,* No. 7).

3. Sur ce point, voir en particulier: F. Bon, M. A. Burnier, *Les Nouveaux Intellectuels* (Paris: Seuil, 1971).

4. Ph. Lefournier, "Les Français moins inégaux", *Expansion,* No. 78 (octobre) 1974, pp. 103-118.

5. "L'inégalité des revenus en France", *Le Monde, Dossiers et Documents* (avril 1973).

6. *Le Monde,* 27 décembre 1973.

7. L'ensemble des données ci-dessus est tiré de "Travail et condition ouvrière", *Les Cahiers français,* No. 154-155, 1972, p. 57 et seq.

8. Ces cinq groupes recoupent approximativement ceux mis en évidence par l'enquête publiée récemment par *Le Nouvel Observateur:* "Le prix d'un Français", Nos. 514, 515, 516, 517 (16/9, 23/9, 30/9, 7/10) 1974.

9. P. Bourdieu et J. C. Passeron, *Les Héritiers* (Paris: Ed. de Minuit, 1964).

10. A. Girard, *La Réussite sociale* (Paris: Presses Universitaires de France, 1971), pp. 89-90.

11. Cf. D. Bertaux, "L'hérédité sociale en France", *Economique et Statistique,* No. 9 (février) 1970, pp. 37-49 et A. Darbel, "L'évolution récente de la nobilité sociale", *Economique et Statistique,* No. 71 (octobre) 1975, pp. 3-22.

12. Cf. A. Touraine, *Le Communisme utopique* (Paris: Seuil, 2ème éd., 1972. *Politique,* No. 54), et *La Société post-industrielle* (Paris: Denoël, 1969).

4 Traits caractéristiques de l'économie française

André de Lattre

Depuis 1945, l'économie française a connu une remarquable progression. Entre les deux guerres, malgré son apparente puissance, diplomatique et militaire, conséquence de la victoire de 1918, la France se révélait bien fragile. Elle se dépeuplait et son équilibre démographique* n'était assuré que grâce à l'appoint* de l'immigration. La structure industrielle, souvent archaïque, ne connaissait pas le développement de ses concurrents* allemands et américains; l'agriculture, très protégée, ne semblait pas capable de soutenir la comparaison avec les pays neufs; le secteur tertiaire* était encore peu développé, en raison de l'existence d'un secteur primaire* surabondant, à productivité très faible.

Or, après son effondrement* de 1940, la France a pu, en trente ans, construire sur des bases nouvelles une économie moderne. Trois constatations s'imposent alors:

— *La croissance* (du moins jusqu'à la récession de 1974 qui marque une rupture) a été constante et soutenue: elle est la plus forte de tous les pays développés après le Japon.

— *La population* a connu un renouveau, surtout dans les années de l'immédiat après-guerre (de 1949 à 1969 la France a gagné dix millions d'habitants).

— *La restructuration* industrielle a été réalisée après la période nécessaire de reconstruction. Depuis 1965 la concentration* s'est accélérée, les plus grandes sociétés ont atteint la taille internationale, et certaines constituent des groupes multinationaux.

Nous analyserons d'abord ces aspects marquants du bilan* français avant d'examiner les facteurs qui ont permis à ces tendances de s'affirmer. Nous retracerons ensuite à grands traits l'historique des transformations économiques de la France depuis la guerre. Nous poserons, en conclusion, les questions que font surgir la crise de 1973-74 et l'apparition de comportements nouveaux de la population française.

LE CONSTAT

Une croissance forte et soutenue

Au lendemain immédiat de la guerre, la France a d'abord connu une période de reconstruction, avec un taux* de croissance élevé, de l'ordre de 5% par an. En partie grâce à l'aide Marshall, la France a rapidement retrouvé un niveau de production comparable à celui de 1929, dernière année de référence avant la crise et la guerre, alors que, de 1930 à 1946, la production avait régressé de près de 20%. Ce taux de croissance de 5% par an était, à l'époque, une nouveauté pour l'économie française. Mais loin de ne constituer qu'une exception justifiée par les besoins de la reconstruction, il restera le taux moyen de la croissance tout au long de la période 1945-1973, malgré l'existence de cycles plus ou moins accentués.

De 1958 à 1963 se déroule le deuxième cycle de l'économie d'après-guerre: faisant suite à l'expérience d'assainissement* et à la dévaluation réussie de 1958, l'expansion se développe jusqu'en 1963, date marquée par un nouveau plan[1] de stabilisation. Pendant les cinq années suivantes l'inflation est continue, avec un taux de croissance quelque peu moins élevé. L'année 1968 et ses prolongements marquent une cassure*, mais la crise semble avoir été profitable à l'économie française, dont le niveau de production, malgré un mois de grève, n'en a pas moins continué de progresser. La liquidation des stocks, l'injection massive de pouvoir d'achat et la dévaluation lui permettent de repartir de l'avant avec un taux de croissance plus élevé encore pour atteindre les records de 1973. Seule, la crise de 1973-74 viendra casser cette expansion.

Ainsi, de 1945 à 1973, malgré des fluctuations annuelles relativement amples, la France a connu une croissance forte et soutenue. Corollaire ou cause partielle de cette croissance, la démographie* a subi un renouveau important.

Le renouveau démographique

En moins d'un siècle, de 1850 à 1946, la population française ne s'était accrue que de cinq millions d'habitants; à la veille de la deuxième guerre mondiale, le taux brut* de reproduction atteignait à peine 100%; globalement, la population ne progressait plus. En 1946, la fin de la guerre et la reprise économique créent une atmosphère favorable au progrès de la natalité, déjà encouragée par diverses mesures prises depuis 1939 (développement des allocations familiales* créées en

1938, allégement de la fiscalité directe pour les familles, allocations prénatales et de maternité). Les résultats sont immédiats: de 1946 à 1954, le taux brut de natalité est supérieur à 20%; parallèlement, le taux de mortalité se réduit progressivement à 12%; le taux de reproduction s'élève. Liée à l'expansion économique, l'immigration reprend à un rythme élevé, surtout à partir de 1955; l'apport* net* est supérieur à 150.000 personnes par an. La fin de la guerre d'Algérie entraîne le retour en France de plus d'un million de personnes en 1962 et 1963. Ainsi, de 1945 à 1970, la population française s'accroît de 12 millions d'habitants. Ce n'est qu'au cours des années récentes que, comme dans les autres sociétés industrielles avancées, le taux de fécondité a commencé à baisser.

Le rajeunissement et la prolongation de l'espérance de vie ont eu pour conséquence une diminution accélérée de la part de la population active. Alors que celle-ci était restée stable autour de 50% de 1946 à 1968, elle s'abaisse à 41% en 1970. Cela signifie que 40% de la population doivent subvenir* aux besoins de 60% d'inactifs. Du fait de cette structure anormalement déséquilibrée, le développement de l'économie française n'a été possible que grâce à une forte augmentation de la productivité par tête; la restructuration de l'économie et la hausse du niveau de qualification sont en grande partie à l'origine de cette évolution, également favorisée par le taux de chômage extrêmement faible jusqu'en 1973.

L'accroissement de la production a, en outre, été en partie rendu possible, comme nous l'avons vu, par l'apport de main-d'œuvre* extérieure. L'immigration était indispensable à l'économie française pour faire face au déséquilibre entre la population active et la population inactive et aussi au fait que les travailleurs français ne souhaitaient pas occuper un certain nombre d'emplois offerts. Mais la France a montré une capacité d'absorption de cette main-d'œuvre immigrée, en quantité et en qualité, supérieure à celle des autres nations industrielles européennes. Les premières générations d'immigrants, Belges, Polonais, Italiens, sont aujourd'hui pleinement intégrées dans la nation française. De très nombreux travailleurs algériens y résident en permanence et leur nombre est resté très élevé, même pendant les difficiles années du conflit algérien.[2]

A partir de 1975 en raison de l'accroissement du chômage en France l'immigration nette a connu un ralentissement marqué, et des mesures ont été prises pour faciliter le retour des travailleurs étrangers dans leurs pays d'origine.

Le Tableau 2 retrace l'évolution du nombre d'entrées en France de travailleurs étrangers, autres qu'algériens. Lors du recensement de 1975, les travailleurs algériens représentaient 20,9% de la population active étrangère.

Les travailleurs originaires du Maghreb et du Portugal ont ainsi remplacé les Italiens et les Espagnols dans la composition de la main-d'œuvre étrangère en France.[3]

La restructuration industrielle

Avec la croissance économique accélérée et le rajeunissement de la population, la restructuration industrielle est la troisième caractéristique marquante de l'écono-

TABLEAU 2

Années	Entrées totales	Italiens	Espagnols	dont Portugais	Marocains	Tunisiens	Turcs
1949	58.000	36.000					
1952	32.000	27.000					
1958	82.000	51.000	22.000				
1962	113.000	21.000	63.000	12.000			
1965	151.000	18.000	49.000	47.000	15.000		
1972	98.000	5.000	9.000	30.000	17.000	10.000	8.000
1973	132.000	5.000	7.000	32.000	26.000	20.000	18.000
1974	65.000	5.000	3.000	14.000	14.000	4.000	10.000
1975	26.000	4.000	1.000	5.000	3.000	800	200
1976	27.000	4.000	1.000	4.000	2.000	1.000	200

mie française contemporaine. La France avait été aux XIXe siècle le deuxième pays, après l'Angleterre, à connaître la révolution industrielle; mais, probablement plus que cette dernière, elle a eu tendance, tout au long de la première moitié du XXe siècle, à vivre repliée sur son empire à l'abri d'une protection douanière* élevée, politique aussi néfaste* pour l'économie en général que pour la structure industrielle. Le taux d'investissement était peu élevé, la concentration industrielle faible; les entreprises françaises s'adaptaient à la demande intérieure sans pousser leur action au-delà des frontières.

A partir de 1957, la perspective de suppression des tarifs douaniers dans le cadre du Marché commun incite les industriels à poursuivre une modernisation entamée* lors de la reconstruction de l'économie dans l'immédiat après-guerre. L'effort d'investissement devient alors très important; il s'est fortement accentué de 1969 à 1973; la concentration et la restructuration sont allées de pair. On citera la constitution d'importants groupes tels que Péchiney Ugine Kuhlmann et Saint-Gobain–Pont-à-Mousson. SACILOR et USINOR réalisent ensemble 70% du chiffre d'affaires total de la sidérurgie*. Des procédures de prises de contrôle, nouvelles pour la France, se sont développées. Les plus marquantes ont concerné l'industrie du verre et la banque: Boussois-Sauchon-Neuvecel a ainsi tenté, sans succès, de s'assurer le contrôle de Saint-Gobain. De leur côté, le Groupe de Suez et la Banque de Paris et des Pays-Bas se sont livrés une longue bataille pour acquérir l'une des grandes banques de dépôts françaises, le Crédit industriel et commercial. De 1950 à 1960 on enregistre 849 opérations de concentration; de 1961 à 1969, 1627. Cependant, malgré l'effort accompli, le poids de l'industrie française reste inférieur à celui de certaines de ses concurrentes. Parmi les trente premiers groupes européens on ne trouve que quatre français: la Compagnie française des pétroles, Elf-Erap, la Régie Renault, Péchiney Ugine Kuhlmann.

Le Tableau 3 donne pour quelques secteurs de l'activité économique le rang de la première entreprise française dans le classement européen.

L'industrie française doit aussi faire face à quelque sérieux handicaps de structure. Le principal est celui de la fourniture en énergie. Longtemps l'industrie française s'est approvisionnée en charbon dans des bassins, en particulier le Nord-Pas-de-Calais et le Centre Midi, dont le rendement* était faible (1 tonne/jour

TABLEAU 3

Rang de la première entreprise française dans le classement européen:

-aéronautique[4]	SNIAS	No 2
-automobile	Régie Renault	No 3
-pneumatiques	Michelin	No 2
-alimentation*	BSN-Gervais-Danone	No 5
-édition	Hachette	No 1
-métaux non ferreux	Péchiney Ugine Kuhlmann	No 1
-pétrole	Cie française des pétroles	No 4
	Elf-ERAP	No 5
-textiles	Agache-Willot	No 4
-verrerie*	Saint-Gobain	No 1

par mineur, alors que le rendement américain est proche de 20 tonnes/jour). Aujourd'hui le gisement* de gaz de Lacq s'épuise (le gaz étant importé de Hollande, d'Algérie et, bientôt, d'Union Soviétique). Tous les sites susceptibles de recevoir des barrages hydro-électriques ont été équipés. L'énergie la plus largement utilisée est et restera pendant un certain temps encore le pétrole, dont la France est à peu près dépourvue (des sondages au large de la côte de Bretagne laissent entrevoir quelques possibilités, mais à terme assez éloigné). La politique française de l'énergie vise à diversifier les sources d'approvisionnement pour diminuer le degré de dépendance énergétique, et donc politique, du pays. Dans le même esprit les programmes d'équipement nucléaire ont été fortement accrus par l'engagement d'un plan de construction de 13 centrales nucléaires de 1.000 MW.

Enfin des encouragements financiers ont été donnés aux entreprises et aux particuliers pour les inciter à économiser l'énergie.

Même si le degré de compétitivité de l'industrie française se compare assez favorablement à celui de ses principaux concurrents, la place du secteur industriel reste un peu plus faible qu'en Allemagne ou en Grande-Bretagne. Autrefois victime d'une agriculture excédentaire*, l'industrie serait aujourd'hui menacée par l'extension trop rapide du secteur tertiaire. Si certaines branches comme l'automobile et l'aéronautique sont parmi les plus développées du monde industriel, d'autres secteurs doivent être sérieusement renforcés, en particulier celui de l'équipement lourd et des machines-outils.

LES CAUSES DU RENOUVEAU DE L'ECONOMIE FRANÇAISE

Le renouveau de l'économie française, qui s'est manifesté depuis la guerre par une croissance accélérée, une poussée démographique et une restructuration de l'industrie, tient sans doute à certaines caractéristiques propres à la société française: la qualité du travail fourni, une homogénéité croissante de la nation française malgré des différences de classes sociales qui restent assez marquées, un niveau général d'éducation élevé, des mécanismes de protection sociale développés, une agriculture forte qui accroît son degré de productivité, un centralisme administratif poussé qui n'est pas, par ailleurs, sans inconvénient, un système d'intervention de l'Etat et d'économie mixte très développé. Nous passerons en revue ces différents points.

La qualité du travail

Le taux de productivité de l'économie française est, nous l'avons vu, élevé; il est en général supérieur à celui des concurrents étrangers et, à la différence de l'Allemagne et de l'Italie, la croissance s'est effectuée* à volume de population active inchangé. Les accroissements de productivité ont été comparables dans le secteur industriel (7,3% par an de 1965 à 1970 et 6,6% de 1970 à 1973) et dans l'agriculture (6,3% par an de 1952 à 1972). La durée du travail est restée la même de 1945 jusqu'au début des années 1970. La durée hebdomadaire du travail, qui était de l'ordre de 45 heures à la Libération, dépassait encore ce chiffre dans la période précédant immédiatement la crise de 1974; depuis lors, les mises en chômage partiel se sont développées. D'autre part, si la durée hebdomadaire du travail est restée stable et, même, a légèrement progressé, l'allongement de la durée des congés payés, qui est passée de deux à plus de quatre semaines par an, est venu rétablir l'équilibre.

Avec la quantité, la qualité du travail fourni est une des raisons de la croissance française; le taux d'absentéisme est faible et sensiblement moins élevé que dans certains autres pays européens. L'élévation du niveau général d'éducation est en partie responsable de l'accroissement de productivité de ces trente dernières années.

Le degré d'intégration dans la nation

Le centralisme* historique français, contrainte qui devait favoriser l'intégration, reste-t-il un accélérateur ou un frein du processus* d'intégration? Il semble que la réponse soit positive et qu'il existe davantage d'intérêts communs entre un Marseillais et un habitant de Valenciennes qu'entre ce dernier et un habitant de Mons, en Belgique, ville cependant distante de 50 km à peine de Valenciennes. Cependant, ces dernières années, et en réaction contre la tendance séculaire, se sont développés des mouvements de contestation dans différentes régions de France telles que la Corse et la Bretagne qui se considéraient comme délaissées par l'administration parisienne. Cette remise en cause n'a touché que quelques milieux limités et, à l'exception du cas de la Corse, ne semble pas avoir des racines profondes dans les populations.

La situation est plus nuancée quant à l'intégration sociale. Accompagnant la croissance et l'élévation générale du niveau de revenus, un mode de vie assez homogène s'est développé dans les classes de la société. En particulier pour les populations urbaines, les écarts se recontrent moins dans les différences de comportement que dans le degré de consommation des services; plus de la moitié des Français partent en vacances et la possession d'une voiture n'est l'apanage* d'aucun groupe social particulier. Néanmoins, des réactions psycho-sociologiques divergentes, en partie provoquées par des écarts matériels importants dans la hiérarchie des revenus, sont encore vives. La conscience d'appartenir à une classe sociale reste forte et ce phénomène explique partiellement les affrontements marqués que l'on constate dans la vie politique française. La cellule familiale, limitée aux parents et enfants, demeure la base de la société française; l'évolution récente, qui remet en question un certain formalisme juridique (mariage officiel), ne heurte pas cette tendance; tous les facteurs d'opinion (publicité, media) poussent à la célébration du culte de la famille; les plaisirs (vacances, automobile) sont consommés au sein de ce groupe de base; les récentes lois libéralisant le divorce ou autorisant l'avortement ne semblent pas, au moins à court terme, devoir remettre en cause cet état de fait.

Un niveau général d'éducation élevé

Le développement de la scolarisation est une des caractéristiques de la France depuis 1945. La scolarité obligatoire est passée de l'âge de 14 ans à celui de 16 ans, changement qui a entraîné un gonflement du nombre d'élèves du premier cycle de l'enseignement secondaire. Ce dernier est, avec l'enseignement supérieur, et surtout depuis 1968, celui qui a connu le plus fort accroissement d'effectifs*. La France est, avec l'Italie, le pays d'Europe qui compte le plus grand nombre d'étudiants (800.000). Dès l'âge de deux ou trois ans, l'école maternelle dispense des rudiments d'enseignement aux jeunes enfants et leur offre l'apprentissage de la vie en commun. Ainsi, 100% des enfants de l'âge de 5 ans et 85% des enfants de l'âge de 3 ans sont scolarisés, pourcentages élevés que l'on ne rencontre guère dans d'autres pays. Les études générales sont très poussées dans les enseignements primaire et secondaire. La spécialisation est relativement faible, même dans la plupart des filières* de l'enseignement supérieur, écoles et facultés de médecine misés à part. Cette caractéristique est d'ailleurs une des faiblesses du système éducatif français qui ne répond qu'imparfaitement aux besoins du marché du travail; l'enseignement français tend en effet toujours à former des généralistes de haut niveau, capables de s'adapter à des situations diverses, plutôt que des spécialistes. L'application de la loi d'orientation votée à la suite de la crise de 1968, à laquelle les étudiants avaient pris une si large part, n'a pu corriger cette tendance. Parallèlement à l'enseignement universitaire traditionnel, de nouveaux systèmes de formation sont apparus qui permettent une meilleure adéquation de l'offre et de la demande d'emploi sur le marché du travail d'autant plus nécessaire qu'une grande partie du chômage est d'ordre structurel. Une loi du 16 juillet 1971 a institué la formation professionnelle permanente: à partir de 1976, 2% de la masse salariale des entreprises doivent être consacrés à des formations complémentaires ou à la reconversion* professionnelle des salariés.

Des mécanismes de protection sociale développés

La Sécurité sociale a été créée en France en 1945; depuis lors, elle a été étendue à presque toutes les catégories sociales de la nation. En 1967, des ordonnances gouvernementales ont modifié son organisation interne tout en respectant l'esprit des fondateurs de l'institution. Aujourd'hui, le régime général de Sécurité sociale connaît des difficultés financières dues à l'existence d'un déséquilibre entre les actifs et les inactifs au sein de la population française, et à l'augmentation considérable de la consommation médicale. Depuis 1969, de nombreuses lois sociales tendant à la protection des salariés ont été votées: elles ont trait aux conventions collectives, à la durée maximale du travail—la durée effective est en France une des plus longues d'Europe—à la mensualisation* du salaire, à l'égalité des salaires masculins et féminins, à la représentation des ouvriers et au droit à l'information dans l'entreprise, à la réglementation des licenciements par les entreprises.

Les salariés bénéficient d'une garantie de salaire minimum. Depuis 1970, ce "salaire minimum interprofessionnel de croissance" est défini de façon à tenir compte de différentes variables liées à l'évolution générale de l'économie et du pouvoir d'achat. En dépit de l'hostilité, puis de l'indifférence des syndicats, l'intéressement des travailleurs aux résultats de l'entreprise est devenu obligatoire depuis le 17 août 1967 dans les entreprises de plus de 100 salariés. L'actionnariat ouvrier, créé par la loi du 2 janvier 1970, et principalement organisé à la Régie Renault et dans les banques nationales, a suscité les mêmes réactions.

Depuis la crise de 1973 et la montée du chômage, diverses initiatives sont venues renforcer le dispositif* de protection existant. Les demandeurs d'emplois peuvent, en France, bénéficier de deux sortes d'aides: une aide publique de l'Etat, datant du lendemain de la guerre, et une aide des caisses mutuelles de chômage (les ASSEDIC, instituées en 1958). L'Agence nationale pour l'emploi a progressivement étendu son champ d'activité à l'ensemble du territoire; son but est de permettre à toutes les personnes cherchant un emploi de s'inscrire, donc d'être comptabilisées et de bénéficier des aides; il est aussi de faciliter une meilleure adaptation des demandes et des offres d'emploi. Une loi de 1975, qui vise à indemniser totalement les licenciés pour cause économique, permet à cette catégorie de chômeurs de bénéficier de 90% de leur salaire antérieur pendant une année.

Les progrès de productivité de l'agriculture

Depuis le début de XXe siècle, l'agriculture française avait vécu entourée de barrières douanières élevées qui lui permettaient de subsister, mais qui ne favorisaient pas les accroissements de productivité. L'agriculture a traversé de manière relativement satisfaisante la crise* de 1929 et n'a pas eu à subir la concurrence des pays neufs. En 1945, cette agriculture employait toujours une population active excédentaire avec une productivité très faible, sur des surfaces parfois minuscules. La libération progressive des échanges, et surtout l'ouverture des frontières dans le cadre du Marché commun, ont introduit une véritable révolution dans les structures et les mentalités agricoles. L'agriculture française a su s'adapter aux nouvelles contraintes; une concentration très importante des exploitations s'est opérée, en même temps que de nombreux exploitants quittaient les zones rurales. Le développement de l'emploi des engrais* et celui de la mécanisation ont accompagné ces transformations auxquelles le Crédit agricole, banque coopérative, a apporté une importante contribution. Aujourd'hui, à l'exception de quelques zones de montagne, l'agriculture française est devenue hautement compétitive.

Les orientations en matière d'agriculture sont arrêtées à Bruxelles, dans le cadre de la politique agricole commune (PAC). Les barrières douanières "internes" ont été supprimées entre les pays membres. Le tarif extérieur commun (TEC), égal à la moyenne arithmétique des anciens droits des pays membres, est en général inférieur aux protections douanières dont bénéficient les agricultures des autres pays. Le Marché commun repose, sur le plan financier, sur un Fonds européen d'orientation et de garantie agricole (FEOGA) qui encaisse le produit des "prélèvements" compensateurs perçus à l'entrée des marchandises agricoles dans la CEE. Avec ces ressources ce Fonds finance deux types de politique: la première garantit le revenu des agriculteurs par un système de restitution à la vente; la deuxième doit permettre d'orienter les choix de la politique agricole commune par divers types de primes encourageant la concentration des exploitations, telles que les indemnités viagères* de départ (IVD).

Si les progrès de productivité ont été remarquables sur le plan de la production agricole, des efforts sont encore nécessaires pour ce qui est de la transformation des produits. Les industries agricoles et alimentaires doivent être modernisées, des concentrations sont nécessaires, les activités de transformation doivent se développer car la France exporte encore trop de produits agricoles bruts, incorporant peu de valeur ajoutée.

La structure centralisée de la France

Plus que le système de protection sociale développé, commun à l'ensemble des pays industrialisés de l'Europe du Nord-Ouest, la structure administrative centralisée est un trait d'originalité de l'organisation socioéconomique de la France. Plusieurs siècles d'une volonté commune ont abouti à un centralisme qui est sans doute le plus poussé du monde, dont la structure en toile d'araignée du réseau ferroviaire* autour de Paris est l'exemple le plus connu. Le système préfectoral* n'a que peu d'équivalent chez les pays industrialisés. Les vingt régions—auxquelles s'est ajoutée la Corse—organisées en 1971 ont un budget propre très faible et les pouvoirs de leurs assemblées, élues au suffrage indirect*, sont très restreints. Les effets de la politique d'aménagement du territoire se font progressivement sentir; encore cette politique est-elle très largement menée par une administration parisienne. Hormis Paris, la France ne possède guère de métropole de taille européenne; et les huit grands ensembles urbains (Bordeaux,

Lille–Roubaix–Tourcoing, Lyon–Saint-Etienne–Grenoble, Marseille–Aix, Nancy–Metz–Thionville, Nantes–Saint-Nazaire, Strasbourg, Toulouse), classés "métropoles d'équilibre", n'ont pas les infrastructures* nécessaires à la fonction et n'équilibrent que partiellement l'influence de la capitale. Certains investissements lourds, nécessaires à la croissance économique globale du pays, peuvent se révéler contraires aux volontés affirmées de favoriser le développement des régions de l'Ouest. L'intégration dans la Communauté économique européenne actuelle, dont le centre vital se situe sur nos frontières du nord-est, accentue cette tendance. Le "pouvoir régional" est donc loin d'exister en France. La structure centralisée a cependant fait la preuve d'une efficacité certaine, notamment dans le domaine économique.

Une économie "mixte" où l'Etat joue un rôle important depuis une époque assez ancienne

L'habitude d'interventionnisme est très ancienne dans l'Etat centralisé qu'est la France et les traditions de certaines administrations remontent à plus de deux siècles. Le service public jouit d'un prestige qui a peu d'équivalent dans d'autres pays. L'Ecole nationale d'administration qui forme les hauts fonctionnaires incarne ces traditions et tendances de la haute administration française. Mais le centralisme administratif n'est qu'une des images de l'interventionnisme étatique*, très développé en matière économique. Sans être aussi développé que celui de l'Italie, le secteur public réalise une part appréciable du PNB de la France.

Si la loi sur le raffinage et la distribution de pétrole date de 1928, les premières grandes nationalisations ont été faites par le gouvernement de front* populaire en 1936-37; elles concernaient les industries aéronautique et de l'armement et la Société nationale des chemins de fer français. La deuxième vague, au moment de la libération en 1945, a eu plus d'ampleur: elle a touché tous les secteurs de l'économie; si certaines entreprises telles que Renault ont été nationalisées pour activités de collaboration sous L'Occupation, les autres décisions correspondent à un plan d'ensemble de retour à la nation des grands moyens de production, sources d'énergie, richesses du sous-sol, assurances et banques. Elles concernent les Charbonnages de France, l'Electricité de France, le Gaz de France, le Commissariat à l'énergie atomique, les grandes Banques et Compagnies d'assurances; à leurs côtés sont constituées ou réorganisées d'importantes sociétés d'économie mixte comme Air France.[5]

Parallèlement à cet interventionnisme direct, la France connaît un système relativement original en Europe occidentale: la planification incitatrice.[6] Le Premier Plan mis en place en 1946 était un plan de réorganisation économique et de gestion* de la pénurie*; il était relativement impératif par les moyens dont il disposait pour sa mise en application; depuis lors, la planification a connu une évolution qui l'a rendue beaucoup plus souple et nettement moins directive. Depuis le début de 1976 est mis en œuvre le VIIe Plan, qui vise à adapter l'économie française aux bouleversements apportés par la crise mondiale de 1974.

Ces divers facteurs (travail qualifié, intégration nationale, éducation, protection sociale, centralisme administratif, agriculture compétitive, interventionnisme de l'Etat) ont permis la croissance française depuis 1945; il convient maintenant d'en évoquer les différentes phases conjoncturelles*.

L'HISTORIQUE DE LA CROISSANCE

Dans l'étude de la période 1945-1975, la coupure de l'année 1958, importante sur le plan politique puisqu'elle voit l'avènement de la Ve République, s'impose aussi dans le domaine économique. Si les progrès de la croissance ont marqué les trois décennies, la première période, de 1945 à 1958, a surtout été caractérisée par la reconstruction de l'économie française avec des moyens assez dirigistes*; la deuxième a connu l'ouverture sur l'extérieur et les efforts de restructuration et de concentration.

Les années de reconstruction 1945-1958

Les réformes de structure

Les deux années de l'immédiat après-guerre ont été, comme nous l'avons vu, principalement consacrées aux réformes de structure dans le sens d'une plus grande intervention de l'Etat en matière économique et d'une recherche de plus grande justice sociale. Les ordonnances du 4 et du 19 octobre 1945 instituent la Sécurité sociale; successivement, de grands secteurs de l'économie sont nationalisés (crédit, assurances, énergie et services publics). L'ordonnance du 22 février 1945 crée les Comités d'entreprise. En 1945, Jean Monnet lance le premier plan d'équipement. La durée du travail est légalement rétablie à 40 heures, avec des heures supplémentaires payées à un tarif supérieur.

Dès la fin de 1944, la politique conjoncturelle procède des mêmes inspirations; elle comporte d'importantes augmentations de salaires, un relèvement des allocations familiales, le blocage des prix. Après avoir renoncé à un échange de billets accompagné de la résorption d'une partie des disponibilités monétaires, comme cela s'était fait avec succès en Belgique, le gouvernement procède au lancement de l'Emprunt de Libération. Le 4 juin 1945 se déroule un échange de billets sans prélèvement, qui permet toutefois une connaissance exacte de la détention* des liquidités par les particuliers et facilite la mise en place d'un Impôt de solidarité nationale. Mais le taux d'inflation reste élevé et une dévaluation est inévitable. Elle a lieu le 25 décembre 1945, le dollar passant de 50 francs à 120 francs.

Les années 1946-47 sont particulièrement difficiles. L'inflation atteint un rythme très élevé, les récoltes sont catastrophiques. Une tentative de baisse autoritaire des prix échoue. L'automne 1947 est marqué par de grandes grèves. Le déficit extérieur est important. La France s'endette auprès des gouvernements étrangers (américain, canadien, britannique) et des organisations internationales telles que le Fonds monétaire international.

Les réformes de structure indispensables ont donc été effectuées, mais dans un climat conjoncturel défavorable: l'économie française n'était pas encore sortie de l'état de déséquilibre dans lequel l'avait plongée le conflit. Les années suivantes vont permettre ce retour à l'équilibre.

Le retour à l'équilibre

Après les grèves de la fin de 1947, le gouvernement adopte un plan d'ensemble de remise en ordre économique. Il procède à des hausses des tarifs publics et s'achemine vers un retour à la liberté des salaires. Un emprunt forcé doit réduire les liquidités. Il est procédé à une deuxième dévaluation, techniquement assez complexe, le taux de dévaluation n'étant pas le même vis-à-vis de toutes les monnaies et l'opération comportant un cours de change partiellement flottant. La dévaluation porte, en fait, le cours moyen du dollar de 120 à 264 francs.

Les années 1948-50 seront, sur le plan intérieur, meilleures que les précédentes. La production se développe rapidement et la balance des paiements revient progressivement à l'équilibre. Mais le 20 septembre 1949, à la suite de la dévaluation de la livre sterling, la France est obligée de procéder à une nouvelle dévaluation qui fait passer le cours du dollar à 350 francs.

L'économie subit le contrecoup des inflations consécutives aux guerres de Corée et d'Indochine

La guerre de Corée, déclenchée le 24 juin 1950, provoque une inflation généralisée due à la hausse des matières premières. Dans le même temps, la loi du 11 février 1950 rétablit la liberté des salaires et institue le salaire minimum interprofessionnel garanti (SMIG). L'expansion est vive mais l'inflation reprend. M. Antoine Pinay, élu président du Conseil le 6 mars 1952, tente par divers moyens psychologiques de rétablir la confiance. Il ordonne des économies budgétaires sans augmentation d'impôts, lance un emprunt indexé sur l'or et exonéré de droits de succession. Ce sera un grand succès, même si la dernière disposition est critiquable à cause de l'évasion fiscale* qu'elle suscite.

A partir de 1953, malgré la lourde charge du conflit indochinois, le gouvernement tente de relancer l'économie sans déclencher le processus inflationniste (création du Fonds de développement économique et social). Plusieurs trains de réformes sont mis en route: politique d'aménagement du territoire; réorganisation des marchés agricoles (lois sur l'alcool) et, en matière fiscale, introduction de la taxe sur la valeur ajoutée (TVA). Le déficit commercial est réduit, mais la France n'exporte toujours pas assez de produits finis incorporant beaucoup de valeur ajoutée. L'amélioration de la balance des paiements permet de commencer à rembourser certaines dettes extérieures.

L'économie française a donc réussi une deuxième fois à retrouver son équilibre, compromis par la poussée inflationniste mondiale consécutive à la guerre de Corée; elle va pouvoir connaître, au cours des périodes ultérieures, un développement remarquable malgré des dérapages* inflationnistes persistants.

Le décollage* de l'économie et la poussée inflationniste

Aux élections de 1956, la victoire du front républicain amène le chef du parti socialiste, M. Guy Mollet, à la présidence du Conseil. Son gouvernement va pratiquer une politique de soutien de la demande intérieure qui entraînera des pressions inflationnistes encore aggravées par la prolongation de la guerre d'Algérie.

Cette politique comporte notamment l'extension des congés payés qui passent de deux à trois semaines et la création du Fonds national de vieillesse, alimenté par une taxe sur les automobiles. Le gouvernement tente de lutter contre la hausse des prix par des moyens contestables tels que la manipulation de l'indice des prix; il lance des emprunts pour financer le coût de la guerre d'Algérie.

Le traité de Rome, instituant le Marché commun, est signé le 25 mars 1957; il entrera en vigueur le 1er janvier 1958.

Mais l'équilibre des finances extérieures va se dégradant. Après le départ du gouvernement socialiste, une nouvelle dévaluation intervient les 10 août et 26 octobre 1957; l'opération, complexe, s'est faite en deux temps. Le dollar se négociera aux alentours de 420 francs. Le gouvernement met alors en œuvre un premier plan de redressement, en matière de prix, de tarifs publics, etc., d'autant plus nécessaire que les bailleurs* de fonds étrangers acceptent difficilement l'ouverture de nouveaux crédits. L'année 1958 a donc été très difficile du point de vue des finances françaises mais, si les diverses mesures prises n'ont pas produit d'effets à court terme, elles permettront néanmoins le plein succès du plan de 1958-59 qui poursuivra l'action précédemment engagée. Le dernier président du Conseil de la IVe République, de juin à décembre 1958, est d'ailleurs le général de Gaulle et son ministre des Finances, M. Antoine Pinay.

Au travers des crises, l'économie française a ainsi accompli un bond* en avant très important; la production intérieure et les exportations se sont développées à un rythme très rapide. Mais la dette extérieure est à la limite du supportable; la guerre d'Algérie a pesé d'un poids très lourd sur l'économie et l'ouverture des frontières dans le cadre du Marché commun pose de nombreux points d'interrogation. Le trait marquant de la période est toutefois, malgré les nombreux handicaps structurels qui existent encore, que la reconstruction de l'économie française est terminée et que des possibilités nouvelles s'offrent à elle dans le cadre élargi d'un ensemble économique mondial qui cherche à abaisser les barrières protectionnistes.

L'ouverture sur l'extérieur 1958-1973

La remise en ordre

A la fin de 1958, sous l'autorité du général de Gaulle qui doit prendre ses fonctions de président de la République le 1er janvier 1959, le gouvernement lance le plan "Rueff", mis en place à la même date. C'est un ensemble de mesures qui doit permettre la relance de l'économie française sur des bases jugées plus saines.

On commence par supprimer toutes les indexations, qui sont des vecteurs d'inflation et qui contrarient les adaptations indispensables de la structure des prix.

Diverses mesures déflationnistes sont prises dans le domaine des finances publiques. Par ailleurs, une nouvelle dévaluation est décidée, qui complète celle de l'année précédente; le cours du dollar passe alors à 4,90 francs nouveaux (le franc nouveau, égal à 100 francs anciens, ayant été introduit le 1er janvier 1959); les échanges sont libéralisés et la convertibilité externe du franc rétablie. La dévaluation se révèle efficace, la balance des paiements redevenant rapidement positive. Le gouvernement établit un plan intérimaire qui modifie les objectifs du IIIe Plan; une politique tendant à rehausser le niveau des revenus agricoles est mise en œuvre, avec la création du Fonds d'organisation et de régularisation des marchés agricoles (FORMA). L'année 1959 connaît une croissance lente, comme c'est d'ailleurs le cas dans l'ensemble des économies occidentales. Mais les années 1960-62 voient le retour à une croissance soutenue.

Les importants excédents* de la balance des paiements permettent de rembourser certains emprunts extérieurs. De manière générale le calme relatif qui règne dans le domaine économique donne à la France le loisir de régler de délicats problèmes politiques concernant notamment les institutions et la question algérienne.

Le plan de stabilisation et ses suites

Fin 1962, des tendances inflationnistes se manifestent à nouveau dans l'économie, notamment sous l'effet de l'accroissement de la demande intérieure provoquée par le retour des Français d'Algérie. Le 2 septembre 1963, le gouvernement prend un certain nombre de décisions qui visent au "refroidissement" de l'économie française. Elles comportent un blocage des prix à la production, la baisse des droits de douane, l'encadrement du crédit bancaire et la diminution du découvert budgétaire. Le gouvernement pousuit l'application des directives du plan de stabilisation pendant toute l'année 1964. Ces mesures sont quelque peu assouplies en 1966, notamment en substituant au blocage des prix la passation de "contrats de stabilité" avec les entreprises. Mais le gouvernement tarde peut-être un peu à prendre des mesures de franche relance; celles-ci interviennent surtout en 1966. Sauf en 1964 où la balance commerciale est négative, la balance des paiements est nettement excédentaire et la dette extérieure française est presque résorbée.

En 1966, sont mises en œuvre des mesures de relance, notamment au moyen de déductions fiscales: des "contrats de programme" doivent assurer la stabilité des prix. En juin et en juillet 1967, le gouvernement lance un nouveau train de mesures de soutien à l'économie. Auparavant, deux étapes importantes ont été franchies sur le plan de l'ouverture des frontières: le contrôle des changes a été supprimé en janvier 1967 et, le 16 mai 1967, les pays de la CEE ont conclu les accords Kennedy qui abaissent, entre autres décisions, le tarif extérieur commun.

Au cours du deuxième semestre de 1967, sont promulguées diverses ordonnances touchant le domaine social: création de l'Agence nationale pour l'emploi, aménagement de la Sécurité sociale, intéressement des travailleurs aux bénéfices des entreprises. Le 31 décembre 1967, le gouvernement élargit l'application de la taxe à la valeur ajoutée à l'ensemble de l'économie en l'étendant au secteur du commerce.

Ces années voient un certain développement du chômage dans une conjoncture maussade*. Il ne faut sans doute pas chercher les causes de l'explosion de mai 1968 dans un faible taux d'expansion, un accroissement du chômage, ou dans les conséquences ultimes d'un plan de stabilisation; ces facteurs négatifs ont cependant pu créer un climat favorable à la propagation et à l'extension d'une crise dont l'origine n'est pas d'ordre économique.

De la crise de mai 1968 à la croissance record de 1973

La crise de mai 1968 et les grandes grèves qui l'accompagnent se traduisent par une baisse de 3% de la production intérieure, mais aussi par une très forte hausse des salaires, que certaines petites entreprises pouvaient difficilement supporter; l'accès au crédit est alors rendu plus facile, ce qui entraîne un accroissement sensible des liquidités. Un freinage de l'activité pourrait apparaître comme nécessaire. Néanmoins le gouvernement prévoit un rythme de croissance de l'ordre de 7% pour 1969 et supprime en septembre le contrôle des changes* qui avait été rétabli au début de juin.

Le 12 novembre, il agit sur le crédit; mais ces mesures, pourtant indispensables, sont mal comprises, ce qui provoque d'importantes sorties* de devises. Malgré un début de panique, le gouvernement choisit de ne pas dévaluer; le 26 novembre, il prend diverses mesures restrictives, telles que la réduction du découvert* du budget, un relèvement du taux de TVA, et le renforcement de l'encadrement du crédit. En fait, l'application du plan n'étant pas très stricte, des comportements inflationnistes vont quand même se développer. Le contrôle des changes doit être rétabli le 24 novembre et, cette fois, sous une forme beaucoup plus stricte, comportant notamment l'interdiction des couvertures* de changes à terme dans les transactions commerciales.

Après le départ du général de Gaulle, à la suite du referendum du 21 avril 1969, M. Georges Pompidou est élu, en juin, président de la République. Le 8 août 1969, le gouvernement dévalue à nouveau le franc, le cours du dollar passant à 5,50 francs. Un nouveau plan de freinage est mis en route au mois de septembre, comportant notamment le vote en équilibre du budget de 1970. Mais la crise a été sévère; les années 1968-69 ont vu le niveau des réserves monétaires s'effondrer*; le 31 octobre 1969, elles ne dépassent pas 1,5 milliard de dollars, contre 7 milliards deux ans auparavant.

En 1970, les plans de stabilisation successifs ont permis de rétablir les grands équilibres. Le problème se pose alors de savoir s'il faut pratiquer une relance* de l'économie; le gouvernement assouplit la politique de crédit, notamment en abaissant le taux d'escompte*; le 28 octobre 1970, il supprime les restrictions de crédit. En 1971 la production reprend à un rythme soutenu. Mais la hausse des prix, qui avait peu fléchi, reste vive, de même que le rythme d'augmentation des salaires. Les investissements restent toujours à un niveau élevé, l'épargne* forte; toutefois le chômage structurel devient de plus en plus important en raison de l'inadéquation de l'offre et de la demande de travail; les classes d'âge nées au lendemain de la guerre de 1945 arrivant sur le marché du travail, cette tendance va s'en trouver accentuée. Dans le domaine extérieur, l'année 1971 est marquée par la dévaluation du dollar le 15 août et les accords de Washington le 18 décembre, qui entraînent un réalignement général des parités*.

En 1972, les rythmes de hausse des prix et des salaires s'accentuent, dans une ambiance de surchauffe* de la production française. Le budget est exécuté en excédent, mais le taux de croissance de la masse monétaire française reste inquiétant; pour lutter contre cette tendance, on s'achemine progressivement vers le rétablissement de restrictions du crédit bancaire. Début 1973, des mesures sont prises pour freiner la hausse des prix. La croissance atteint un niveau très élevé (5,8% en volume); les exportations sont en progrès net; le niveau des rémunérations salariales augmente fortement. Le problème le plus préoccupant est celui de la hausse des prix (8,5% pour les prix de détail). Un nouveau blocage des prix intervient en novembre 1973. Le taux d'escompte est relevé jusqu'à 11%. Si la France avait assez rapidement reconstitué ses réserves de change après 1968-69, les années 1972-73 montrent que la balance des paiements demeure fragile.

La crise pétrolière qui débute le 6 octobre 1973 et la crise économique mondiale vont remettre en question cette croissance et les équilibres difficilement acquis, accentuer la hausse des prix, favoriser le développement du chômage et provoquer un déficit considérable de la balance des paiements.

En définitive la période 1958-1973—et plus particulièrement les dernières années depuis 1969—restera caractérisée par le déploiement de l'économie française, son ouverture sur le monde, la libéralisation des changes.[7] Marquée par l'industrialisation accélérée et la concentration des entreprises, qui atteignent une taille européenne, cette économie ouverte, en pleine croissance, va rencontrer avec la crise de 1973-74 l'épreuve la plus grave qu'elle ait connue depuis la guerre.

L'économie française face à la crise

L'année 1973 avait été, pour l'économie française, une année d'exceptionnelle expansion; celle-ci se poursuit pendant le premier semestre 1974. La crise mondiale provoquée, entre autres causes, par le renchérissement* des prix du pétrole et de l'ensemble des matières premières, ne touche la France qu'assez tardivement. La hausse des prix des produits de base a accéléré le processus inflationniste déjà sensible pendant la période de haute conjoncture de l'année 1973. Les grandes puissances industrielles (U.S.A., Japon, Allemagne) ayant réagi par des mesures déflationnistes assez brutales, la crise se répercute alors à l'ensemble de l'économie mondiale. Les secteurs les plus touchés sont en général les plus sensibles à la conjoncture internationale tels que l'automobile, qui exporte plus de la moitié de sa production, ou aux variations du climat psychologique interne, comme le bâtiment.

Malgré la libéralisation intervenue depuis 1958 et l'ouverture sur l'extérieur qui s'en est suivie, dont témoigne l'augmentation de la part des exportations dans le PNB, l'économie française a peut-être encore une structure qui la rend moins sensible que les économies de ses partenaires aux variations de la conjoncture internationale.[8] En dépit de la récession et d'un chômage importants, la France paraît effectivement moins touchée que les autres pays. La baisse de la production industrielle se fait surtout sentir à partir de 2e semestre de 1974; au premier semestre elle était encore en augmentation de 6,8% par rapport à la période précédente.

La hausse des prix, déjà très forte en 1973, s'accentue sous l'effet de l'augmentation des prix des produits énergétiques, mais aussi de la progression des coûts salariaux. En 1974, l'indice des prix à la consommation progresse de 13,6%. Le déficit extérieur est très important: le solde* négatif de la balance des paiements approche de 6 milliards de dollars. Pour le réduire, le gouvernement décide de limiter à 51 milliards de francs les importations totales de pétrole brut destiné à la consommation intérieure en 1975 et, pour éviter des pertes de devises trop importantes, il quitte, de janvier 1974 à l'été 1975, puis à nouveau en mars 1976, l'accord monétaire européen qui limite l'écart maximum possible des cours de change entre le franc et les monnaies de certains de ses partenaires européens.

Le problème le plus grave reste néanmoins celui du chômage: de 650.000 en décembre 1974, le nombre des demandes d'emploi non satisfaites passe à un million à la fin de 1975. L'année 1975 a en effet été celle de la récession, même si, en définitive, le recul de l'activité nationale n'a été que de l'ordre de 1% à 2%. Le taux d'inflation n'est ramené qu'à grand-peine en dessous de 10%. L'équilibre de la balance des paiements est rétabli surtout grâce à l'action vigoureuse menée au premier semestre; la balance commerciale enregistre un excédent de 2 milliards de dollars, principalement dû à la diminution des importations. Dans ce domaine, les résultats du deuxième semestre 1975 sont moins bons que ceux du premier; la reprise qui se fait jour dans l'économie française entraîne un accroissement des importations.

L'année 1976 enregistre à nouveau une réelle détérioration de l'ensemble des indicateurs économiques. La reprise qui s'est opérée fin 1975–à la fois spontanément et sous l'effet des divers plans de relance qui se sont succédés au cours de cette année–a tendance à s'essouffler à partir du deuxième semestre de 1976. La dégradation des échanges extérieurs est très marquée. Le déficit commercial, quelque peu aggravé par la sécheresse du début de l'été 1976, atteint 25 milliards de francs ou 5 milliards de dollars. Et le rythme de la hausse des prix s'accélère, surtout à partir de l'été.

Aussi un nouveau gouvernement est-il mis en place en septembre 1976, sous l'autorité de M. Raymond Barre, avec pour tâche prioritaire la lutte contre l'inflation.

Un blocage temporaire des prix, la modération imposée de la progression des rémunérations, l'encadrement du crédit, le retour progressif à l'équilibre budgétaire sont les têtes de chapitre d'un plan de stabilisation qui porte ses premiers fruits dès le début de 1977 notamment dans le domaine du commerce extérieur et de la tenue du franc sur les marchés des changes. Ces résultats sont consolidés au cours des années 1977 et 1978, après le franchissement de l'échéance difficile des élections législatives de mars 1978. La croissance est de l'ordre de 3% pour chacune des années 1977 et 1978, la balance des paiements est remise en équilibre dès le début de 1978 et dégage pour cette année 1978 un surplus de 5 milliards de francs, alors qu'elle avait enregistré un déficit de 25 milliards en 1976.

Le Gouvernement, toujours dirigé par M. Raymond Barre, qui est mis en place après les élections, en avril 1978, a pour principale préoccupation de modérer la hausse des prix qui reste encore de l'ordre de 10% par an et de hâter l'évolution des structures industrielles, notamment dans les secteurs en difficulté. C'est ainsi que des mesures exceptionnelles sont prises, à la fin de 1978, pour alléger les charges financières et améliorer la compétitivité de l'industrie sidérurgique.

*****

Au moment de la mise en œuvre du VIIème Plan, qui couvre les années 1976 à 1980, l'économie française était encore plongée dans de grandes incertitudes. Le VIIème Plan prévoyait un rythme de croissance annuelle soutenu, proche de 6%, d'autant plus nécessaire que l'année terminale du VIème Plan, 1975, avait elle-même été marquée par un net recul. Le rythme des années 1976, 1977 et 1978, et celui qui est retenu pour 1979, étant nettement inférieur au taux prévu, il est évident que l'objectif envisagé par le Plan ne pourra pas être atteint.

Par ailleurs l'investissement productif a connu depuis la crise, en France comme dans les autres pays industrialisés, une stagnation très prononcée. Il faut sans doute observer d'une part qu'un ralentissement de l'effort d'investissement était de toute manière prévisible, après la forte progression enregistrée de 1969 à 1973, et d'autre part que le niveau d'investissement, s'il ne s'accroît pas, reste élevé, et qu'il correspond surtout à des investissements de rationalisation qui accroissent la productivité des entreprises et leur compétitivité. Il n'en reste pas moins que la reprise de la croissance des investissements ne devrait pas trop tarder sous peine de voir l'économie française souffrir, le moment venu, d'une insuffisance de ses capacités de production qui pourrait être génératrice de tensions inflationnistes.

LES PROBLEMES ACTUELS DE L'ECONOMIE FRANÇAISE

L'inflation et la récession étant également menaçantes, il est naturel que les problèmes de conjoncture à court terme préoccupent les économistes et les responsables politiques. Cependant, les problèmes de structure qui se posent à l'économie française sont encore très importants; certains ont même un caractère d'urgence et risquent de s'aggraver si aucune mesure n'est prise pour essayer de les résoudre. Ils ont trait à trois types de préoccupations: la démographie, car la France voit aujourd'hui son taux de fécondité baisser rapidement; la durée et surtout la propension* au travail, car certains comportements nouveaux apparaissent dans les classes les plus jeunes de la population active; enfin le problème régional et celui de l'intégration européenne qui sont intimement liés.

La démographie

La baisse récemment constatée de la fécondité de la population française correspond à la diminution observée chez les pays développés depuis une quinzaine d'années; les premiers pays atteints avaient été le Canada dès 1960, puis les Etats-Unis vers 1963. Aujourd'hui, la baisse enregistrée en France, pour importante qu'elle soit, est plus faible que celle que connaît l'Angleterre ou, plus encore, l'Allemagne.

Commencée depuis 1964, la diminution s'est accélérée à partir de 1974: le nombre des naissances est passé en trois ans de 850.000 (moyenne annuelle de ces vingt dernières années) à 750.000. Ce mouvement, s'il a des caractéristiques propres à la France, semble lié à un phénomène d'évolution générale des sociétés développées. Un point est important: la baisse de fécondité n'est pas due à une augmentation du nombre des couples sans enfants, dont le nombre a au contraire tendance à décroître, mais à la généralisation du modèle de famille à deux enfants dans toutes les classes de la société; l'idéal d'une famille comptant trois, quatre enfants ou plus se rencontre de plus en plus rarement.

Dans les conditions actuelles de la mortalité en France, pour que la population se renouvelle, il faut que chaque famille ait en moyenne 2,1 enfants. En 1974, le taux de fécondité était de 2,14, c'est-à-dire à peine supérieur au chiffre de non-renouvellement*. Il est clair que, si cette situation se prolongeait durablement, elle pourrait remettre en cause un des principaux fondements sur lequel s'est appuyée la croissance française. L'accroissement annuel de population est encore fort (plus de 330.000 personnes en 1974) mais il est en baisse sensible. Il va continuer à diminuer sous l'influence de la diminution des naissances, et aussi de l'arrêt de l'immigration, aujourd'hui limitée aux familles de travailleurs résidant en France. Cette décision peut modifier les structures de l'emploi et de la population active; de 1965 à 1975, en effet, la population française avait crû* de 4,1 millions d'habitants, dont 1,1 million par excédent d'immigration. Le taux de mortalité, aujourd'hui très bas (10,5%), du fait notamment de la diminution de la mortalité infantile, ne devrait baisser que très lentement au cours des prochaines années.

La crainte de voir la population stagner, ou même régresser, est aujourd'hui au centre des préoccupations de tous les responsables politiques et non des seuls défenseurs d'une politique nataliste.

La durée et la propension à travailler

Deux phénomènes distincts doivent être évoqués: le premier, d'ordre psychologique, tient à une approche nouvelle du problème du travail par les jeunes couches* de la société, le deuxième, d'ordre quantitatif, a trait aux préoccupations du VIIe Plan en matière d'emploi: durée du travail et plein emploi.

Le premier point ne peut faire l'objet que d'appréciations subjectives, mais il semble correspondre à un changement réel de comportement. Depuis les années qui ont suivi mai 1968, on peut se demander si une partie de la population, notamment la plus jeune, est bien disposée à consacrer au travail productif et rémunérateur la même part d'elle-même que le Français des années 1950. L'attrait du mieux-être, du plus grand confort et des loisirs se développe. Les revendications qualitatives sur le travail, encouragées par les organisations syndicales, se font plus nombreuses. Au plus fort de la crise, en 1974-75, les Français n'ont pas sacrifié leurs budgets de vacances ou leurs achats de cadeaux de fin d'année, préférant retarder quelque peu le renouvellement de leur parc de biens durables.

Cette attitude nouvelle peut, à terme, mettre en cause les fondements de la croissance française, due jusqu'alors en grande partie à des progrès dans la productivité du travail.

Le deuxième point concerne le difficile problème de l'adaptation de l'offre et de la demande de travail. La France compte, au début de 1979, plus de 1,3 million de demandeurs d'emploi. La réduction de la durée du travail prévue par le VIIème Plan doit s'opérer à la fois par la diminution de la durée hebdomadaire maximale autorisée, et par la liberté donnée aux travailleurs de choisir, à 60 ans, entre la poursuite du travail et la mise à la retraite sans réduction des droits à pension. Il faudra faire en sorte que les personnes à la recherche d'un emploi et les nouvelles classes d'âge arrivant sur le marché du travail puissent s'adapter aux emplois libérés par les travailleurs partis à la retraite ou par les personnes dont la durée du travail aura été réduite. Une telle correspondance suppose donc une active politique d'adaptation et de formation professionnelle dont la revalorisation du travail manuel n'est qu'un des aspects.

La question régionale et l'intégration européenne

Le troisième pôle d'incertitude pour les prochaines années réside dans le mode d'organisation politico-administrative dont le pays voudra se doter*. Deux questions se posent: l'une a trait au découpage* administratif interne de la France, qui ne répond sans doute plus pleinement aux réalités d'aujourd'hui; l'autre touche au système d'intégration dans l'Europe que la France est disposée à accepter.

Le cadre administratif du département ne correspond plus toujours à la réalité socioéconomique. Il ne recouvre que très rarement une unité culturelle. Les nouvelles régions seraient peut-être plus aptes à leur succéder. Elles n'ont, aujourd'hui encore, que très peu d'autonomie budgétaire et ne possèdent pas d'assemblées élues au suffrage universel. Les tenants de l'unité de la nation française redoutent la montée de pouvoirs régionaux autonomes et concurrents de Paris, alors que la souveraineté nationale est par ailleurs remise en question sur le plan européen.

Le deuxième débat concerne en effet l'intégration européenne.

Au début de 1979 la France doit à cet égard tenir compte, dans la conduite de sa politique économique, de trois facteurs nouveaux et importants. La mise en œuvre d'un système monétaire européen tendant à créer une zone de stabilité monétaire en Europe l'amènera sans nul doute à faire tous les efforts pour que le taux de change du franc français puisse rester dans un rapport acceptable avec les monnaies des partenaires les plus prospères de la France. L'élection au suffrage universel d'une assemblée européenne est de son côté un événement d'une grande portée, susceptible de hâter les progrès vers l'unification économique et politique de l'Europe. Enfin, si l'élargissement de la Communauté Economique à trois nouveaux pays, L'Espagne, le Portugal et la Grèce, pose sans doute des problèmes sérieux à certains secteurs de l'économie française tels que la viticulture ou la production de fruits et légumes, il favorisera le développement des échanges en même temps que les progrès de la démocratie dans des pays avec lesquels la France entretient traditionnellement d'étroites relations.

La profonde mutation enregistrée par l'économie française lui a permis d'atteindre le taux de croissance très élevé constaté depuis la guerre. Elle doit aujourd'hui, sous l'effet révélateur de la crise, procéder à une profonde remise en cause. La croissance a été vive et rapide, mais la crise fait apparaître des goulots d'étranglement qui peuvent, dans un proche avenir, entraver* la poursuite de cette marche en avant.

La société française tout entière doit se consacrer à résoudre ces problèmes pour s'assurer d'ici la fin du siècle une progression comparable à l'essor* remarquable qu'elle a connu au cours des trente dernières années.

Janvier 1979

REFERENCES

Bauchet, P. *La Planification française: quinze ans d'expérience*. Paris: Seuil, 1962.
Bernard, J. *La France et le marché mondial*. Paris: Seuil, 1967.
Brongniart, Ph. *La Région en France*. Paris: A. Colin, dossiers U_2, 1971.
Carré, J.-J., P. Dubois, E. Malinvaud. *La Croissance française*. Paris: Seuil, 1972.
Chardonnet, J. *L'Economie française*. 3 vol. Paris: Dalloz, 1970-74.
Cotta, A. *Inflation et croissance en France depuis 1962*. Paris: P.U.F., 1974.
Doublet, J. *La Sécurité sociale*. Paris: P.U.F., 1972. Collection Thémis.
Faure, M. *Les Paysans dans la société française*. Paris: A. Colin, 1966.
Fourastié, J., et J. P. Courtheaux. *L'Economie française dans le monde*. Paris: P.U.F., 1967.
–––. *La Planification économique en France*. Paris: P.U.F., 1968.
Goux, C. et al. *L'Economie française: 1968-69*. Paris: Cujas, 1969.
Gravier, J. F. *Paris et le désert français*. Paris: Flammarion, 1972.
Guillaumont-Jeanneney, S. *Politique monétaire et croissance économique en France: 1950-66*. Paris: A Colin, 1969.
Hoffman, S. *Essais sur la France, déclin ou renouveau*. Paris: Seuil, 1974.
Jeanneney, J. M. *Forces et faiblesses de l'économie française*. Paris: A. Colin, 1956.
Lattre, A. de. *Politique économique de la France depuis 1945*. Paris: Sirey, 1966.
Lecerf, J. *La Communauté en péril*. Paris: Gallimard, 1975. Coll. Idées.
Le Roy, P. *L'Avenir du Marché commun agricole*. Paris: P.U.F., 1973. Coll. L'Economiste.
Masse, P. *Le Plan ou l'anti-hasard*. Paris: Gallimard, 1965.
Parodi, M. *L'Economie et la société française de 1945 à 1970*. Paris: A. Colin, 1971.
Reynaud, J. D. *Les Syndicats en France*. Paris: A. Colin, 1967. Coll. U.

Saint-Geours, J. *La Politique économique des principaux pays industriels de l'Occident.* 2e éd. Paris: Sirey, 1973.
Sauvy, A. *Les Chances de l'économie française.* Paris: P.U.F., 1946.
Ullmo, Y. *La Planification en France.* Paris: Dalloz, 1975.
Viaux, H. *Le Marché monétaire de Paris.* Paris: P.U.F., 1971. Coll. L'Economiste.

NOTES

1. Le Commissariat au Plan fut créé en 1946, sous le gouvernement provisoire de de Gaulle, avec mission d'établir des programmes économiques, des objectifs à atteindre, en faisant des prévisions quant aux étapes du financement et de la réalisation de chaque programme, ainsi que la création d'organismes en vue de cette réalisation. [Les Rédacteurs]

2. Conflit algérien: 1954-1962; se termine par l'indépendance de l'Algérie, admise à L'ONU, en octobre 1962. [Les Rédacteurs]

3. En 1975, la main-d'oeuvre étrangère se chiffrait à 4 millions. *France,* French Embassy Press and Information Division, février 1976, p. 2. [Les Rédacteurs]

4. L'industrie aéronautique française employait 108.418 personnes au 1er octobre 1975, soit une augmentation de 2% par rapport à 1974. Ces travailleurs, ingénieurs et ouvriers, constituent la force industrielle la plus technologiquement compétente qui existe en Europe, et la plus crédible en dehors des E.-U. L'aéronautique ne constitue point pour les Allemands un élément de leur stratégie industrielle. Quant aux Britanniques, leur industrie aéronautique emploie environ deux fois plus d'effectifs que l'industrie française pour un chiffre d'affaires à peu près équivalent. Ce chiffre d'affaires de l'industrie aéronautique française a dépassé 15,5 milliards de francs en 1975 (contre 13,5 en 1974), dont 9 milliards sont allés à l'exportation. *Le Nouvel Observateur,* No. 597 (19-25 avril) 1976, p. 36. [Les Rédacteurs]

5. Entre 1973 et 1974 les aides de l'Etat aux entreprises industrielles privées sont passées de 4,8 à 6,2 milliards de francs; 3,8 milliards de subventions directes et près de 2,4 milliards de prêts à des taux privilégiés. 80% de ces fonds ont été accaparés par cinq secteurs de pointe: (1) 1077 millions par l'aéronautique, dont 531 consacrés à Concorde et 261 à l'Airbus; (2) 784 par la construction navale; (3) 760 par la sidérurgie; (4) 350 par le plan calcul et l'informatique; et (5) 1.450 milliards à l'automobile. *L'Express,* No. 1293 (19-25 avril) 1976, pp. 36-37. [Les Rédacteurs]

6. Voir note 1.

7. Le taux de croissance de l'économie française pendant les dix dernières années (1965-1975) fut plus élevé qu'en Allemagne et même qu'aux Etats-Unis, selon l'observation économique de la Chambre de commerce et de l'industrie de Paris. Le produit national brut (PNB) grimpa annuellement d'un taux de 4,7% durant cette dernière décennie contre 3,1% en Allemagne et 2,7% aux Etats-Unis. Cette escalade économique est principalement due aux investissements étrangers en France et à la croissance du taux d'exportation française. D'autre part, la montée des prix était plus grande en France que dans les deux autres pays. *France,* French Embassy Press and Information Division, février 1976, p. 1. [Les Rédacteurs]

8. La Chambre de commerce et de l'industrie de Paris indique que la France a moins souffert de la crise de 1973-74 que l'Allemagne et les Etats-Unis. Le PNB français a continué de croître au taux de 0,7%, lorsqu'en Allemagne il déclina de 1,9% et 2,8% pour les Etats-Unis. *France,* French Embassy Press and Information Division, février 1976, p. 2. [Les Rédacteurs]

5
L'Opinion publique française et les Communautés européennes[1]

Henri Isaïa

L'opinion publique joue un rôle majeur dans l'évolution des communautés européennes. Elle joue à la fois un rôle statique* de soutien, assurant leur existence, et un rôle dynamique contribuant à l'accélération de leur développement.

Ce qui ressort de manière remarquable de l'étude de l'opinion publique française, c'est son adhésion très large à l'idée de l'unification européenne.

A aucun moment, depuis la fin de la Seconde Guerre mondiale, la construction de l'Europe, l'édification du Marché commun ou son éventuel élargissement, les réalisations communautaires n'ont représenté le problème le plus important de l'heure. Selon les époques, la tension entre l'Est et l'Ouest, la décolonisation et, de manière permanente, les problèmes économiques et sociaux (prix, salaires, pouvoir d'achat, emploi, logement..., etc.) l'ont toujours emporté de très loin dans les préoccupations majeures des Français. Des pourcentages élevés, qui atteignent parfois la majorité, font état de tel ou tel de ces problèmes, alors que les questions européennes ne sont évoquées que par de très faibles minorités, inférieures à 10%. Et cependant, dans le même temps, le principe de l'unification européenne a toujours joui d'une large faveur.

L'attachement à l'"Idée européenne" constitue une attitude fondamentale adoptée par le public français depuis déjà de nombreuses années. Le Graphique 1 le démontre. L'évolution depuis 1947 est marquée, il est vrai, par des hauts et des bas. C'est en 1955 que le principe de l'unification européenne a le moins de partisans. A cette date la France rejette la Communauté européenne de défense (CED), dont elle avait pourtant été à l'origine. L'échec de cette première tentative

%
100
90
80
70
60
50
40
30
20
10

1947 1950 1952 1954 1955 1956 1957 1962 1964 1965 1967

▬▬▬ Partisans   ----- Indécis   ――― Adversaires

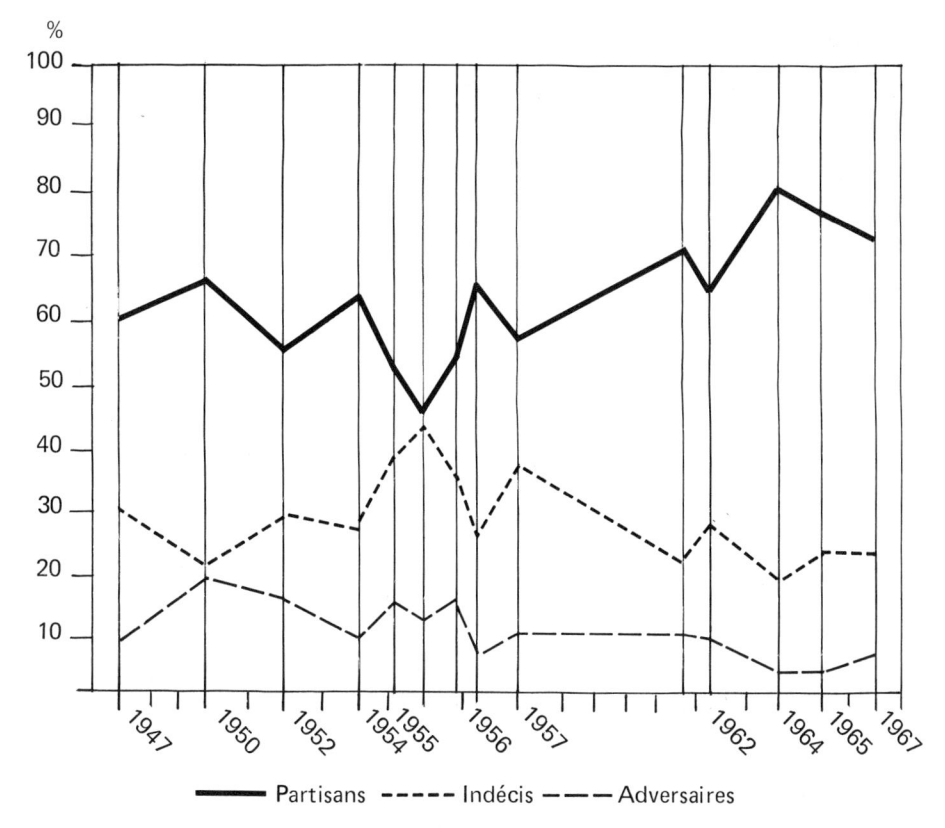

GRAPHIQUE 1   Ensemble du public
Source: "La construction de l'Europe", revue *Sondages,* No. 4 1969, pages 27 et 28.

d'union des pays européens entraîne une désaffection momentanée de l'opinion (en novembre 1955, 45% de partisans, 43% d'indécis) à l'égard de l'"Idée européenne". Ce recul reste sensible pendant une grande partie de l'année 1956; puis, alors qu'au cours du second semestre le courant favorable à l'Europe se rétablit à un niveau élevé, la signature des traités de Rome en mars 1957 provoque un nouveau fléchissement. La légitimité de ces accords est en effet contestée par diverses formations politiques, notamment le Parti communiste et les Gaullistes. Au contraire, au début de l'année 1964, au moment où l'adoption de la plupart des règlements de la politique agricole commune marque le départ effectif de l'Europe verte et s'accompagne d'un intense campagne d'information, la quasi unanimité des Français (80%) se prononce en faveur des efforts d'unification. De toute façon, l'adhésion du public à l'union de l'Europe est restée toujours très forte. Dès 1947 deux Français sur trois étaient acquis à cette idée. Et depuis quelques années le courant favorable à l'unification européenne n'a fait que se renforcer. Même si le consensus est légèrement moins large en France que chez certains de ses partenaires (voir le Tableau 4), il n'en demeure pas moins qu'invariablement environ 65% des Français se déclarent partisans de l'unification

TABLEAU 4

La comparaison entre les Six sur le problème de l'unification politique de l'Europe donne les résultats suivants (en 1970, sur les 100 personnes interrogées âgées de 16 ans et plus):

	Moyenne CE**	All.	Belg.	Fr.	It.	Lux.	P.-B.
Pour	70	69	62	63	77	77	75
Contre	10	10	10	13	6	5	14
Ne savent pas ou ne répondent pas	20	21	28	24	17	18	11

**Communauté européenne

de l'Europe occidentale. Plus significatif encore est le fait que la minorité opposée à l'Europe est extrêmement faible et n'a cessé de diminuer: entre 10 et 15% d'adversaires jusqu'en 1956, à peine 6 à 8% en moyenne dans la dernière décennie.

Une analyse plus fine des résultats d'enquêtes par sondages nous renseigne sur les motivations des attitudes pro-européennes.

La préférence pour l'Europe est légèrement plus forte chez les hommes que chez les femmes. L'âge n'exerce qu'une influence assez faible. Aucun conflit de génération n'est perceptible: l'opinion ne réagit pas en fonction de la nouveauté du dessein, mais de motivations particulières au corps social tout entier. Les personnes d'âge moyen sont les plus fidèles partisans de l'Europe unie depuis 1954; les jeunes, après s'être montrés assez peu réceptifs, particulièrement pendant la période critique de 1965, sont depuis les plus nombreux à affirmer leur soutien de l'Europe.

Toute autre est l'influence du milieu professionnel, du niveau culturel et du niveau des revenus. Ces trois facteurs sont d'ailleurs étroitement associés. Le courant européen est le plus fort chez les cadres supérieurs et les professions libérales. Il diminue régulièrement chez les cadres moyens, les fonctionnaires et les commerçants, pour trouver son niveau le plus bas parmi les ouvriers et les agriculteurs. Ces derniers, plus européens que la moyenne de la population jusqu'en 1955, sont devenus à partir de cette date la catégorie la moins favorable aux efforts d'unification.

Le même phénomène se retrouve si l'on examine la courbe des suffrages selon le niveau culturel. Avant 1957 l'adhésion à l'idée européenne donnait lieu à une séparation très nette entre deux groupes d'individus: d'une part ceux qui n'avaient reçu qu'un enseignement primaire et n'étaient que modérément "européens"; d'autre part tous ceux qui avaient poursuivi des études au-delà du primaire et dont l'attachement à l'unification européenne était nettement plus prononcé. A partir de 1959 ce clivage* fait place à une gradation plus nuancée. La tendance favorable s'accroît avec le degré du niveau d'instruction, dans des proportions qui vont souvent du simple au double; l'adhésion apparaît beaucoup plus répandue à mesure que le niveau d'études s'élève du primaire vers le supérieur.

Enfin il faut ajouter que l'engagement en faveur de l'Europe est lié directement à la situation de fortune: les Français sont d'autant plus "européens" que leur niveau de revenus est élevé.

Des observations précédentes il ressort que l'adhésion à l'"Idée européenne" relève beaucoup plus d'un choix raisonné que d'un élan affectif. L'union de l'Europe n'est pas enracinée dans les coeurs. Elle est le résultat d'une réflexion intellectuelle fondée sur des calculs économiques ou politiques.

Pour en terminer avec l'étude des déterminants de l'attachement à l'"Idée européenne", il reste à mentionner le rôle des idéologies et des préférences politiques. Sur ce point une évolution est à noter. Elle concerne l'attitude des sympathisants communistes; ceux-ci sont en majorité hostiles à l'Europe jusqu'en 1957; puis à compter de 1962 ils s'y déclarent favorables à une large majorité. Il est sans doute permis de retenir comme une conséquence de ce phénomène la tendance plus favorable à l'union de l'Europe constatée parmi les ouvriers, précisément à partir de 1962. A la suite de cette évolution l'appartenance à un parti politique n'a plus que très peu d'influence sur l'adhésion de principe à l'Europe.

L'OPINION PUBLIQUE FRANÇAISE ET L'INFORMATION

Dans l'ensemble l'opinion publique française est peu mobilisée et le public est assez mal informé. Une enquête menée en février-mars 1970 dans les six pays de la Communauté économique européenne (CEE) a cherché à mesurer le degré d'information du public. A cet effet deux questions ont été posées aux personnes interrogées; l'une portant sur la connaissance de personnalités siégeant au gouvernement de leur pays au moment de l'enquête (Premier ministre ou ministre des Affaires étrangères), l'autre sur le nombre et les noms exacts des Etats membres du Marché commun. Dans les deux cas la France s'est classée au dernier rang. Le même sondage montre que si l'on fait un classement suivant l'intensité de l'exposition à l'information, la France ne se situe qu'au quatrième rang; elle est précédée, aussi bien pour la presse que la télévision, par l'Allemagne, les Pays-Bas et le Luxembourg; elle n'arrive à devancer ce dernier pays et occuper une troisième place que pour la radio. Une autre variable permet de déceler* l'insuffisance de l'information des Français. Il s'agit des séjours à l'étranger, qui peuvent être considérés comme un moyen de connaissance important des réalités européennes. La classement réalisé à partir d'un "indice de familiarité avec les pays étrangers", calculé comme étant le nombre moyen des pays visités par chaque personne interrogée, place une nouvelle fois la France en position défavorable: à l'avant dernier rang, suivie par l'Italie.

Dans une certaine mesure cette information dans l'ensemble limitée à un niveau superficiel[2] explique que l'opinion ne se sente pas véritablement mobilisée. A peine trois citoyens sur dix déclarent penser "très souvent" ou "assez souvent" à l'unification de l'Europe. De fait, il faut bien admettre qu'il est difficile de se passionner pour un sujet que l'on connaît mal et dont certains aspects paraissent assez ésotériques* aux yeux du citoyen moyen. Il est aussi exact que traditionnellement le public français n'est pas porté à s'intéresser aux problèmes internationaux. A la suite d'un sondage réalisé en juillet 1971 il est apparu que dans tous les pays du Marché commun, mais plus particulièrement en France, le public était désireux de recevoir une meilleure information. L'opinion française est celle qui ressent* le plus fortement ce besoin: 63% des personnes interrogées ne s'estiment pas suffisamment informées, alors que 27% seulement se déclarent satisfaites. Notamment, pour 39% des Français, la télévision ne fait pas assez pour informer la population sur les problèmes européens. Depuis plus de vingt ans l'idée d'Europe a pris corps dans un édifice original: les Communautés européennes. Quel a été le comportement de l'opinion publique française devant la mise en place progressive des premiers éléments de la construction européenne?

Pour répondre à cette question on examinera successivement l'opinion publique française et les réalisations communautaires, l'opinion publique française et le devenir des Communautés européennes, et la sécurité européenne.

I. L'OPINION PUBLIQUE FRANÇAISE ET LES REALISATIONS COMMUNAUTAIRES

Il y a maintenant un peu plus de vingt-cinq ans que "L'Idée européenne" a commencé à prendre forme dans des institutions à caractère supranational. Le 18 avril 1951 naissait la Communauté européenne du charbon et de l'acier (CECA). En 1955, à la conférence de Messine, les six états membres décidaient d'étendre l'intégration européenne à toute l'économie. Le 25 mars 1957 étaient signés les traités de Rome qui portaient création de la Communauté économique européenne (CEE), et de la Communauté européenne de l'énergie atomique (CEEA).

Si l'on admet qu'aucune institution n'est capable d'assumer son rôle et de se développer sans l'accord tacite, sinon explicite, d'un grand nombre des individus qui y sont soumis, il importe de connaître l'accueil qui a été réservé par les Français aux premières pièces de l'édifice européen. Pour ce faire nous orienterons nos recherches dans trois directions:

- A. L'enracinement des Communautés européennes: sa profondeur au sein de la population française.
- B. L'image des Communautés européennes: comment les Français se représentent les institutions supranationales.
- C. Les résultats de l'action des Communautés perçus par les Français en prenant pour exemple l'agriculture.

A. L'enracinement des Communautés

L'attitude générale des Français face aux Communautés comporte deux aspects: l'adhésion de principe aux Communautés; le faible degré d'attachement à ces institutions supranationales.

L'adhésion de principe aux Communautés

En octobre 1950, peu de temps avant que ne soit instituée la première des Communautés européennes, 62% des Français hésitent à se prononcer sur la valeur du Plan Schuman. Pourtant la création d'une Haute Autorité, telle qu'elle a été envisagée dans la déclaration de mai 1950, compte déjà plus de partisans (25%) que d'adversaires (13%). Deux ans plus tard le courant favorable s'est nettement renforcé: 6 Français sur 10 se déclarent partisans du Plan Schuman. On peut observer que le public est d'autant plus favorable à la CECA qu'il est informé sur ce qu'elle représente pour la France. En 1952, 46% des personnes interrogées n'ayant pas reçu d'information spéciale se prononcent pour la participation de la France à la CECA; après qu'elles ont été informées, ce chiffre passe à 60%. L'information entraîne donc en l'occurrence* une forte diminution des non-réponses et une augmentation des prises de position favorables. Aussi ne doit-on pas s'étonner de constater que l'adhésion de principe à la Communauté européenne du charbon et de l'acier est plus importante à mesure que le niveau d'études s'élève; de même les professions libérales, les cadres, les industriels sont plus favorables à la Haute Autorité que ne le sont les autres catégories socioprofessionnelles.

Lors de la création de la CEE en 1957, l'opinion publique a déjà une meilleure connaissance des structures communautaires. La CECA a servi en quelque sorte de banc d'essai* aux institutions supranationales. L'accueil dans l'ensemble favorable qui a été fait à la première des Communautés européennes a préparé un terrain propice à l'acceptation par l'opinion publique d'autres institutions du même type. De fait, dès 1957 60% des Français expriment une adhésion globale au Marché commun. Et en 1962 ce chiffre atteint 76%.

On relève qu'en 1957 le courant favorable à la CEE se rencontre surtout chez les plus instruits, les plus aisés, les socialistes et les MRP. Les catégories les plus réticentes sont les personnes âgées et les communistes. Mais à partir de 1962 ces distorsions s'atténuent* et un nivellement s'effectue* dans l'opinion: d'une part les personnes âgées et les femmes approuvent de plus en plus le Marché commun; d'autre part la méfiance des communistes disparaît et la majorité d'entre eux se prononce désormais en faveur de la CEE.

Une étude plus précise faite en 1962 indique que parmi les différentes mesures d'intégration européenne, la suppression des douanes, l'équivalence des avantages sociaux et des diplômes, la recherche scientifique commune reçoivent un accueil favorable de plus de 80% du public. Une politique étrangère et une vie politique agricole communes rencontrent un peu moins de partisans. En revanche l'opinion est assez partagée sur la libre circulation des travailleurs. Mais elle devient franchement défavorable lorsqu'il est question d'affecter des impôts prélevés sur les Français à la mise en valeur des régions les plus pauvres d'Europe. Il en est de même en matière de solidarité internationale. La majorité des Français n'accepte pas que l'aide aux pays africains figure parmi les buts principaux de la Communauté européenne. Seuls 26% se déclarent prêts à assumer cette charge.[3] Ici se fait jour une rupture entre l'approbation de principe donnée à la CEE et le refus d'en accepter toutes les conséquences lorsqu'elles pourraient être contraires aux intérêts immédiats des Français.

Le faible degré d'attachement aux Communautés

L'adhésion du public français aux institutions communautaires ne semble donc faire aucun doute. D'abord hésitant au début, le courant favorable aux structures supranationales n'a fait que se confirmer au fil des années. Mais il faut bien se rendre compte que cette adhésion de principe s'accompagne d'un assez faible degré d'attachement à ces mêmes institutions communautaires.

Au début de l'année 1954, soit trois ans après la création de la première des Communautés, l'échec de la CECA, s'il se produisait, ne serait considéré comme un événement grave que par 7% des Français; pour 29% d'entre eux ce fait serait simplement regrettable, et 16% des personnes interrogées estiment que cela ne tirerait pas à conséquence. En outre 46% de la population n'a aucune opinion sur ce problème.

B. L'image des Communautés

Depuis quelques années les habitants de tous les pays industrialisés ressentent un sentiment de malaise en présence des exigences croissantes de la technique à l'égard de l'individu. Avec l'avènement de la société de consommation le bien-être matériel augmente à peu près partout en Europe. Mais dans le même temps la liberté individuelle paraît de plus en plus menacée par la spécialisation des activités, la déshumanisation du travail, l'aliénation dans la masse. A cela s'ajoute la prise de conscience toute récente des dangers que présente l'industrialisation pour l'environnement naturel, voire même pour la survie de l'espèce humaine. Aussi la population souhaite de plus en plus que les efforts des gouvernants portent avant tout sur les problèmes humains, plutôt que sur la technologie de la croissance économique. Désormais les soucis majeurs ne sont plus la course du développement et l'augmentation rapide du volume de la production, mais la lutte contre la pollution et les nuisances*, l'amélioration de la "qualité de la vie", la solution des problèmes sociaux.

La volonté de voir les élites dirigeantes accorder la prédominance au social plutôt qu'à l'économie est une attitude qui caractérise l'opinion publique nationale de chacun des pays européens. Mais c'est dans le public français que ce désir s'exprime avec le plus de force. On remarque tout d'abord qu'en 1970 la France est le seul Etat du Marché commun dans lequel le pourcentage des personnes insatisfaites des conditions de vie actuelle est supérieur à celui des personnes satisfaites (48% contre 46%). Ensuite, par rapport à leurs voisins européens, les Français sont parmi les moins optimistes lorsqu'on les interroge sur l'amélioration à moyen terme de leurs conditions de vie. Enfin, si l'on procède à un classement par ordre d'importance des divers objectifs sociopolitiques dont la réalisation est souhaitée, il s'avère* que la priorité accordée aux questions purement sociales (protection des personnes âgées, garantie et stabilité de l'emploi, sauvegarde du pouvoir d'achat) est, par rapport à la moyenne européenne, légèrement plus marquée en France.

Compte tenu de cette situation, les Communautés offrent-elles à l'opinion publique française une image qui réponde à ses aspirations? Il faut malheureusement répondre par la négative. La représentation que se font les Français des institutions supranationales est peu attrayante, et pas du tout mobilisatrice. La cause principale de l'absence totale d'un appel émotionnel tient essentiellement au caractère trop technique de la construction européenne. Les Communautés donnent l'impression d'évoluer dans un domaine où seuls quelques initiés peuvent pénétrer. L'ésotérisme des institutions européennes actuelles et de leurs réalisations rebute le citoyen moyen qui bien souvent ne voit dans tout cela qu'une forme nouvelle et très élaborée de technocratie.

Les Français, s'ils sont en permanence préoccupés par les problèmes sociaux, n'attendent jamais des Communautés européennes qu'elles oeuvrent efficacement à leur solution. La conscience collective, lorsqu'elle est insatisfaite du niveau des rémunérations, de l'âge de la retraite, de la situation de l'emploi et des conditions de travail, ou bien du logement, ne croit pas que l'action des Communautés pourrait entraîner à brève échéance* une amélioration dans ces différents domaines. Il ne vient pas à l'esprit du public d'établir un lien direct entre ce qui constitue ses préoccupations majeures et les possibilités d'action des institutions supranationales. Lorsqu'il s'agit de savoir si le Marché commun a eu une influence favorable ou défavorable sur les conditions générales de vie, invariablement, et cela depuis plusieurs années, il y a environ 60% de la population qui est incapable de se déterminer sur ce point. Le reste des personnes interrogées se divise à peu près en deux parties égales: l'une donnant une opinion positive, l'autre négative; selon la conjoncture* du moment le premier groupe prédomine légèrement sur le second ou inversement.

L'absence de popularité a été d'autant plus nette que les organisations européennes n'ont pas bénéficié du phénomène de personnalisation du pouvoir. Les Communautés, elles, sont restées sans visage et sans voix. Nul n'est venu parler en leur nom sur un écran de télévision ou sur les antennes de la radio. Le pouvoir supranational est demeuré étrangement anonyme. Aux yeux du public aucun individu ne s'est identifié aux institutions européennes pour tenter d'expliquer, en termes simples et concrets, la portée* et le sens de l'action communautaire. Situées hors de France et comme désincarnées, les Communautés ne sont pas parvenues à exercer sur les Français l'attrait sentimental nécessaire à leur enracinement profond. La construction européenne apparaît à l'opinion publique française comme une oeuvre essentiellement technique, sinon technocratique.

L'image prédominante du Marché commun en France est qu'il ouvre la porte à des produits étrangers. Cet aspect est cité également en premier dans la plupart des Etats membres de la Communauté (Allemagne, Belgique, Pays-Bas); mais c'est uniquement en France qu'il l'emporte largement sur les autres. Assez loin derrière arrivent ensuite, dans un ordre décroissant, les aspects suivants:

—stimule la modernisation de l'industrie;
—facilite la vente de produits industriels à l'étranger;

—permet un meilleur approvisionnement* pour les consommateurs;
—facilite la vente des produits agricoles à l'étranger.

C. Les résultats de l'action des Communautés: l'exemple de l'agriculture

Les Français, après avoir été très partisans de l'établissement d'une politique agricole commune, sont devenus de plus en plus méfiants, voire pessimistes, sur les conséquences du Marché commun sur l'agriculture française.

Au début de l'année 1962, 72% des Français se prononcent pour une politique agricole commune, alors qu'à peine 11% y sont hostiles. Parmi les personnes interrogées le pourcentage des exploitants agricoles qui sont favorables atteint 75%, c'est-à-dire un niveau plus élevé que la moyenne nationale. Mais à partir de 1963 la situation se dégrade rapidement selon une étude effectuée à cette date. Quatre ans plus tard, en 1967, le désarroi de l'opinion s'est encore accru. L'année suivante cette impression défavorable est confirmée par une autre étude. Une étude effectuée en juillet 1971 annonce des résultats semblables.

II. L'OPINION PUBLIQUE FRANÇAISE ET LE DEVENIR DES COMMUNAUTES EUROPEEENNES

Le fait majeur qui se dégage des différentes enquêtes menées auprès du public depuis quelques années est, qu'après avoir approuvé assez largement l'Europe économique, les Français sont aujourd'hui favorables à l'extension de l'unification européenne au domaine politique. En 1968 et en 1970, à la question: "Etes-vous pour ou contre l'évolution du Marché commun vers la formation politique des Etats-Unis d'Europe?" 67% des Français âgés de 16 ans et plus donnent une réponse positive, ce qui situe la France légèrement au-dessus de la moyenne européenne (65%). Le nombre de personnes hostiles est très faible (11%) et les non-réponses assez peu nombreuses (22%).

Quel que soit le critère retenu (démographique*, social ou politique), il se trouve une majorité favorable à l'intégration politique dans toutes les catégories de la population.

On peut concevoir théoriquement trois formules d'organisations des relations entre les Etats dans une Europe unifiée politiquement ou en voie d'unification: la coopération intergouvernementale, la supranationalité, la formation d'un Etat européen unitaire*. Face à ces différentes possibilités, le choix des Français se fait sans aucune hésitation: en 1970, 62% d'entre eux marquent leur préférence pour des institutions supranationales. La coopération entre les Gouvernements et la formation d'un Etat européen unitaire ne sont envisagées respectivement que par 18% et 7% des personnes interrogées.

Les réponses à trois questions destinées à mesurer le degré d'intégration souhaité pour l'Europe unie indiquent en effet:

—que cinq à six Français sur dix souhaitent l'élection au suffrage universel direct d'un parlement et d'un président de la République européenne;

—qu'un Français sur deux est favorable à la constitution d'un gouvernement du type fédéral, responsable de la politique commune dans les domaines des affaires étrangères, de la défense et de l'économie.

Il est surtout remarquable de noter que 61% des Français interrogés vont jusqu'à déclarer que, dans l'hypothèse de l'élection d'un président de la République au suffrage universel, ils accepteraient de voter pour un candidat non-français si son programme leur convenait mieux que celui du candidat national.

Lorsqu'il s'agit de fixer une date à l'avènement de l'Europe politique, 12% des Français pensent qu'elle se fera dans un avenir proche; 57% déclarent qu'il faudra attendre un avenir assez éloigné; 9% sont persuadés que l'Europe politique ne se réalisera jamais.

A la suite de ces constatations, certains estiment que "l'attitude favorable à l'Europe politique est un peu ternie par le scepticisme des Français quant à la date de son avènement". Cette caractéristique de l'opinion française nous apparaît plutôt comme un signe de maturité et de réalisme. D'une part la prudence manifestée par les Français est partagée par l'opinion publique des autres pays du Marché commun; d'autre part, compte tenu de la lenteur avec laquelle se construit une Europe économique encore loin d'être achevée, il serait utopique de croire que l'intégration politique verra le jour à très court terme. Le fait d'avoir le sentiment que "ce n'est pas pour demain", et que le grand public n'est pas prêt à accepter des mutations trop rapides, dénote de la part des Français une prise de conscience exacte des obstacles qui restent à franchir.

III. LA SECURITE EUROPEENNE

Le 19 juin 1973, traitant de la politique extérieure de la France à la tribune de l'Assemblée nationale, le ministre des Affaires étrangères, M. Michel Jobert, déclarait: "L'Europe s'affirme chaque jour davantage, mais il reste fondamentalement que cette Europe, l'Europe des Neuf, est une Europe désarmée; certes, il y a des armées nationales dotées d'armes conventionnelles; il y a de surcroît la force atomique française, libre de toute hypothèque,[4] il y a la force atomique britannique appuyée, au sein de l'OTAN, sur des moyens américains. Il n'en demeure pas moins que, la France mise à part, l'Europe n'a pas actuellement, en matière de défense, son autonomie, et elle en souffre, car la défense européenne apparaîtra chaque jour davantage comme ayant un caractère propre."[5]

Il est en effet à peu près certain que "la vraie question" que les pays européens auront à résoudre dans les années à venir est celle de leur sécurité. Dans le domaine militaire, le Vieux Continent a été placé depuis la Première Guerre mondiale sous la dépendance des Etats-Unis. La substitution d'une "Europe de la défense" au "parapluie américain" s'est heurtée jusqu'ici à des obstacles infranchissables. Tout d'abord, la mise en place d'un système de sécurité propre à l'Europe n'est pas possible sans l'unification politique. Une communauté de caractère militaire suppose une grande solidarité sur les objectifs de politique extérieure, ce qui est loin d'être le cas actuellement, et des institutions communes beaucoup plus intégrees qu'elles ne le sont aujourd'hui. Ensuite, les partenaires* de la France ne sont nullement prêts à renoncer, ne serait-ce que partiellement, à la protection américaine; le statut particulier de la République fédérale allemande, privée par traité de tout accès aux armes nucléaires[6] ne fait d'ailleurs qu'accentuer la difficulté du problème. Enfin, c'est sur les questions touchant à la défense que les sentiments nationaux des populations européennes ont mis le plus de temps à s'estomper*.

La population française, plus que tout autre, a été marquée par les conflits sanglants qui l'ont opposée à son puissant voisin allemand. Dans les années de l'après-guerre, elle s'est estimée satisfaite de la protection militaire exercée par les Etats-Unis sur les nations européennes; et au moment de la CED, elle a manifesté assez peu d'empressement devant la création éventuelle d'une armée européenne. Mais depuis une dizaine d'années le rapprochement franco-allemand a entraîné une évolution sensible de l'opinion, qui paraît aujourd'hui mieux disposée à accepter un système européen de défense.

A. Le rapprochement franco-allemand

Au début de septembre 1962 le général de Gaulle fait un voyage en Allemagne de l'Ouest, au cours duquel il proclame avec force sa volonté d'une coopération étroite entre la France et la République fédérale. Un traité d'Association entre les deux pays sera signé par la suite, au début de 1963.

Le rapprochement ainsi amorcé entre deux peuples que l'Histoire a vu si souvent s'affronter militairement a été immédiatement très bien accueilli par l'opinion française. A la fin du mois de janvier 1963, 61% des personnes interrogées, contre 14%, pensent que le Traité franco-allemand est une bonne chose. Nos compatriotes ont d'ailleurs l'impression à cette époque, qu'en matière de relations extérieures, c'est dans sa politique à l'égard de l'Allemagne que le général de Gaulle a le mieux réussi.[7]

Dans les années qui ont suivi, la méfiance traditionnelle des Français à l'égard de leurs voisins d'outre-Rhin a continué à s'estomper. En 1969, commentant pour la *Revue Française de Science Politique* les résultats d'un sondage de la SOFRES réalisé l'année précédente, Alain Lancelot et Pierre Weill constatent: "Il n'est guère de Français pour penser que l'Allemagne ne doive pas faire partie de l'Europe politique. Ce résultat qui aurait semblé incroyable il y a quinze ans, au moment de la crise de la CED, montre que le rapprochement franco-allemand est fortement enraciné dans les sentiments et les habitudes mentales du public. Mais les sentiments ne sont pas les seuls en cause: ils semblent renforcés par un raisonnement politique qui voit dans l'intégration de l'Allemagne à un ensemble européen le meilleur rempart contre une renaissance du nationalisme outre-Rhin."[8]

Trois ans plus tard, en mars 1972, une enquête de l'IFOP indique que 71% des Français sont persuadés que l'Allemagne ne présente plus un danger pour leur pays. Cette opinion est particulièrement répandue chez les jeunes (83%) et les sympathisants de la gauche non communiste (85%). Les électeurs communistes sont relativement les moins nombreux (61%) à admettre ce point de vue.

La conviction selon laquelle le péril allemand n'existe plus est fondée sur les raisons suivantes:
— L'Allemagne fait partie de la Communauté européenne et les liens vont se resserrer de plus en plus entre les pays membres 25%
— Depuis la dernière guerre les Allemands ont changé de mentalité 16%
— Les dangers qui menacent la paix du monde sont tels que l'Allemagne et la France sont obligées de s'entendre 21%
— L'Allemagne est divisée en deux et ne représente plus un danger 6%
— Ne se prononcent pas 3%

Le fait qu'il n'y ait qu'un tout petit nombre de nos compatriotes qui donnent comme justification à leur confiance dans le peuple allemand la division du pays en deux Etats distincts témoigne de la profondeur du rapprochement franco-germanique. Même la perspective d'une réunification des deux Allemagne n'effraie pas les Français à condition que ce processus s'inscrive dans le prolongement de l'unification politique de l'Europe.[9]

B. La protection militaire de l'Europe

Depuis déjà de nombreuses années l'opinion française aspire à une Europe unifiée qui constituerait une grande puissance indépendante. En 1962 comme en 1972, près de six Français sur dix estiment que l'Europe est capable de représenter une troisième force à l'échelle des Etats-Unis et de l'U.R.S.S. En 1964, 44% du public souhaite soustraire l'Europe à la tutelle* américaine, alors que 23% seulement est de l'avis contraire (33% se refusant à répondre); en 1969, le pourcentage des personnes favorables à une Europe entièrement maîtresse de son destin passe de 44% a 51%.[10]

Les plus ardents partisans de l'indépendance européenne sont les hommes, les jeunes, les personnes qui ont suivi un enseignement supérieur; du point de vue politique, les sympathisants communistes nettement plus que les électeurs des autres partis approuvent cette idée.

Pourtant, et de façon un peu contradictoire, les Français hésitent encore à confier à une force militaire européenne la défense de leur pays.

De 1951 à 1972 l'attitude du public devant la création éventuelle d'une armée européenne est remarquablement stable: il y a toujours environ 45% des personnes interrogées qui se prononcent favorablement sur cette question, mais la majorité absolue n'est jamais atteinte.[11]

TABLEAU 5

	1951	Sept. 1952	Avril 1953	Juin 1953	Fév. 1955	Mai 1965	1968	1971
	%	%	%	%	%	%	%	%
Partisans d'une armée européenne	42	45	46	43	43	41	42	46
Hostiles à une armée européenne	26	26	22	23	22	31	36	36
Ne se prononcent pas	32	29	32	34	35	28	22	18
	100	100	100	100	100	100	100	100

Les partisans d'une armée européenne se rencontrent plus particulièrement chez les jeunes,[12] les cadres et les professions libérales, les personnes les plus instruites et les plus riches; en revanche les électeurs communistes sont de loin les plus hostiles. Si l'on examine l'évolution de l'attitude des groupes sociodémographiques entre 1955 et 1965, "il convient de souligner que l'intérêt des agriculteurs pour la création d'une armée commune a très nettement baissé en dix ans (52% de partisans en 1955, 24% en 1965), comme a baissé leur intérêt pour toutes les autres entreprises communautaires. Notons également que l'intérêt des sympathisants communistes, bien que faible, a plus que doublé: en dix ans il est passé de 15% à 33%. En 1965, la préférence politique n'a plus guère d'influence sur l'intérêt pour la création d'une armée européenne (sauf évidemment en ce qui concerne les sympathisants communistes)".[13]

Il est important de noter, et nous terminerons par là, que malgré l'évolution constatée ces dernières années, la position des électeurs communistes reste ambiguë; alors qu'ils représentent la catégorie de Français qui souhaite avec le plus de force l'indépendance complète de l'Europe, ils sont en même temps les plus opposés à la mise en place d'une armée européenne.

CONCLUSION

"Etes-vous pour ou contre les Etats-Unis d'Europe?" A cette question ainsi posée la réponse des Français ne peut être que positive. Après les humiliations subies par l'Europe au cours de la Seconde Guerre mondiale—et que symbolise le nom de Yalta—et à l'ère des super-grands, comment nos concitoyens pourraient-ils écarter la perspective d'une Europe qui forgerait sa puissance dans l'unification des nations qui la composent. Cependant, aucune conception concrète et précise ne se dessine nettement au sein du public: l'image de l'Europe reste en partie floue* et plusieurs conceptions paraissent possibles ou acceptables. En outre, il faut bien reconnaître que l'unification européenne n'est pas actuellement un problème de première importance, aussi bien dans l'esprit du public français que pour l'ensemble du public européen. Afin que les difficultés qui se présenteront dans l'avenir puissent être facilement surmontées, la tâche la plus urgente consiste aujourd'hui à trouver les moyens qui donneront plus d'attrait et plus de prestige à la construction européenne. Il est certain que "les lois et les principes ne vivent pas et ne s'imposent pas immédiatement d'eux-mêmes. L'activité qui les rend opératoires et leur confère l'être, c'est le besoin de l'homme, son désir, son inclination et sa passion".[14] C'est pourquoi il faut engager dès maintenant un processus de démocratisation de la Communauté. La population française et celles des pays voisins ne s'intéresseront activement à l'entreprise européenne que le jour où elles pourront y participer de façon effective. L'évolution dans ce sens conditionne d'ailleurs directement le problème du degré de pénétration de l'information. Certes, il est évident que celle-ci a besoin d'être améliorée, notamment en France. Le public, beaucoup plus qu'il ne l'est aujourd'hui, doit être éclairé objectivement sur ce que sont les buts de la construction européenne, les avantages qu'il peut raisonnablement en attendre, les risques qu'elle est susceptible de lui faire encourir. La presse, la radio et, surtout, la télévision devront en particulier analyser la vie de la Communauté sous une forme moins rébarbative* que celle qui a été utilisée jusque là. Mais ces améliorations ne serviront la cause de l'Europe que si les individus se sentent concernés par les thèmes qui leur seront présentés. Cela ne sera possible que le jour où, à la suite de réformes appropriées, la voix des peuples aura trouvé un écho au niveau des institutions communautaires.

Mais la consécration démocratique et une information satisfaisante ne suffisent pas à entraîner les populations, et en particulier la jeunesse, dans cette grande réalisation historique qu'est l'unification du Vieux Continent. En effet, la raison n'est pas ici seule en cause. L'Europe ne pourra s'affirmer que si elle parvient aussi à prendre vie dans l'imagination et les sentiments des individus. Dans les années à venir, il est indispensable que soit créée une mythologie capable d'éveiller tous les sentiments qui peuvent correspondre aux différentes manifestations d'une Europe en voie d'unification. Pour y parvenir il sera utile de se souvenir que le "même grand souffle artistique, philosophique, scientifique a balayé périodiquement et simultanément toute la grande forêt de la pensée européenne."[15] Grâce à l'unité de civilisation, le mythe de l'Europe pourra puiser aux sources de la culture européenne les images motrices* sur lesquelles il repose.

Dans l'atmosphère dure et froide où elle a baigné jusque là, la Communauté a été privée d'âme. Le mythe en sera l'annonciateur, et une fois enrichie du contenu émotionnel qui lui manquait, l'Europe verra se dresser derrière elle, pour la porter en avant, le cortège immense de ses habitants devenus enfin ses créateurs.

NOTES

1. Abrégé du chapitre paru sous le même titre in *La France et les Communautés européennes,* sous la direction de Joël Rideau et autres (Paris: L.G.D.L., 1975), pp. 287-346. Nous remercions vivement la maison L.G.D.L. de nous autoriser cette reproduction, et le Docteur Henry H. Kotchek d'avoir gracieusement contribué à réduire cet exposé à un tiers de sa longueur originale. [Les Rédacteurs]

2. Cela ne doit pas faire oublier que certaines catégories socioprofessionnelles (principalement les cadres supérieurs, les professions libérales et les chefs d'entreprise) bénéficient d'une information beaucoup plus approfondie, et dans le domaine de l'agriculture la population concernée suit de très près l'actualité communautaire.

3. L'attitude négative à l'égard de l'aide aux pays en voie de développement n'est pas particulière à la France; elle est partagée par l'ensemble des différentes opinions publiques nationales des pays européens. En 1970, dans les six pays du Marché commun, un classement par ordre d'importance des divers objectifs sociopolitiques situait l'aide aux pays du Tiers Monde entre le 9ème et le 13ème rang selon les pays. Toutefois les Etats dans lesquels l'opinion publique faisait preuve du plus grand égoïsme sur ce problème étaient l'Allemagne et la France.

4. Il faut savoir que "... en matière nucléaire, cependant, la France n'est pas un petit pays: son industrie nucléaire est la deuxième du monde, immédiatement après l'américaine. ... Après être devenu le troisième exportateur mondial d'armements classiques, l'Etat français s'apprête tout bonnement à devenir le premier exportateur mondial d'installations nucléaires à finalité militaire." André Gérard dans *Le Nouvel Observateur,* No. 615 (23-29 août) 1976, p. 27. [Les Rédacteurs]

5. "Déclaration sur la politique étrangère de la France", par M. Michel Jobert, ministre des Affaires étrangères, *Documents de l'Assemblée Nationale,* seconde session ordinaire de 1972-1973, No. 501.

6. Si la République fédérale allemande est tenue par traité de ne pas développer un arsenal militaire nucléaire, elle est dotée néanmoins d'un cycle nucléaire complet qu'elle exporte (Brésil) au même titre que les centrales françaises et américaines. Actuellement, en 1976, il existe un club nucléaire de quatre grands ayant maîtrisé tout le cycle du combustible nucléaire: les Etats-Unis, l'U.R.S.S., la France et la Grande Bretagne. A côté de ces quatre pays, quatre autres Etats possèdent une industrie nucléaire mais ne maîtrisent que virtuellement le cycle du combustible: l'Allemagne, le Canada, le Japon et la Suède. L'Italie, l'Inde sont dotées d'unités expérimentales. L'Argentine, le Brésil, Israël, le Pakistan sont, parmi d'autres pays, sur les rangs. Français, Américains et Allemands se disputent le marché nucléaire. *Le Nouvel Observateur,* No. 614 (16-22 août) 1976, p. 27. [Les Rédacteurs]

7. Voir *Sondages,* No. 1, 1963, pp. 98-100.

8. "Les Français et l'unification politique de l'Europe, d'après un sondage de la SOFRES", *Revue Française de Science Politique,* février 1969, p. 154.

9. Voir "Les Français et l'unification politique de l'Europe, d'après un sondage de la SOFRES", op. cit., pp. 156-157.

10. Voir *Sondages,* "L'opinion française et l'union de l'Europe, 1947-1972", No. 1-2, 1972, pp. 126, 128.

11. Les chiffres relatifs à la période 1951-1965 sont extraits de "L'opinion française et l'union de l'Europe, 1947-1972", *Sondages,* op. cit., p. 128; les chiffres portant sur l'année 1968 figurent dans "Les Français et l'unification politique de l'Europe, d'après un sondage de la SOFRES", *Revue Française de Science Politique,* février 1969, p. 167; les chiffres pour l'année 1971 sont extraits d'un sondage effectué par la SOFRES pour le compte de l'ORTF entre le 1er et le 17 septembre 1971.

12. En 1964, 62% des jeunes garçons de 16 à 24 ans se déclaraient disposés à faire leur service militaire dans une armée européenne. ·

13. "L'opinion des Français sur le Marché commun et l'unification européenne de 1950 à 1968", Rapport J. Bissery, Institut Français d'Opinion Publique, 1969, pp. 36, 37. Voir aussi J. Bissery, "Comment l'idée de l'Europe vient aux plus jeunes", *Sondages,* No. 1-2, 1972, pp. 149-159.

14. F. Hégel, *La Raison dans l'histoire* (Paris: Union Générale d'Editions, 1965), p. 104.

15. Louis Joos, "La Dimension européenne de la philosophie des lumières et du romantisme", *30 Jours d'Europe,* avril 1973, p. 28.

& Deuxième Partie

POPULATION
ET GROUPEMENTS
SOCIAUX

6

La Croissance et la politique de population en France.

Alfred Sauvy

La politique de population en France ne peut être bien définie, ni bien comprise, sans un rappel du passé.

L'évolution de la France s'est, en effet, séparée de celle des autres pays d'Europe au XIXe siècle et même dès la fin du XVIIIe, la diminution de la famille ayant commencé cent ans plus tôt qu'en Angleterre, Allemagne, Belgique, etc. Si la natalité était restée au niveau des pays voisins, la France aurait aujourd'hui de 110 à 125 millions d'habitants, avec une densité comprise entre 200 et 230 au km²". La population ne serait guère plus jeune, car le vieillissement des autres pays a été plus rapide au XXe siècle, mais le vieillissement y serait, si l'on peut dire, moins vieux. D'autre part, l'urbanisation serait plus intense, la marine marchande* plus prospère, le commerce extérieur plus actif, la transformation du fer plus poussée. Les esprits restent marqués par la longue période de stérilité et par les malheurs qui en ont résulté.

JUSQU'A LA 2e GUERRE

Perte de vitalité

A partir de 1870-1880, lorsqu'il s'avéra* que la France était dépassée démographiquement et économiquement par ses voisins, et qu'en dépit de la logique, le malthusianisme* ne payait pas, la position officielle a toujours été en faveur de la natalité, bien que ce souci ne se soit, pendant longtemps, exprimé par aucun acte positif. C'était une simple attitude.

La propagande en faveur du relèvement de la natalité était exclusivement menée par des partis conservateurs et avait pour argument principal la nécessité de lutter contre l'Allemagne. Cette propagande nationaliste n'a eu aucun résultat et du reste, la classe bourgeoise, qui avait pris cette attitude, avait très peu d'enfants.

La guerre 1914-1918 a exercé une forte saignée, sur une jeunesse déjà atrophiée*, ce qui a réduit encore la vitalité nationale. En dépit des signaux d'alarme lancés depuis plus de 60 ans, aucune mesure sérieuse n'a été prise en vue de tourner le pays à nouveau vers la jeunesse. La loi répressive* de 1920, interdisant la vente de contraceptifs et la propagande à leur endroit, ne peut pas être jugée favorablement, ni orientée vers le progrès, bien que son efficacité n'ait pas été nulle.

Certains mettaient tout leur espoir sur l'immigration d'étrangers.

Les années 30 ont marqué le sommet, si l'on peut dire, de cet esprit de renoncement, fait d'un souci de protection et d'une faible capacité de création. La ligne de fortifications Maginot, la politique douanière* des "contigents"[1] et la réduction de la durée du travail, devant les nazis qui travaillaient et armaient à outrance*, sont les principales manifestations de cette baisse de vitalité. Le vieillissement exerçait ses pleins effets.

Le désespoir de 1939

En 1939, la menace de guerre se précisait de mois en mois, de semaine en semaine, mais la France dormait toujours dans une étrange inconscience, favorisée par l'existence de la ligne Maginot. C'est en juillet, au moment où Hitler avait déjà pris toute la Tchécoslovaquie, s'était emparé* de Memel et menaçait de près la Pologne que des mesures exceptionnelles ont été prises, sous le nom de "Code de la famille" en vue de provoquer une reprise de la natalité. C'était la politique nataliste la plus forte, de tous les temps, en tout pays.

En bonne logique ce geste n'avait guère de sens. Des dépenses considérables ont été consenties, au moment même où la guerre devait absorber tous les efforts et où l'inflation n'était contenue qu'à grand-peine. Même si ces lois devaient être efficaces, ce dont personne n'était certain, même leurs partisans, les bébés à naître ne pouvaient être d'aucune utilité avant 15 ou 20 ans, alors que le pays roulait vers le drame.

Mais en matière de natalité, la logique, ou du moins la logique apparente, est souvent battue en brèche*, qu'il s'agisse d'un couple ou d'une nation. L'explication doit être cherchée dans les profondeurs de l'inconscient.

E. Daladier et Paul Reynaud, qui dirigeaient alors le pays, ont eu l'impression, plus ou moins confuse, que la France allait au sacrifice, sinon à l'abattoir*. Le souvenir de la première guerre pesait particulièrement dans l'esprit de E. Daladier, président du Conseil. Bref, les deux hommes ont, sans en avoir pleinement conscience, entendu jeter le germe d'une nouvelle France, au moment où l'ancienne croulant de vieillesse, allait sombrer.

Certes, sur des événements aussi troubles, aussi tragiques, une grande diversité de jugements est permise. Et cependant cette interprétation a reçu une étrange confirmation, moins d'un an plus tard. C'est en juin 1940, en pleine débâcle*, qu'a été créé le ministère de la Famille. Cette innovation avait valeur de symbole.

L'opinion et les événements

L'opinion française et même le Parlement, n'ont eu aucune part véritable à ces actes. Déjà avant la guerre, les décrets-lois étaient devenus la règle. S'il n'y eut pas, dans la presse et dans les partis politiques, d'opposition aux mesures natalistes* de 1939, c'est parce qu'elles comportaient une large distribution de revenus, sans contrepartie fiscale apparente. Or, déjà, l'état d'esprit était nettement inflationniste en réaction contre la crise de 1929, toutes les dépenses étant acceptées par l'opinion et les divers partis.

Il y avait d'ailleurs, dans l'opinion, un sourd remords, sentiment qui, lui non plus, n'était pas clairement exprimé, restant dans les zones d'ombre de la conscience: les hécatombes* de 1914-1918, dans un pays où tant de familles n'avaient qu'un fils, n'avaient jamais été clairement attribuées à la faiblesse démographique sinon par quelques auteurs, peu lus par le public, mais un obscur sentiment de culpabilité pesait sur les esprits, si bien que, sans avoir été le moins du monde voulues, les mesures natalistes ont été bien acceptées.

Au lendemain de la guerre 1939-1945, sans que l'opinion fût cette fois encore vraiment consultée, les trois partis au pouvoir, démo-chrétiens (MRP), socialistes et communistes, ont inséré, dans le dispositif de Sécurité sociale, une défense de la famille, plus forte encore que les décrets de 1939, d'inspiration conservatrice.

A nouveau la France avait la politique nataliste la plus accentuée de tous les temps.

LA REPRISE DE LA NATALITE 1942-1964

La reprise a commencé en 1942, sans que l'on puisse l'attribuer avec certitude à la politique familiale, puisque d'autres pays capitalistes en ont également bénéficié. Et cependant, un examen approfondi montre que cette politique doit avoir été efficace. Elle a réussi à vaincre un malthusianisme très profond dans l'esprit des Français, provoquant un changement notable de comportement. D'autre part, la fécondité s'est maintenue dans la suite, au point qu'en 1971-1972, malgré la baisse survenue* depuis 1964, elle était presque la plus haute d'Europe si l'on écarte l'Albanie.

La période d'après-guerre a été marquée en outre par une reprise de l'immigration arrêtée depuis 1931. La population de la France, qui restait à peu près constante depuis longtemps, est entrée dans une phase ascendante, l'accroissement s'élevant entre 0,5 et 1% par an.

La reprise de la natalité pendant et après la guerre n'a pas résulté d'un véritable calcul des ménages, ni de la volonté positive d'avoir un enfant de plus.

C'est la volonté de les refuser qui a fléchi*. Comme toutes les pratiques contraceptives, même modernes, exigent quelque effort, quelque contrainte, les Français ont laissé venir, avec plus d'indulgence, l'enfant qu'ils redoutaient. En outre, l'efficacité doit être attribuée au moins autant à la fiscalité* (du moins dans les classes moyennes et supérieures) par le système dit du "quotient familial"[2] qu'aux allocations directes.

L'opinion a, dans son ensemble, été assez neutre devant ce résultat. Ce sont surtout les partis conservateurs qui ont manifesté leur satisfaction. Des critiques ont été formulées, cependant, à l'égard des familles modestes et négligées, réputées ne vivre que des allocations familiales*; ce sont évidemment des cas exceptionnels.

Dans la suite, l'opinion s'est affirmée de plus en plus malthusienne, estimant, dans sa majorité, que la natalité du pays est un peu trop élevée.

La peur du chômage

L'argument le plus important aux yeux de l'opinion est basé sur l'existence ou la menace de chômage. L'erreur commise à ce sujet, fort répandue aussi d'ailleurs, dans les autres pays, domine toute la politique contemporaine, et mérite ici un examen sérieux. L'opinion générale sur le chômage s'exprime ainsi:

1. "Le chômage résulte d'un excédent d'hommes, au-delà des emplois disponibles; il a donc un caractère démographique. Cette idée est encore renforcée par le chômage des jeunes et particulièrement des jeunes sortis de l'Université, plus en vue que d'autres."

2. "Le chômage est un phénomène industriel et il est accentué par le machinisme et le progrès technique mangeur d'emplois."

3. "Les remèdes au chômage consistent à stimuler la demande et à mettre les vieux à la retraite de bonne heure."

Bien que ces postulats aient été démentis*, autant qu'il est possible, par les événements et particulièrement au cours des 25 dernières années, ils conservent une extrême solidité, tant les apparences sont fortes et l'affectivité vive. La pression de l'opinion agit finalement sur les pouvoirs publics et même sur les techniciens, ceux-ci étant de plus en plus influençables.

Sans vouloir entreprendre une analyse du phénomène, nous devons observer deux faits bien connus:

—avant que le plein emploi soit atteint, la stimulation de la demande fait monter les prix sans agir sensiblement sur la production (stagflation*);

—la France a dû recourir à une immigration intense: il y a aujourd'hui 2.200.000 travailleurs étrangers, pour le plus grand nombre, ouvriers d'industrie.[3]

Ces deux faits sont rattachés à la même cause: le défaut d'ajustement* en structure entre les demandes de divers produits et services et les professions recherchées. Plus précisément, en France comme en d'autres pays, la plus grande partie des jeunes refuse le travail manuel, sans trouver un nombre suffisant d'emplois non manuels. Sans l'apport* des étrangers qui ont comblé les vides dans les professions délaissées, le chômage serait plus important encore.

Traditionnellement, les partis politiques avancés et plus encore les syndicats ont été opposés à l'immigration étrangère, considérée comme favorable au chômage et à la dégradation des salaires. Cette attitude a changé depuis la guerre, lorsqu'il est apparu à l'évidence que les étrangers occupaient presque uniquement les emplois délaissés par les nationaux. Une certaine xénophobie* subsiste en quelques points, mais pour d'autres raisons, et ne joue que lorsque les concentrations étrangères dépassent un certain seuil.

Le logement, l'espace

L'idée de surpeuplement, qui touche si fortement l'opinion, est encore renforcée par divers phénomènes de pénurie*.

Au lendemain de la guerre, la crise du logement a été dure, fournissant un autre symptôme de surpeuplement. Bien que cette crise ait été fortement réduite (10 logements pour 1000 habitants sont construits par an), le jugement a persisté, du fait de l'éloignement du centre dans les grandes villes, des difficultés d'espace, pendant l'été, dans les stations* et les plages, et plus encore du fait de l'encombrement des rues des villes et de certaines routes par les voitures.

Les retraites et le vieillissement

Le vieillissement, c'est-à-dire l'accroissement de la proportion des personnes âgées, est, en dépit de son ancienneté et de sa profondeur, très peu connu de l'opinion. Ceux qui en ont quelque peu conscience confondent le phénomène avec l'allongement de la vie, ce qui est une erreur profonde, pour le moment.

A cette ignorance s'ajoute une illusion tenace: les Français plus que jamais d'esprit juridique et financier sont individuellement persuadés que leur retraite leur est assurée par la loi et par les années de travail qu'ils ont fournies. Ils ne comprennent pas que, quel que soit le système employé, la retraite leur sera assurée, en fait, par le travail des actifs. Même des personnes cultivées émettent*, sur cette question, des avis d'une grande naïveté.

Dans ces conditions, le vieillissement ne cause aucune anxiété. A plus forte raison, ses conséquences morales sont, si funestes qu'elles aient été à la France, absolument hors du champ des préoccupations. Aucun manuel d'histoire de France n'y fait encore allusion.

Le Haut Comité de la population

En 1939, a été créé un Haut Comité de la population dont l'activité n'a été suspendue que pendant l'occupation. Ce comité était chargé de renseigner le gouvernement et de lui proposer des mesures pour tout ce qui concerne la population.

Depuis le départ du général de Gaulle, qui le présidait personnellement, le comité n'a guère eu d'action ni d'influence.

La politique de population

La politique entreprise en 1939 et en 1946 se dégrade continuellement, les allocations familiales suivent avec peine la hausse des prix, et prennent un retard croissant sur les salaires; leur efficacité est donc de plus en plus réduite.

La chute de la natalité depuis 1965 est fort connue dans les autres pays occidentaux. En 1975, le taux* de remplacement des générations n'est plus atteint, mais l'opinion n'est pas bien consciente de cette tendance à l'atrophie* de la jeunesse. Un argument "souterrain" existe, non explicitement exprimé. Il pourrait être libellé ainsi: "A quoi bon s'inquiéter d'une baisse de natalité, puisque nous pourrons toujours, le moment venu, puiser dans la masse des pays étrangers, en particulier dans l'Afrique du Nord? Non seulement nous aurons l'avantage d'acquérir des hommes tout faits, dont l'élevage et l'instruction n'auront rien coûté, non seulement nous pourrons régler leur entrée, selon les besoins du moment, mais ces étrangers résoudront, en même temps, un autre problème, celui de la répartition* professionnelle."

Cette thèse n'a jamais été exposée clairement en France, mais les attitudes et les comportements sont influencés par elle.

Une politique basée explicitement sur l'exploitation des pays pauvres voisins soulèverait diverses difficultés. Ce recours systématique à des mercenaires dégraderait encore plus la mentalité des Français.

Toutes les mesures prises depuis quelques années jouent contre la natalité: extension du travail des femmes, légalisation de l'avortement, politique de l'emploi à contre temps, etc.[4]

Le gouvernement n'est pas favorable à la baisse de la natalité, mais n'ose rien faire pour elle. La gauche socialiste est plus malthusienne encore, sauf peut-être les communistes.

Il faudra sans doute plusieurs années pour que conscience soit prise du vieillissement et des dégradations diverses qu'il entraîne.

NOTES

1. A la différence des droits d'importation, qui laissent subsister le marché, se bornant à en modifier les conditions, la politique douanière des "contingents", dirigisme plus accentué, fixe les quantités des divers produits importés.

2. "Quotient familial": Système fiscal adopté en 1948 de façon à réduire le montant de la surtaxe progressive en fonction de la situation et des charges de famille du contribuable.

3. On dénombre en 1976 un peu plus de 4 millions d'étrangers en France. "Le Débat Michel Debré-Jacques Attali", *Le Nouvel Observateur,* No. 588 (16-22 février) 1976, pp. 60-82. [Les Rédacteurs]

4. L'emploi à contre temps prend deux formes principales:
   a) freinage de la baisse naturelle des emplois superflus (agriculture, petit commerce),
   b) limitation malthusienne du nombre dans une profession.

7

La Fin des paysans?[1]

Dialogue entre Henri Mendras et François Clerc

H. Mendras: Sans doute me suis-je rallié pour mon livre à ce titre *sans point d'interrogation* parce que j'ai eu le sentiment que l'ensemble de mon analyse de sociologue aboutissait à la constatation que les paysans étaient en train de disparaître, et que même en Europe occidentale et en France en particulier ils avaient déjà disparu. Ce n'était donc pas une discussion, mais au contraire une constatation, le résultat d'un travail de chercheur sociologique d'une quinzaine d'années sur les sociétés rurales françaises, que de constater que le type de société qu'on appelle la paysannerie est du domaine du passé.

Je définirais cette *paysannerie* comme un type de société vivant de façon relativement autonome au sein d'un société plus large, chaque groupe de paysans, chaque village, chaque région ayant sa société propre, sa civilisation, ses caractéristiques particulières, sa morale, sa façon de voir la vie. Ce particularisme des paysans et des sociétés paysannes, et aussi cette façon de gérer* leur économie, de concevoir qu'ils travaillent essentiellement pour se nourrir et faire vivre leur famille, tout cela me paraît aujourd'hui du domaine du passé.

Il est intéressant de dire que ce type de société a survécu beaucoup plus longtemps en France que dans les autres pays de l'Europe occidentale. Il a survécu dans notre pays jusqu'aux années 50, et nous assistons à la disparition très rapide–plus rapide que dans d'autres pays–de cette société paysanne. Par conséquent, *il n'y a plus de paysans.*

F. Clerc: Je ne sais pas s'il reste des paysans mais, en tout cas, il reste des agriculteurs; et des agriculteurs qui ont beaucoup des traits des paysans d'antan*.

Il me paraît y avoir une contradiction entre l'affirmation que les paysans ont disparu et, poussant l'analyse—comme tu le fais dans tes publications les plus récentes—le fait de dire que ces agriculteurs ont conservé le mode de production paysan.

H. Mendras: De ce côté, les économistes et les sociologues sont en grande discussion depuis une quinzaine d'années. En tant que sociologue, j'affirme que la société paysanne est terminée: la façon de voir la vie, la morale, le rapport avec la société nationale, avec la politique, tout cela est en train de changer.

Les agriculteurs—c'est-à-dire les gens qui s'occupent d'agriculture—ont tellement diminué en nombre depuis vingt ans qu'on ne peut plus parler de société paysanne. Des campagnes dans lesquelles il y a très peu d'agriculture, de mon point de vue, ne peuvent pas constituer une société de paysans.

Les économistes nous ont leurrés*, et se sont leurrés eux-mêmes en pensant que, de plus en plus, les paysans devenaient agriculteurs et qu'en devenant des agriculteurs ils s'industrialiseraient en suivant les pratiques et la façon de gérer la production de l'industrie. On s'est aperçu que les agriculteurs et l'agriculture ne fonctionnent pas de la même façon que l'industrie. Et les économistes viennent de découvrir que l'économie rurale n'était pas tout à fait la même chose que l'économie industrielle, ce que leurs grands-pères savaient depuis longtemps...

F. Clerc: Il y a donc une distinction très nette à faire entre la production agricole en tant que mode de production, et la production industrielle; et le terme d'*industrialisation* appliqué à l'agriculture me paraît assez mal choisi. L'agriculture achète de plus en plus de biens de production en dehors du secteur agricole, achète des engrais*, des produits chimiques pour lutter contre les herbes, les insectes, ou les champignons, achète du matériel agricole, du carburant* pour les faire marcher. L'agriculture est par conséquent obligée de produire pour vendre et, de ce fait, se trouve davantage intégrée que par le passé à l'économie globale.

Mais parler d'industrialisation de l'agriculture, c'est faire une confusion. La production industrielle s'exerce dans un domaine où tous les éléments sont maîtrisables. Quand on fabrique une automobile, on sait qu'avec tel procédé technique on obtiendra tel résultat, les seuls aléas* connus dans le domaine industriel sont les aléas du marché. Les aléas demeurent. Les phénomènes biologiques ne sont pas pleinement maîtrisés.

On a parlé d'industrialisation pour la production avicole* ou l'élevage porcin* parce que, dans ces domaines, on arrive assez bien, en considérant tant de poules nourries de telle façon, à obtenir mathématiquement telle production d'oeufs, à tel prix de revient. On se rapproche, dans ce cas, de la production industrielle, mais le gros de la production agricole reste très soumis à des aléas biologiques auxquels se surajoutent les aléas du marché, c'est-à-dire les crises de surproduction ou de raréfaction, entraînant par conséquent des variations de prix.

Ne parlons donc pas d'industrialisation, mais de mécanisation de l'agriculture, du remplacement de la main-d'œuvre par des machines ou de l'énergie inanimée. La production agricole, à la différence de la production industrielle, s'effectue toujours au sein de cellules de dimensions restreintes. Il n'y a pas là une division du travail comme elle peut exister dans une usine, où les uns font toujours la même chose, et transfèrent le produit demi-élaboré à l'équipe suivante qui le perfectionne, le retravaille, le remodèle. Dans le secteur agricole, beaucoup d'agriculteurs partent de la semence pour aller, au travers de la production fourragère* ou céréalière, jusqu'au produit fini, produit animal, c'est-à-dire la production de lait, quelquefois transformé à la ferme en beurre ou en fromage. Dans ces cellules de production, on peut avoir des responsabilités à prendre dans différents domaines, à la différence du monde industriel qui connaît la division du travail, entre ceux qui commandent et ceux qui exécutent. La grande décentralisation des responsabilités attache beaucoup d'agriculteurs à leur métier. C'est, dans le monde moderne, un des éléments de ce qui faisait la paysannerie d'antan, qui demeure très vivant.

H. Mendras: Certes. Mais ce qui m'intéresse, en tant que sociologue, c'est la société tout entière, et non les agriculteurs, traités par les économistes ou les représentants syndicaux comme des gens ayant pour activité principale la production alimentaire, et donc considérés comme producteurs. Le sociologue s'intéresse à la société tout entière, c'est-à-dire à tous ceux qui vivent ensemble et ont un certain nombre d'institutions communes.

On peut dire qu'à la fin du XIXe siècle, les sociétés rurales étaient des sociétés de paysans, c'est-à-dire que tout le monde, à peu de chose près, y travaillait la terre. Nous assistons aujourd'hui à un renversement de cette situation. Les agriculteurs, même dans les régions rurales, ont tendance à devenir minoritaires—très minoritaires, même—dans certaines régions. On aboutit donc à une situation dans laquelle la société rurale n'est plus dominée par ceux qui travaillent la terre.

Les sociétés rurales deviennent très ressemblantes, de ce point de vue, aux sociétés urbaines. On peut trouver, à la limite—en raisonnant un peu par l'absurde—dans les régions urbanisées, dans les grandes banlieues, un pourcentage d'agriculteurs plus élevé que dans certaines régions rurales. Il m'intéresse de noter, en tant que comparatiste et historien, que c'est la situation qui prévalait au XVIIIe siècle, avant la révolution industrielle. Les industries étaient dispersées à la campagne, les artisans étaient à la campagne, et par conséquent il y avait, dans les sociétés rurales, mixage de toutes les activités. Nous retrouvons ce mixage aujourd'hui parce que nous avons maintenant à la campagne, dans beaucoup de régions, une très faible minorité d'agriculteurs, à côté de personnes qui ont des tas d'autres activités: activités de service, résidence ici et qui travaillent ailleurs, etc.

Jusqu'à présent, nous savons relativement mal ce que représente cette diversité sociale de la campagne. Nous ne savons pas encore très précisément qui sont ces groupes sociaux, ces gens qui vivent à la campagne et ne sont pas agriculteurs. C'est en ce sens que je parle de la disparition des sociétés paysannes. Ce qui était vrai il y a vingt ans, et *a fortiori* il y a cinquante ans, ne l'est absolument plus maintenant. On ne peut plus dire que la campagne est dominée par les agriculteurs. Et les agriculteurs eux-mêmes se font illusion sur ce point.

F. Clerc: Mais subsiste-t-il alors une différence entre ville et campagne? Le sociologue constate-t-il actuellement une différence entre les *sociétés rurales*—je ne dis plus *paysannes*—et les *sociétés urbaines*? Je n'ai pas l'impression, par exemple, qu'elles votent exactement de la même façon.

H. Mendras: Les différences, sur ce point, au contraire, sont minimes. Les différences de répartition* électorale, les différences de répartition de pratique religieuse, d'opinions, sont beaucoup plus fortes de région à région, entre, par exemple, le nord et le sud de la France, qu'entre une ville déterminée et la région rurale des environs. Il n'y a aucun doute de ce côté-là: les différences régionales sont, en France, beaucoup plus importantes que les différences urbaine-rurale. Pour le sociologue, le taux* de suicides constitue un signe important, par exemple. Or, le taux de suicides est *très bas* ou *très fort* à la campagne, et *moyen* dans les villes.

F. Clerc: Il y a donc une différenciation entre ville et campagne en ce qui concerne le taux des suicides?

H. Mendras: Sauf que cette différenciation est bien plus forte entre les régions rurales elles-mêmes qu'entre ville et campagne.

D'un côté, nous avons tous le sentiment que l'urbanisation et la "massification" de la société vont aboutir à un nivellement et une homogénéisation de toute la société. D'un autre côté, je constate au contraire, dans mes enquêtes localisées dans les différentes régions de France, la survie de ces différences régionales, et à certains égards, leur accentuation.

F. Clerc: L'uniformisation des genres de vie en France, l'uniformisation des mentalités, le développement de l'instruction primaire, puis de l'instruction secondaire mise à la portée* des fils de ruraux, tous ces facteurs créent effectivement une certaine société homogène, au moins régionalement. Ce qui survit, c'est un mode de production particulier à l'agriculture. Les économistes continuent à faire des différences entre la production agricole et la production non agricole. Le sociologue, quant à lui, pense que le mode de production agricole ne détermine plus une façon d'être différente dans les sociétés rurales.

H. Mendras: Il y a cependant une forte tendance parmi ceux qui s'occupent d'agriculture à penser que la transformation de la production agricole l'amène à ressembler de plus en plus à la production industrielle. Beaucoup de responsables de l'économie rurale, au ministère de l'Agriculture et ailleurs, pensent en ces termes. L'idée que l'on puisse, dans une société industrielle, continuer à avoir un secteur de production agricole géré par les travailleurs de base, est une idée très choquante pour beaucoup.

F. Clerc: Peu de gens souhaitent un complet bouleversement du secteur agricole. Le type d'exploitation qui domine est l'exploitation familiale. Il y en a plus d'un million en France, et plusieurs millions dans la Communauté européenne. Elle n'est contestée actuellement par personne. Ceci pour des raisons qu'on comprend très bien. Premièrement, ceux qui y sont veulent que cela continue. Deuxièmement, elle se révèle assez efficace sur le plan économique, en ce sens que la nourriture ne revient pas cher, contrairement à ce qu'on dit. Le système de production qui consiste à faire travailler tous les membres d'une famille pour élever des vaches, les traire, et porter le lait à la laiterie, coûte moins cher au reste de la société que celui qui ferait faire le même travail par des salariés payés quarante heures par semaine, pas plus, et qui demanderaient des congés.

H. Mendras: Je me souviens d'avoir assisté à une émission de télévision qui a fait beaucoup de bruit, *Adieu coquelicot,* où l'on disait exactement le contraire. A cette époque—il y a trois ou quatre ans—la conviction d'un grand nombre de gens était que les paysans coûtaient horriblement cher, que la production agricole pesait beaucoup sur le budget, et que si l'on pouvait se débarrasser de ces agriculteurs familiaux—je ne dis plus "paysans", mais "agriculteurs familiaux"—on aurait la nourriture à meilleur marché. Je n'ai, pour ma part, jamais partagé ce point de vue.

F. Clerc: Il me paraît assez erroné. Quel est, de plus, le coup de baguette magique qui pourrait, du jour au lendemain, reconvertir un agriculteur de quarante ou quarante-cinq ans en autre chose qu'un agriculteur? On peut, à la rigueur, reconvertir un professeur d'université en bureaucrate du ministère des Finances; c'est beaucoup plus difficile de transformer un agriculteur en autre chose qu'un agriculteur.

H. Mendras: On peut le laisser mourir gentiment, tranquillement, comme les mineurs . . .

F. Clerc: La protection sociale des agriculteurs est coûteuse, évidemment. Beaucoup de fils d'agriculteurs sont partis travailler dans le secteur industriel, et c'est le petit nombre d'agriculteurs qui restent qui a, juridiquement, obligation de financer les retraites des vieux exploitants agricoles. Ce n'est pas un problème propre au secteur agricole. Le même problème se pose à la SNCF depuis que le nombre des cheminots* diminue, multipliant le nombre des retraités par rapport aux actifs.

H. Mendras: Les économistes, dans leurs comptes, ont tendance à nous montrer que la valeur ajoutée du producteur agricole est, en gros, moitié de la valeur ajoutée du producteur moyen dans les autres secteurs. Je suis convaincu qu'il s'agit d'une erreur de leurs comptes. En effet, il existe des sociétés qui ont essayé d'industrialiser rapidement l'agriculture, en particulier des sociétés socialistes. Il ne semble pas qu'elles soient parvenues à des solutions très satisfaisantes; et sont dans le vrai les économistes qui disent, au contraire, que le meilleur moyen de produire le beefsteack et le lait, c'est le producteur familial—avec cet inconvénient que le producteur familial, à l'heure actuelle, aux dires d'un certain nombre de ses représentants, est prolétarisé. Notre société industrielle ne se nourrit que grâce à la paupérisation* et à la prolétarisation de ceux qui fabriquent le lait et la viande.

F. Clerc: Tu as parlé de la faible valeur ajoutée par travailleur dans le secteur agricole. La valeur ajoutée est composée des *quantités* multipliées par les *prix,* moins ce qu'il en a *coûté pour produire*. Il s'agit donc des quantités de produits agricoles multipliées par les prix agricoles, il n'est pas étonnant que la valeur ajoutée par les agriculteurs soit faible! De même qu'on nous dit que la valeur ajoutée d'un travailleur immigré est faible: elle est faible parce qu'on le paie peu. Si on le payait davantage, on s'apercevrait que son travail a plus de valeur et que, par conséquent, il ajoute plus de valeur.

Les agriculteurs, dis-tu, sont prolétarisés. Le mot est mal choisi. Le *prolétaire* est celui qui n'a que ses bras, et même étymologiquement, qui n'a que ses enfants à offrir à la patrie; le terme de *paupérisation relative* me semble plus juste. Les agriculteurs sont, pour un grand nombre d'entre eux, plus pauvres que beaucoup de leurs concitoyens; ils sont plus pauvres parce que leurs produits leur sont sous-payés. Ceci non seulement en économie capitaliste mais aussi en économie socialiste—j'emploie les termes socialiste et capitaliste au sens géographique. Dans les deux cas, on utilise le fait que beaucoup d'entre eux ne peuvent pas faire autre chose que de rester agriculteurs, pour les faire travailler sans trop les rémunérer. S'il s'agissait de travailleurs salariés, qui pourraient du jour au lendemain quitter le tracteur pour aller conduire un camion, il faudrait les payer plus cher. Même dans les pays de l'Europe de l'est, on est obligé de payer relativement plus cher les céréales produites par les grandes entreprises parce que les travailleurs en question peuvent quitter assez facilement leur emploi de salariés pour travailler dans le secteur industriel. Dans les exploitations familiales au contraire, beaucoup de facteurs maintiennent les agriculteurs sur place, ne serait-ce que le fait qu'ils sont propriétaires de leurs moyens de production. Et si par malheur—ce qui arrive à beaucoup d'entre eux—ils ont dû emprunter pour les acquérir, ils peuvent encore moins partir, tenus qu'ils sont par les dettes à rembourser à la banque, au Crédit agricole, dans le cas français.

H. Mendras: Oui, mais il m'intéresse de comprendre pourquoi on peut dire d'un côté que les agriculteurs sont paupérisés, que leurs produits et les produits alimentaires ne sont pas payés à leur prix, et d'un autre, à titre de propagande, que la politique agricole en général, et donc les paysans, coûtent si cher au budget de la nation.

F. Clerc: Ils sont pauvres, et la nation essaie de se racheter* quelque peu en dérivant vers eux une part des dépenses budgétaires.

H. Mendras: Mais pourquoi est-ce uniquement pour les agriculteurs qu'on fait cela? Pourquoi faut-il que d'un côté l'économie paie relativement trop bas le prix de la production alimentaire, et qu'il faille compenser cela par des mesures d'ordre politique ou social, subventions*, aides sociales, etc.

Tout se passe, de mon point de vue de sociologue, comme si notre société industrielle occidentale avait décidé que l'alimentation* ne devait pas coûter cher, mais que, par contre, les automobiles, les maisons pouvaient coûter cher. C'est là, me semble-t-il, le fond du problème de notre société, et ce qui la caractérise par opposition aux sociétés paysannes traditionnelles. Ces sociétés paysannes traditionnelles travaillaient pour se nourrir et pour répondre à leurs besoins. Notre société, au contraire, fait une distinction radicale entre les besoins alimentés par l'industrie pour lesquels on peut, à la limite, proposer n'importe quel prix, et les produits alimentaires, pour lesquels on fait jouer un processus extraordinairement complexe de politique agricole—de soutien de ceci, de subvention de cela—pour arriver à ce que le consommateur paie les produits alimentaires à la moitié de leur prix.

Au bout du compte, il le paie de la même façon: la moitié chez le commerçant, la moitié chez le percepteur!

F. Clerc: Il est facile de payer les agriculteurs peu cher: il suffit de les mettre en compétition les uns avec les autres, de leur fournir à chacun les engrais nécessaires pour qu'ils produisent plus, et l'on est sûr d'avoir une production surabondante à bon marché.

Notre société utilise ce procédé, de même qu'elle en a utilisé dans le passé d'autres pour obtenir d'autres biens à bon marché, par exemple le logement. Entre les deux guerres, le logement a été à un prix ridiculement bas pour les locataires; la société avait trouvé un moyen simple: le blocage des loyers.

Ces dernières années, l'agriculture d'Europe occidentale a essentiellement reçu du budget: premièrement des aides à caractère social pour les vieux agriculteurs. Vue la conjoncture* sur les marchés mondiaux, il n'était pas nécessaire de subventionner les exportations; jusqu'à très peu de temps les exportations de céréales de la Communauté étaient au contraire taxées: elles rapportaient de l'argent au budget européen.

La contribution directe de la nation au revenu des agriculteurs est rendue nécessaire à cause de leurs charges de famille—les agriculteurs ont eu, jusqu'à une date récente, des enfants plus nombreux que le restant de la société—ou du poids que représentent de nombreux agriculteurs retraités pour un petit nombre d'actifs. Elle me paraît donc assez justifiée.

Les autres secteurs de l'économie ont pensé qu'il était souhaitable que l'agriculture s'équipe pour produire plus, que les exploitations s'agrandissent—ce qui n'est d'ailleurs pas l'intérêt immédiat des agriculteurs, car s'ils n'avaient pas plus produit en 1970 qu'en 1955, les prix du marché seraient nettement plus élevés. On a donc mis des prêts à la disposition des agriculteurs. On les a encouragés par des subventions. Ces aides me paraissent également assez justifiées, du point de vue de l'intérêt général. Car il est préférable que l'alimentation soit bon marché que chère.

H. Mendras: Mais c'est une fiction comptable, puisque le contribuable est obligé, de manière très détournée*, de payer chez son percepteur une partie du prix qu'il ne paie pas à l'achat du produit.

F. Clerc: Une partie seulement... Il fait donc une économie. Le système actuel qui consiste à avoir une alimentation relativement bon marché et ensuite, comme il y a des gens trop pauvres et trop malheureux, à leur redistribuer quelques subsides en provenance des caisses publiques, se révèle, pour cette entité qu'on peut appeler *le contribuable/consommateur,* plus économique.

H. Mendras: Tu sembles traiter les agriculteurs essentiellement comme des producteurs. Encore une fois, le côté *producteurs* ne m'intéresse pas du tout; il intéresse l'économiste. Si l'on considère, au contraire, les ménages, c'est-à-dire les familles dans lesquelles le chef de famille est agriculteur, les enquêtes dont nous disposons montrent qu'ils ont un revenu moyen plutôt supérieur à la moyenne des Français. Mais il faut préciser tout de suite que la disparité au sein des ménages où figure un agriculteur est extrêmement grande. Certains sont parmi les plus pauvres de la population française, et d'autres parmi les plus riches. Les différences de situation entre agriculteurs sont au moins aussi fortes que celles de l'ensemble de la population française.

Comment se fait-il alors que d'un côté le producteur agricole ne soit pas payé dans son activité de façon honnête et qu'on complémente son revenu par les détours très compliqués de la politique agricole, et que, d'un autre côté, on s'aperçoive que les familles d'agriculteurs sont dans une situation tout à fait comparable à celle de la moyenne des Français, plutôt meilleure même–les enquêtes statistiques de l'INSEE ou nos enquêtes qualitatives arrivent toutes à ce résultat.

Traiter des agriculteurs comme des producteurs séparés n'a plus beaucoup de sens aujourd'hui. La moitié des chefs d'exploitation agricole vivent dans des ménages dans lesquels il y a d'autres sources de revenus que le revenu agricole. Nous en arrivons, du point de vue sociologique, à une situation radicalement nouvelle: l'agriculture et les autres activités sont intimement liées au sein de la nouvelle société rurale qui est en train de se créer.

F. Clerc: Nous reviendrons sur la question de la disparité des revenus à l'intérieur de l'agriculture. Qu'il existe dans un certain nombre de ménages ruraux des revenus d'origine non agricole, c'est évident. Cela prouve, par parenthèse, l'insuffisance du revenu agricole. Il ne faut d'ailleurs pas exagérer le nombre de ces ménages; car le revenu non agricole suppose la possibilité d'une activité non agricole à portée de bicyclette, ou à la rigueur à la portée de voiture de l'exploitation agricole. Or l'industrie est peu dispersée sur le territoire national, et les régions où peuvent exister des ouvriers-paysans, avec le père à la ferme et le fils à l'usine, sont relativement restreintes dans le pays.

D'autre part, le revenu des agriculteurs, tel que le mesurent les statistiques, n'est pas un revenu net pour la consommation. Les agriculteurs, à la différence des salariés par exemple, ont à acquérir leurs outils de travail. Imaginons qu'un ouvrier embauché* aux usines Renault s'entende déclarer à l'entrée que, comme il travaille dans une usine qui emploie 40.000 personnes, il doit acheter 1/40.000ème de l'usine, éventuellement remboursable en cinq ou dix ans. Cela amputerait considérablement son revenu pendant les dix ou quinze années en question.

Les agriculteurs se trouvent dans cette situation. S'il n'y avait pas diminution du nombre d'agriculteurs, il y aurait, de toute façon, à racheter la part du père, plus exactement la quote-part* revenant aux cohéritiers. Mais comme, en plus, le nombre d'exploitations diminue, que par conséquent, chaque exploitation s'agrandit, il faut bien financer ces extensions. Beaucoup d'agriculteurs ont actuellement des dettes considérables. Peut-être mourront-ils riches, à la tête d'un patrimoine* important, mais ils auront vécu pour payer leurs dettes, pour acquérir ce patrimoine.

H. Mendras: Mais ce n'est pas vrai! Les enquêtes auxquelles je fais allusion ne sont pas des enquêtes de revenus, mais des enquêtes de consommation: c'est donc du budget des ménages qu'il s'agit.

F. Clerc: C'est très contestable. Dans ces enquêtes de consommation, on admet comme taux d'autoconsommation*, pour 1972, 36%, à savoir un chiffre supérieur à celui d'une enquête de 1950. Ce n'est pas sérieux. Les statisticiens eux-mêmes avouent qu'ils ne connaissent pas l'autoconsommation* paysanne.

H. Mendras: C'est vrai.

F. Clerc: Ils en sont restés à l'idée d'antan où l'on produisait sur la ferme un peu de tout: un peu de vin, des oeufs, du beurre, un peu de fromage, un cochon. Ce n'est plus du tout le cas maintenant.

H. Mendras: Je n'en suis pas si sûr...

F. Clerc: Les exploitations agricoles se sont spécialisées. Il n'y a que très peu d'exploitations agricoles en France où l'on mange encore son beurre, parce qu'il n'y a presque plus d'écrémeuse* dans les fermes: tout le lait est porté à la laiterie, et il faudrait le racheter.

H. Mendras: Oui, mais on abat de plus en plus de viande sur l'exploitation, en la mettant au congélateur, et sans aller chez le boucher. Et, d'autre part...

F. Clerc: La capacité moyenne de ces congélateurs ne permet pas de stocker la viande de six mois...

H. Mendras: Un point important serait de savoir ce que vous, les économistes, ou les dirigeants agricoles, vous entendez par *agriculteurs*. Vous pensez là essentiellement à votre clientèle: aux gens qui sont principalement agriculteurs, qui ont une exploitation agricole "rentable" ou qui pourrait l'être.

F. Clerc: Ce n'est pas parce que l'exploitation est rentable que nous considérons qu'il s'agit d'un agriculteur. Est agriculteur la personne qui a pour activité principale la production agricole.

H. Mendras: Nous avons de plus en plus une marge très importante de gens qui font de l'agriculture comme activité annexe. Tout ton discours tendait à dire que les activités non agricoles, dans un ménage agricole, sont des activités annexes. On pourrait renverser l'argument: ceux qui vivent à la campagne ont des activités salariées, ou de commerçants, de différents ordres, et, *en plus*, ils sont agriculteurs. Ce qui ramènerait l'agriculture à ce qu'historiquement je crois sa vocation première: la subsistance... Et caricaturant un peu, je dirais que la majorité des agriculteurs d'aujourd'hui s'intéresse à l'agriculture comme un ouvrier s'intéresse à son jardin, ce qui a pour effet de transformer complètement nos sociétés rurales. Il y a naturellement des cas extrêmes; des Parisiens de type cumulard*, des industriels ou des vedettes de cinéma qui s'achètent une exploitation agricole pour faire joujou; ou l'ouvrier qui cultive son jardin. Mais entre ces deux cas, il existe une population rurale proprement dite, formée de gens qui vivent à la campagne, demeurent dans la maison de la famille, possédant trois, quatre, ou cinq hectares, dans lesquels ils ont des activités agricoles. Ces gens-là ne s'intéressent pas à la *Fédération nationale des syndicats d'exploitants agricoles,* ne vont pas au *Crédit agricole,* sauf pour avoir du crédit facilement mais sans réellement jouer leur rôle d'entrepreneur agricole. Or ce sont ceux-là qui représentent l'avenir des sociétés rurales françaises.

F. Clerc: Les agriculteurs à temps partiel, qui ont une autre activité en plus de l'activité agricole, ne représentent certainement pas les deux tiers du total des agriculteurs, mais peut-être simplement le quart.

D'autre part, ces agriculteurs à temps partiel ne sont pas, en général, des non-agriculteurs qui se sont mis à faire de l'agriculture, mais bien des agriculteurs initialement à plein temps, ou dont les parents étaient agriculteurs à plein temps, obligés de chercher un complément de revenus en dehors de l'agriculture. Ils ont des petites exploitations que tu les imagines cultiver pour consommer eux-mêmes. Je n'en suis pas sûr! S'ils ont cinq hectares, ils ont quelques vaches. Bien évidemment, ils ne boivent pas tout le lait de leurs vaches, car—les pauvres—cela leur ferait un demi-hectolitre à boire chaque jour! Ils ne vont pas, pour un demi-hectolitre avoir une écrémeuse, parce qu'un demi-hectolitre—50 litres multipliés par 40 gr. de matière grasse—donne deux kilos de beurre par jour. On ne va pas mettre en route un système de production pour deux kilos de beurre par jour. Ils font donc comme tout le monde et livrent leur lait à la coopérative ou à l'industriel laitier, lequel fait des difficultés pour le ramasser, car il n'est pas très intéressant de s'arrêter pour un bidon* de 5o litres de lait. Ils produisent donc pour vendre et, avec l'argent, racheter.

Mais ce n'est pas l'agriculture de l'avenir, car si elle était généralisée, nous mourrions de faim dans les villes.

H. Mendras: Non: les ingénieurs agronomes en sont arrivés à nous faire une agriculture tellement rentable qu'il nous suffirait, pour les céréales, et même pour les autres productions, d'employer une proportion infime de la population active, de l'ordre de 1 ou 2%.

F. Clerc: Mais comme tu veux du beurre sur ton pain, et en plus du fromage, un verre de lait, et un yaourt à la fin de ton repas, il te faut beaucoup de produits animaux, qui demandent beaucoup de main-d'œuvre.

H. Mendras: Ce qui m'intéresse dans l'affaire, c'est qu'il nous faut relativement très peu de population d'actifs agricoles à plein temps, avec des techniques modernes bien employées, pour nourrir la population française, et qu'une grande partie de la production agricole est à l'heure actuelle marginale. De ton point de vue—et je comprends très bien—ils sont des agriculteurs, et tu fais remarquer avec juste raison qu'ils sont fils d'agriculteurs et demeurent agriculteurs.

Mais si l'on considère que, comme consommateurs, ils se comportent comme les autres consommateurs, que leur revenu monétaire provient principalement d'activités non agricoles, qu'ils vivent dans un espace rural qui, de plus en plus, ressemble à un espace urbain, puisqu'ils ont la télévision, une automobile, des congélateurs, et tous les signes extérieurs d'un foyer urbanisé, on en arrive à la conclusion que, d'un point de vue sociologique, ces gens ont, en plus de leur activité "de type urbain", une activité de type agricole.

Ce qui t'apparaît, du point de vue de l'économiste et de la défense professionnelle, comme la chose principale, j'ai tendance à penser que cela devient l'aspect accessoire, et que nous allons vers une population "urbaine à la campagne". Avec une autre possibilité, très intéressante, le développement d'une production de type artisanal de grand luxe: les vins, le foie gras, les fromages fermiers.

F. Clerc: Ne nous faisons pas trop d'illusions: beaucoup de ces produits dits fermiers, qu'on croit fabriqués par l'exploitant lui-même, sont fabriqués dans des usines. Les vieux agriculteurs sont encore nombreux, mais ils le seront beaucoup moins dans une vingtaine d'années. S'ils sont aujourd'hui si nombreux, c'est que l'exode rural a été quasiment stoppé en France entre 1930 et 1950/55, du fait de la grande crise économique d'abord, puis de la guerre et de la reconstruction nécessaire. Il a fallu attendre le démarrage* de la croissance économique pour voir se réamorcer l'exode rural. Les générations nées en 1935—hélas pour elles! — dépasseront difficilement l'an 2000. A partir de cette date, il y aura donc beaucoup moins de vieux agriculteurs.

Qu'il y ait un certain nombre d'agriculteurs à temps partiel, je le crois aussi. Mais ce ne sont pas eux qui approvisionneront le marché.

H. Mendras: Certes, mais beaucoup d'urbains vont prendre leur retraite à la campagne.

F. Clerc: Ils cultiveront quelques rosiers . . .

H. Mendras: S'ils ne font pas beaucoup d'agriculture, ils feront beaucoup de population. Et cela doit nous amener à poser un problème fondamental pour notre société. Les sociétés rurales représentent-elles, d'une manière ou d'une autre, une forme de vie sociale importante pour l'avenir de notre société prise dans son ensemble? Après tout, depuis vingt ans, nous n'avons pensé qu'à urbaniser, à construire des maisons dans de très grandes villes; et aujourd'hui chacun aboutit à la conclusion que la vie manque de "qualité", comme on dit élégamment dans les grandes villes.

Mais comment peut-on imaginer ce que sera la vie dans ces sociétés locales où il n'y aura plus que peu d'agriculteurs professionnels à plein temps, et toute une population, très difficile à définir pour l'économiste, vivant un peu du travail de la terre et d'autres revenus du type retraite, ou versements sociaux. Et "quid", par exemple, de la vie municipale? On disait jusqu'ici que la vie locale et la gestion des problèmes locaux n'étaient plus un problème important dans les petites collectivités rurales, et qu'il fallait regrouper les communes, créer des échelons administratifs au niveau de la sous-préfecture d'où l'on pourrait gérer convenablement le territoire. En observant attentivement ce qui survient à l'heure actuelle, on voit renaître une société diversifiée dans les régions rurales, au moins au niveau du chef-lieu de canton—qui représente à peu près 5000 habitants. On voit revivre cette société locale: jusqu'à présent, elle était aux mains des agriculteurs et leur échappe de plus en plus. Ceux qui la prennent en charge sont de plus en plus de petits commerçants, des urbains en vacances qui investissent le conseil municipal, etc.

Peut-être en suis-je à construire une utopie tout à fait idyllique; Fourier et les socialistes idéalistes du XIXe siècle voulaient mélanger l'agriculture et l'industrie dans la vie quotidienne: on peut se demander si ce n'est pas ce qui se passe aujourd'hui ...

F. Clerc: Les agriculteurs seront heureux de ne plus être seuls dans les villages. Beaucoup se plaignaient de la disparition de la vie sociale, faute de participants. Mais il ne faut pas oublier que cela sera source de tension: certains travailleront, et d'autres voudront se détendre. Ceux qui travailleront penseront que, ma foi, leurs vaches ont bien le droit de circuler dans la rue, même en faisant des bouses, tandis que les citadins en vacances se plaindront de se salir les chaussures.

F. Clerc: Dans cette société rurale, il y aura assez peu de différences entre le fils de l'agriculteur et le fils du non agriculteur du même village.

Ta vision "utopique" me paraît donc, en gros, souhaitable. Je crains cependant qu'il y ait relativement peu de régions où cela se produise. Car les régions où se produit une réanimation de la vie sociale par des habitants venus de la ville: retraités, résidences secondaires, activités industrielles de la ville voisine, sont relativement peu nombreuses.

H. Mendras: En France, il y a plus de résidences secondaires que d'exploitations agricoles.

F. Clerc: Ces résidences sont très localisées le long des rivages côtiers, ou autour des plans d'eau, tandis que les exploitations agricoles sont éparses sur tout le territoire.

H. Mendras: Les résidences secondaires amènent plus d'argent dans la vie économique locale et plus d'activités dans la vie sociale que des petits agriculteurs qui vivotent* grâce aux ressources de la politique sociale.

F. Clerc: L'argent qu'apportent les non-agriculteurs se diffuse assez mal dans le milieu rural.

H. Mendras: L'artisanat rural ne se porte pas si mal, grâce à lui.

F. Clerc: Si l'on demande à l'artisan rural de vous installer une salle de bains, cette salle de bains vient de la ville. L'argent qui reste est seulement celui qui rémunère le travail de l'artisan.

H. Mendras: La société peut plus ou moins se recréer autour de sources de revenus de l'activité non agricole. N'oublions pas que la production agricole se concentre dans des régions très limitées. La production agricole *qui rapporte* n'est pas aussi diffusée dans le territoire que tu le dis. Il y a également de ce côté concentration, spécialisation de la production agricole de masse. C'est plutôt dans les régions d'agriculture de subsistance, de retraite, que l'on voit se développer les résidences secondaires. Par conséquent, on peut se demander si nous n'arrivons pas à une diversification des régions. L'image un peu idyllique que je présentais tout à l'heure se développerait donc dans certaines régions, tandis que d'autres se mueraient en ateliers industriels agricoles, du type de la Beauce: cela ressemblera à la banlieue, ce sera la banlieue agricole de Paris. Les différences ne sont d'ailleurs pas si importantes entre l'activité de production massive agricole, et la production industrielle, du point de vue sociologique. On trouve des phénomènes très comparables aux HLM dans les régions agricoles de grande production: les sociétés y ressemblent aux sociétés d'urbanisation industrielle de grands ensembles, le type de relations sociales y étant très comparable. La diversification au sein du territoire rural me paraît un des traits les plus importants de l'évolution à laquelle nous assistons.

F. Clerc: Il se produit aussi des phénomènes de rejet. Les nouveaux habitants qui arrivent nantis* de beaucoup d'argent modifient l'échelle de valeur des choses. Ce qui ne valait rien, cette vieille masure*, acquiert tout à coup une valeur extraordinaire, par exemple. Le nouveau venu veut aussi se faire entendre, il a des besoins à exprimer vis-à-vis de la collectivité locale. Il veut que les routes soient goudronnées*, ou que l'électricité vienne jusqu'à lui: il tente donc de conquérir le conseil municipal...

H. Mendras: La revalorisation du capital foncier* et du capital de bâtiment inutilisé à la campagne a été très profitable aux agriculteurs depuis dix ans, dans certaines régions.

F. Clerc: Elle a surtout été très profitable au propriétaire foncier qui n'est pas forcément agriculteur.

H. Mendras: Nous pouvons évoquer également un autre problème d'actualité: l'entretien du paysage. Ce ne sont pas les agriculteurs professionnels, pour qui la production est la chose première, et qui veulent avoir des exploitations agricoles rentables, qui s'occuperont d'entretenir le paysage. Cela leur coûtera cher, sans apparaître dans leur bilan*, et les comptables conseils du ministère de l'Agriculture ou des Féderations syndicales ne leur diront pas de perdre leur temps à être les jardiniers de la France, simplement pour avoir la joie et la satisfaction d'offrir un beau paysage aux urbains. Si d'aucuns risquent d'entretenir le paysage français, il s'agira sans doute beaucoup plus des non-agriculteurs, ou des agriculteurs marginaux dont nous avons parlé, parce qu'ils ne se situent pas dans une perspectivité de rentabilité, mais dans une perspective de genre de vie. Cela peut paraître paradoxal, mais l'étude objective des faits doit nous convaincre que c'est de la population non agricole de la campagne qu'on peut attendre l'entretien du paysage. A quoi pensent les agriculteurs? A couper les arbres qui les gênent ou à construire des stabulations libres, horribles de toute façon, pas à entretenir les forêts!

F. Clerc: Il faudrait d'abord savoir ce qu'on appelle entretenir le paysage, et je voudrais bien savoir pourquoi les semi-agriculteurs l'entretiendraient mieux que les autres. Ce qu'on appelle, en gros, l'entretien du paysage, c'est *ne pas le changer*: que ce qui était cultivé ou pâturé* le reste, que les forêts soient préservées. C'est donc, dans la conception des Français d'aujourd'hui, assez conservateur. Dans cette conception, l'entretien du paysage se confond essentiellement avec le maintien d'une certaine activité agricole. Il faut que là où il y avait des pâtures, il continue d'y avoir des vaches pour éviter les ronces*. Que ces vaches appartiennent à un agriculteur moderne, ou qu'il s'agisse des vaches d'un ouvrier paysan, elles effectueront le même travail de tonte* de l'herbe et de lutte préventive contre la ronce.

H. Mendras: Certes non, car la production agricole intensive et modernisée signifie: de grands espaces céréaliers, et la concentration de la production animale sous des toits et des espaces relativement limités, où on alimente ces ateliers à fabriquer de la viande, du lait ou des oeufs, avec des produits qu'on va chercher ailleurs; sauf dans des systèmes très extensifs, la vache ne va plus brouter* son herbe sur des espaces considérables.

F. Clerc: C'est un moyen très économique que d'utiliser les pieds de l'animal pour le faire aller lui-même chercher sa nourriture sur place. Il le fait gratuitement et, de plus, cet exercice est bon pour sa santé.

Cette vision d'une agriculture qui connaîtrait une extension des surfaces en céréales, et même une disparition des zones d'herbage, ne correspond pas du tout à l'évolution de l'agriculture européenne. On a assisté, au contraire, depuis cent ans, à une réduction des surfaces en céréales, chaque hectare produisant plus.

H. Mendras: Pour conclure, je m'en tiendrai à quelques points. Notre société a décidé, parce que cela correspondait à son intérêt, que l'alimentation devait coûter aussi peu cher que possible et, en particulier, qu'elle devait coûter relativement bon marché à l'individu en tant que consommateur; c'était une façon de maquiller les comptes qui devaient servir à la croissance économique. Aujourd'hui, on en revient à une évaluation des choses un peu plus honnête. Par conséquent, on aura tendance à payer l'alimentation à un prix plus juste, comme on le fait pour tout ce qui vient de la terre en général, les matières premières par exemple.

Deuxième point: Dans les nouvelles sociétés rurales dont nous avons parlé, un danger, entre autres, est à éviter: la ségrégation des communautés, la "banlieusardisation" des villages: les villages s'entourant d'une mini-banlieue, ressemblant étrangement à celle des grandes villes. Mais il existe des moyens d'éviter ce danger, de faire en sorte qu'il n'y ait pas dans ces villages, d'un côté le vieux village agricole, de l'autre une banlieue, dans les pays coloniaux la médina* et la ville coloniale.

Un des problèmes principaux de notre société, sur lequel il faudrait définir une politique, est de savoir comment l'on peut intégrer ceux qui travaillent ou ont des revenus urbains dans des sociétés rurales, au lieu de les juxtaposer. Cela sera très difficile, mais il est important de souligner le plus tôt possible ce problème, en essayant de susciter à son sujet une réflexion qui puisse conduire à des décisions d'aménagement du territoire permettant d'éviter ce danger.

F. Clerc: Les agriculteurs n'ont nullement le désir de rester entre eux pour conserver leurs façons de vivre, leur société ancestrale. Il existe chez eux une très grande ouverture au monde moderne tant au niveau des individus, qui ne veulent pas vivre à l'écart des moyens d'information modernes, qu'à l'échelle du groupe social, qui accepte que les villages s'agrandissent par construction de maisons nouvelles.

NOTE

1. Ce chapitre, la transcription d'un dialogue, est le seul exemple qu'offre ce recueil du français parlé, si différent, comme le signale M. Fantapié, du français écrit. Cet entretien fut radiodiffusé dans l'émission "Dialogues" de France-Culture le 20 novembre 1974 (Archives INA, série animée par Roger Pillaudin). Nous remercions vivement Radio France de nous autoriser cette transcription. Les enregistrements de cette série peuvent être obtenus en écrivant à *Cassettes Radio France,* 75786 Paris Cedex 16, France. Les textes de seize dialogues ont été publiés en 1974 par les Presses Universitaires de Grenoble, Saint Martin d'Hères, 38040 Grenoble Cedex, France:

    Vol. I "Quelle crise? Quelle société?"
    Vol. II "Ecrire... pour quoi? pour qui?"

Nous remercions le Professeur Stanley Hamilton de nous avoir procuré le texte original de ce dialogue. Le contenu de ce dialogue pourrait être supplémenté par l'étude de M. Mendras, *La Fin des paysans* (Paris: A Colin, 1970. Coll. U_2) [The Vanishing Peasant (Cambridge, Mass.: MIT Press, 1970)]. [Les Rédacteurs]

Catholique et Français
8 *est-ce fini?*[1]

René Pucheu

Dans les premières années du XXe siècle, aux processions, aux "premières communions", etc., on chantait très haut ce refrain-ci:
"*Catholique et Français toujours!* "
Les temps sont changés! Aujourd'hui, c'est la question ci-dessus que l'on se pose, sans la chanter, évidemment! Les Françaises et les Français ne savent souvent plus où ils en sont avec la France et où en est la France. Ils ne savent plus très bien non plus où ils en sont avec le catholicisme et où en est le catholicisme.

REGARDS FRANÇAIS SUR LE CATHOLICISME

La place faite au catholicisme dans la société française a, plusieurs fois, varié. Longtemps et souvent, naguère, l'Eglise domina. On conjugua ensemble à certaines saisons "le trône et l'autel", "le sabre et le goupillon*". Ces collusions* allèrent d'ailleurs rarement sans collisions, mais celles-ci devinrent de plus en plus explosives à partir de 1789 et cela finit par la fameuse "Séparation de l'Eglise et de l'Etat" en 1905. Alors, l'Eglise fut combattue, et le catholicisme suspect.

Où en est-on précisément? Comme dans toutes les sociétés industrielles, ce que l'on appelle la "sécularisation"—et le mot appellerait bien des observations—a modifié le climat et les rapports de force. Les grandes guerres sont finies. Mais quoi donc leur a succédé? Pour caractériser la situation—qui n'est pas simple—il faut examiner plusieurs niveaux. Nous en retiendrons trois: le niveau de l'Etat, celui de la société politique, celui, enfin, de l'opinion.

1. Entre l'Eglise catholique et l'Etat, il s'est de 1905 à nos jours passé beaucoup de choses. On ne peut que les évoquer brièvement. Aussi bien, on n'ignore pas qu'au début du siècle, l'Etat mit fin à ses relations concordataires* avec l'Eglise afin d'écarter celle-ci du pouvoir politique et des pouvoirs sociaux, afin de la cantonner* dans ses presbytères. Ce fut un beau tollé*. L'Eglise hurla au scandale, ne percevant pas, sur le champ, l'ampleur de l'erreur que faisaient les "radicaux", ses adversaires.

En fait, cette "séparation" fut pour l'Eglise française une grande chance; la source d'une nouvelle "jeunesse" qui dura des années 30 aux années 60. Du coup, la "séparation" ne dura pas. A partir du gouvernement de Front populaire présidé par Léon Blum (1936) les relations entre les "autorités civiles" et les "autorités religieuses" ne cessèrent de se développer. Bien sûr, la question scolaire resta— jusqu'à la loi Debré de 1959—un point de friction. Mais elle ne déboucha sur aucun heurt définitif.

Tant et si bien que c'est la Hiérarchie catholique qui finit par prendre peur de ce rapprochement et, à partir de 1968 surtout, elle n'eut de cesse de prendre ses distances, de relâcher ses rapports avec l'Etat, de prendre l'initiative d'une sorte de seconde "séparation"—pour reprendre l'heureux terme du Professeur René Rémond.

En définitive, donc, l'Etat a de plus en plus reconnu l'Eglise. Mais celle-ci s'est mise à faire grise mine*. Elle a goûté de la liberté. Elle la veut conserver. Plus loin, on précisera les motifs de cette "distanciation*" ecclésiastique.

2. Pour la société politique—nous engloberons sous ce mot les diverses forces luttant directement ou indirectement en vue de la prise du pouvoir—le catholicisme fait question de trois manières.

D'abord le catholicisme déconcerte*. En effet, les leaders et les états-majors qui calculent les stratégies avaient pris l'habitude de considérer les catholiques comme un bloc. Or, l'un des faits majeurs de l'évolution est—nous y reviendrons— la pluralisation du catholicisme. Les appareils politiques ont du mal à s'adapter à ce nouvel état de fait. C'est évident dans la stratégie du Parti communiste.

Ensuite, le catholicisme insécurise* les partis et les forces de droite. Certes, on l'a déjà observé malgré tous les remue-ménage*, la majorité des catholiques votent à droite. Il demeure que les "minorités agissantes" sont en rupture avec la gauche d'une part et que la masse catholique flotte.

Ce phénomène n'est évidemment pas dû aux seules modifications de l'univers catholique. La situation sociologique du catholicisme y a sa part aussi. En particulier, les orientations de la "petite bourgeoisie" bureaucratique et de ce que l'on appelle, en France, les Cadres. Donc, les vocations sont plus fluides et, du coup, on assiste même au développement d'un anticléricalisme de droite.[2]

Corrélativement, le catholicisme révolutionne—soit dit en exagérant un tantinet*—les partis et les forces de gauche qui, désormais, sont envahis par les militants chrétiens d'une part et sont acculés à tenir une partie du public catholique comme un électorat potentiel.

Etant donné cette circonstance, l'anticléricalisme est mis en sourdine*. Il est vrai que depuis Jules Guesdes, les marxistes ont eu tendance à faire montre de réticence à son égard. En effet, si à leurs yeux l'athéisme demeure fondamental, la simple invitation à "bouffer du curé*" a par trop tendance à servir de diversion à la bourgeoisie. Quoiqu'il en soit, cette orientation s'est plus nettement affirmée récemment; avec plus d'insistance encore qu'avant 1939, le Parti communiste pratique la "politique de la main tendue". Quant aux vieux militants de l'ancien Parti socialiste—la SFIO, comme on l'appelait—ils sont réduits à la rogne* et à la grogne* en se voyant, souvent, "tournés à gauche" par les "curés" ou les anciens enfants de choeur—la lecture du *Canard enchaîné* le révèle.[3]

3. Enfin, dans l'opinion, la situation faite au catholicisme est étrange.

D'une part, il est sûr et certain que le catholicisme recule. Ce n'est plus par rapport à lui que se situent les intellectuels. Le marxisme a, dans le débat culturel, éclipsé le christianisme. De plus, toutes les statistiques concordent pour montrer que la pratique regresse, que le recrutement du clergé et des religieuses s'effondre, etc....

Mais d'autre part, l'actualité religieuse et la religion ont occupé, au cours des vingt dernières années, une place sans cesse plus étendue dans les organes d'information: presse écrite, radio, télévision. Aussi bien les "journaux d'émotion" que les "journaux de raison" ont fait la part belle aux voyages du Pape, aux conflits intra-ecclésiaux. La croissance de la rubrique* religieuse du quotidien *Le Monde* est significative de cette tendance. De même, autre exemple: la place donnée par *Le Monde*, *Le Quotidien de Paris* et l'ensemble de la presse française, au cours de l'été 1976, au conflit entre Mgr. Lefèbvre et Paul VI. Le déferlement de l'information religieuse a été tel que certains se sont émus. "Beaucoup de Pape, c'est trop", a protesté R. Escarpit. "A-t-on le droit d'être athée?" s'est inquiété Morvan-Lévesque.

Il serait des plus importants et des plus intéressants d'expliquer cette situation paradoxale. Faut-il, comme le propose M. de Certeau, en conclure que le christianisme a cessé d'être l'expression de la foi pour devenir un "fragment de la culture", que "le christianisme s'est transformé en un folklore de la société actuelle", que si "le language chrétien fonctionne comme représentation de problèmes sociaux" de certains secteurs en crise, "il ne définit plus en un sens et n'est plus l'indicatif social d'une foi"? Le christianisme est-il "éclaté"? [4]

C'est une des interprétations possibles de la situation faite au catholicisme par la société française. Ce n'est pas une interprétation incontestable. Quoiqu'il en soit, cette grande hésitation révèle bien comment l'on voit le christianisme depuis la société: comme une grande inconnue. A vrai dire, seul l'avenir permettra d'en dévoiler le sens. Qui vivra verra.

REGARDS CATHOLIQUES SUR LA SOCIETE

Cependant, déterminer la situation faite au catholicisme à l'intérieur de la société française ne suffit pas pour caractériser son rôle dans la production de la civilisation. Ce premier regard doit être croisé au regard inverse. Le catholicisme, quelle place fait-il, quel sens donne-t-il à la société?

Pour le comprendre, d'une part, on doit saisir que la conscience catholique française a, au XXe siècle, été traumatisée par quelques grands chocs qui en ont fait une conscience malheureuse—ce qui est neuf pour une conscience religieuse qui était assurée et triomphaliste—et d'autre part, on doit prendre la mesure des plus grands changements.

Assurément, l'inventaire et l'analyse de ces phénomènes requerraient de longs développements. On se bornera à évoquer leur existence et leur dynamique.

Les trois grands "complexes" d'une "conscience malheureuse"

Plus on scrute, plus on analyse la "conscience malheureuse" des catholiques français, plus il apparaît qu'elle est tourmentée par au moins trois "complexes".

D'abord retenons ce que j'appellerais le complexe de pauvreté. Un jour des années 30, le Pape Pie XI a laissé tomber ces mots: "L'Eglise a perdu la classe ouvrière." Ce fut un premier coup de tonnerre. A quelque temps de là, en 1945, était publié un petit livre intitulé *France, pays de mission?* qui soulignait, à partir d'enquêtes, l'éloignement de l'Eglise du "monde ouvrier". Ce fut un second et énorme coup de tonnerre. Pas pour la France seulement, d'ailleurs: "Rappelez-vous ce livre extraordinaire qui nous a réveillés", *France pays de mission*. Il a déclenché un mouvement qui, "aujourd'hui, arrive au Concile", déclarait à Rome un archevêque indien, le 8 octobre 1963, en assemblée conciliaire.

Ainsi, le catholicisme français est-il miné par la mauvaise conscience d'avoir, pendant plus d'un siècle, pris pour "l'ordre" ce qui n'était que le "désordre établi" (selon un mot d'Emmanuel Mounier) qui est profondément ancré dans les âmes. De ce traumatisme a jailli ce souci de retrouver le christianisme insatisfait des Béatitudes et le christianisme fraternel de l'Eglise primitive, de préférence au christianisme établi du devoir d'Etat, ce besoin d'une Eglise pauvre compagne du monde des pauvres; de là vient, notamment, l'influence considérable sur les orientations et les décisions de la Hiérarchie catholique française, des militants de l'Action catholique ouvrière.

Ensuite, hante la conscience catholique, le complexe de la modernité. Naguère, le catholicisme se campait dans un solennel refus du "monde moderne". C'était une vertu d'être "anti-moderne"—l'un des premiers livres de Jacques Maritain portait ce titre précisément. Bien des facteurs sociologiques (notamment la "dé-ruralisation" du corps épiscopal et des fidèles) et idéologiques (le fait en particulier que le "monde moderne" a cessé d'être associé au Bourgeois pour paraître celui du Prolétaire) ont contribué à rendre insupportable ce rejet et à susciter un sentiment d'obsidionnalité* invivable.

"Sortir du ghetto" est devenu un mot-clé. Le besoin d'aller vers les hommes, "d'être homme", a atteint une impétuosité inouïe. L'importance, dans les années 50, de la pensée du Père Teilhard de Chardin, s'explique par cette poussée. A la lumière du teilhardisme* le "monde" a changé de signe. De négatif il est devenu positif. Cette "révolution" a eu des conséquences capitales sur le développement français, puisqu'une ou deux générations de bourgeoisie catholique se sont senties, avec passion, concernées par, et responsables de la "modernisation" économique. Nous retrouverons cela.

Le "complexe" a-t-il été trop loin? A-t-il entraîné un "agenouillement" devant la modernité? Jacques Maritain le prétendait. Dans les années 75, Maurice Clavel soutenait qu'il y a eu un marché de dupes. Que le catholicisme a cru aller vers la "communauté des hommes" alors qu'il n'a rallié que la société bourgeoise et capitaliste.

Est-ce vrai? Est-ce faux? L'important est de repérer* l'intensité qu'a pris la crainte de se situer hors de l'histoire, de rester au bord de la route.

Enfin, on n'aura garde d'omettre le complexe de la puissance. Plus précisément, la grande peur de beaucoup de catholiques et, en particulier, de l'Episcopat français de paraître complice du pouvoir politique. Pour sûr, ce complexe vient des trop fréquentes collusions entre pouvoir ecclésiastique et Etat. Les deux dernières sont encore des plaies à vif: l'appui donné par la majorité de l'Episcopat au gouvernement de Vichy, l'appui donné aux entreprises coloniales, au XIXe siècle.

L'obsession de ne pas retomber dans pareilles attitudes s'exprime à travers le mythe du "constantinisme*". L'affirmation que l'on est entré dans "l'ère post-constantinienne" est un des thèmes favoris de la littérature catholique. Ce souci explique aussi cette politique d'éloignement de l'Etat, que nous avons relevée précédemment. Cependant, comme le "pouvoir" est un bloc, le soupçon à l'encontre du pouvoir politique ne pouvait pas ne pas avoir des "retombées" sur l'existence et l'exercice du pouvoir dans l'Eglise même.

Cette circonstance explique que depuis 1968 surtout, la Hiérarchie, harcelée par les militants des tendances "gauchistes", soit à la recherche d'un nouveau style d'autorité. Celui-ci se traduit par une reconnaissance du pluralisme* et, dans le discours épiscopal, par la fréquence de mots tels que interpellation*, questionnement. Bien des Evêques voudraient bien non seulement ne plus commander avec l'appui du "bras séculier"—cela, c'est acquis—mais même ne plus "faire de mandements" et simplement "interpeller*". Voilà pourquoi on range les crosses* au vestiaire*, sinon au musée, et on rêve de devenir Socrate.

Les aventures de l'Après-Chrétienté

Importants pour comprendre l'univers des prêtres et des laïcs français actuels, ces complexes expliquent l'évolution du catholicisme. Pour une part seulement, toutefois, car à l'évidence les causes des transformations de l'Eglise et des mentalités catholiques sont multiples et inséparables des dérivés d'ensemble des sociétés industrielles.

Plus particulièrement, c'est à partir de trois mutations—et on écrit le mot parce que l'on veut dire ce qu'il dit—que l'on peut repérer le ou les nouveaux rôles du catholicisme dans la société française.

A l'origine de toutes les modifications est la fin de la chrétienté. Autrement dit, non pas la fin d'un certain système institutionnel caractérisé par une subordination de l'Etat à l'Eglise—cela est aboli en France depuis longtemps—mais plus intrinsèquement, le naufrage* d'une forme d'expérience religieuse. Celle que M. Montuclard a baptisé "esprit hiérarcho-hiératique" et qu'il a définie ainsi:

> L'esprit hiératique est imprégné de traditionalisme, d'autoritarisme, s'accompagne de la conviction que la société est fondée sur la prédominance de certains groupes; que les bienfaits de toutes sortes s'y répandent de haut en bas; et qu'il en va nécessairement ainsi, puisque Dieu est au sommet de la pyramide, qu'à la base sont les petites gens, les fidèles, le peuple, la masse et qu'entre Dieu et la masse toutes les autorités religieuses, politiques, sociales ne font que représenter Dieu auprès de leurs sujets et subordonnés.[5]

Comme il est normal, dans cette perspective "le christianisme [est considéré] comme un tout achevé et on l'applique, point par point, détail par détail, à un réel dont il n'est même pas besoin de savoir s'il contient ou non des valeurs propres: on applique le sceau* sur la cire sans prendre garde à l'empreinte qui s'y trouve, peut-être, déjà marquée. C'est ce que d'aucuns ont nommé 'la logique de l'incarnation' ".

Après un affrontement séculaire, l'Eglise romaine et le catholicisme français ont changé de regard et opté pour "l'esprit progressif". "[Celui-ci] admet comme un postulat que tout peut changer, s'améliorer, que tout change en fait et que, la stabilité de l'ordre étant traditionnellement assurée par en haut, il est normal que le progrès s'accomplisse par en bas".

La logique de cette démarche est celle de "l'assomption". C'est-à-dire que "l'on prend le réel, lui-même, on le laisse pénétrer en soi, assimiler par l'énergie vitale de la charité qui la veut présenter à Dieu, et, grâce à la charité une décantation s'opère qui met à part, dans le réel, ses authentiques valeurs. . .".

On aperçoit l'immensité du renversement. Avant, tout venait d'en haut. Désormais, sinon tout, du moins quelque chose, voire beaucoup, vient d'en bas. Naguère, c'était "l'Eglise qui [sortait] en quelque sorte d'elle-même, pour étendre son influence et commander". Désormais, "c'est l'Eglise qui se recueille en elle-même pour recevoir et élever vers Dieu toutes les valeurs". A un catholicisme "clos" succède un catholicisme "ouvert". A un catholicisme dont la fonction était, toujours et partout, de défendre, de conserver "l'héritage" originel se substitue un catholicisme soucieux d'adaptation—"adaptation", ce mot-clé du catholicisme français actuel!

Les conséquences de ce retournement de problématique sont amples et diverses. A l'intérieur de la société ecclésiale, le pouvoir des clercs ne peut qu'être ébranlé; donc croule* le modèle d'autorité du catholicisme—qui a tant influencé les rapports humains en France. Dans la société civile, les résistances au changement social perdent un des plus solides ancrages d'une part, le sentiment de la fluidité sociale est intensifié et porté quasiment au paroxysme d'autre part. Bref, le catholicisme ne peut plus jouer cette fonction "d'enracinement"—pour ainsi dire—que d'anciens pouvaient considérer comme "réactionnaire" mais qui, d'un point de vue fonctionnaliste, n'était pas inutile. Car il n'est pas assuré que, au-delà d'un certain seuil, le changement ne soit pas créateur de malaise.

Autre mutation qui doit être notée et qui prolonge les effets que l'on vient de mentionner: l'explosion du catholicisme, ou ce qui paraît tel.

Ce phénomène mérite deux séries d'observations:

—d'abord, soulignons qu'il y a plutôt des catholicismes français qu'un catholicisme français. Et la diversification est profonde. Ces catholicismes se font des idées différentes de Dieu, de l'Eglise, de l'amour du pouvoir et de la mort. Encore que l'inventaire typologique n'en ait point été systématiquement dressé, on peut repérer au moins quatre types de catholicisme qui coexistent, à moins qu'ils ne soient juxtaposés. Sans doute la radioscopie de ces mentalités différentes serait-elle des plus intéressantes. Cela d'autant plus que les univers religieux ne sont que des expressions d'univers culturels. Toutefois, pareille analyse nous entraînerait trop loin. On se bornera ainsi à énumérer tout de suite les grands types et à présenter, en annexe, un tableau dans lequel on a tenté de typer quelques-uns de ces catholicismes, à travers leurs réponses plausibles à sept questions. Il va de soi que cet "essai" ne va pas sans quelque arbitraire. Du moins permet-il de camper les divers univers de pensées. Il existe, donc:[6]

—un (ou des) catholicismes populaires qui viennent d'être étudiés par R. Pannet et dont on peut se demander s'ils ne sont pas plutôt l'expression d'une religion naturelle que des variantes du catholicisme.[7]

—des catholicismes traditionnels avec les variantes habituelles: des catholicismes "durs" que l'on appelle intégristes et des catholicismes plus "souples". —Parlant d'eux on dit: les traditionnalistes.

—des catholicismes modernes. Ces catholicismes sont nés de la génération—si importante en France—des années 30 et ont été consacrés par le Concile Vatican II. Ils constituent la religion des anciens militants de l'Action catholique.

—des catholicismes contestataires surgis en mai 68 ou dans l'après-68.

Cela étant, il sied* de remarquer ensuite que la pluralisation du catholicisme n'est pas un fait absolument nouveau. Souvent l'on s'est même demandé comment St. Augustin et St. Thomas d'Aquin pouvaient être les grands docteurs de la même Eglise. On pourrait multiplier les illustrations idéologiques ou sociologiques de ce phénomène.

Toutefois, jusqu'au Concile Vatican II cette diversification—à moins qu'il ne faille parler d'hétérogénéité—était masquée. Par le centralisme* autoritaire? Certes. Mais, surtout par l'uniformité du culte et le recours à ce média "froid" qu'était le latin. C'est l'apparition de liturgies différentes et le déferlement des traductions diverses—des textes liturgiques et des textes de l'Ecriture—qui ont dissipé la fiction unitaire et donné à la pluralisation une allure d'émiettement*.

Quelles seront les "retombées" sur la civilisation du naufrage de l'image unitaire du catholicisme? Manifestant le fait que la religion même est "plurielle", l'esprit de relativité et de tolérance en sera-t-il accru? Par ailleurs la propension à l'éclatement de la civilisation française en cultures autonomes—régionales ou "de classe"—s'en trouvera-t-elle renforcée? Ou encore, l'émiettement généralisé suscitera-t-il une insécurisation si affolée que l'Etat sera sommé de servir d'Eglise? A ce point encore, on ne peut que rester au seuil de la prospective.

Cependant et quoiqu'il en soit des modifications qui résulteront de ces deux mutations pour la société française, il en est une troisième qui est d'ores* et déjà effective et importante: l'émergence d'un nouveau militant.

Pour préciser l'originalité de celui-ci il est indispensable de le situer par rapport aux types antérieurs. En effet, ce "nouvel homme" s'inscrit dans une lignée et est le fruit d'une histoire mouvementée. Pour le comprendre pleinement, il faut d'une part remonter au grand tournant d'il y a plus de cinquante ans, au 29 décembre 1929, exactement. Ce jour-là en condamnant l'Action française, le Pape Pie XI a changé de cap. Il a largué ou du moins minorisé cette "problématique politico-religieuse" qui n'imaginait qu'un objectif possible pour l'action dans le monde: refaire une société formellement chrétienne.

L'Eglise catholique, tout spécialement en France, a dès lors parié—plus ou moins inconsciemment d'abord, car ce n'est que peu à peu que la conscience catholique élaborera un nouveau système de valeur: ce sera, notamment, la tâche d'un Jacques Maritain et d'un Emmanuel Mounier—que la christianisation de la société passait par une autre voie que la subordination directe au clergé, à savoir: l'humanisation de la société. Il faut d'autre part bien saisir que cette nouvelle conscience catholique est, depuis ce décembre-là, passé par des expressions successives. Avec tout ce qu'un dénombrement et une typologisation ont d'artificiel, on peut retenir ici qu'il y en a eu, du moins, trois: il y eut le démocrate-chrétien, il y eut le technocrate d'origine chrétienne, il y a le chrétien-révolutionnaire. Brièvement, évoquons chacun de ces trois avatars* de la nouvelle conscience catholique.

Le démocrate-chrétien fit la percée en 1945. Selon une spécificité française il ne s'appela pas, d'ailleurs, démocrate-chrétien mais "républicain populaire". S'il avait quarante ans, il avait chauffé son enthousiasme à la ferveur du Sillon de Marc Sangnier. S'il avait la trentaine, il avait été nourri par l'Action catholique. Dans les deux cas il avait dû conquérir son droit à l'existence en affrontant—parfois rudement—d'un côté les militants d'antan* qui, aux processions, chantaient rageusement: "Nous voulons Dieu dans nos écoles, dans notre armée, etc. . . . " et d'un autre côté les "radicaux" anti-cléricaux qui craignaient "la calotte*" tout en s'en gaussant* abondamment.

Premier avatar* d'une série, le démocrate-chrétien fut un type de transition. S'il ne rêvait plus de refaire une société chrétienne, mais de faire une société humaine, il avait gardé quelque chose de la problématique de chrétienté: une foi inébranlable en la vertu opératoire du christianisme, en son efficacité. Il ne croyait pas seulement au ciel, il croyait non moins que la parole qui vient du ciel peut, seule, humaniser la société. S'il croyait que cette humanisation passait par la démocratie, il croyait non moins que seuls les chrétiens sont susceptibles de donner à l'énergie démocratique toute son ampleur, de la restituer à la vérité d'elle-même, de lui confier ce "supplément d'âme", cher à H. Bergson. Cette foi qui a fait la grandeur du démocrate-chrétien n'allait pas sans l'incliner vers une certaine naïveté. Il a souvent été tenté de croire que la grâce venait à bout aisément des pesanteurs. Qu'il suffisait de témoigner, d'être chrétiennement présent, pour que la politique change. Il est notable qu'il n'a jamais mesuré à sa juste valeur un des génies contre lesquels il se définissait: Machiavel. De même, il a, dans sa foi sans faille, été tenté de réduire tous les antagonismes—idéals ou sociaux—à des épiphénomènes* accidentels et aberrants. Il pensait que "mystique et raison peuvent, dans l'ordre politique, aussi, se rejoindre", que "la synthèse de la justice et de la force n'est pas un idéal contradictoire", "qu'il n'y a pas d'antinomie* invincible entre le droit et le fait, la morale et la politique, l'action et la pensée", "qu'à celui qui choisit d'agir selon la pureté, l'efficacité sera donnée par surcroît". La pensée démocrate-chrétienne n'en finissait plus de distinguer pour unir. La lutte, le conflit étaient, à son regard, insensés. D'où cette tendance à raisonner en permanence en "ni-ni": ni à droite ni à gauche, ni conservateur ni socialiste, ni moraliste ni réaliste, etc. . . .

On n'épiloguera pas sur le destin du démocrate-chrétien en France. Il fut cruel. La vague que 45 avait apportée, 58 la remporta et, dans l'entre-deux, il avait souvent fallu choisir entre les principes et les électeurs, entre l'ordre et la justice, en particulier outre-mer. En définitive, ce n'est que dans l'action pour l'Europe que le militant démocrate-chrétien avait réussi à être lui-même. Pour le reste, il finit en "centriste". Avant qu'il en vînt là d'ailleurs, un autre type d'homme avait surgi.[8]

Le technocrate prit le pouvoir à partir de 1953-1955, ces années-clés de l'histoire "immédiate". Technocrate, dis-je? L'appellation est commode. Pourtant, elle a l'inconvénient d'être trop restrictive. Il serait plus exact de parler de l'industrialiste. Quoiqu'il en soit, ce deuxième visage de militant est trop jeune pour avoir été marqué par le Sillon et avoir pâti de l'Action française ou du Cartel des gauches. Il est le produit des heures glorieuses des mouvements d'Action catholique: JOC et surtout, JAC et JEC. Il y a appris une méthode de pensée résumée en trois mots: voir, juger, agir. Elle lui laisse une propension au réalisme d'autant plus vive que ce mot ne lui évoque ni Machiavel ni Maurras, mais plutôt les vertus de "l'éthique de la responsabilité" chère à Max Weber. Ces mouvements d'Action catholique lui ont aussi appris à ne pas cracher sur la politique mais à prendre bien plus au sérieux la "question sociale"—comme on disait en 1900 pour désigner les problèmes de la condition ouvrière – ou, ainsi que l'on dit plutôt en ces années-là: le social.

"Humaniser la société" passait pour le démocrate-chrétien par l'évangélisation de la politique. "Humaniser la société" passe pour ce "nouvel homme" par le changement des rapports sociaux. J'écris "changement" plutôt qu'"évangélisation" car il me semble que, pour le technocrate, l'évangélisation ne pourra venir qu'après. La foi doit respecter la pesanteur des choses, les "contraintes" comme on aime à dire. En outre, évangélisation et changement coïncident. Car pour l'industrialiste, la modernisation économico-sociale n'est pas un pur phénomène humain, elle a un sens théologique.

Incontestablement, cette dernière circonstance a été déterminante. Si dans la Haute Administration, si dans le Patronat, si dans les syndicats, si dans l'agriculture on a vu des militants catholiques accéder aux centres de décision et se faire les apôtres de la modernisation d'abord, de l'expansion ensuite, du développement enfin, ce fut—outre les causes sociologiques—parce qu'à cette époque-là un obstacle idéologique fut levé. L'économie cessa d'être les "affaires"— c'est-à-dire l'activité dont le but principal est de faire de l'argent—pour apparaître comme une "création collective", comme la "création continuée". La première expression est de l'économiste français François Perroux, la seconde du Père Pierre Teilhard de Chardin, l'un et l'autre les maîtres à penser de cette "nouvelle vague".

Comment, au surplus, ne l'auraient-ils pas été? A ces jeunes gestionnaires* en mouvement vers les sommets et qui faisaient le complexe du "ghetto" catholique et de la petitesse de "l'hexagone", Teilhard avouait que lui aussi souffrait des espaces étriqués*. "Il est fatiguant à la longue de voir toujours autour de nous les mêmes horizons, les mêmes climats, les mêmes têtes. . . ." Surtout il leur annonçait une terre, un Christ sans frontière: "Je crois que l'univers est une évolution, je crois que l'évolution va vers l'Esprit, je crois que l'Esprit s'achève en du personnel, je crois que le personnel suprême est le Christ universel." Enfin, il leur donnait des raisons de vivre et d'agir en leur suggérant que "pour qu'arrive le Royaume de Dieu, il est nécessaire que l'homme conquière le sceptre de la terre", que "le progrès naturel est l'axe (ou un des axes) du Royaume de Dieu" et que "la terre nouvelle doit sortir de l'achèvement de la terre ancienne".

Cette théologie qui valorisait la terre, les "réalités" terrestres, et célébrait le dépassement continuel—"tout monte, tout converge"—ne pouvait qu'exciter. Elle provoqua l'ivresse, en effet. Et une ivresse efficace. Comment en eût-il été autrement? Le démocrate-chrétien était déjà, certes, un optimiste tendu, inquiet. Le technocrate est un optimiste assuré. Il n'a pas besoin de regretter les faux problèmes, de masquer les conflits. Il peut accepter de voir les conflits en face, d'en jouer. Car il est assuré que rien ne se perd, que tout est en voie de création. Sa charité l'oblige à calculer au plus juste les "coûts* humains". Mais sa foi et son espoir même humain l'assurent que la guerre même est porteuse d'avenir. Dès lors il peut se permettre une pointe de cynisme. Encore qu'il croit très fort à la raison et au "dialogue". Il peut lire Machiavel et s'en servir. D'autant que par ailleurs il a, ce me semble, une tendance à durcir la distinction entre la religion et la culture. Car Max Weber—son troisième maître après François Perroux et le P. Teilhard de Chardin—lui a appris qu'il faut distinguer "l'éthique de la conviction" et "l'éthique de la responsabilité".

(A ce point, remarquons—comme entre parenthèses—que l'on ne soulignera jamais assez le rôle historique du teilhardisme dans les spectaculaires "progrès" de l'économie française dans l'après-guerre et, spécialement, depuis 1953. En définitive, la pensée—ou l'élan—teilhardien a, à la fois, infirmé et confirmé les diagnostics de Max Weber. Infirmé puisqu'elle a fait la preuve que le catholicisme pouvait inventer une théologie de l'économie. Confirmé, puisque l'on doit prendre acte d'une coïncidence entre la "croissance" française et la "conversion" de la bourgeoisie catholique à l'économisme).

Puis vint 1968. Sous la bousculade* de cet événement, un troisième modèle de militant surgit: le chrétien-révolutionnaire. Il avait eu une jeunesse orageuse. Souvent il avait fait la guerre d'Algérie et vu, de ses yeux vu, la torture. Plus souvent encore il avait vécu dans les mouvements d'Action catholique quand, à la fin du pontificat de Pie XII, une sorte de fièvre obsidionnale rendait la Hiérarchie catholique nerveuse et la portait à multiplier les condamnations et les répressions.

Etant donné cette circonstance et bien d'autres, le chrétien-révolutionnaire tranche fort sur le démocrate-chrétien et sur le technocrate. Sans doute, sous certains biais, il apparaît de leur lignée. Dans cette perspective, il semble seulement qu'il pousse à l'extrême leurs sentiments et certaines de leurs attitudes. Toutefois, sous d'autres biais on éprouve l'impression que cet avatar-ci du militantisme chrétien est en rupture avec les deux précédents. On peut hésiter entre les deux interprétations.

Cela étant observé, trois singularités permettent de camper le chrétien-révolutionnaire:

—son projet politique. Il est "radical", au sens rigoureux du mot. Il ne s'agit plus d'humaniser la société, soit en évangélisant la politique, soit en "convertissant" l'industrialisation au service de l'homme. Pour le nouveau militant, le deus ex machina de la politique comme de l'économie, c'est le Capitalisme. C'est de celui-ci qu'il faut d'urgence "libérer" à la fois la "classe ouvrière" et les peuples du Tiers Monde.

Pour ce faire, il n'est qu'une voie imaginable: la révolution. Il n'est qu'une tâche: bâtir une société tout autre, la "société socialiste autogestionnaire*".

—foi et politique sont intimement imbriquées*. La foi est dans la politique et la politique est dans la foi. Sur ce point le chrétien-révolutionnaire divorce de ses prédécesseurs. Le démocrate-chrétien prenait soin de "distinguer" tout en "unissant". Le technocrate avait cure de "distinguer" sans "séparer". Le chrétien-révolutionnaire se refuse à distinguer puisque tout est dans tout. Selon lui, il existe une "politique évangélique" qu'il faut pratiquer. Voilà tout.

Cette problématique, observera-t-on peut-être, ne revient-elle pas à Bossuet qui tirait une politique de l'Ecriture sainte? Non. Car l'approche se trouve inversée. Pour l'aigle de Meaux, tout venait de l'Ecriture qui était le critère de validité de la politique et celle-ci était l'instrument de celle-là. A l'extrême opposé, pour le chrétien-révolutionnaire, tout part de la politique. Celle-ci est le lieu dont il "interpelle" la foi et l'Eglise. C'est celle-ci qui est le critère de vérité et d'utilité. Il n'accepte comme vraie qu'une foi qui implique la révolution. Racine demandait: "Une foi qui n'agit point, est-ce une foi sincère?" Aujourd'hui, on questionnerait: "Une foi qui ne requiert pas la "libération" des opprimés, est-elle une foi révélée?"

On atteint ici l'extrême conséquence de cette "logique de l'assomption" évoquée plus haut. Probablement est-on dans une problématique historiquement nouvelle dans l'univers chrétien de par la sacralisation—voire l'absolutisation—de l'action politique. Il est inutile de souligner que dans cette optique, corrélativement, l'Eglise n'est crédible et admissible que si elle choisit "son" camp. Si elle s'engage sans ambiguïté aux côtés des travailleurs et des exploités du Capital.

—c'est pourquoi le chrétien-révolutionnaire inclut l'Eglise dans le champ de son combat politique.[9] Le démocrate-chrétien et le technocrate se sentaient solidaires d'une réforme de l'Eglise. Parfois, hors de leur action publique, ils luttaient pour la "modernisation" de l'Eglise et son "authenticité". Pour le chrétien-révolutionnaire, l'Eglise est une société comme les autres. Même sous le régime de la "séparation" elle est un "appareil d'Etat", donc elle est aux mains de la "classe dominante". Car la lutte des classes passe à l'intérieur de l'Eglise. Pour fonder la société socialiste, le chrétien-révolutionnaire croit ainsi devoir prendre le pouvoir dans l'Eglise comme dans l'Etat.

Dans cette perspective, le catholicisme change de fonction sociale. Il cesse de remplir ce qu'on a appelé la "fonction attestatrice" et d'intégration pour remplir une sorte de "fonction de contestation". Au lieu d'apporter sa contribution à la légitimation du pouvoir, "l'Eglise critique" dont rêve le nouveau militant ne peut que l'envelopper dans le soupçon.

Ce renversement de rôle est véritablement "révolutionnaire" d'un point de vue anthropologique car, le plus souvent, les religions ont eu pour mission sociale de fonder "l'ordre", comme l'a montré Peter Berger. Cependant, d'un autre point de vue, il retrouve peut-être la veine la plus fondamentale de l'Evangile qui est de nature utopique. Le fameux "Rendez à César ce qui est à César et à Dieu ce qui est à Dieu" est moins interprété, désormais, comme une invitation à la séparation de la politique et de la religion que comme une dé-légitimation de tout pouvoir. Le paradoxe—ou l'un des paradoxes—de ce que l'on a appelé ici le chrétien-révolutionnaire est, ce me semble, qu'il désacralise le pouvoir et sacralise la politique.

Précisément, à ce point, nous retrouvons le diagnostic de M. Tiryakian. Si, dans les décennies qui viennent, l'irrationnel qui était investi dans le catholicisme et était comme "géré*" rationnellement par l'Eglise, s'investit dans la politique, cette mutation ne pourra "qu'entraîner de très profondes conséquences sociales". Aussi bien, le processus n'est-il pas amorcé depuis la Révolution française au moins? Le nationalisme et le socialisme n'ont-ils pas déjà transféré la religion dans la politique? Ce qui est, ainsi, bel et bien en question à travers la recherche de "nouvelles frontières" par les minorités les plus actives du catholicisme français, c'est la nature de la politique et, par voie de conséquence, la part qu'il sied de lui accorder dans l'existence, ainsi que sa signification ultime.

Ce chrétien-révolutionnaire—dont il aurait fallu diversifier la caractérisation, car il n'est pas un bloc[10]—est-il la fin de cette lignée que nous avons évoquée? Est-il au contraire le commencement d'une nouvelle "race" de chrétiens? Ou encore, est-il comme le dernier cri du catholicisme en France? Voilà autant de questions que résoudra seul le vent de l'Histoire.

Au terme de cette trop brève exploration[11], il convient de revenir à notre question liminaire: "Catholique et Français est-ce fini?"

Mais si on entend la question comme supposant qu'une certaine situation faite par la société française au catholicisme et une certaine situation faite par le catholicisme à l'Etat, à l'action, à la terre et à la vie est terminée, alors, oui, assurément, on ne chantera plus, on ne chante plus "Catholique et Français toujours!" La chrétienté française est finie. Pour reprendre un mot d'André Frossard, "la Cathédrale est engloutie*." Le catholicisme a du coup des airs de radeau*. Mais ce n'est pas inquiétant pour le croyant.

TABLEAU 6 Essai de caractérisation de quelques catholicismes[1][2]

	Catholicisme traditionnaliste	Catholicisme "démocrate-chrétien"	Catholicisme "technocrate"	Catholicisme "révolutionnaire"
Qui est Dieu?	Dieu est le transcendant, le "très haut"	Dieu est l'ami intime qui habite dans le coeur	Dieu est dans l'énergie du cosmos en expansion	Dieu est dans l'opprimé
Qu'est-ce que l'Eglise?	Une mère à respecter et à défendre	Un mère admirable mais à rajeunir	Une institution pas comme les autres mais à adapter	Un mystère et un "appareil d'Etat" pris dans la lutte des classes
Quelle est la famille idéale?	Celle qui a beaucoup d'enfants	Celle où de l'amour conjugal naissent beaucoup d'enfants	–celle dont la vie de couple est forte –et qui a des enfants	Celle où la femme est libérée
Le pouvoir: qu'en faire?	Le renforcer et le christianiser	Le "démocratiser"	Le démocratiser et le rationaliser	Le supprimer par l'autogestion
L'économie: qu'en faire?	Rien: "Les affaires sont les affaires"	La mettre au service de l'homme	Maîtriser la croissance pour diminuer les "coûts humains"	Abolir le capitalisme
Après la mort: quoi donc?	Le purgatoire ou l'enfer ou le ciel	L'enfer ne doit pas exister	–l'enfer ne peut pas exister –y a-t-il une immortalité de l'âme? –n'y a-t-il pas qu'une résurrection des corps?	L'important, c'est la société sans classes
Quels livres sont importants?	–L'Imitation de Jésus-Christ –L'Evangile	–L'Evangile –Bergson–les deux sources de la morale et de la religion	–La Bible –Teilhard de Chardin, oeuvres complètes –Garaudy	–La Bible –Marx, Althusser, Gramsci

NOTES

1. L'auteur tient à souligner que, s'il n'est question que du catholicisme et pas des autres religions chrétiennes ou non chrétiennes dans ces lignes, cette lacune est due uniquement aux limites de sa compétence et non à un quelconque mépris. Il se permet d'insister sur cette circonstance.

2. Sur cette longue histoire, cf. E. Jarry, A. Dupront, et R. Rémond, "Une France chrétienne," *La France et les Français* (Paris: Gallimard, 1972). Encycl. de la Pléiade.

3. R. Rémond, *L'Anticléricalisme en France: de 1815 à nos jours* (Paris: Fayard, 1976).

4. M. de Certeau et J. M. Domenach, *Le Christianisme éclaté* (Paris: Seuil, 1974). Ce livre a eu un grand retentissement.

5. M. Montuclard, *Conscience religieuse et démocratie* (Paris: Seuil, 1965). C'est un ouvrage important pour l'étude des structures chrétiennes. En prolongement, cf. également D. Hervieu-Léger, *De le mission à la protestation* (Paris: Cerf, 1973).

6. R. Pascal, "Où en sont les Catholiques," enquête dans le journal *La Croix,* février et mars 1974.

7. R. Pannet, *Le Catholicisme populaire* (Paris: Ed. Centurion, 1974). L'intérêt de cette analyse de la mentalité "populaire" dépasse son aspect religieux.

8. Pour saisir la problématique démocrate-chrétienne et la situer par rapport à d'autres courants, cf. E. Borne, *Mounier* (Paris: Seghers, 1972). Mounier n'était pas "démocrate-chrétien", mais en l'affrontant Etienne Borne révèle le regard "démocrate-chrétien".

9. Le livre de J. Guichard, *Eglise, luttes de classe et stratégies politiques* (Paris: Cerf, 1972), est explicite à ce sujet.

10. Comme toutes les typologies, celle que nous venons de suggérer est simplificatrice et n'épuise pas la réalité. C'est ainsi qu'un auteur actuellement très important, Maurice Clavel, *Ce que je crois* (Paris: Grasset, 1975), entre mal dans cette approche. Plutôt chrétien-contestataire, qui est au chrétien-révolutionnaire ce que G. Bernanos fut au chrétien-traditionnaliste.

11. Pour celles et ceux qui souhaiteraient saisir l'aventure du catholicisme contemporain à travers des livres qui, au fil des décennies, furent des événements et qui manifestèrent les changements, on conseillerait la lecture de trois: H. Godin, *France pays de mission* (Paris: Cerf, Rencontres No. 12, 1945); P. Teilhard de Chardin, *Le Milieu divin* (Paris: Seuil, 1957); J. Guichard, *Eglise, luttes de classe et stratégies politiques* (Paris: Cerf, 1972). On pourrait également consulter E. Mounier, "Enquête sur 'monde moderne et monde chrétien' ", *Esprit,* août-septembre 1946, pp. 185-187; J. M. Domenach et al., "Nouveau monde et parole de Dieu," *Esprit,* octobre 1967, pp. 353-655; et J. M. Domenach, R. Pucheu et al., "Réinventer l'Eglise", *Esprit,* novembre 1971, pp. 513-864.

12. Il va de soi que cet essai de caractérisation est simplificateur à l'excès. Les réponses à ce sondage "imaginaire" constituent des orientations davantage que des conclusions de recherche. Malgré tout, on le croit pertinent et, en tout cas, suggestif.

9

*Les Minorités ethniques en France:
Témoignages d'un romancier sociologue*

Albert Memmi

EXPERIENCE D'UN INTELLECTUEL ETRANGER, APRES LA GUERRE[1]

Victor Malka: ... Aux débuts de votre expérience parisienne, vous êtes donc malheureux....

Albert Memmi: D'abord, j'avais faim, tout simplement; je suis arrivé à Paris avec à peu près l'équivalent de 200 francs actuels, et je n'ai pas trouvé immédiatement les quelques leçons qui me fournissaient, en général, le minimum vital. La nourriture des restaurants universitaires était à l'époque incroyablement mauvaise, et insuffisante surtout.... En tout cas, nous avions faim, à en avoir mal à la tête quelquefois, et il n'était pas rare que nous avalions dans la rue une baguette* entière de pain entre les repas. Ce fut une génération terriblement éprouvée* que la nôtre.... A la pensée de ce que nos générations ont payé, guerre et après-guerre, les difficultés des étudiants actuels me font un peu sourire, bien que je comprenne que les malaises soient toujours relatifs... Et puis j'étais seul, incroyablement seul... mon camarade comédien avait eu la chance de trouver à s'engager dans une tournée* à travers la province. Je n'étais pas du genre, vous le devinez, à me faire rapidement des amis, même pas parmi mes camarades de faculté; ils me semblaient d'une autre planète; et par rapport à ce que j'étais, en somme, ils l'étaient. Quant à être reçu par des familles françaises, tous les étrangers sont d'accord là-dessus: c'est quasi impossible... Quand je suis venu à la

Sorbonne, j'ai découvert une philosophie abstraite, bavarde, éloignée de tous les problèmes qui me paraissaient importants, à l'époque du moins. Un de mes maîtres de la Sorbonne, Ganguilhem, m'a dit: "La philosophie est un jeu de concepts". Cela m'a effondré*. Je dois avouer qu'en fait, Ganguilhem n'avait pas tort: c'est bien finalement ce qu'est devenue la pensée française contemporaine. Elle était déjà à bout de souffle*, elle ne l'a toujours pas retrouvé. Actuellement encore, elle oscille entre les jeux de mots et le divertissement intellectuel. Elle s'épuise en calembours, souvent obscurs d'ailleurs, ce qui ne les rend même pas amusants. . . . Même les sciences de l'homme, tenez l'essor du structuralisme* et de la linguistique, malgré des apports* fort intéressants, sont significatives: c'est toujours l'importance excessive donnée au langage . . . Je crois d'ailleurs que cela vient d'assez loin. La philosophie française s'est toujours intéressée au langage, c'est une philosophie réflexive*, elle ne s'intéresse pas tellement à l'homme concret. En tout cas, à l'époque, ce fut une immense et affreuse déception. Je venais chercher des clefs, des modèles, une manière de me saisir et de saisir le monde, surtout de comprendre l'homme; j'ai trouvé soit des partisans, des politiques, c'est-à-dire le contraire de libres chercheurs, soit des exégètes* et des historiens, que je respecte comme des savants parmi les autres, qui travaillent sur la langue philosophique ou sur la reconstruction des systèmes, mais qui me laissaient sur ma faim* de grandes aventures spirituelles . . . Il y avait bien une philosophie nouvelle, passionnée, actuelle, qui commençait à occuper mes camarades: l'existentialisme*, mais il y avait dans cette doctrine un aspect irrationnel, romantique, dont je me méfiais. . . .

Victor Malka: Vous parlez d'un échec de la philosophie française. C'est dû à quoi à votre avis?

Albert Memmi: C'est Benda qui a employé le mot de "France byzantine". Une pensée qui se préoccupe, exclusivement ou de manière excessive, de forme et de langage, est en effet une pensée byzantine, scolastique: la philosophie française est devenue scolastique parce qu'elle est plus préoccupée de construire des systèmes verbaux que de reprendre le réel à neuf, de le voir avec des yeux neufs. . . . La France est devenue un petit pays; cela m'a frappé quand je suis arrivé à Paris. On sentait encore la défaite dans l'air; la France avait perdu la guerre. Bien que les Français aient mis longtemps à s'en apercevoir, à en avoir réellement conscience. . . . Il y a encore une autre raison, c'est qu'on a perdu le sens du tragique en France. Il n'y a plus d'épopée* dans ce pays, il n'y a plus de grandeur. La dernière incarnation, ou pour le moins l'ambition de la Grandeur, c'est le couple Malraux-de Gaulle . . . On ne croit même plus à la mère patrie, plus exactement on n'en a plus une haute idée, on accepte que la mère patrie fasse l'amour n'importe quand, avec n'importe qui . . . La France est devenue une nation de petits-bourgeois rusés et se méprisant péniblement eux-mêmes. Cela dit, en un sens, ce n'est pas si mal d'être une nation de petits-bourgeois; ce n'est pas si mal si toute une nation mange correctement, s'habille correctement, a une Sécurité sociale . . . C'est l'une des ironies de l'histoire: on se bat tragiquement . . . pour avoir le droit de chausser des pantoufles*. S'il n'est pas exécuté, quelquefois par les siens, tout révolutionnaire finit en petit-bourgeois. ... J'étais à peu près d'accord avec les marxistes en ce qui concerne les injustices économiques, mais je ne pouvais supporter la discipline collective imposée à la pensée, la cohérence excessive entre la pensée et la conduite, en ce qui concerne inévitablement le dogmatisme et l'intolérance. ...

A la Libération*, la Sorbonne était tenue, littéralement, par deux forces principales: les communistes et les catholiques; je ne pense pas que cela ait fondamentalement changé jusqu'en 1968; maintenant, je ne sais plus, la Sorbonne ayant éclaté en plusieurs universités ... Ceux qui n'étaient ni l'un ni l'autre, comme moi, étaient de toute manière paumés*, comme disent les jeunes gens aujourd'hui; on se passait d'eux ... En outre le plus grave était une atmosphère intellectuelle étouffante, à la fois dogmatique et formelle; on était marxiste, d'une orthodoxie sans faille, ou catholique romain. Les quelques professeurs qui n'étaient ni l'un ni l'autre semblaient réduits à l'état de fantômes; ils s'étaient définitivement réfugiés soit dans l'histoire de la philosophie, soit dans l'exégèse* minutieuse et myope. ...

EXPERIENCE AFFECTIVE DE LA SOLITUDE

Un jour j'ai tenté d'aborder une jeune fille qui, m'avait-il semblé, m'avait regardé avec intérêt. Je l'ai suivie longtemps et, comme il me paraissait impossible de lui parler devant les gens, j'ai attendu que la rue soit à peu près déserte; je me suis approché à sa hauteur et, effrayé moi-même de ce que j'étais en train de faire, honteux, je lui ai dit à brûle-pourpoint* je ne sais quoi ... elle poussa un véritable hurlement, fit un bond de côté et se mit à courir ... J'eus peur que les rares passants ne s'agglutinent autour de moi et ne me fassent un mauvais sort*, ou me remettent à la police comme satyre* ou comme bandit. Je me promis de ne plus jamais recommencer et je crois bien que j'ai tenu parole. Rentré dans ma chambre, je me regardai dans la glace. Je vis un adolescent très brun, aux yeux noirs, aux cheveux noirs collés, maigre à faire peur. Je ressemblais en somme à l'un de ces jeunes travailleurs étrangers, solitaire, affamé* de tout, en quête d'une femme, n'importe laquelle; et aujourd'hui encore, lorsque je rencontre l'un de ces jeunes hommes maigres, mal habillés, les yeux fiévreux, je reconnais là mon double d'alors, mon jeune frère, ce que j'étais il y a bien longtemps. ...

DECOUVERTE DE LA FRANCE ET DES FRANÇAIS

Premières impressions de Paris

J'en attendais tellement! La Tour Eiffel! L'Arc de Triomphe, le Louvre faisaient partie de mes images* d'Epinal, la Révolution française naturellement ... Plus encore, les Français eux-mêmes, les gens de la "Métropole*" ... On m'avait raconté des choses si prestigieuses sur la France, LA FRANCE, et les Français de

France! Mon père avait été une fois jusqu'à Paris, avec mon oncle; ils avaient fait une cure au Mont-Dore pour soigner leur asthme; ce qu'ils n'ont plus recommencé, tant ils avaient été effrayés, perdus... Mais ils en avaient profité pour pousser jusqu'à la capitale. Ils en étaient revenus pleins d'histoires stupéfiantes sur l'exquise politesse des Français, leur délicatesse, leur honnêteté incroyable surtout. Ils nous racontèrent que les commerçants laissaient leurs étals sans surveillance; personne n'aurait songé à prendre quoi que ce soit sans payer... Ces Français-là je dois avouer que je ne les ai pas connus; peut-être suis-je arrivé trop tard. Il y avait eu une guerre, l'occupation, les privations, les humiliations de la défaite, les mesquineries et même les trahisons, puis toutes les compensations, plus ou moins mythiques, qu'elles suscitent dans une âme collective. C'est ce que je me répète souvent, et je veux le croire, puisque les Français sont devenus un peu, et même beaucoup les miens. Au fond, le mot du général de Gaulle sur la hargne* et la grogne*, je le trouve exact. Comme la plupart des étrangers, je fus frappé par cette profonde insatisfaction générale, ce manque de respect de soi-même, déguisé en mépris des autres. Cela, même avec la prospérité et une indépendance nationale relativement retrouvées.

Plus tard, lorsque je suis entré dans quelques salons parisiens, que j'ai vu la manière dont on discute des scandales financiers, cela m'a profondément choqué... Mais ce qui m'étonnait, c'est l'extraordinaire indulgence qu'il y avait à l'égard des manœuvres frauduleuses dans ces milieux bourgeois... Des gens que j'aimais bien par ailleurs, cultivés, charmants, mais qui sur ces questions d'argent parlaient en souriant de détournements* de centaines de millions. Je compris qu'il y avait une espèce de complicité générale sur ces problèmes... Sur d'autres aussi d'ailleurs, qui m'étaient aussi pénibles, révoltants... Je quittais un monde (la Tunisie) que l'on accusait de primitivisme, sinon de barbarie, et je m'aperçois qu'il était infiniment plus humain, plus fraternel, et, finalement, culturellement plus fin que cet univers dur, égoïste, préoccupé de profit... Chez nous aussi, il y avait cette recherche du profit, mais c'était différent. Par exemple, le profit chez nous passe par le marchandage*. J'avais appris à marchander et je le fais toujours avec plaisir, alors que les Occidentaux disent avec une espèce de mépris: "Moi je ne marchande jamais". Ils peuvent voler des millions froidement, sur simple jeu d'écritures, avec une grande férocité, mais ils continueront de dire: "Moi, je ne marchande jamais, ça me dégoûte".... Alors que marchander, c'est véritablement juger l'autre, prendre sa mesure, lui parler et l'écouter, attendre, patienter*, savoir jusqu'où l'on peut aller... le marchandage est une espèce de psychodrame....

EXPERIENCE DU JUIF EXPATRIE D'AFRIQUE DU NORD LORS DE SON INSTALLATION EN FRANCE ET DANS LA JUDEITE FRANÇAISE

Les difficultés d'installation en France sont plus ou moins grandes, naturellement, selon les moyens économiques des arrivants. Pour ceux qui n'avaient pas pu emporter leurs biens, ou qui étaient pauvres, ce fut dramatique. A l'époque une revue m'avait demandé un reportage* sur un centre d'accueil, j'en ai été malade. Il n'y a pas que l'aspect économique. Ces hommes et ces femmes étaient intérieurement détruits. Au-delà de cinquante ans, les hommes mouraient les uns après les autres, les femmes un peu moins, parce qu'elles avaient l'habitude de la réclusion*... Pour les hommes, longtemps sans emploi, ou changeant d'activité professionnelle, l'impossibilité de s'adapter à un milieu nouveau les plongeait dans l'apathie, un abandon qui les conduisait à accepter la maladie et la mort... Que de fois ai-je rencontré dans cette ville immense un visage d'homme ou de femme, que j'ai bien connu, vieilli, fatigué, les yeux perdus! Je n'ai pas à chercher loin, d'ailleurs, pour vous donner des exemples: j'ai eu sous les yeux le spectacle de la dégradation de mes propres parents. Mon père rapidement ne sortit même plus, se mit à prendre des calmants à dose si excessive que cela équivalait à un lent suicide, et mourut d'une congestion cérébrale. Pour ma mère, ce fut l'effondrement* neurologique, la maladie de Parkinson....

La vérité est que mes relations avec les Juifs français n'ont jamais été excellentes; en grande partie par ma faute, je m'empresse de l'ajouter... La première fois que je les approchai, ils m'accueillirent plutôt bien, et m'auraient intégré* si j'avais été un peu arrangeant*; mais alors, je ne savais pas être arrangeant, ni feindre*. Je venais de publier mon premier livre (*La Statue de sel* [Paris: Gallimard, 1953]), qui fit donc quelque bruit; d'autant plus surprenant qu'il venait d'un Juif exotique, un Nord-Africain (Tunisie), de ces pays sur lesquels les projecteurs de l'histoire commençaient à se braquer*. On m'invita beaucoup, par curiosité et par devoir, je l'ai découvert un jour d'une manière amusante: j'avais été invité à déjeuner, avec ma femme, par une Rothschild, une vieille dame, fort sympathique, mais qui avait le franc-parler* des vieillards. A la fin du repas, servi par des laquais en gants blancs, et devant lesquels on parlait comme s'ils n'existaient pas, elle me dit avec étonnement: "Savez-vous que vous m'avez joué un tour? —Lequel? demandais-je—Je croyais offrir un bon repas à un pauvre Juif oriental, et voici que vous arrivez en voiture, avec une femme blonde, et que vous êtes deux universitaires." Je ne sus quoi répondre, cela m'agaça peut-être exagérément... Cela m'agaça d'autant plus que tout ce luxe—chaque objet devait valoir une fortune, même les cendriers—ces laquais—avaient recreusé la distance, extraordinairement agrandie, retracé la ligne de démarcation entre les riches, Juifs ou non, et les pauvres, dont je restais, au fond... J'étais de l'autre côté, c'est tout, et obstinément. Cette brave dame n'y était même pas pour grand-chose; sa franchise me rappelait un état de fait. Mais ce n'était pas seulement la distance économique; les Français juifs m'agaçaient à la fois par leur assurance et leur hypocrisie. Du moins ce que je croyais être leur assurance et leur hypocrisie... En fait, les choses étaient plus complexes, je ne l'ai pas vu tout de suite, je le reconnais maintenant volontiers. Ainsi, ils étaient plus français que les autres Français, plus patriotes, plus républicains, plus communistes, plus résistants, toujours un peu plus que les autres; ce qui prouve bien que leur assurance n'était qu'une réaction de défense; leur hypocrisie, une surenchère* pour se rassurer... Au début, tout cela me parut dérisoire et un peu scandaleux. Nous qui avions tout perdu, et qui pourtant avions été l'une des plus vieilles communautés du monde, nous savions qu'aucun de ces sentiments de parade* ne les protégerait s'ils avaient un coup dur... La communauté française, qu'ils s'intitulent Français juifs ou Juifs français, ou Israélites, venait pourtant de perdre un tiers de ses membres dans l'aventure hitlérienne! Cela ne leur avait rien appris; ils avaient recommencé à jouer aux citoyens français, identiques aux autres, démocrates, laïques et universalistes*....

Curieusement, même les croyants avaient réussi à être transparents, grâce à un tour de passe-passe*: ils avaient réduit le judaïsme, la judéité, à une chapelle religieuse... Ce qui est totalement faux pour nous (Juifs d'Orient), pour qui c'est évidemment une condition globale... Eux se voulaient la paroisse juive de Paris ou de Lyon: pour le reste, ils étaient des Français à cent pour cent, jacobins*, etc. En somme ils continuaient à se nier, gardant seulement la religion... Ils se niaient, désespérément, à la limite de l'indignité, voilà pourquoi je vous ai parlé de scandale; cela me paraissait indigne en effet de céder ainsi à la menace des autres... Au fond, je retrouvai à Paris une conduite similaire à celle de nos chefs de communauté, ce qui me confirmait une fois de plus qu'il y avait bien une conduite juive commune....

OBTENTION DE LA CITOYENNETE FRANÇAISE

...Avant d'être naturalisé, il a fallu demander la naturalisation... et l'obtenir!... Or, demandeur, je me remettais à la merci de ceux qui avaient le pouvoir d'exaucer ma demande; je vins réveiller, comme une névrose endormie, tous les écueils, les humiliations que rencontre normalement un homme dépendant, sinon un colonisé... Je fis connaissance avec ces queues pour étrangers à la Préfecture de police où l'on est traité littéralement comme du bétail... Ah! ces interrogatoires confiés à deux employés, toujours les mêmes, fielleux*, haineux! Je n'oublierai jamais leur visage... En France, à Paris, un simple employé de la préfecture ni très intelligent ni disposant de grands pouvoirs légaux, peut humilier indéfiniment, menacer même, à peu près n'importe quel étranger sitôt que cet étranger a besoin des services de police... J'ai fini par demander de l'aide, lorsqu'un fonctionnaire du ministère de l'Intérieur, avec lequel je dînais chez des amis, m'eut signifié que je n'obtiendrais *jamais* cette naturalisation. Comme il m'avait longuement parlé de mes écrits sur la colonisation, affirmant "qu'on me suivait avec beaucoup d'attention au ministère", que lui-même "aimait beaucoup ce que je faisais", "mais que tout le monde ne s'intéresse pas à la littérature", etc., au point que je me demande aujourd'hui s'il n'avait pas demandé expressément à me voir "par hasard" et si ce dîner n'avait pas été organisé dans ce but. J'eus peur de ces menaces et en même temps, comme toujours, cela me parut un défi.

Par chance, je m'avisai que dans le gouvernement d'alors il y avait un ministre qui avait été mon condisciple au lycée, un non-Juif, je le précise.... Il fut scandalisé lorsque je lui rapportai le refus définitif du ministère de l'Intérieur, me dit des choses très flatteuses sur ce que j'apportais, moi, à la France, qui valait bien ce que la France m'apportait.... Bref, mon camarade-ministre s'entremit* auprès des autorités et obtint que le veto définitif fût ramené à cinq ans de purgatoire; puis un avocat, conseiller municipal, prit mon dossier en main et ramena les cinq ans à deux, puis à zéro. J'aurai tout de même attendu huit ans, je crois, et passé par d'incroyables humiliations, écrit des lettres, répondu à des interrogatoires, si j'étais communiste ou non, etc....

Je suis devenu un écrivain de langue française et je ne l'ai jamais regretté; j'aime cette langue et je me dirige au mieux dans cette culture... Ce serait une autre forme de démagogie* que de nier tout ce qui m'attache à la France et aux Français... et là encore—comme pour Israël—mon opposition à tel ou tel gouvernement provisoire, ou même éventuellement au régime—ne signifie pas que je rejette la France et les Français en bloc, dont font partie ma femme et mes enfants, la majorité de mes affections et amitiés... Simplement je reconnais que l'enthousiasme ou l'innocence, si j'en avais encore, n'y était plus....

LA SURVIE DU TRAVAILLEUR ETRANGER: EN L'OCCURENCE UN NOIR[2]

Dimanche après-midi, dans une ville étrangère, où les magasins sont fermés, les cafés vides, les passants rares; le coeur brûlé de solitude, allez-vous frapper à l'une de ces fenêtres pourtant éclairées, allez-vous attraper par le revers du veston l'un de ces promeneurs fugitifs: "Ecoutez-moi! Je viens de loin, mais je vous ressemble, là-bas j'ai des amis, une famille, j'ai besoin de chaleur, d'amitié! ..."

Vous savez bien que c'est impossible, que vous n'êtes pas affolé au point de perdre ainsi la tête, ces gens ne vous doivent rien, vous n'en connaissez pas même la langue, à peine quelques mots, juste pour vous y accrocher comme à une bouée*, vous fatigueriez leur attention au bout de quelques minutes. D'ailleurs, sont-ils vraiment pour quelque chose dans votre angoisse, et pourraient-ils la dissiper? Allons, tout cela est vain, ce n'est pas seulement la ville qui est étrangère, l'étranger c'est vous surtout, séparé plus que par une vitre, plus que par une langue: vous ne faites pas partie de cette ville, vous êtes hors de l'oeuf*.

Imaginez en outre que vous soyez pauvre, mal habillé, sale peut-être; vous devenez une espèce de provocation permanente, vous êtes en somme un peu plus étranger; veillez donc à paraître le plus anonyme, le plus transparent possible. Evitez de caresser la tête d'un enfant; évitez de hausser la voix, même avec les plus misérables, évitez de vous trouver seul avec une femme dans une rue déserte, n'essayez surtout pas de lui parler: il y a des chances pour qu'elle se mette à courir en hurlant. Car c'est cela un étranger: il doit être sans visage, sans désirs, sans fierté, ou alors il irrite, il fait peur.

Si, enfin, votre peau était noire! Que faire d'autre sinon éviter même de sortir? Le travail quotidien achevé, quittée cette place exacte devant la machine, rentrez tout droit à la baraque* collective, évitez de poser aux autres le troublant, l'agaçant problème de votre existence parmi eux. Et si un jour, excédé d'ennui, vous sortez tout de même, un dimanche après-midi, dans cette ville étrangère, tournez-vous contre la paroi* du métro jusqu'à la fin du voyage. Ainsi vous traverserez la ville, le pays, tout le temps de l'épreuve, les yeux fermés, l'âme fermée; jusqu'à la fin de l'exil peut-être.

Trente-cinq mille. Ils sont trente-cinq mille nouveaux esclaves noirs à Paris. Je regardais l'autre soir ceux de Montreuil, assis à même le sol*, devant leur baraque aux portes de la ville, silencieux, absents, immobiles à deux mètres de la course assourdissante, ininterrompue des voitures, étonnamment nombreux, agglomérés comme une même portée* de gros insectes noirs encore saisis d'effroi devant un monde inouï, suant* une tristesse insupportable, presque palpable, à rendre fou. Je ne fabule* pas: ils en deviennent fous quelquefois. Une amie, qui a travaillé en Allemagne pendant la guerre, m'a raconté cette espèce de rage subite qui prend quelquefois un travailleur au hasard et qui lui fait commettre un acte insensé, se détruire pour amorcer* la destruction du monde, pour l'entamer* par un bout. Puisqu'il est impossible de vivre dans ce monde, dans cet ordre, qu'ils périssent avec moi! Geste infantile, ou sublime, de Samson renversant les colonnes du Temple, geste d'esclave définitivement désespéré: car les travailleurs étrangers, oui, sont les esclaves des temps modernes.

C'est même pire. L'esclave appartenait à quelqu'un, à un homme en tout cas. Il entrait nécessairement dans cette relation, par delà son iniquité* fondamentale, quelque chose de foncièrement* humain. Il n'y a pas d'homme, je m'en suis persuadé, même le nazi le plus perverti, qui ne cherche à se justifier de ses crimes. Et cette culpabilité au coeur de la conscience humaine est une énorme chance: l'homme frappe, blesse et tue, mais il sait qu'il doit s'en expliquer et, pour commencer, devant lui-même. Alors il ergote*, pour le moins il ironise, il raisonne, et voilà l'origine d'une grande partie des idéologies: ce sont de tortueux plaidoyers.

Or, les nouveaux esclaves noirs, nos esclaves, ne sont les esclaves de personne en particulier: c'est-à-dire que personne ne s'en croit responsable. Personne n'est la cause directe de leur abjection et de leur solitude; personne ne les a relégués dans ces baraques et dans ces hôtels où ils couchent à vingt dans une chambre, font la cuisine, et organisent même quelquefois un tour de sommeil, étendus par roulement sur les vingt-quatre heures. J'ai failli écrire: ô dérision: ils sont libres! C'est de leur plein gré, en effet, qu'ils traitent avec les hôteliers, louent les baraques, s'y organisent pour pouvoir envoyer le plus d'argent possible au pays; qu'ils préfèrent même se grouper ainsi, plutôt que vivre, manger, dormir, et mourir quelquefois, chacun de son côté. . . .

Nos esclaves, qui se soucie de leurs familles désunies, de leur femmes, jeunes ou vieilles, qui restent seules des années, et qui finissent par rompre de désespoir? Qui se soucie de leurs enfants morts sans qu'ils les aient vus grandir, et dont ils apprennent la disparition par une lettre maladroite écrite par l'épicier du village? Nous sommes légitimement scandalisés de l'esclavage qui sévit encore en Arabie, et même en Ethiopie, m'a-t-on dit; il nous faut le dénoncer sans relâche, et le combattre plus sérieusement que par la motion annuelle de l'ONU: parce que le monde entier est devenu solidaire et qu'aucun scandale n'est plus tolérable nulle part sur la planète. Mais cela ne doit pas nous empêcher de reconnaître celui dont nous bénéficions nous, ni surtout d'en voir le sens identique: celui d'une même traite ignominieuse* de nos semblables, toujours la même à traverser l'histoire jusqu'à notre ère, apparemment moins cynique aujourd'hui, mais non moins fondamentalement inique et lucrative.

Car enfin, c'est bien toujours de cela qu'il s'agit au fond, à travers les figures variables de l'esclave à travers le temps. Il serait bien intéressant de chiffrer exactement, comme on sait le faire aujourd'hui, le coût d'un esclave et son rapport. On comprendrait plus clairement ce qu'est l'esclavage et ses avatars*, et vers quoi il tend irrésistiblement. Simplement, cet esclavage qui subsiste, renaît dans nos cités, est à notre image, plus soucieux de forme certes, moins directement et ouvertement cruel, comme nous le sommes devenus, en apparence au moins, mais obéissant toujours à quelques vieux mécanismes élémentaires. Ainsi les Colonisés des colonies françaises ressemblaient par tant de côtés à leurs Colonisateurs, se réclamaient de la Révolution française et aspiraient, comme à un honneur prestigieux, à parler le français et à travailler comme postier* ou douanier*, comme n'importe quel Français moyen. Ainsi les Colonisés des colonies anglaises se choisissaient des chefs de préférence parmi les diplômés d'Oxford, et consentaient malgré tout à rester de fidèles sujets de Sa Majesté Britannique. Parce que la colonisation française était petite-bourgeoise et d'ambition moralisatrice et culturelle; la colonisation anglaise, féodale et d'ambition aristocratique et distinguée. Nos esclaves à nous sont des esclaves de ce qu'on appelle donc l'âge industriel, c'est-à-dire de cette phase du capitalisme où l'éclatement des cadres sociaux moyens va peut-être atteindre sa phase maxima*; où, corrélativement, la solitude de l'individu, son abandon devant le monstre seront de plus en plus épouvantables. Ainsi nos esclaves noirs sont-ils la meilleure illustration de la solitude, de l'abandon et de la dispersion de chacun d'entre-nous.

N'est-il pas symptomatique déjà que cette société industrielle utilise d'une manière si prodigieuse tant d'étrangers? Mieux encore, comment ne voit-on pas qu'elle tend en quelque sorte à transformer le maximum de travailleurs en étrangers? Grâce à ce qu'on appelle pudiquement la *mobilité sociale,* et qui est véritablement un déplacement forcé de populations, c'est-à-dire un arrachement à tout ce qui fait la trame* de leurs vies, à leurs voisinages humains et naturels. L'esclavage antérieur fut paternaliste, le nôtre est anonyme et pulvérisateur* de toute la personnalité de l'esclave, dont il fait éclater tous les cadres, toutes les attaches, toutes les valeurs.

NOTES DES REDACTEURS

1. Extrait de *La Terre intérieure* (Paris: Gallimard, 1976).

2. Extrait de *L'Homme dominé* (Paris: Payot, 1973). Nous remercions vivement les maisons Gallimard et Payot de nous autoriser la reproduction de ces extraits.

Naissance d'une conscience féministe[1]

10

Andrée Michel

Ouvriers, Noirs aux Etats-Unis, colonisés, femmes, toutes les minorités opprimées entretiennent avec le groupe oppresseur des relations dialectiques*. Celles-ci se déroulent en trois étapes qui ne résultent pas d'un schéma hégélien* *a priori* mais de la prise de conscience que les minorités opprimées sont susceptibles d'acquérir par suite de leur enfermement dans les ghettos sociologiques de la condition d'ouvrier, de Noir, de colonisé ou de femme. Les grandes concentrations de travailleurs dans les usines, l'exode massif dans les villes, l'exploitation élargie des minorités définies plus haut, autant de facteurs qui ont accéléré et aggravé les subordinations de classe, de sexe, de race et de nations colonisées et par conséquent la prise de conscience de celles-ci.

Au cours d'une première étape, par suite de son isolement (géographique, économique, psychologique, sociologique, culturel), l'opprimé s'identifie à l'oppresseur. L'ouvrier-paysan, descendant du serf du Moyen Age, venu dans les villes du XIXe siècle pour y trouver du travail en usine, manifeste son allégeance morale à l'égard du patron. Les écrits ouvriers de la première moitié du XIXe siècle sont là pour l'attester: la Providence veut qu'il y ait des riches pour nourrir les pauvres. Bref, les pauvres adoptent l'idéologie dominante qui est aussi celle de la classe au pouvoir. L'esclavage noir des plantations des Etats du Sud de l'Amérique témoigne du dévouement à la famille de son maître, même quand celui-ci le considère comme un objet taillable et corvéable* à merci. Le colonisé chérit l'ambition de devenir un citoyen à part entière de la "métropole*". Quand l'exploitation devient intolérable et que la répression brutale succède au paternalisme, l'ouvrier, le Noir, le colonisé se révoltent: les uns érigent* des barricades, les autres s'enfuient ou se rebellent. Alors se forme une prise de conscience de l'hétérogénéité radicale entre groupes dominants et dominés. La conscience de classe et de l'existence de conflits latents entre classes sociales antagonistes succèdent chez l'ouvrier à l'acceptation du paternalisme patronal dans l'entreprise. Le Noir, fier de sa négritude (*Black is beautiful*), hait le Blanc après l'avoir admiré. Symbole du peuple algérien, Ferhat Abbas, après avoir vainement espéré que "l'Algérie française" ferait de ses compatriotes des citoyens à part entière, accepte la présidence du premier gouvernement algérien en exil en attendant sa rentrée triomphale dans l'Algérie indépendante. Ce n'est qu'au cours d'une troisième étape succédant à la prise de conscience des antagonismes radicaux de classe, de race et de nationalité, que les ouvriers, constitués en classe sociale, les Noirs, libérés de leur complexe d'infériorité, les colonisés, devenus Etats indépendants, renouent avec leurs anciens oppresseurs des relations qui, si elles ne sont pas encore d'égalité, marquent toutefois un progrès certain par rapport à la relation brutale et sans appel de domination du maître sur l'esclave.

La dialectique des trois étapes caractérise également la relation des femmes avec le groupe masculin dominant. A une période d'identification avec l'agresseur et d'allégeance morale à l'égard de l'Homme divinisé (l'Homme-Père, l'Homme-Mari, l'Homme-Patron, l'Homme-Chef dans la cité, enfin l'Homme-Dieu projeté dans le ciel) succède la brutale iconoclastie* des nouvelles générations de femmes à l'égard des valeurs chéries par leurs mères il n'y a pas si longtemps. Celles-ci avaient assimilé et adopté la conscience de leur "féminité", telle que les hommes l'avaient définie à la mesure de leurs désirs: passivité, soumission à l'homme, telle était la destinée de la femme, inscrite dans son sexe. La devise des Pères de l'Eglise: "Tota mulier in utero"[2] reçut une caution laïque inattendue au début du XXe siècle quand, menacée de disparaître, Freud lui insuffla un sang nouveau. Bien entendu, quelques maigres compensations morales étaient accordées aux femmes: la mystique de l'égalité dans la complémentarité, façon habile de masquer la dépendance économique et la subordination totale des femmes aux hommes. Cette conscience *féminine* fait place aujourd'hui à une conscience *féministe*, plus répandue que dans le passé, chez les nouvelles générations de femmes, qui se perçoivent aujourd'hui comme une minorité sociologique opprimée par le système patriarcal et l'objet d'un sexisme inscrit tant dans les lois que dans la culture dominante et la vie de tous les jours. Ce sexisme est perçu par les femmes comme la forme la plus permanente et la plus subtile qu'un groupe dominant ait jamais exercé sur une minorité subordonnée. La conscience féministe jaillit à partir des innombrables expériences quotidiennes d'oppression ressenties* par les femmes dans leurs relations avec le système politique, syndical, culturel, économique, éducatif, familial, professionnel, bref avec toutes les composantes du système patriarcal. Dans l'incapacité d'identifier tous les aspects du sexisme qui favorisent l'émergence de cette nouvelle conscience féministe, on se bornera ici à en décrire la genèse à partir de deux expériences quotidiennes de la vie des femmes: le travail professionnel et le travail domestique.

SYSTEME PATRIARCAL, TRAVAIL FEMININ DANS L'ENTREPRISE ET CONSCIENCE FEMINISTE

S'il est un lieu où la femme se perçoit comme membre d'une minorité opprimée c'est bien le lieu de travail quel qu'il soit (entreprise privée ou fonction publique). Dardel et Schnapper montrent que, dans la fonction publique, "les femmes sont toujours à niveau statutaire* égal, titulaires d'un diplôme supérieur à celui des hommes"[3], situation qui s'explique par suite de l'existence de discriminations dans le déroulement des carrières et de l'interdiction d'accès des femmes aux grades supérieurs: "une fois qu'elles y sont entrées, les femmes ne font jamais dans la fonction publique la même carrière que les hommes de même niveau universitaire".[4] La condition des femmes dans la fonction publique est la suivante: plus le grade s'élève, plus leur pourcentage diminue: "la part des femmes est d'autant plus élevée que la catégorie statutaire est la plus basse et que le prestige du ministère est moins élevé . . . La féminisation rapide ne touche que les trois catégories inférieures" de fonctionnaires.[5] Les hommes se réservent les postes de la catégorie A supérieure où les femmes ne constituent que 12% de l'effectif* alors qu'elles forment 50% environ du total des employés de la fonction publique.[6] Au sein des directeurs généraux et directeurs, chefs de service, sous-directeurs et directeurs-adjoints des administrations centrales, leur pourcentage s'abaisse encore: elles forment 5% de la totalité de ces grades, soit une représentation dix fois inférieure à leur pourcentage dans la fonction publique.[7]

La situation est particulièrement choquante dans l'enseignement où en 1973 les femmes constituaient 66% des instituteurs de l'école primaire (écoles maternelles exclues), 53% des professeurs de l'enseignement secondaire mais seulement 7% des inspecteurs de l'Education nationale, 11% des professeurs titulaires dans les Facultés de Lettres et Sciences Humaines des Universités, 8% dans les Facultés de Sciences, 5% dans les Facultés de Droit, 10% dans les Facultés de Pharmacie, moins de 1% dans les Facultés de Médecine et 0% dans les Facultés de Dentisterie, alors qu'elles sont 42% des pharmaciens, 22% des médecins et 29% des dentistes.[8] Dans l'enseignement, elles sont donc cantonnées* dans un ghetto: les hommes leur abandonnent les postes d'institutrices ou de professeurs du secondaire mais se réservent la carrière de professeur d'Université qui offre maints avantages (salaires élevés, possibilité de recherches, missions à l'étranger, etc.). Même situation à l'Ecole pratique des hautes études et au Centre national de la recherche scientifique où les femmes sont en fait exclues des postes de directeurs scientifiques.

Le mécanisme d'éviction des femmes dans la fonction publique, dans l'enseignement supérieur et la recherche, est extrêmement simple et efficace: un réseau masculin informel de communication est créé qui a pour fonction de réduire la compétition aux candidats masculins en présence, les femmes étant éliminées du tournoi* en raison de leur sexe.

La première étape consiste évidemment à éliminer les femmes des fonctions si enviées de délégués des syndicats puisque ce sont ces derniers qui siègent avec les représentants de l'administration dans les commissions paritaires*, responsables de l'embauche* et du déroulement des carrières. Tout au plus admettra-t-on parfois des femmes-alibis, dévouées à la défense des privilèges masculins. Le mépris et l'hostilité de Proudhon à l'égard des femmes se sont réfugiés aujourd'hui dans les syndicats* de cols-blancs, particulièrement dans ceux de la fonction publique.

Etouffée chez les femmes scientifiques par l'absence de moyens matériels et les discriminations qui les frappent, la création l'est aussi, bien que dans une mesure moindre, chez les femmes artistes ou écrivains par suite de la coterie* des hommes dont les jugements esthétiques sont à l'image des institutions qui composent le système patriarcal: un cadre de référence sans appel, une complaisance narcissique* entre pairs, étayée par la grande presse à leur dévotion, les femmes étant éliminées de cette autosatisfaction dédaigneuse de leur sexe.[9]

Une censure toujours vigilante s'exerce à l'égard des femmes iconoclastes qui osent contester les mythes les plus archaïques sous-tendant l'idéologie du système patriarcal. L'iconoclastie d'une femme psychologue à l'égard des postulats freudiens relatifs à la sexualité féminine se solda* par des sanctions radicales dans une université connue pour son gauchisme. De même, il y a dix ans, des femmes universitaires furent pénalisées pour avoir plaidé la cause de la contraception.

L'outrecuidance* à l'égard des femmes est poussée à l'extrême quand Claude Alzon, professeur à Paris VIII, s'étrangle de colère[10] parce que la librairie de la *Maison des Femmes* refuse de vendre son livre farci* de jugements méprisants sur les femmes sociologues. Et que dire des nombreux articles écrits sur les femmes par les spécialistes masculins en sciences sociales dans les plus sévères revues sociologiques qui n'abandonnent leur sérieux que lorsqu'elles traitent du problème féminin, des journaux "progressistes" où écrivains et journalistes dissertent gravement de la condition des femmes en alléguant leurs sentiments féministes, tout en refusant à leurs collègues de l'autre sexe le droit de s'exprimer librement sur un statut discriminatoire qu'elles vivent quotidiennement.

Ainsi parce qu'elles travaillent dans les professions intellectuelles, littéraires et artistiques et qu'elles y subissent le racisme sexuel le plus direct (le sexisme), les intellectuelles découvrent qu'elles sont rejetées dans un ghetto et que toute velléité* d'en sortir se heurte à des résistances formidables et à l'opposition systématique de leurs collègues masculins. Elles découvrent ainsi le système patriarcal dans toute son étendue et que "tout homme étant en situation d'oppression", selon l'expression d'une féministe, il y en a bien peu qui refusent d'en profiter. Leur expérience de travailleuses intellectuelles rabaissées* et discriminées leur permet au moins de décoder et de démasquer la fonction latente d'une idéologie patriarcale véhiculée dans les sciences sociales, la littérature, l'art ou la presse et qui a pour but de justifier le *statu quo*.

La situation serait-elle meilleure chez les ouvrières? De nombreuses statistiques révèlent qu'il n'en est rien et que celles-ci sont systématiquement déclassées par rapport à leur qualification réelle: elles sont en majorité ouvrières spécialisées (OS) alors qu'elles possèdent des certificats d'aptitude professionnelle (CAP) de couture, de broderie, de dentellière qui leur ont donné une habileté manuelle et une dextérité sans égale que les patrons utilisent sans vergogne* sur les chaînes d'électronique et d'électricité. Leur désir de se voir reconnaître leur véritable qualification professionnelle se heurte aux mêmes obstacles que ceux rencontrés par les intellectuelles: l'opposition de l'employeur et l'indifférence, voire la complicité, des syndicats ouvriers. Seule exception notable: les Fédérations syndicales des travailleurs de la métallurgie, du textile et de l'habillement demandent sous la pression des femmes que les ouvrières spécialisées soient reclassées dans les qualifications auxquelles leurs diplômes ou l'expérience professionnelle acquise à l'usine leur donnent droit. Mais combien de syndicalistes d'entreprise reprennent à leur compte ces revendications* et cherchent à les faire triompher? L'hostilité à la promotion des ouvrières est si tenace, si persistante qu'il est probable qu'elles découvriront dans un avenir proche que l'oppression de classe se double d'une oppression de sexe et que le ghetto des postes de travail où elles sont concentrées, invoqué par l'employeur comme justification de leurs bas salaires et de leur déclassement, est tout autant le résultat de la recherche du profit maximum par l'entreprise capitaliste que de la jalousie de leurs compagnons de travail qui n'acceptent pas qu'elles soient leurs égales.

Le lieu de travail extérieur représente donc pour les femmes intellectuelles, employées ou ouvrières, le lieu par excellence où, subissant quotidiennement les discriminations sexistes les plus graves, elles découvrent l'existence d'un système patriarcal répressif qui dépasse largement les limites étroites du système des classes sociales.

SYSTEME PATRIARCAL, TRAVAIL DOMESTIQUE A LA MAISON ET CONSCIENCE FEMINISTE

L'introduction des femmes dans la vie économique a eu un résultat inescompté* et remarquable: elle leur a appris à mesurer la valeur des objets et des services dans une société matérialiste capitaliste. Les femmes sont peut-être les dernières à avoir pénétré le marché de l'échange mais, une fois entrées et même si elles sont aujourd'hui menacées par le chômage, désormais elles savent compter. Or les calculs les plus récents des économistes leur ont appris que les heures qu'elles effectuent* en travail domestique sont aussi nombreuses que celles du travail dit productif: 100 heures environ par semaine pour une femme américaine au foyer et à peu près de même en France.

Ce travail est rendu "invisible" par la volonté des hommes qui éliminent du calcul du Produit national brut (PNB) la valeur des services effectués gratuitement par les femmes dans la famille et la collectivité* nationale. Comme le note Isabel Larguia, "le travail domestique a été jusqu'ici traité comme une caractéristique secondaire sexuelle de la femme au lieu d'être considéré comme une catégorie économique".[11] Les hommes gagnaient deux fois au change: ils bénéficiaient de services domestiques gratuits en même temps que leur accomplissement par les femmes éloignait celles-ci de la compétition dans les postes de responsabilité et de grades élevés. Mais suffit-il d'un décret des hommes pour nier la réalité et le servage domestique des femmes? Celles-ci perçoivent très bien qu'elles apportent une énorme plus-value économique et sociale à la collectivité. Certes il ne s'agit pas d'une plus-value au sens marxiste du terme puisque cette dernière concerne exclusivement le travail salarié présent sur le marché de l'échange: si la force de travail de l'ouvrier s'échange sur le marché, les tâches domestiques de la femme ne s'échangent pas, bien qu'elles constituent un élément primordial de la reproduction de la force de travail du mari et des enfants. En effet, Marx l'a bien vu, le salaire est non pas le prix de la force de travail du mari, mais le prix de la reproduction nécessaire de la force de travail de celui-ci, reproduction dans laquelle la transformation des denrées* en mets cuisinés*, l'entretien de la maison et des vêtements par la femme sont des éléments nécessaires. Ainsi quand le capitaliste donne un salaire au mari, il instaure* la subordination économique de la femme à l'égard de l'homme car celle-ci dépend du mari pour sa subsistance alors qu'en fait le travail domestique de la femme est un élément constitutif de la force de travail du mari, échangé par celui-ci contre un salaire sur le marché de l'emploi. Et que dire de la femme ouvrière qui, ayant déjà un travail professionnel extérieur, recommence une seconde journée de travail en rentrant chez elle? C'est par suite de cette prise de conscience que Mariarosa Dalla Costa, Selman Jones et Guiliana Pompei suggèrent que les épouses soient considérées comme des travailleuses productives et reçoivent un salaire pour l'accomplissement des tâches domestiques. Cette théorie en vogue en Italie et en Allemagne se heurte à l'opposition de la majorité des féministes françaises qui pensent que l'obtention d'un salaire pour les tâches domestiques de la femme aboutit à renforcer la division sociale du travail entre les sexes et par la suite la subordination de la femme ménagère. En revanche, en attendant la création d'équipements collectifs, elles demandent aux femmes de refuser l'accomplissement des tâches domestiques sans le partage égal du mari à celles-ci. Malgré les divergences entre les deux perspectives, ce qui est capital, c'est la prise de conscience des femmes, qui connaissent désormais la valeur économique des tâches domestiques effectuées jusqu'ici sans protester puisque les hommes les avaient persuadées qu'elles étaient une fonction liée nécessairement à leur sexe. Les jeunes femmes d'aujourd'hui qui refusent d'effectuer seules les tâches domestiques se heurtent à l'hostilité des hommes; d'où la profusion des attaques des Mouvements de libération des femmes contre le mariage, envisagé comme la source même de leur subordination et de leur servage familial et social.[12] Loin de rester isolée, la résistance au mariage, initiée par les intellectuelles, gagne toutes les classes sociales et commence à se traduire dans les statistiques: âge plus élevé au mariage, augmentation du nombre des naissances illégitimes en France et aux Etats-Unis, accroissement des divorces dans tous les pays industrialisés. De plus, les statistiques du divorce révèlent que, dans ces pays, les demandes émanent plus souvent des femmes que des hommes, preuve que ce sont elles qui en éprouvent* surtout les effets néfastes*. Il y a plus de cent ans, Durkheim avait écrit: "par elle-même la société conjugale nuit* à la femme et aggrave sa tendance au suicide". La nouvelle conscience féministe se différencie de l'ancienne dans la mesure où elle considère le mariage, la famille et la maternité[13] comme les obstacles les plus redoutables à l'émancipation féminine.

CONCLUSION

Tout changement est traumatisant, particulièrement pour le groupe dominant qui se sent menacé d'abandonner ses privilèges. Et puis il est tellement confortable de prendre ses désirs pour la réalité. C'est pourquoi bien des hommes se plaisent aujourd'hui à multiplier les déclarations selon lesquelles la vague féministe est dépassée et que tout va bientôt rentrer dans l'ordre. Il y a aussi des nostalgiques du pouvoir de droit divin du patron dans l'entreprise, du retour des colonies dans le giron* de l'ancienne métropole, de l'infériorité "naturelle" des Noirs, etc. La force de l'histoire emporte ces nostalgies dans le tourbillon des années qui passent et des destructions irréversibles qui naissent des contradictions du capitalisme, la forme sans doute la plus oppressive et la plus totale du système patriarcal. Mais c'est aussi une force considérable de changement comme Marx l'avait perçu il y a plus de cent ans: "La bourgeoisie ne peut exister sans révolutionner constamment les instruments de production, ce qui veut dire les conditions de la production, c'est-à-dire tous les rapports sociaux. Ce bouleversement continuel de la production, ce constant ébranlement de tout le système social, cette agitation et cette insécurité perpétuelle distinguent l'époque bourgeoise de toutes les précédentes. Tous les rapports sociaux, traditionnels et figés, avec leur cortège de conceptions et d'idées antiques et vénérables, se dissolvent; tout ce qui avait solidité et permanence s'en va en fumée, tout ce qui était sacré est profané, et les hommes sont forcés enfin d'envisager leurs conditions d'existence et leurs rapports réciproques avec des yeux désabusés."[14] Au XIXe siècle, les rapports de domination du capital sur la classe ouvrière devinrent l'objet de la prise de conscience et de la contestation des travailleurs. Au XXe siècle, après la révolte des colonisés et des Noirs, celle des femmes est en marche, une révolte qui ira en grandissant, même si elle traverse des périodes d'ombre et de lumière, de répression et de libéralisme.

Après Marx, Schumpeter montra comment la rationalisation économique, propulsée par le capitalisme à un degré jamais atteint dans le passé, tendit à un élargissement lent et continu dans tous les secteurs de la vie sociale: cet auteur prédit que les individus et les groupes tenteraient d'en tirer le meilleur parti possible. Le développement de l'analyse rationnelle des tâches quotidiennes réagit sur la masse des idées collectives et les soumet à la rationalisation: "Celle-ci demande comment se justifie l'existence des rois, des papes, des dîmes, de la propriété, de la subordination."[15] Les ouvriers demandent des comptes aux propriétaires du capital et des moyens de production, les ex-colonisés devenus indépendants refont les comptes avec les grandes puissances industrielles et contestent la détérioration des termes de l'échange où le prix des produits manufacturés augmente dix fois plus vite que celui des matières premières fournies par le Tiers Monde. Les Noirs refusent l'allégeance morale aux Blancs. Au nom d'une rationalité acquise par suite d'une éducation plus élevée, les femmes demandent des comptes à un système patriarcal qui perçoit une plus forte plus-value sur leur travail professionnel lorsqu'à égalité de qualification et de travail, elles sont toujours moins payées que les hommes et qui en prélève une seconde d'une autre nature lorsqu'elles fournissent gratuitement à la famille et à la société un nombre considérable d'heures de travail domestique. Cette double exploitation les amène à se percevoir pour ce qu'elles sont en réalité: une minorité sociologique (bien que démographiquement majoritaire), écrasée sous le poids de l'oppression professionnelle et familiale et d'une culture patriarcale ayant pour finalité latente de justifier celle-ci. La perception de leur exploitation dans l'entreprise favorise chez les ouvriers la prise de conscience de l'existence du capitalisme; de même, la perception par les femmes de leur triple oppression permet aux plus instruites de prendre conscience de l'existence d'un système patriarcal dont la forme capitaliste n'est que l'extrême caricature car, loin de se cantonner à les exploiter en tant que travailleuses salariées ou ménagères, ce système les rabaisse dans tous les domaines de la vie politique, sociale, culturelle, religieuse et économique. Il est bien normal alors que, découvrant l'ampleur de leur oppression, les femmes contestent dans sa totalité un système patriarcal où la lutte des classes sociales, dont elles ne nient pas la réalité, est invoquée par les hommes pour leur masquer la subordination d'un sexe à l'autre, au sein des structures matérielles et idéologiques qui débordent largement les rapports de classes. Auguste Bebel le notait déjà il y a cent ans: "il y a des socialistes qui ne sont pas moins opposés à l'émancipation des femmes que le capitalisme au socialisme".[16] Ce que Bebel percevait au sein du parti socialiste allemand est encore plus visible aujourd'hui quand les femmes des pays capitalistes jaugent* la pseudo-libération des femmes en pays socialistes ou celle de leurs compagnes dans les organisations syndicales et politiques qui s'inspirent du socialisme dans leur propre pays. Les femmes en tirent les conclusions qui s'imposent et dont Bebel leur avait déjà indiqué la voie: leurs intérêts ne peuvent pas plus être pris en charge par les hommes que les intérêts des travailleurs salariés ne peuvent être défendus par les capitalistes. C'est la minorité opprimée elle-même qui doit prendre en charge sa propre libération. Pour l'instant, les femmes en sont à l'étape du refus d'identification avec les valeurs et les normes qui les rendirent prisonnières du système patriarcal. Avec une aggressivité d'autant plus forte qu'elle avait été contenue dans le passé, elles piétinent les mythes et valeurs patriarcales de la féminité et de la virilité que les hommes tentèrent de leur imposer comme des vérités éternelles pour leur masquer leur servage domestique. Les prédictions de Marx et de Schumpeter se vérifient: la famille patriarcale, érigée en institution intangible par les hommes grâce aux mythes de "la vocation éternelle de la femme" et de la sacralisation* du foetus, grâce à la puissance paternelle et à l'interdiction de la liberté de procréer, devient l'objet de la profanation des femmes. Les Français qui firent la Révolution saccagèrent* aux portes des cathédrales les symboles religieux d'une société qui leur promettait le salut dans l'au-delà puisqu'elle leur refusait le bonheur ici-bas. Les féministes d'aujourd'hui pratiquent avec la même violence l'iconoclastie à l'égard des symboles d'un système patriarcal qui leur dénia jusqu'ici la liberté et la dignité de personne humaine. Ce n'est qu'après leur libération que les femmes pourront restructurer leurs relations avec les hommes sur une base nouvelle, conforme à leurs aspirations d'être-humain à part entière.[17]

NOTES

1. Extrait de l'article du même titre paru dans *L'Arc,* 61, Dépôt légal 2e trimestre 1975, 31-38. Nous remercions vivement la revue *L'Arc* de nous autoriser cette reproduction. [Les Rédacteurs]

2. C'est-à-dire: La femme entière consacrée à la reproduction. [Les Rédacteurs]

3. Alain Dardel et Dominique Schnapper, *Les Agents du système administratif* (Paris: Mouton, 1969).

4. Ibid.

5. Ibid.

6. Ministère du Travail: Comité du travail féminin.

7. Ibid.

8. Statistiques fournies par les services du ministère de l'Education nationale.

9. Suzanne Horer, Jeanne Socquet, *La Création étouffée* (Paris: Pierre Horay, 1973).

10. Claude Alzon, "Féminisme ou sexisme", *Le Monde,* 24 novembre 1974.

11. Isabel Larguia et John Dumoulin, "Towards a Science of Women's Liberation", *Red Rag,* A Magazine of women's liberation (Londres), No. 1, 1972, p. 7.

12. Voir en particulier Christine Dupont, "L'ennemi principal" in "Libération des femmes, année zéro," *Partisans,* No. 54-55, 1970, p. 165.

13. *Maternité-esclave, Les chimères* (Paris: Union Générale d'éditions, 1975. Coll. 10/18).

14. Marx, *Le Manifeste du parti communiste* (Paris: Editions sociales, 1954), p. 32.

15. J. Schumpeter, *Capitalisme, socialisme et démocratie* (Paris: Payot, 1942), p. 174.

16. A. Bebel, *La Femme et le socialisme* (Berlin: Dietz Verlag, 1964).

17. Deux études récentes sont à noter: Andrée Michel (sous la direction d'), *Les Femmes dans la société marchande* (Paris: PUF, 1978. Coll. Sociologie d'aujourd'hui), et Simone de Beauvoir, *La Question féminine* (Paris: Gallimard, 1979). [Les Rédacteurs]

Troisième Partie

LA FAMILLE, LES JEUNES ET L'ENSEIGNEMENT

11

*D'hier à aujourd'hui,
d'une civilisation à l'autre*[1]

Philippe Ariès

L'HISTOIRE NECESSAIRE OU LE SENS DU RELATIF

Il m'est arrivé plusieurs fois, au cours des dernières années, de participer à des réunions de médecins, de sociologues, de psychologues, de militants chrétiens nourris de sciences humaines, qui s'interrogeaient sur l'état actuel de la famille ou du couple, de la femme ou de l'enfant. Et je me suis alors aperçu que ces chercheurs, quelles que fussent leurs disciplines d'origine, posaient toujours le problème dans les mêmes termes, comme s'il s'agissait d'une évidence. Tous étaient également persuadés que, si l'homme avait déjà amorcé* au XIXe siècle sa libération politique et sociale, sa vie privée était restée en plein milieu du XXe siècle esclave d'interdits et de contraintes millénaires*. La famille en particulier aurait conservé jusqu'à nos jours son caractère patriarcal, autoritaire, aliénant, condamnant la femme et les enfants à une interminable tutelle*.

Tout se passait comme si rien n'avait changé depuis l'Antiquité ou le Moyen Age, comme s'il avait fallu attendre ce milieu du XXe siècle pour que les sociétés industrielles commencent à secouer une soumission millénaire et libèrent la femme, l'enfant, le couple, comme de nouvelles Bastilles. Une histoire immobile et opaque jusqu'aux années 60 et puis, tout d'un coup, la grande Révolution qui émancipe la vie privée et la fait enfin accéder à la modernité!

Une telle conception conduisait à d'étranges analyses—étranges du moins pour l'historien. Des médecins, des observateurs sociaux décrivaient la femme d'aujourd'hui, celle de nos sociétés industrielles, vivant dans la terreur d'une grossesse* que la pratique conjugale traditionnelle ne lui permettait pas d'éviter. Elle agirait donc, en plein XXe siècle, comme si elle ignorait tout de la contraception jusqu'au jour où, poussée par l'angoisse, elle franchissait la porte d'une clinique de planning familial. Comment faisaient donc ses ancêtres du XIXe siècle? En fait, je pense que ces chercheurs, hommes instruits, n'ignoraient pas l'existence d'un long siècle de malthusianisme* démographique*. Mais ils ne parvenaient pas à intégrer cette donnée du passé dans leur conception "synchroniste*" de la société, ils la rejetaient comme un corps étranger, et, par conséquent, lui refusaient valeur générale d'explication.

Je suppose que c'est pour éviter de telles fautes de perspectives que vous avez invité un historien, c'est-à-dire quelqu'un qui pense toujours dans la durée, et quand il s'agit d'un historien des mentalités, dans la longue durée. Vous avez eu raison. Certes vous auriez pu mieux choisir l'homme, mais, dans l'état actuel de la réflexion sociologique en général, chrétienne en particulier, l'intervention de l'historien, comme celle d'un médecin des cas graves, est nécessaire et urgente.

L'histoire permet de mettre à leur place, dans une série, les faits que les observateurs contemporains, qui les vivent, ont tendance à croire uniques et extraordinaires. En les reliant aux autres faits de la série ainsi reconstituée, l'historien les dédramatise, et il leur donne aussi un sens plus clair. C'est ce que nous allons essayer de faire à propos de la famille.

LA FAMILLE ANCIENNE (DU MOYEN AGE AU XVIIIe SIECLE)

La famille, que les réformateurs actuels de la morale traditionnelle ont pris pour cible*, n'est pas la famille millénaire, elle n'est pas non plus la famille du Moyen Age ou de l'Ancien Régime, elle date à peine du XVIIIe siècle, et c'est cela qu'il faut comprendre. L'histoire de la famille est encombrée d'idées fausses qui remontent au modèle construit à la fin du XVIIIe siècle et au début du XIXe siècle par les philosophes des lumières et par les sociologues traditionalistes de Bonald à Le Play. Je n'ai pas le temps et ce n'est pas le lieu de les rectifier. Je me contenterai de rappeler que la famille patriarcale n'a jamais existé, du moins dans nos sociétés. La famille ancienne est toujours une famille réduite aux parents et aux enfants, et elle s'étend bien rarement au-delà, parfois, dans les maisons riches, à quelques collatéraux célibataires. L'évolution théorique, souvent décrite, de la famille étendue à la famille nucléaire ne correspond à aucune réalité.

La différence entre la famille ancienne et la famille du XIXe-XXe siècle ne vient pas des dimensions, mais des fonctions. C'est cette notion de fonction que je voudrais retenir ici. Elle me permettra de situer la famille dans la société globale.

Prenons un exemple concret. Un historien et sociologue canadien, Gérard Bouchard, a récemment consacré une thèse de doctorat à l'étude d'un village de Sologne au XVIIIe siècle, Sennely: un village de six cents habitants.[2] L'auteur a cherché à comprendre quel était le noyau* de la vie collective, le fondement de la sociabilité villageoise. Nous penserions aujourd'hui que l'intégration sociale de l'individu était obtenue par la famille, que l'une des principales fonctions de la famille était d'assurer cette socialisation. Or, l'auteur s'est vite aperçu qu'au XVIIe et XVIIIe siècle, dans son village, "tel n'était pas le cas". Il constate que la famille était restreinte, et peu durable, vite dissoute non pas par le divorce certes, mais par la mort de l'un des conjoints. "Les couples se rompaient prématurément, les remariages nombreux étaient conclus à la hâte, à tout âge et entre tous âges." Il donne l'exemple de Jean Richard qui, à 74 ans, épousa en troisièmes noces Françoise Cartou, âgée de 24 ans, et dont la précédente femme était décédée quatre mois auparavant à l'âge de 19 ans, et il ajoute cette observation qui va loin: "Ce sont là des données qui portent tout naturellement à réfléchir sur la nature du sentiment conjugal, au moins chez les conjoints de seconde souche*'". "Ils se marient tous par intérêt plutôt que par inclination", note leur Curé. Tous, mais il devait s'agir plutôt de tous ceux qui avaient quelque bien. Nous savons d'autre part que les plus pauvres se réclamaient, au contraire, de la seule inclination quand ils devaient demander des dispenses de parenté.[3] Encore fallait-il qu'ils disposent d'une maison et d'une exploitation, si bien que la famille correspondait avant tout à une installation matérielle: ainsi une veuve était-elle amenée à épouser le compagnon de son défunt mari.

La fonction de la famille était alors de conserver et de transmettre un patrimoine*, de permettre l'exercice d'un métier. Et Gérard Bouchard constate que, dans ces conditions, elle n'est pas capable d'assurer la socialisation des individus qui la constituent. "Dans quelle mesure, écrit-il, ce groupe familial était-il apte à remplir les diverses fonctions habituellement reconnues à la famille traditionnelle dite patriarcale?"

"Sur le plan économique, son rôle était restreint. Peu nombreuse (à cause de la mortalité), elle n'arrivait pas à constituer ce réservoir de main-d'oeuvre requis par les travaux des champs.... Elle n'était pas non plus ce foyer, ce refuge hospitalier où enfants et adultes trouvaient des amitiés profondes, inaltérables. La maison d'abord était trop petite; en outre ceux, parmi les fils, qui avaient survécu à la prime enfance n'y demeuraient pas, mais entraient prestement au service ou en apprentissage chez un fermier ou un artisan. Trop tôt ensuite, le famille était dissoute par la mort d'un conjoint, aussitôt suivie par le mariage du fils s'il avait atteint l'âge adulte, et fort probablement par le mariage du survivant. Selon toute vraisemblance, le sentiment du 'chez soi' n'existait guère."[4] Et la conclusion de l'auteur n'est pas valable seulement pour ce petit village de Sologne: "il apparaît tout à fait improbable qu'un tel groupe, aussi peu structuré lui-même, ait pu servir d'assise à l'intégration sociale."

Au Moyen Age et pendant l'Ancien Régime, la sociabilité était assurée, non pas par la famille, mais par une collectivité très dense, composée de voisins, d'amis, de parents aussi, définie par la fréquence des relations et la conscience d'appartenir à un même réseau de relations. Voilà l'essentiel, nous l'appellerons, faute de mieux, le Milieu, ce groupe social où les familles étaient diluées et dont elles se distinguaient mal, qui commandait d'ailleurs aux familles, dans la mesure où il réglait l'équilibre des mariages et des sexes, imposait des interdits par des manifestations collectives comme le charivari*, par la pression de l'opinion publique. C'est plus dans ce milieu que dans le cercle plus petit de la famille que l'enfant vivait jusqu'au jour prochain où il était exporté dans une famille autre que la sienne comme apprenti.

Pas plus qu'elle n'avait de fonction socialisatrice, la famille d'Ancien Régime n'avait, en effet, de fonction éducatrice. L'enfant ne restait pas longtemps dans sa famille, sauf l'aîné, destiné à succéder très tôt au père. Jusqu'au XVIe, XVIIe siècle, dans les classes supérieures, jusqu'au XIXe siècle dans les classes populaires, il n'allait pas à l'école, il ne restait ni chez ses parents, ni au milieu d'enfants de son âge. Il était, le plus tôt possible, assimilé à un adulte, mêlé aux autres adultes, à la ferme, à l'atelier, à la cour du Seigneur, ou de l'Evêque, à la maison du Chanoine, à la guerre, au cabaret, au mauvais lieu. Il apprenait à vivre par le contact le plus rude avec les réalités de la vie, y compris celles que nous croyons aujourd'hui devoir lui cacher.

Nous voici, n'est-il pas vrai, bien loin du modèle généralement admis de la famille ancienne, et je crains que plusieurs dans cette assistance—en particulier les juristes—ne m'accusent de cultiver le paradoxe. Ils s'étonneront que je néglige ici l'évolution bien connue du droit qui a concentré les pouvoirs entre les mains de l'époux et du père, et, au contraire, réduit l'épouse, mère, à l'état de mineure qui n'était pas le sien au Moyen Age. Mais ces faits de droit concernent la famille en tant qu'instrument de transmission des biens, de conservation de l'honneur, et d'image de la monarchie. L'interprétation n'est plus la même quand on envisage la pratique quotidienne de la famille et les fonctions de sociabilité et d'affectivité.

LA FAMILLE CONTEMPORAINE
(DU XVIIIe SIECLE A NOS JOURS)

Cette famille d'Ancien Régime, dont je viens de constater—oserai-je dire: l'inconsistance?—va se transformer, à partir du XVIIe siècle dans les classes supérieures et du XIXe dans les classes populaires. Le modèle de cette famille nouvelle peut être considéré comme acquis dès le XVIIIe siècle. C'est la famille d'aujourd'hui, du moins celle que nous défendons ou que nous contestons, celle qui fait question, dont nous nous demandons si elle survivra au bouleversement des moeurs.

Deux traits essentiels la caractérisent: elle s'est substituée à l'ancienne sociabilité en voie de déchéance*; elle assure l'éducation et la promotion des enfants. Nous avons tout à l'heure souligné la place de ce que nous avons appelé "le milieu" dans les sociétés d'Ancien Régime. Le plus grand phénomène de l'histoire sociale du XIXe et du XXe siècle est sans doute la disparition de ce milieu, c'est-à-dire du réseau serré de relations qui le constituaient. Cette disparition s'est faite progressivement. Elle a été plus rapide dans les classes bourgeoises et dans les grandes villes. Elle a été retardée dans les classes populaires et dans certaines régions, en particulier dans le Sud-Est, véritable refuge de l'ancienne nobilité, comme l'ont très bien montré ses historiens. M. Agulhon et M. Vovelle.

On a cessé de vivre dans la rue, dans les lieux publics, de se rencontrer dans les grandes salles des maisons de notables où se faisaient les veillées*. On est resté chez soi et on a défendu son "chez soi" comme une forteresse contre toute indiscrétion. La maison du XVIIe siècle, la grande maison, était constituée de pièces en enfilade*, sans spécialisation particulière, où résidents, visiteurs, amis et clients circulaient comme dans un lieu public. L'intimité n'était assurée qu'au lit, quand tous les rideaux du lit étaient tirés et le transformaient en une petite cabine.

A partir du XVIIIe siècle, les pièces deviennent indépendantes les unes des autres et ouvrent sur un couloir. Elles se spécialisent: salon, salle à manger, chambres à coucher. Elles se ferment aux étrangers qui n'y entrent plus avec la même liberté. Enfin, sauf les exceptions des avocats, des médecins, de quelques artisans, la maison où l'on réside ne sert plus aux activités professionnelles, ce qui était auparavant le cas tout à fait général. Prenons-y garde: c'est un très grand changement des moeurs quand on ne travaille plus là où l'on habite. C'est le début d'une double polarisation de la vie, d'une part la maison où on couche, où l'on mange, où l'on rencontre sa femme et ses enfants; d'autre part l'endroit où l'on travaille: le bureau, l'atelier, l'usine... Au cours du XIXe et du XXe siècle, la vie quotidienne va se concentrer autour de ces deux pôles, la maison et le lieu du travail et, entre ces deux pôles, riches de sens, d'affectivité, de sociabilité, il n'y aura plus rien: un vide autrefois peuplé par un milieu collectif dense. Le milieu disparaît peu à peu, il se réduit comme une peau de chagrin* avec des résistances, des formes nouvelles comme le café, et surtout le petit café de quartier, si bien analysé à Marseille par M. Agulhon. Aujourd'hui, dans les grandes villes au moins, et même ailleurs, il n'en reste plus rien. Les progrès de l'urbanisation, depuis 1950, le développement de l'automobile et de la télévision, ont accéléré un mouvement déjà ancien. L'homme quitte son travail pour rentrer à la maison. Boulot*–dodo*! Cela ne signifie pas seulement, au fond, qu'il n'a pas le temps de souffler entre le boulot et le dodo, mais qu'il n'y a plus d'autre milieu humain entre le lieu de travail et le lieu du repos. Cette absence est aujourd'hui, depuis peu de temps, considérée comme regrettable, comme un défaut de civilisation. Mais pendant tout le XIXe siècle, elle était, au contraire, préconisée par les moralistes comme un progrès: tout ce qui pouvait détourner l'homme de rentrer chez lui après son travail, ou qui pouvait attirer la femme hors de sa maison était suspect. Il est arrivé à l'homme de tricher, surtout dans les classes populaires. Mais, de plus en plus, il a choisi de lui-même la bonne voie, la voie la plus courte, et organisé sa vie affective autour de son travail et de sa famille.

Dans ces conditions nouvelles, et j'insiste sur leur nouveauté, la famille a joué un rôle qui lui était auparavant inconnu, le rôle de refuge. Autrefois, la solidarité familiale existait bien, mais dans les cas graves où une menace pesait sur l'un des membres. Il s'agit désormais de quelque chose de plus: un refuge permanent, quotidien, contre un monde extérieur inamical. Les sentiments qui lient entre eux les hôtes de ce refuge vont désormais prendre la première place et, de plus en plus, exclure tous les autres. Au terme de cette évolution, la famille a acquis le monopole de l'affectivité.

Cette affectivité est aussi déterminée par le rôle nouveau de la famille dans l'éducation. La disparition du milieu, de la sociabilité a agi sur la famille de l'extérieur. La fonction éducative va la transformer de l'intérieur. Dès le XVIe siècle (mais le phénomène n'est vraiment sensible qu'au XVIIe siècle) on éprouva de la répugnance à lancer les enfants dans la société des adultes dès l'âge le plus tendre. On prit l'habitude de les soumettre à une quarantaine: avant d'entrer dans la vie, on les plaça dans un monde à part qui est l'école. L'éducation par l'école se substitue alors à l'apprentissage. Mais l'école n'est pas seulement un moyen de transmettre un savoir ou une culture, c'est d'abord le lieu d'une ségrégation, le lieu où les enfants sont séparés des adultes, alors qu'auparavant l'apprentissage les mêlait aux adultes. Le phénomène peut paraître étranger à la famille. En réalité, il est l'origine de la grande transformation qui donnera naissance à la famille moderne. C'est par l'intermédiaire de l'école que l'enfant a été découvert par sa propre famille et en est devenu le centre.

Aujourd'hui, au terme d'une scolarisation générale, l'école peut retirer l'enfant à la famille. Mais il n'en était pas ainsi du XVIIe au début du XXe siècle. Au contraire la communication entre l'enfant, désormais isolé à l'école, et le monde des adultes, s'est faite seulement par la famille. Même quand l'école l'éloignait physiquement, elle le maintenait pendant un certain temps, qui a été en s'allongeant, dans la dépendance économique et morale de sa famille. Les parents s'estimèrent responsables de sa santé et de son dressage*. Ils devinrent de plus en plus préoccupés de son avenir et de sa promotion. Ainsi la famille moderne s'est-elle organisée autour de l'enfant et elle a créé autour de lui une barrière protectrice aussi isolante que les murs de l'école.

L'importance ainsi prise par l'enfant et son éducation dans la famille a eu pour effet, non seulement des habitudes nouvelles d'affectivité, mais un changement dans les dimensions. La famille ancienne était plus ou moins nombreuse selon l'âge au mariage et la longévité des conjoints*, mais elle n'était pas préoccupée de réduire systématiquement le nombre des enfants. Quoique la question soit controversée, on admettra qu'elle ignorait ou ne pratiquait pas la contraception même la plus élémentaire. Au contraire, la famille moderne est toujours volontairement réduite. Le rôle nouveau de l'enfant entraîne presque automatiquement une contraction de la natalité. "On aura un nombre d'enfants limité par les ambitions qu'on nourrit et les ressources dont on dispose."

Enfin, le centre de gravité de cette famille malthusienne, repliée sur l'enfant, a changé. Il est passé du Père qui était le centre de la famille ancienne, à la Mère. Malgré les précautions du Code civil—qui consacrait juridiquement le pouvoir du mari—la mère est vite devenue le maître réel d'une maison où le père, dépositaire légal du pouvoir, était souvent absent. "Il s'est créé alors, à l'intérieur de la famille, un couple auparavant inconnu, constitué par la mère et l'enfant, l'enfant désiré, peu nombreux, parfois unique, tandis que l'image du père ne cessait de s'affaiblir et n'intervenait que tard, de plus en plus tard."[5]

AUJOURD'HUI: REFUGE OU GHETTO?

Nous voici arrivés dans un univers mental bien connu, mais il était important de noter combien il était récent. Les caractères que je viens de dégager étaient déjà bien affirmés dans la première moitié du XXe siècle, mais surtout dans les classes bourgeoises et moyennes, à la ville comme à la campagne. Mais le modèle de la famille ancienne, tel que nous l'avons dessiné au début de cet exposé, subsista encore longtemps dans les classes populaires qui sont de véritables conservatoires de moeurs autrefois communes à toute la société, puis abandonnées par les classes riches et instruites, véhicules de la modernité. Elle a régressé, puis disparu, sous l'effet du progrès de la scolarisation.

La famille moderne, malthusienne, affective, repliée sur l'enfant, est liée à la scolarisation: à son extension—tous les enfants vont à l'école—et à sa durée—ils y restent de plus en plus longtemps.

Tant que l'allongement de la scolarité a été limité pratiquement aux classes supérieures et moyennes, il a consolidé le sentiment familial et affermi la conception nouvelle de la famille. On peut dire que jamais, à aucune époque de l'histoire, malgré le divorce, jamais la famille n'a été aussi forte dans la vie privée, dans les moeurs de tous les jours, qu'au XIXe et au début du XXe siècle.

Mais les choses devaient se gâter quand ce ne fut plus seulement la jeunesse bourgeoise, mais la plus grande partie de toute une classe d'âge, qui a été maintenue à l'école, et, par conséquent, dans la dépendance familiale et maternelle, comme c'est arrivé brutalement dans les sociétés industrielles depuis la dernière guerre mondiale, une évolution de masse, en moins de trente ans.

Or, cette évolution a été compliquée et aggravée par deux autres phénomènes. D'abord, pour des raisons obscures, mais qui tiennent sans doute à l'alimentation, l'âge de la puberté s'est abaissé. Nous avons aujourd'hui des garçons barbus, aux voix très graves, à un âge bien antérieur aux déguisements du théâtre baroque, de Mozart et de Marivaux, où des adolescents imberbes* avaient des voix de soprano et pouvaient s'habiller en femmes.

D'autre part, pour bien des raisons techniques, l'âge du lycéen et de l'étudiant a augmenté: les bacheliers de vingt ans ne sont pas rares! Il est alors arrivé que le séjour dans la famille a été allongé, que les jeunes sont restés plus longtemps sous la dépendance matérielle et morale de leurs parents, alors qu'ils étaient biologiquement plus précoces. Le mariage des adolescents ne relâchait pas les inévitables tensions, car les adolescents mariés n'étaient pas pour autant émancipés, s'ils demeuraient toujours à l'écart de la société réelle des adultes et ils ont même éprouvé* de plus grandes difficultés à y entrer, sans doute à cause de leur retard à se soumettre à cette initiation. Ils sont socialisés trop vieux. Ils sont trop longtemps enfermés dans l'espace clos de la famille, et le libéralisme des parents, voire leur abdication, ne compensent pas l'absence de responsabilités vraies.

Voilà peut-être le problème. Nous avons essayé de montrer comment, depuis le XVIIIe siècle, dans un monde inamical et incertain, où les fortes sociabilités ne cessaient de se dégrader, la famille était devenue un refuge. Alors la question se pose aujourd'hui: refuge ou ghetto, prison? Quel est le rôle aujourd'hui dominant et comment est-il aperçu? Les jeunes rechercheront-ils dans le mariage et la famille un refuge contre la société, y compris celle de leurs parents, comme cela a été le cas dans les générations précédentes, ou bien la famille leur apparaîtra-t-elle désormais comme une institution contraignante, quasi carcérale*, qu'il faut faire sauter?

CONCLUSION:
VICISSITUDES DE "PHILEMON ET BAUCIS"

Il ne m'est pas possible de répondre à cette question. Toutefois, je voudrais, en guise de conclusion, vous proposer deux observations.

La première est que la révolte contre la famille actuelle est dirigée contre les caractères qui distinguent cette famille de celle qui l'a précédée au Moyen Age et pendant l'Ancien Régime, en particulier contre la durée du séjour des enfants à la maison, et le retard apporté à leur entrée dans la vie, et contre la trop longue durée du couple, due elle-même à l'allongement de la vie.

La seconde a trait* à l'attitude devant la durée de l'engagement. Les deux types de familles que nous avons étudiés admettaient, l'un et l'autre, également, que la famille ne devait pas être détruite avant la mort du conjoint, et même qu'elle survivait à cette mort, dans le souvenir des hommes et sous la pierre du tombeau. Dans l'Ancien Régime, on le sait, il ne pouvait y avoir que des séparations de corps (premier sens du mot "divorce"). Mais, au XIXe siècle, l'indissolubilité du mariage était restée comme un idéal dans les milieux dits laïques, anticléricaux, voire antichrétiens. On avait bien admis le divorce et le remariage, mais comme des remèdes à des échecs. La possibilité de divorcer ne changeait pas le modèle, toujours le même: Philémon et Baucis. Aussi le divorce n'a-t-il pas nui* au sentiment de la famille, qui n'a jamais été aussi fort qu'à l'époque où le divorce a été permis.

La question se pose aujourd'hui autrement. Ce n'est pas le mauvais départ, l'erreur d'origine qui est en cause et qu'il faut annuler par le divorce et préparer par un nouveau départ, meilleur, celui-ci. C'est le principe même de la longue durée d'un couple qui est en cause. Il n'est plus possible de vivre ensemble aussi longtemps que Philémon et Baucis et de rester heureux ensemble, ou de se supporter. Qu'ils vivent cent ans et qu'ils aient beaucoup d'enfants, tel était le souhait de bonheur dans les sociétés anciennes. Au XIXe siècle, il était devenu (tacitement): qu'ils vivent cent ans et qu'ils aient peu d'enfants, mais beaux, doués et promis aux brillantes carrières, aux beaux partis. Aujourd'hui, le modèle a changé, et même avec peu d'enfants, vivre ensemble cent ans, le même homme et la même femme, c'est l'enfer. Sans doute, cette réaction provient-elle du fait matériel que de plus en plus de couples ont fait l'expérience d'une longue vie commune. Dans les anciennes sociétés, un couple durait rarement vingt ans, il était dissous avant par la mort d'un conjoint.

Mais au XIXe siècle, on vivait déjà plus longtemps. C'est même alors qu'est né un folklore ignoré autrefois parce qu'il impliquait des longévités à deux auparavant exceptionnelles mais qui devenaient plus fréquentes, plus imaginables: noces d'argent, noces d'or.

Il est d'ailleurs remarquable que, si le sentiment de la famille s'est affermi au XIXe, XXe siècle, c'est non seulement pour les raisons que je viens de dire, concernant l'enfant, mais aussi parce qu'on avait le temps de s'attacher l'un à l'autre profondément, une vie n'y suffisait pas. Rappelez-vous la faible durée du mariage dans la Sologne du XVIIIe siècle et les réflexions de Bouchard sur la difficulté d'asseoir des sentiments profonds sur des équilibres aussi fragiles, aussi peu durables.

Aux XIXe siècle au contraire, une vie n'y suffisait pas. Mais aujourd'hui, il se peut bien que cette vie, hier à peine suffisante, ne soit plus tolérée.

Reviendra-t-on alors à un modèle assez fréquent dans l'Ancien Régime: plusieurs familles pour un individu? La ressemblance entre ce passé ancien et cet aujourd'hui ou ce demain n'est pas fausse. Il n'y a pas si longtemps, juste un siècle, que nous avons l'expérience réelle et banale de ce qui fut le rêve des anciens: Philémon et Baucis. Et plus cette situation, jadis exceptionnelle, devenait banale, et moins elle était tolérée, et nous serions aujourd'hui au seuil de l'intolérance.

Toutefois la ressemblance est sans doute superficielle: le couple ancien ne durait pas, mais c'était la mort qui le brisait. Aujourd'hui, ce serait le bon plaisir. C'est le temps qui est coupable.

Voilà le fait essentiel sur lequel je voudrais terminer, parce qu'il domine toute notre civilisation contemporaine. On ne supporte pas ce qui dure. On a horreur de ce qui dure. La durée est une contre-valeur. Alors, dans un monde si éphémère, combien de temps faudra-t-il pour détruire cette hostilité au temps?

NOTES

1. Cet article est extrait de l'ouvrage *Semaine sociale de France, compte-rendu des travaux de la 59e . . . , Metz, 1972; Couples et familles dans la société d'aujourd'hui* (Lyon: Chronique Sociale de France, 1972). La rédaction est reconnaissante à cet éditeur de lui avoir si obligeamment permis la reproduction. [Les Rédacteurs]

2. G. Bouchard, *Un Village immobile* (Paris: Plon, 1972).

3. Recherches en cours de J. M. Gouesse.

4. Bouchard, op. cit., pp. 235-236.

5. Ph. Ariès, *Histoire des populations françaises* (Paris: Seuil, 1971).

12
La Famille[1]

Paul-Henry Chombart de Lauwe

Dans la première moitié du XXe siècle les oppositions entre familles de classes sociales différentes ont pris de nouvelles formes. Dans les milieux sous-prolétariens* et dans les groupes les plus défavorisés des bidonvilles* de tous les pays, l'union libre et une grande mobilité familiale sont devenues habituelles. La classe ouvrière de son côté paraît s'être attachée souvent à un type de famille plus stable, mais dans de nombreux couples ouvriers les partenaires* se sont chacun mariés une première fois à la mairie avec un autre conjoint*, puis se sont séparés et ont formé ensuite leur couple actuel qui est devenu tout à fait stable. Cette stabilité de couple et du groupe conjugal est défendue vigoureusement par les pays socialistes. La bourgeoisie, pour sa part, a gardé son attachement à la famille-souche* du type décrit anciennement par Le Play, tout en donnant des libertés sexuelles surtout aux hommes, à condition de préserver les apparences. Entre les deux, les classes moyennes et les milieux intellectuels se sont montrés plus sensibles à la recherche de nouvelles voies.

C'est à l'échelle mondiale encore qu'il est nécessaire d'étudier les rapports entre la famille et l'espace. L'hyper-concentration urbaine a obligé les familles pauvres à restreindre leur espace de vie d'une façon parfois dramatique. Les différents personnages qui occupaient des places traditionnelles en fonction de leurs rôles sont contraints de vivre entassés dans des appartements trop étroits ou des cabanes de bidonvilles*. Les relations avec les voisins sont souvent perturbées par l'absence d'insonorisation, qui rend difficilement supportable le bruit des autres. Des troubles du comportement des enfants, s'ils ne sont pas entièrement provoqués par ces conditions matérielles pénibles, n'en sont pas moins dépendants. Les parents exaspérés par les difficultés constantes ne sont plus maîtres de leurs réactions à l'égard de leurs enfants et leur énervement se répercute dans leurs relations avec eux, entraînant des perturbations affectives qui peuvent être graves.

L'organisation du temps ne pose pas moins de problèmes que l'organisation de l'espace. Pour trouver un logement plus grand et profiter parfois d'un jardin, des familles se déplacent vers les banlieues lointaines, mais elles payent en frais de transport, en fatigue et en dépenses de temps ce qu'elles gagnent dans l'espace. Les membres de la famille qui travaillent arrivent épuisés chez eux et ne disposent plus que d'un minimum de temps pour récupérer leur force de travail. Partout, dans la vie quotidienne, les ménages de travailleurs sont de plus en plus dépendants des conditions matérielles et ont de plus en plus de mal à devenir des sujets-acteurs. Il en résulte un enchaînement de perturbations dans les relations, la communication, la socialisation des enfants, dont les conséquences sur le développement de l'usage de la drogue, des troubles mentaux, de la délinquance, de la violence sous toutes ses formes dans les grandes villes ne sont plus à dénoncer.

Les rôles du père, de la mère, des enfants sont marqués par les modèles de l'idéologie dominante, venant de la classe au pouvoir, et en même temps par les nouveaux rapports sociaux de production qui changent les situations de la femme, de l'homme et des adolescents dans le travail et la vie professionnelle. La femme qui travaille à l'extérieur a un emploi du temps moins morcelé qu'auparavant lorsqu'elle restait à la maison et s'adonnait toute la journée aux multiples petites activités quotidiennes. En revanche, l'emploi du temps de l'homme qui était divisé en grandes tranches (travail, transports, repas, sommeil...) devient plus dispersé lorsqu'il participe plus aux travaux ménagers. Les deux rythmes tendent à devenir semblables, ce qui entraîne des changements de comportements et de relations réciproques. De multiples autres détails montreraient que les conditions matérielles modifient les rôles et les structures.

Les transformations des techniques, des rapports sociaux et des relations entraînent aussi une modification du rôle de la famille dans la transmission sociale et la socialisation de l'enfant. Dans les sociétés non machinistes*, l'enfant se formait dans l'ensemble de la communauté du village en relation avec les parents et les voisins. L'oncle maternel pouvait avoir auprès de lui un rôle plus important que le père et les cérémonies d'initiation étaient confiées à des notables qui avaient un rôle bien défini dans les épreuves à faire subir au candidat. Au contraire, dans les sociétés européennes avant le XIXe siècle, le groupe conjugal prenait en charge presque seul l'éducation des enfants sous l'autorité du père. La famille était dans ce sens un instrument de pouvoir dans la mesure où elle contribuait à préparer l'enfant à une vie sociale orientée suivant les intérêts des classes dominantes. Le développement de l'école publique et la scolarisation obligatoire ont enlevé à la famille une partie de ses attributions, en confiant l'instruction de l'enfant à des maîtres extérieurs à elle. Dans ce sens, la famille s'est relativement démocratisée, bien que l'autorité du père soit restée forte jusqu'à ces toutes dernières années et que le groupe conjugal soit toujours le foyer principal de l'apprentissage culturel pour les jeunes enfants, malgré les écoles maternelles et les crèches*. La famille apparaît surtout encore comme le lieu de la transmission des valeurs morales et spirituelles. Elle s'appuie sur la religion comme la religion s'appuie sur elle et les rites de passage de la première communion et du mariage restent souvent des signes de cet attachement, même dans les familles qui n'ont par ailleurs ni foi, ni pratique. Les formes nouvelles d'opposition des adolescents aux parents, les révoltes des jeunes, le développement des "bandes", les phénomènes "Beatnik" et "Hippy", l'apparition d'une "culture" des jeunes ou l'affirmation d'une "contre-culture" sont des manifestations d'un mouvement plus profond de changement dans les processus de socialisation et de maturation sociale. Le meurtre du père est-il consommé? Est-ce l'annonce de la fin de la famille?

Il est possible de se le demander, mais des réactions en sens inverse montrent plus clairement à quel point la famille est un instrument politique. D'un côté l'évolution du droit va très lentement dans le sens de la démocratisation. Par exemple l'autorité paternelle est peu à peu remplacée par l'autorité parentale, partagée également par le père et la mère. D'un autre côté la défense de la famille devient facilement un moyen pour maintenir les traditions, défendre les formes périmées de la religion, lutter contre les mouvements d'émancipation des jeunes. Elle est surtout utilisée dans la perspective du maintien ou du développement de la natalité, considérés par certains comme la seule garantie, pour une nation, de disposer d'un potentiel humain suffisant pour l'industrie et pour l'armée.

Les rapports entre la famille et la politique peuvent prendre alors deux formes. Dans le sens autoritaire la politique familiale consiste toujours à utiliser la famille comme un instrument de transmission des intentions des groupes dominants. L'appui de l'Etat, par les allocations* familiales ou l'octroi* d'avantages divers, consiste alors à maintenir une structure favorable à une expansion démographique* ou à une socialisation de l'enfant qui le rend plus disponible à accepter les décisions venues d'en haut. Les familles sont l' "objet" de l'attraction de l'Etat dans un but intéressé. Au contraire, dans le sens démocratique, la politique des familles consiste à défendre leurs droits, à poser des revendications* en fonction de leurs besoins, de leurs aspirations, de leurs projets. Les familles se considèrent alors comme sujets-acteurs organisés en mouvements ou en syndicats en vue d'une action commune pour faire pression sur les gouvernements. Elles ne sont pas l'enjeu d'un pouvoir. Elles prétendent détenir elles-mêmes un pouvoir et en user.

LA DISSOCIATION: SEXUALITE, PROCREATION, AMOUR

Les contradictions, à l'échelle mondiale dans la civilisation industrielle, entre le développement technique et les régressions qui se manifestent dans la dégradation de l'environnement, les guerres, les régimes totalitaires, les inégalités sociales, entraînent, pour les familles, une première forme d'inquiétude. En même temps, l'accélération de la prolifération démographique dans les pays du Tiers Monde, et l'arrêt de la progression dans les pays les plus riches, provoquent une double anxiété. La crainte d'arriver rapidement à la saturation de la planète est mêlée, dans les pays industrialisés, à la crainte d'être submergé par les habitants des pays de la faim. Le comportement de procréation des familles peut en être affecté.

Ce comportement de procréation est marqué plus encore par l'influence des nouvelles découvertes en biologie et en médecine. Les progrès rapides de l'embryologie laissent entrevoir aux couples des possibilités de plus en plus grandes d'action sur l'orientation de la procréation. Mais, surtout le perfectionnement et l'extension des méthodes contraceptives ont contribué à faire sauter les normes traditionnelles relatives aux rapports sexuels et ont permis aux familles de planifier les naissances.

Il résulte de ces transformations que la sexualité peut être envisagée en elle-même, indépendamment de la génération et de l'amour.

LE COUPLE EN QUESTION

Le rapport hiérarchique traditionnel homme-femme dans le couple et dans la société est partout remis en question.

La révolte des femmes ne se limite pas au domaine de la sexualité. Les mouvements féministes ont pris une grande extension et ont obtenu des résultats importants dans beaucoup de pays. La solidarité féminine, qui était cantonnée à la vie quotidienne, s'est étendue à tous les domaines du travail et de la vie publique où les femmes ont à défendre leurs droits. Sous leurs formes extrêmes quelques-uns de ces mouvements ont paru parfois prêcher une sorte de guerre des sexes, mais ces exagérations ne doivent pas masquer les aspects positifs ni l'ampleur de l'action entreprise. La question fondamentale est posée: le rapport femme-homme, tel qu'il était vécu dans la famille traditionnelle, a fait son temps et, en envisageant des changements dans ce rapport, toute l'organisation sociale est remise en cause. Si le statut et le rôle de la femme sont changés, le plan et l'aménagement de la maison vont être modifiés, et si l'habitation change de forme toute l'organisation de l'espace est à repenser. De même nous avons vu que le travail professionnel de la femme provoquait une transformation des rythmes quotidiens du couple, donc un changement de l'organisation du temps. L'introduction des femmes à des postes de responsabilité, dans les entreprises, dans l'administration, dans la vie politique pourrait changer les données de l'économie, de l'emploi, de l'autorité, et plus encore de la conception de la parenté et de la famille.

Le changement de statut de la femme ne peut pas être envisagé sans le mettre en rapport avec celui de l'homme. Une crise de l'identité féminine entraîne une crise d'identité masculine. C'est une crise de la dominance. La femme passe par la remise en question des images de l'homme chef de famille, du père détenteur de l'autorité, du mari qui fait vivre le ménage par son travail. Le modèle traditionnel européen est en principe contrebattu dans tous les détails de l'existence, mais il résiste partout. Si la femme n'est plus présente constamment à la maison, l'homme peut avoir à s'occuper des repas, des enfants, de l'entretien du logement. La femme, mêlée plus directement à la vie sociale, impliquée dans la production, disposant de sources d'information plus nombreuses, peut prétendre discuter sur un pied d'égalité les décisions importantes. Mais beaucoup d'hommes ressentent* ce nouveau partage des tâches et des responsabilités comme une atteinte à leur dignité masculine. S'ils admettent de prendre en charge certaines tâches, ils en refusent d'autres et les représentations collectives sont si fortes que, s'ils les acceptent, ils se sentent même déconsidérés par certaines femmes dans leur entourage. Aussi le poids de la maison reste-t-il supporté par la femme, soit comme double activité si elle garde son métier, soit comme activité unique si elle quitte son travail. Dans ce cas le mari accepte encore moins de partager les tâches domestiques puisque la femme est en principe disponible pour les accomplir. Le "machismo*", souvent pris comme exemple de l'attachement du mâle à sa supériorité, n'est pas propre seulement à l'Amérique latine, d'où vient l'expression. Lorsque le nouveau modèle féminin parvient progressivement à prendre corps, la plupart des hommes ne trouvent pas de nouveau modèle masculin en contrepartie. Ils sont désorientés et se réfugient souvent soit dans des comportements agressifs, cherchant à reconquérir l'autorité perdue, soit dans diverses formes d'abandon.

Nous assistons aujourd'hui à un nouveau tournant. A la figure classique de la femme tournée vers la nature et de l'homme représentant la société avec ses institutions et ses règles nous avons déjà opposé d'autres images. A l'image des enfants soumis aux parents, nous opposons celle de nouveaux rapports enfants-adultes. Des théologies parlent d'un passage de la religion du père à la religion du frère, et des psychanalystes (Mendel, Mitscherlich) interprètent la révolte contre le père comme l'annonce d'une société fondée sur de nouvelles bases. Si l'image du père a dominé la vie sociale sous de nouvelles formes au XXe siècle, notamment dans les dictatures, et si son déclin a commencé, l'image de la femme et celle du couple se sont, elles aussi, transformées. La rencontre d'un homme et d'une femme libérée du poids des institutions paternalistes est-elle possible? Le seul vrai couple est-il un couple d'amants, rêve des poètes, à la fois fragile et éternel, qui est toujours évoqué dans la chanson, ou au contraire allons-nous vers la disparition de l'idée de couple même temporaire? S'il y a quelque chose de nouveau depuis Tristan et Iseult et depuis Roméo et Juliette, c'est l'idée qu'une société peut être construite où le libre amour n'est pas fatalement maudit. Mais à la vérité, personne ne sait encore comment.

Dans un sens la levée des tabous et la libération sexuelle qui ont marqué ces dernières années ont permis jusqu'à un certain point de sortir d'un moralisme étouffant et de surmonter les interdits et les répressions dont les conséquences tragiques ont été maintenant démontrées. Mais tous les problèmes sont-ils réglés pour autant?

Dans une vision optimiste, valable pour certains milieux, un ajustement tend à s'opérer entre les institutions rigides et une plus grande tolérance dans le domaine de la sexualité et de la vie sentimentale. Avant le mariage, les jeunes ont, en général, plusieurs expériences et le choix du conjoint se fait avec une meilleure connaissance de la vie sexuelle, ce qui peut, dans une certaine mesure, éviter les erreurs. Des couples très unis peuvent admettre des libertés passagères de part ou d'autre sans leur donner le caractère dramatique de l'infidélité et de l'adultère. Une plus grande vérité est admise. La femme ou le mari sont moins souvent "trompés", car ils ont moins de raison de cacher leurs comportements hors du couple. Pour les représentants de cette tendance tous les degrés d'intensité de la vie sentimentale et sexuelle peuvent ainsi exister, depuis l'amour qui persiste toute la vie entre deux êtres (Bourbon-Busset) jusqu'à une simple camaraderie raisonnable de conjoints qui s'entendent suffisamment bien pour profiter ensemble de l'existence, sans être contraints de rester définitivement unis. Des changements inattendus peuvent toujours survenir*. L'amour peut se transformer en camaraderie et l'amitié tolérante redevenir amour. Dans les meilleurs cas le couple tend à être, au plein sens du mot, une union libre. Toutefois cette liberté a ses limites, et l'une des plus évidentes, encore aujourd'hui, est la présence des enfants et les rapports qui s'établissent entre eux et les parents.

LE DESIR D'ENFANT

Si les techniques nouvelles de contraception et la libéralisation de l'avortement ont rendu plus facile le refus de l'enfant, qui peut correspondre également à un sentiment très vif, elles ont, en même temps, donné au désir d'enfant une force nouvelle. Au lieu d'être subi, l'enfant est voulu, au moment choisi librement. Le partage est plus net entre ceux qui veulent un enfant et ceux qui le refusent.

Le désir d'enfant a des aspects multiples. Il recouvre d'abord deux pièges: celui déjà signalé de l'espèce qui utilise le désir pour sa reproduction et celui de la société qui veut elle aussi se prolonger à travers l'enfant. Biologiquement et socialement l'individu est poussé vers l'enfant et attiré par lui. Il est également attiré par un individu de l'autre sexe avec lequel il a l'intuition de pouvoir procréer l'enfant de leur commun désir. Cette communion du désir dans l'enfant peut être un aspect privilégié de la rencontre femme-homme en même temps qu'un piège. Mais l'enfant est aussi désiré en lui-même pour tout ce qu'il apporte à l'adulte de compensation, de joie, de bonheur, d'espérance. Etre entouré d'enfants est un objectif que la famille permet d'atteindre à sa manière, mais qui peut aussi être obtenu par d'autres moyens, et des célibataires consacrent parfois tout leur temps volontairement à l'éducation des enfants. Par ailleurs l'enfant et l'enfance constituent "un monde autre", un monde du mythe et du rêve dans lequel les adultes projettent leurs regrets, leurs aspirations, leur contestation de la société. La littérature du XIXe et du XXe siècle abonde en témoignages sur ces images et sur les processus de mythisation de l'enfance, comme l'indique Marie-José Chombart de Lauwe.[2] Cette attitude à l'égard de l'enfant est toutefois un phénomène relativement récent dans les pays européens. Quelques siècles plus tôt, malgré l'image de l'enfant Jésus, l'image de l'enfant est très négative et l'adulte doit se débarrasser des racines infantiles de sa personnalité. Au XVIIIe siècle il devient objet de jeu (Ariès) et il faut attendre Rousseau pour que l'image devienne positive et pour rechercher dans l'enfant l'innocence et la pureté de la nature.

Peu à peu, quelques lignes de réflexion et d'action se dégagent. Le refus de l'environnement créé par la civilisation industrielle estimé dégradant, le refus de la société de consommation, le refus des idéologies et de la concurrence*, le refus des répressions, des tabous, des inégalités, des guerres, des dictatures, etc., s'accompagnent d'une aspiration fondamentale à la communication, à l'épanouissement individuel dans un environnement social nouveau impliquant généralement un respect de l'environnement naturel et l'établissement de nouveaux rapports hommes-nature. Dans ces conditions, en prenant les transformations au point de départ, la famille traditionnelle est en premier lieu remise en cause. Mais le projet n'est pas seulement de changer la famille, il est de partir autrement, c'est pourquoi le problème des rapports femme-homme et enfant-adulte est posé par les communautés dans toute sa dimension, d'une manière plus évidente sans doute qu'il ne l'a jamais été dans la civilisation industrielle.

La Fin de la famille? [3]

Paul-Henry Chombart de Lauwe

Deux courants de pensée, traditionnel et révolutionnaire, s'opposent depuis le XIXe siècle.

Les partisans de l'ordre prétendent que la société tout entière s'effondrerait* si la famille était atteinte. Les partisans du mouvement montrent qu'aucune véritable révolution n'est possible sans une transformation complète de la famille et du rapport entre les sexes.

Le vrai débat se situe au niveau des rapports "homme-femme-enfant" dans la société. Avant de parler de famille, tout est à reprendre au point d'origine. Essayons de voir où peut nous conduire cette aventure.

Partant des rapports entre la famille, les transformations sociales et les contradictions de la civilisation industrielle, nous étudierons les incidences de la communication de masse et des nouvelles conceptions de la décision, de l'autorité, de l'éducation, de la culture sur la relation femme-homme-enfant.

LES TRANSFORMATIONS SOCIALES ET LES CONTRADICTIONS DE LA CIVILISATION INDUSTRIELLE: LA COMMUNICATION DE MASSE

Chaque étape spectaculaire du progrès technique, chaque invention, chaque découverte depuis la dernière guerre mondiale a eu des conséquences sociales difficilement mesurables, que les uns jugent positives, les autres négatives. Leur influence directe ou indirecte, souvent mal comprise, a été profonde sur les changements de structures, de comportements, de modes de pensée. Mais dans quelle mesure a-t-elle atteint la vie des familles et l'image de l'institution familiale?

Prenons quelques points de repère. Après 1940, l'avion à réaction va rapidement révolutionner les transports et modifier complètement les possibilités de contact direct avec des pays lointains. En même temps, la télévision va donner des moyens d'information et de communication sans commune mesure avec ceux des techniques anciennes. Tandis que les hommes peuvent ainsi mieux prendre conscience de l'unité de la planète, ils vont entrevoir bientôt, après le lancement du premier spoutnik en 1957, la possibilité d'entreprendre l'exploration du système solaire en rêvant d'aller au-delà. Depuis Hiroshima en 1946, on a parlé de l'ère atomique en pensant à la fois aux horizons quasi illimités ouverts par l'utilisation pacifique de l'énergie nucléaire et à l'angoisse d'une nouvelle guerre mondiale qui détruirait l'humanité ou même simplement aux dangers de la pollution généralisée provoquée par les déchets* dans les centrales atomiques.

A partir des années 60, l'utilisation extensive de l'informatique* a commencé à transformer l'organisation de l'industrie, des transports, des administrations, des hôpitaux et à étendre son action dans toute la vie quotidienne. Des possibilités nouvelles sont offertes aux sociétés industrielles qui "fonctionnent" de mieux en mieux, où les moyens de communication sont de plus en plus perfectionnés, où le rendement est accru. Mais les individus sont inventoriés, fichés, introduits dans les programmes et la tentation est forte de les considérer eux aussi comme des rouages* de la machine parfaite. Rouages apparemment de plus en plus "satisfaits" d'ailleurs puisque tout est calculé pour obtenir le meilleur équilibre du système, qui finalement risque de se refermer sur lui-même. Toutes les relations sociales sont modifiées par cette conception de l'organisation, non seulement dans les entreprises et la vie publique, mais au sein même des groupes sociaux de toute sorte et dans les familles qui subissent les contrecoups de ce changement général.

D'autres découvertes ont atteint plus directement encore la vie intime des individus. L'hygiène et la médecine ont fait des progrès considérables qui s'étendent trop lentement encore aux pays les moins favorisés, mais qui ont rapidement élevé l'espérance de vie dans les sociétés riches malgré l'extension du cancer, de l'infarctus et des maladies cardio-vasculaires. Le "troisième âge*" pose alors les problèmes que l'on sait, non seulement pour les retraites, les logements, les loisirs, mais aussi pour l'équilibre des familles et la conception des rapports entre générations.

Les progrès réalisés dans les méthodes de contraception ont facilité la liberté des rapports sexuels et auraient dû permettre aux familles de choisir le nombre d'enfants qu'elles désiraient. La découverte de la "pilule" a provoqué des tempêtes chez les hommes politiques, les médecins, les théologiens, les magistrats. Un double problème est posé à l'occasion de ces débats: d'une part, au plan industriel, celui de l'attitude à l'égard de la vie et de la liberté, d'autre part, au plan collectif, celui de la croissance trop rapide de l'humanité et de la nécessité de la contrôler. Or la famille et son image se trouvent au centre même de ces préoccupations.

Enfin, le développement des sciences humaines pourrait tendre à contrebalancer l'invasion de la mécanisation dans la vie individuelle et collective, au moins lorsque ces disciplines nouvelles ne se réduisent pas elles-mêmes à de simples techniques. Les exemples les plus frappants sont ceux du marxisme et de la psychanalyse, l'un soulignant l'exploitation de l'homme par l'homme et les mécanismes d'aliénation et de réification*, l'autre permettant une prise de conscience des motivations profondes liées à l'histoire personnelle de l'individu qui en reste prisonnier. Ces deux orientations de recherche ainsi que plusieurs autres dans les sciences humaines modifient considérablement les conceptions que pouvaient avoir les générations précédentes de la place de la famille dans les structures sociales et des relations et des rôles à l'intérieur du groupe familial.

Le confort, le bien-être, le loisir présentés comme buts dans l'existence prennent une place centrale dans un système de valeurs que les jeunes subissent inconsciemment avant d'en prendre conscience d'une façon plus ou moins brutale et de se révolter. Il en résulte une tension entre générations qui domine de plus en plus les problèmes de la vie familiale.

En contrepartie, cette rupture entre générations a aussi d'autres sources au sein de la famille même. Les mouvements révolutionnaires dans les universités et l'image du professeur et de l'autorité dans l'enseignement ne sont pas sans rapports avec une certaine image du père et de l'autorité dans la famille. L'université éclate, la famille reste-t-elle immuable*?

Les diverses conceptions de la sexualité n'opposent pas moins les générations. C'est peut-être dans ce domaine de la vie sociale que les changements ont été les plus rapides depuis dix ans. C'est là aussi que les adultes comprennent le moins bien ce qui se passe chez les jeunes. Emprisonnés dans les attitudes normalisantes* et dominés par les tabous anciens, ils confondent souvent dans une même représentation globale des tendances très différentes, parfois contradictoires.

De toute façon, les images traditionnelles de la famille, de la domination masculine, de l'interdiction de la contraception, de la condamnation morale du divorce sont en désaccord avec tous les bouleversements des moeurs auxquels nous avons assisté.

Dans le domaine de la religion, les ruptures récentes ne sont pas moins spectaculaires que dans celui de la sexualité.

A titre d'exemple, les engagements politiques de quelques évêques sud-américains, les engagements des prêtres ouvriers en France, les manifestations publiques des catholiques hollandais contre les préjugés moraux courants montrent l'ampleur des métamorphoses en cours et les ruptures brutales avec les hiérarchies traditionnelles. Etant donné la liaison connue entre les attitudes religieuses et les comportements familiaux, on aurait pu s'attendre à des répercussions beaucoup plus nettes de ces mouvements de fond sur la transformation des règles du mariage. Pourtant l'Italie n'a accepté le divorce que tout récemment après une lutte acharnée, le mariage des prêtres se heurte à un veto, et la contraception n'a été tolérée qu'avec de grandes réserves. Partout des signes d'ébranlement des structures anciennes sont perceptibles et parfois éclatent au grand jour.

Les découvertes de l'ethnologie notamment ont permis de montrer la variété des types de famille et de parenté et ont fait perdre aux sociétés européennes une partie de leur assurance au sujet de l'image qu'elles se faisaient de la famille idéale.

Mais surtout la famille conjugale restreinte, réduite à l'homme, la femme et l'enfant, et présentée comme la cellule de base de la société, est apparue comme une conception relativement propre au monde occidental. Sous la forme qu'elle a prise dans les pays protestants, elle aurait contribué largement, selon Max Weber, à la progression économique. Elle est liée en tout cas à la tradition judéo-chrétienne, greffée* sur le monde romain, et a pris sa forme actuelle dans le cadre de la civilisation industrielle.

La révolte contre le mariage bourgeois et contre l'utilisation de la famille pour consolider le système capitaliste aboutit à découvrir ou à redécouvrir un nouveau visage du couple. L'aspiration ne va pas au couple marié, mais au couple d'amants. S'ils sont mariés, tant pis ou tant mieux, suivant le point de vue auquel on se place. Les tabous portant sur l'image du couple tendent à se lever de tous côtés. Le couple est aussi bien le garçon et la fille, jeunes et beaux, des idylles classiques qu'un collégien avec une femme plus âgée, ou que deux homosexuels hommes ou femmes. Mais au-delà de cette libération du moralisme les problèmes du rapport femme-homme et celui de l'enfant restent posés.

Depuis un siècle, la découverte de l'enfant, de ses besoins, de sa fragilité, de la nécessité de définir les structures nouvelles à partir de lui a modifié dans un autre sens les tendances anciennes. Les souvenirs d'enfance des écrivains évoquent à la fois un monde merveilleux et les pires rancunes.[4] Le cri de Gide *Familles je vous hais* ou le réquisitoire d'Hervé Bazin dans *Vipères aux poings* ouvrent le dossier d'accusation, mais l'aspiration à une sorte de communication privilégiée entre l'enfant et l'adulte demeure.

LES NOUVELLES CONCEPTIONS DE L'AUTORITE, DE L'EDUCATION, DE LA DECISION

L'enfant ne naît pas n'importe où, et dans ses premières années l'apprentissage de l'espace, la découverte des autres, la socialisation en général ne se font pas n'importe comment. Contrairement à l'adulte, il ne supporte pas de multiples et rapides changements de milieu et d'entourage affectif. La question posée alors est: qui peut répondre à ces "besoins"? Comment? Dans quelles structures? Est-ce la famille, est-ce une autre institution, qui lui permettra de prendre progressivement une place active dans la société? Il ne s'agit pas de juger de la valeur de telle ou telle formule: maison familiale, éducation semi-collective en kibboutz, voire communauté de couples, etc., mais de considérer chaque expérience comme un terrain d'observation pour l'étude du comportement de l'enfant.

L'adolescence est plus encore sans doute l'âge des aspirations. Elle est aussi celle des oppositions, des révoltes. Partagé entre son besoin d'affection et son refus de l'autorité répressive, l'adolescent des sociétés industrielles occidentales, comme nous l'avons déjà fait remarquer, paraît rêver d'une famille attachante et non contraignante. En fait, la structure de la famille et les valeurs qui s'y attachent sont inadaptées aux véritables aspirations des adolescents et des jeunes, d'où leur désorientation croissante et les incompréhensions entre eux et les adultes. La famille qui prétend être un lieu de rencontre et de communication entre générations est en fait trop souvent un terrain de luttes et de ruptures.

Actuellement, l'homme et la femme qui ont formé un couple et qui ont eu des enfants tout en exerçant une profession arrivent à la retraite et se détachent progressivement de la vie active. Mais le nombre de ces personnes augmentant sans cesse et leur vie devenant de plus en plus longue, les problèmes du troisième âge prennent une acuité* chaque jour plus grande. Leurs rapports avec les adultes, les adolescents, les enfants, leur insertion dans la vie sociale quotidienne posent des problèmes souvent signalés, mais encore insuffisamment étudiés.

LES NOUVELLES CONCEPTIONS DE LA CULTURE

Ainsi, en observant le niveau de vie et l'aménagement de l'espace dans les pays industrialisés, on découvre une série de contradictions qui rendent la vie des familles avec enfants de plus en plus difficile par rapport à celle des célibataires. Nos sociétés défendent la famille, mais créent des conditions qui ne lui permettent pas de vivre.

Au sujet du niveau de vie, plusieurs aspects de ces contradictions peuvent être soulignés.

Premièrement, l'élévation du pouvoir d'achat pour la moyenne de la population ne supprime pas la préoccupation des familles. Sollicitées de plus en plus par la publicité, elles s'épuisent dans des achats à crédit qui les rendent prisonnières de leurs engagements. Même lorsque les heures légales de travail sont réduites, les travailleurs de ces familles sont souvent astreints à accepter de plus en plus d'heures supplémentaires pour pouvoir payer les intérêts de leurs dettes.

Deuxièmement, même si un certain degré de saturation des biens matériels, de l'information, des équipements culturels est atteint dans des sociétés fonctionnant de mieux en mieux, l'absence de toute perspective d'effort, de lutte, d'action créatrice fait perdre le goût de l'existence.[5] Le désarroi des jeunes dans les milieux riches des sociétés riches en est un signe trop souvent évoqué pour qu'il soit utile de le rappeler longuement ici. Mais en même temps, la révolte ou la marginalisation* des jeunes fait prendre conscience des contradictions de la civilisation industrielle et peut être le point de départ d'une véritable révolution, dans le domaine des rapports femme-homme-enfant en particulier.

Troisièmement, dans les familles nombreuses, les allocations familiales sont souvent supprimées au moment où les jeunes qui restent au foyer ont les dépenses les plus élevées. D'un côté, un système moral voudrait pousser les jeunes à rester avec leur famille; de l'autre, l'Etat ne donne pas à ces familles les moyens de répondre à leurs besoins; les échelles d'unités de consommation qui servent à comparer les niveaux de vie des familles de diverses dimensions sont à ce point de vue difficilement utilisables malgré les efforts faits ces dernières années pour les améliorer.

Quatrièmement, les parents ont une double fonction de production dont la société profite sans la reconnaître. En dehors de leur activité professionnelle, ils fournissent un travail énorme non rétribué pour entretenir leur famille, faire vivre leurs enfants, les éduquer. De plus, ils sont producteurs d'enfants, apportant ainsi une main-d'œuvre dont la société ne pourrait pas se passer pour se maintenir et se renouveler.

Il résulte de cette situation que les familles nombreuses, encouragées par la morale, les Eglises, les gouvernements, sont celles où le niveau de vie est le plus bas et celles qui subissent les plus grandes charges.

La vertu profite à ceux qui l'encouragent et non à ceux qui la pratiquent.

Pour revenir au cycle de l'existence, l'enfant, dans ces conditions, est utilisé par la publicité comme un consommateur facile à stimuler, par lequel on atteint indirectement les parents. Au lieu de répondre réellement à ses besoins, on le considère, en tant qu'acheteur privilégié, comme un objet de profit. En même temps, le jeune auquel on tend à refuser une indépendance économique se trouve dépendant d'une famille qui a du mal à le faire vivre. La femme, que tout le monde a libérée en paroles, reste presque partout dans une situation très défavorisée par rapport à l'homme, aussi bien dans son travail professionnel que dans ses possibilités culturelles et dans l'action. L'homme pris dans la course aux heures supplémentaires et par la recherche du profit s'épuise dans une vie dévorante qui ne lui permet pas d'utiliser vraiment les avantages pour l'acquisition desquels il a sacrifié des forces. Le vieillard, en général complètement démuni*, meurt souvent dans une situation misérable s'il n'est pas à la charge de ses enfants dont il rend la vie encore plus difficile.

Malgré les institutions existantes, malgré les services sociaux, les allocations, les mesures d'aide ou de protection, les familles se trouvent économiquement et socialement dans une impasse. S'il fallait, tout en conservant le système actuel, rétablir une situation équitable, l'Etat ne pourrait pas faire face à la dépense. Il semble donc que le système tout entier soit à revoir.

Les contradictions sont encore plus évidentes lorsqu'il s'agit des rapports entre le couple, l'enfant et l'espace tel qu'il s'organise en fonction de la production industrielle. Plus les sociétés disposent de moyens techniques permettant en principe d'améliorer les conditions de vie, plus l'environnement est perturbé et devient invivable. Les pays qui ont eu la progression économique la plus rapide sont ceux où l'environnement est le plus dégradé.

La décision politique consiste à choisir entre une progression économique de prestige, de concurrence, d'impérialisme, qui permet de rivaliser victorieusement avec les autres pays, et une action sociale en faveur des plus pauvres, qui ralentit la production mais préserve l'avenir. Elle a une incidence directe sur la conception des rapports femme-homme-enfant qui sont intimement liés à l'environnement. A ce point de vue, si l'industrialisation a les mêmes conséquences dans les pays capitalistes et dans les pays socialistes, les solutions adoptées de chaque côté pour lutter contre la dégradation de l'environnement peuvent être très différentes, ainsi que leur influence sur le rapport femme-homme-enfant.

Parmi les techniques nouvelles dont nous avons souligné plus haut l'importance pour la vie des familles, il n'a pas encore été question des moyens de communication de masse et l'isolement des personnes. Plus les sociétés s'industrialisent, moins la communication de personne à personne dans la vie quotidienne pays, races, générations. Mais nous retrouverons une fois de plus cette contradiction étonnante qui a souvent été soulignée entre le développement de la communication de masse et l'isolement des personnes. Plus les sociétés s'industrialisent, moins la communication de personne à personne dans la vie quotidienne reste chaleureuse, intense, réconfortante. La tendance au rejet des freins à la sexualité sous les formes les plus diverses trouve parfois son explication dans la recherche d'une compensation à cette sensation d'isolement.

D'autres contradictions apparaissent à propos des moyens de communication de masse et des images-guides, des modèles, des mythes qu'ils véhiculent dans toutes les sociétés. Entre ces images et les comportements vécus, les oppositions sont souvent frappantes. Ainsi les adultes, dans la littérature, projettent leurs aspirations inassouvies sur l'image mythisée de l'enfant, valorisé dans la mesure où il n'a pas encore subi les déformations de la société.[6] Mais ces mêmes adultes passent leur temps à socialiser l'enfant de la manière la plus contraignante, supprimant ainsi la forme de communication directe et plus ou moins mystérieuse qu'ils attribuent à l'enfant.

Les jeunes refusent tout ce qu'ils appellent les obstacles bourgeois à la communication, obstacles finalement liés à l'argent, à la recherche du prestige et du profit, à l'instinct de domination. Ils cherchent passionnément à les faire tomber par tous les moyens, parfois au risque de se détruire eux-mêmes, comme dans l'usage de la drogue. Dans les grandes manifestations, les fêtes, les chants, la musique, ils lancent de temps à autre un cri d'appel qui pourrait remuer les adultes jusqu'au plus profond d'eux-mêmes si la communication n'était pas trop souvent coupée d'avance. Les suicides d'adolescents, de plus en plus nombreux—mais heureusement souvent plus ou moins inconsciemment manqués—sont une autre forme tragique de cet appel devant lequel la société semble avouer pour l'instant son impuissance.

Dans l'union qui devient durable, la communication entre l'homme et la femme demande des formes toujours nouvelles car, même si les partenaires ont vécu pendant quelque temps un échange facile, leur transformation progressive en fait bientôt deux êtres entièrement différents de ce qu'ils étaient. L'union ne peut être maintenue que dans une découverte constante de l'autre, ce qui en fait la difficulté et la richesse. Les institutions actuelles du mariage et de la famille ne sont pas adaptées à cette remise en question permanente qui accepte le risque de tout rompre si de nouvelles formes de communication ne sont pas découvertes.

L'enfant, auparavant imposé au couple à qui la pratique de la contraception était refusée, est de plus en plus accepté librement et désiré au moment choisi. Mais, étant donné les difficultés rencontrées par les familles, l'enfant peut être encore ressenti* comme une contrainte, une obligation sociale. Pourtant l'enfant a besoin d'être protégé, de se développer avec l'aide des adultes.

La famille apparaît ainsi comme un frein aux aspirations naissantes, comme un moyen de régulation et de répression. Il y a là une équivoque* fondamentale. Les jeunes qui, pour cette raison, refusent la famille sont ceux qui souffrent le plus du manque d'un lieu de rencontre entre les générations, d'un lieu de communication, d'une ambiance affective dans laquelle ils puissent apprendre à découvrir les autres. Ou bien la famille, sous une forme nouvelle, peut répondre à ces aspirations, ou bien des institutions d'un autre type tendront à la remplacer.

NOTES

1. Extrait de l'article "Famiglia" paru dans l'*Enciclopedia del Novecento,* vol. 2, 1977, pp. 885-896. Nous sommes obligés à l'auteur de nous avoir fourni le texte français original, et au professeur Vincenzo Cappelletti, directeur général de l'Istituto della Enciclopedia Italiana, de nous avoir autorisés à publier cet extrait. L'*Enciclopedia del Novecento* est à recommander pour ses articles qui, comme celui-ci, placent la France dans le cadre de l'Europe du XXe siècle. [Les Rédacteurs]

2. Voir Marie-José Chombart de Lauwe, *Un Monde autre: l'enfance, des représentations à son mythe* (Paris: Payot, 1971).

3. Extrait de l'article du même titre paru dans *La Nef,* No. 46/47 (février-mai) 1972, pp. 21-44. Nous remercions vivement *La Nef* de nous autoriser cette reproduction. [Les Rédacteurs]

4. Cf. note 2.

5. Nous nous sommes étendus plus longuement ailleurs sur ces différents points. Voir *La Vie quotidienne des familles ouvrières* (Paris: C.N.R.S., 1955), et *Pour une société des aspirations* (Paris: Denoël, 1969).

6. Cf. note 2.

13. La Révolte des lycéens français: une contestation ambiguë

Gérard Vincent

Les lycéens français—par quoi nous entendrons les jeunes scolarisés de dix à vingt ans dans les établissements secondaires, qu'il s'agisse de Lycées, de CET (Collèges d'enseignement technique), de CES (Collèges d'enseignement secondaire) et que ces établissements soient publics ou privés—constituent-ils une "nouvelle classe révolutionnaire" à laquelle l'Histoire aurait confié la mission régénératrice de la société tout entière qu'au siècle dernier Karl Marx avait imputée* au prolétariat? Cette thèse, mise à la mode par les manifestations récentes, nombreuses et spectaculaires des lycéens appelle un examen qui fera l'objet de cet article.[1]

LES LYCEENS DANS LA RUE

Cinq fois au cours des dernières années les lycéens sont descendus dans la rue. En février 1971, Gilles Guiot est arrêté à proximité d'une manifestation à laquelle il ne participait pas, en audience de flagrant délit est condamné à six mois de prison, dont trois ferme*. Des dizaines de milliers d'élèves manifestent dans toute la France, bloquent la circulation par des "sit-in" spectaculaires: le 19 février, jugé en appel, Gilles Guiot est relaxé. Le mouvement est caractérisé par la participation des jeunes élèves du Premier cycle, des établissements de filles et des élèves des CET, catégories qui étaient restées à l'écart des agitations précédentes. En décembre 1971, M. O. Guichard, ministre de l'Education nationale, adresse aux chefs d'établissements une "circulaire confidentielle" leur conseillant une "reprise en main" de leurs élèves.[2] Assemblées générales, grèves et sit-in ne parviennent pas à obtenir le retrait de la circulaire "répressive": le mouvement qui s'essouffle est interrompu par les vacances de Noël. Le 4 mars 1972, peut-être 200.000 jeunes—dont de nombreux lycéens—suivent le cercueil de Pierre Overney, militant maoïste abattu par un policier d'usine aux portes de Renault où il distribuait des tracts*. En mars 1973, quelques jeunes gens reçoivent leur "feuille de route" en application de la "loi Debré" qui a supprimé les sursis longs. La mobilisation lycéenne dépasse alors en ampleur—et de beaucoup—celle provoquée par l'arrestation de G. Guiot: elle atteint son apogée le 2 avril où les manifestations qui ont lieu dans toute la France rassemblent des centaines de milliers d'élèves. De nouvelles manifestations ont lieu le 9 avril mais la participation de la CGT, de la CFDT et de la FEN exprime la "récupération" du mouvement par les adultes. Les vacances de Pâques commencent le 10 avril: le troisième trimestre sera calme. Par rapport aux trois précédents mouvements, l'affaire de la "loi Debré" présente trois éléments nouveaux: l'agitation a été vraiment nationale atteignant des cantons ruraux et des régions traditionnellement conservatrices comme l'Alsace et l'Ouest; les établissements privés—et notamment confessionnels—sont massivement entrés dans la lutte; communistes et gauchistes se sont mutuellement ménagés (ce qui n'avait pas été le cas lors de l'Affaire Overney qui les avait vus s'affronter, Overney étant militant maoïste) afin que leurs querelles ne les isolent pas de la base. En mars 1974, M. Fontanet, nouveau ministre de l'Education nationale, élabore un projet de loi d'orientation de l'enseignement secondaire dont la seule annonce suffit à provoquer les grandes manoeuvres printanières* de l'armée lycéenne. Mais le décès du Président Pompidou et les vacances de Pâques démobilisent les combattants.

L'étude attentive et comparée de ces cinq mobilisations lycéennes permet—nous semble-t-il—d'en démonter le mécanisme en distinguant trois phases. Le déclenchement est provoqué par les facteurs suivants: inadéquation du contenu et des formes de l'enseignement aux attentes des élèves (programmes périmés, persistance du cours magistral, etc.); fantastique inertie institutionnelle (le ministère de l'Education nationale est une institution qui salarie 800.000 personnes; toute réforme, laborieusement élaborée ne peut venir que d'en haut et, en redescendant, se heurte au conservatisme fondamental des enseignants, même de ceux qui se disent "de gauche"); distorsion entre le langage de l'école et celui du milieu familial depuis que "l'explosion scolaire" a fait entrer massivement dans l'enseignement secondaire des enfants dont les parents n'ont pas dépassé le CEP—Certificat d'études primaires—(1897: 127.000 élèves dans l'enseignement public secondaire; 1972: près de 4.000.000); élévation de la moyenne d'âge des élèves (moyenne d'âge du bachelier de 1973: 19 ans, et l'on sait que la puberté est beaucoup plus précoce qu'au début du siècle); sens de la solidarité à l'intérieur d'une cohorte: d'après notre enquête si 5% seulement des répondants se disent militants, 60% se déclarent prêts à intervenir pour défendre un camarade menacé d'expulsion pour des raisons politiques[3] et en outre les jeunes ont le sentiment d'être les victimes d'un "racisme anti-jeune"; conviction, pour les plus politisés d'entre eux, que l'école est une école "de classe" qui "reproduit" les inégalités sociales tout en les légitimant.[4] Ce sont précisément ces élèves politisés qui vont provoquer l'essor du mouvement: dans de nombreux établissements existent des "groupuscules": l'UNCAL (proche des communistes), les "cercles rouges" (Trotskystes de tendance "franckiste"), les "cercles lycéens" (Trotskystes de tendance "lambertiste"), JEC (Jeunesse étudiante chrétienne). Chacun de ces petits groupes ne rassemble que quelques militants mais ce sont eux qui créeront des "comités de lutte" lorsque la chaleur du moment rendra possible la "fusion" au sens où J.-P. Sartre définit ce mot dans *La Critique de la raison dialectique*, c'est-à-dire fera passer le courant entre les leaders sans troupes et les troupes sans chefs et sans idéologie. Mais aussitôt l'opposition éclate entre les minoritaires politisés qui veulent organiser le mouvement, le "structurer" (tous les marxistes, qu'ils soient proches du PCF ou trotskystes, se rappellent les leçons de Lénine dans *Que faire?*) et les spontanéistes (membres du "Front de libération des Jeunes" ou lycéens non politisés qui ne voient dans l'action que l'occasion d'une "fête") qui dénoncent "les petits chefaillons* gauchistes". Les marxistes pensent que le mouvement doit se globaliser en sortant du "ghetto" lycéen pour atteindre ceux qui sont insérés dans le procès de production alors que les spontanéistes dénoncent les dangers de la "récupération" et veulent conserver au mouvement sa pureté et sa spécificité. De cette contradiction naît l'essoufflement car, ou bien le mouvement reste enfermé dans le cadre du lycée et dépérit, ou bien il réussit sa percée en se globalisant (cas de "l'affaire Debré") et il est alors effectivement "récupéré" par les organisations adultes (CGT, CFDT, etc.) assumant l'institutionnalisation des conflits et il cesse d'être spécifiquement lycéen. Pour éviter cette funeste alternative, la contestation lycéenne s'invente une identité en s'évadant dans l'utopie: on "s'identifie" aux maquisards sud-vietnamiens, aux guerilleros sud-américains, aux prisonniers de droit commun, aux malades mentaux enfermés dans les asiles psychiatriques, etc. Tels les lycéens de Montaigne (un lycée du VIe arrondissement parisien caractérisé par l'origine sociale matériellement et culturellement élevée de son recrutement) qui, luttant pour défendre trois de leurs camarades menacés d'exclusion, se prennent pour les marins de Cronstadt puisqu'ils combattent à la fois l'UNCAL—la pureté révolutionnaire pervertie par l'institution—et les commandos d'extrême droite venus de la faculté de droit d'Assas (toute proche)—Kornilov. Il suffit dès lors d'un événement aussi trivial que l'arrivée des vacances (affaires Guichard et Debré) pour que, la lassitude des troupes aidant, disparaisse la solidarité créée par la fusion. Le schéma est donc typiquement blanquiste* et s'inscrit dans la tradition culturelle française.

REVOLTE RADICALE OU PROPEDEUTIQUE* A L'INTEGRATION?

La révolte est aussi incontestable qu'ambiguë.

Elle est incontestable parce que le problème de la socialisation se pose en termes nouveaux au double point de vue des mentalités (le consensus) et de l'insertion dans la vie active.⁵ Sur la difficile socialisation mentale des jeunes dans la société industrielle nous renvoyons à la volumineuse littérature parue sur le problème, nous contentant de mentionner ce que nous avons nous-mêmes perçu dans nos enquêtes.⁶ L'image paternelle est généralement mauvaise: non-domination de la technologie par la génération des pères, non-sécurisation par l'éducation, les pères ayant hésité entre permissivité et répression, d'où refus du modèle paternel et tendance à une socialisation "horizontale" par référence aux "pairs". L'élévation du niveau culturel des jeunes générations, conséquence de la scolarisation de masse, rend inopérant le dressage* éducatif traditionnel qui dotait les jeunes "de ces cuirasses* caractérielles développant en eux une conscience moutonnière*" (W. Reich). La société de consommation et sa publicité développent une psychopathologie de l'impatience qui s'exprime par un complexe d'immédiateté (impossibilité d'attendre pour posséder, d'où le nombre croissant des vols). La télévision introduit une telle segmentation du temps que la continuité de l'attention présupposée par l'enseignement traditionnel (lecture, classe de soixante minutes, etc.) n'est plus assumable. Le temps libre dont disposent lycéens et étudiants leur offre la possibilité de combler un désir aussi vieux que l'humanité: celui de pouvoir jouer plusieurs "rôles" (par exemple "révolutionnaire" au lycée pendant la semaine, et "fils à papa" pendant le week end, ce qui n'était évidemment pas possible quand l'adolescent—fait de culture— n'existait pas et que l'on passait directement de l'enfance à la vie active). Cette angoisse provoquée par la "crise des valeurs" est renforcée par des inquiétudes très concrètes: peur du chômage qui gagne les enfants issus de milieux favorisés (dans notre enquête 15% de ceux qui disent vouloir être ingénieurs disent également redouter le chômage); peur de la régression sociale chez de nombreux "héritiers"; insatisfaction anticipatoire devant les débouchés* probables: évitement des conditions d'ouvriers et d'employés, crainte de sortir de l'Université pour n'être qu'un "petit cadre", allergie aux contraintes—horaires stricts, dictatures des "petits chefs", etc.—de la vie professionnelle; conviction que l'enseignement de masse n'a que faiblement diminué l'inégalité des chances devant les statuts et n'a aucunement atténué les inégalités sociales⁷; crainte—ou espérance—que la coalition des chômeurs et des travailleurs exerçant une activité déqualifiante* ou non gratifiante puisse aboutir à une dramatisation des conflits sociaux dans une société capitaliste ébranlée par une crise probable.

Mais cette révolte qui peut paraître radicale au niveau du contenu des pratiques discursives* (libellé* des tracts notamment) et parfois au niveau du passage à l'acte (augmentation de la violence sous toutes ses formes, montée de la toxicomanie*, etc.) n'est pas exempte d'ambiguïté. Depuis longtemps déjà la publicité a pris les jeunes pour cibles* en les divinisant et a développé leur propension* à consommer: distributeurs de boissons et de confiseries, cafétérias installées un peu partout, font des établissements scolaires de hauts lieux de la mastication. La vente des paquets de cigarettes croît de façon exponentielle: la toxicomanie tabagique s'installe à un âge de plus en plus précoce. Dans tel grand lycée parisien, 12 à 15% des élèves du second cycle exercent des activités rémunérées et clandestines (baby-sitting pour les filles, gardes de nuit dans les garages, manutention* aux Halles pour les garçons) dont le but est le plus généralement pour les garçons l'achat d'une moto. Les parkings d'élèves sont remplis de "deux roues" parfois prestigieux et dont l'achat n'est pas toujours dû à la générosité des parents. Mais la possession d'un "gros cube*" n'est pas exclusive de la participation à des manifestations gauchistes. On peut même utiliser sa "Honda 750" pour se rendre à une manifestation écologique! On retrouve ici la notion de pluralité de rôles que nous avons signalée plus haut. Ajoutons qu'il y a également pluralité de langages: les tracts auraient pu être écrits par Saint-Just ou Lénine, certaines interviews sont beaucoup plus nuancées et rappellent plutôt A. Briand ou E. Herriot. Toutes les enquêtes récentes montrent que les comportements traditionnels persistent derrière les impitoyables réquisitoires* contre "la société du fric et des flics": 80% des jeunes entre 15 et 20 ans disent vouloir se marier ou le sont déjà, les professions souhaitées correspondent à celles que les idées conventionnelles tiennent pour masculines ou féminines (ainsi, d'après notre enquête de 1972 un peu plus de 6% des garçons disent vouloir être ingénieurs contre 0,43 des filles alors que les professions considérées comme "oblatives*"— assistance sociale, aide aux enfants inadaptés, puériculture*, etc.—sont souhaitées par 5,78% des filles et par 1,34% des garçons). Enfin certains observateurs superficiels tendent à prendre pour des novations des avatars* de modes anciens de pensée ou de comportement: dans quelle mesure le maoïsme n'est-il pas un avatar de la morale judéo-chrétienne (l'ascèse exigée du garde rouge par Mao Tsé-toung rappelle les exercices spirituels d'Ignace de Loyola) et ne peut-on reconnaître derrière le militantisme pro-palestinien de beaucoup de jeunes gauchistes une forme modernisée de l'antisémitisme de leurs parents? Le sentiment de culpabilité légué* par deux millénaires de judéo-christianisme est encore si vif qu'on se justifie des agressions perpétrées contre la société de consommation (par la délinquance, la drogue ou le choix de la marginalité) en affirmant son exécrabilité*. Un bon exemple de l'attitude ambiguë des jeunes Français à l'égard de la société industrielle nous est fourni par leur perception du "modèle" américain.

LES JEUNES FRANÇAIS ET LE MODELE AMERICAIN

Parce que cet article s'adresse à des lecteurs américains nous avons pensé qu'ils seraient sans doute intéressés par le fait que le "modèle" offert par les Etats-Unis est à la fois approuvé, contesté et intériorisé.

Les nombreuses manifestations communistes, gauchistes ou écologiques ne doivent pas faire oublier que parmi les jeunes, comme parmi les adultes, existe une masse de "silencieux" qui approuvent le système capitaliste. D'après notre enquête administrée en 1972, 37% des jeunes se déclarent explicitement contre le capitalisme, 15% pour, 9% y trouvent "du bon et du mauvais", 18% en donnent une définition "neutre" (il s'agissait d'une question "ouverte" ainsi libellée

"Pouvez-vous définir et dire ce que vous pensez du capitalisme?"), le reste se répartissant en "divers" et "sans réponse". A une autre question ("Voici une liste de pays. Pour chacun d'eux vous mettrez une note de 0 à 4 : 0 = la répression y est nulle ou très faible, 4 = la répression y est très forte") les lycéens français, en ce qui concerne les Etats-Unis, ont mis les notes 0 et 1 dans la proportion de 29% et la note 4 dans la proportion de 15%. A titre comparatif indiquons que la note 4 (donc "très forte répression") est mise par 6% des enquêtés à la France, par 7% à la Grande Bretagne, par 42% à la Chine et 67% à l'U.R.S.S. Les Etats-Unis sont donc perçus comme un pays où la répression est assez faible et au niveau de la strate* dirigeante de la classe dominante française il convient de rappeler que ceux qui y sont nés comme ceux qui aspirent à y entrer accomplissent (ou veulent accomplir) le "pèlerinage américain" (Business school—Harvard de préférence— M.I.T., etc.) qui leur permettra de se présenter sur le "marché du travail" avec des prétentions pécuniaires* plus élevées que celles de leurs camarades qui "n'ont fait que" la Grande Ecole dont les uns et les autres sont issus. Pendant que les mass media focalisent sur les jeunes aux cheveux longs et aux vêtements provoquants, d'autres jeunes, dans l'ombre et cheveux courts, continuent à sacraliser la "valeur travail" et dressent méticuleusement les plans de leur stratégie de carrière.

Toutefois les Etats-Unis sont vivement contestés en tant que patrie de l'impérialisme. "Les événements de mai/juin 1968" ont été préparés dans les lycées et les universités par des "comités vietnamiens" qui ont sensibilisé les jeunes contre la politique vietnamienne des Etats-Unis.[8] L'alignement de Cuba sur le modèle russe est imputé à la politique d'embargo des Etats-Unis tenus donc pour responsables de la soviétisation d'un régime qui, par la voix de son leader, avait proclamé bien haut son refus conjoint du capitalisme et du communisme, c'est-à-dire son aspiration à un modèle sociétal capable de concilier la justice sociale et les libertés individuelles. Plus récemment la chute du gouvernement Allende et les aveux embarrassés de certains responsables de la CIA ont suscité dans de très nombreux établissements scolaires la formation de "Comités de soutien à la résistance chilienne" dont les tracts n'épargnent guère les responsables américains: on s'y demande notamment si l'acharnement "vertueux" qui a entraîné la démission du Président Nixon n'est pas destiné à innocenter "le système" ("Nixon a péché, mais le capitalisme est bon"; Khrouchtchev avait tenu exactement le même raisonnement en février 1956 devant le XXe Congrès: "Staline était mauvais, mais le socialisme est bon"). Enfin, plus récemment encore, à l'occasion des élections présidentielles où la victoire de Fr. Mitterrand était souhaitée par la majorité des jeunes, comme l'ont prouvé—outre les sondages—les élections simulées dans un très grand nombre de classes du second cycle dans toute la France, la même question revenait toujours au coeur des débats: au delà de quel "seuil" de socialisme la CIA décidera-t-elle d'intervenir, certes par groupes de pression interposés, comme elle l'a fait au Chili en soutenant la grève des camionneurs? Le mythe du complot (mais n'est-ce qu'un mythe?) est fortement implanté dans les mentalités françaises,[9] les gauchistes croient repérer partout les preuves de l'efficacité machiavélique de la CIA. M. Marcellin affirmait l'existence d'une conspiration gauchiste universelle. La différence est peut-être que la CIA a contribué a promouvoir* le Général Pinochet alors que c'est M. V. Giscard d'Estaing et non les gauchistes qui a donné son congé à M. Marcellin.

Mais, par ceux-là même qui le contestent, le modèle américain est fortement intériorisé. Avec quelques années de décalage*, les modes des jeunes Américains sont adoptées par les jeunes Français au point que le film de G. Lucas *American graffiti* (1973) qui évoque les années 60 aux Etats-Unis donne à voir une représentation assez fidèle des années 70 en France. La contestation universitaire américaine a précédé la française. Reich et Marcuse ont enchanté les campus américains avant de séduire les universités françaises. Presque toutes les manifestations culturelles—ou "contre-culturelles"—américaines ont franchi l'Atlantique et nous n'en citerons que quelques-unes parmi beaucoup d'autres: la passion pour la moto, le phénomène hippie, les communautés, le Rock and Roll, la pop music, les vêtements provenant de "surplus" de l'armée américaine, etc. Dans les récentes manifestations de soutien à la résistance chilienne on a pu voir dans les rues de Paris des milliers de jeunes dénonçant l'impérialisme américain et revêtus de tee-shirts (vraisemblablement fabriqués en France) et portant les inscriptions: "University of California", "Harvard University", etc. La publicité française s'est ralliée aux techniques américaines et de nombreux peintres français se sont mis à l'école américaine pour produire de l'art pop ou des tableaux hyper-réalistes. La télévision française a acheté des feuilletons américains qu'elle a hâtivement postsynchronisés et qu'elle programme aux heures de plus grande écoute. Il est évidemment impossible de "mesurer" l'impact de ces messages (et de l'américanisation de leurs "vecteurs" si l'on pense avec McLuhan que le message n'est rien, que le medium est tout) sur la conscience—et l'inconscient des lycéens, mais il est sûrement d'autant plus considérable qu'il est renforcé par l'usage de plus en plus fréquent de mots anglais intégrés sans être traduits mais en étant prononcés avec l'accent français dans le vocabulaire usuel des jeunes (par exemple les jeunes amphétaminomanes ne parlent pas de "voyages" mais de "trips speedés"!).

L'ambiguïté de la révolte lycéenne montre clairement, selon nous, que les jeunes Français de 15 à 20 ans ne constituent aucunement une "classe sociale" dans l'acceptation marxiste du terme. Lors des manifestations contre la "loi Debré" et contre le projet Fontanet les comités de luttes des Lycées (où se trouvent des élèves d'origine sociale très, et relativement, favorisée) ne sont pas parvenus à obtenir de la masse de leurs camarades qu'ils se joignent aux manifestations séparées organisées par les jeunes des CET qui sont des fils d'ouvriers destinés à devenir ouvriers. Les clivages* sociaux traversent donc les cohortes d'âge. La fusion ne s'est pas faite entre ceux qui sont authentiquement prolétaires et ceux qui jouent à l'être par scrupule et mauvaise conscience. La révolution socialiste, si elle survient, ne sera pas le fait des seuls jeunes qui pourront, cependant, apporter aux forces révolutionnaires un appoint* considérable.

NOTES

1. Nous avons longuement exposé et contesté cette thèse dans nos deux ouvrages—*Les Lycéens* (Paris: Colin, 1971) et *Le Peuple lycéen* (Paris: Gallimard, 1975. Coll. Témoins)—auxquels nous renvoyons le lecteur qui pourra y trouver de très nombreux textes (autobiographies de l'avenir, réponses à des questions "ouvertes" de questionnaires, extraits d'interviews, tracts, etc.) écrits par les lycéens.

2. On trouvera le texte de cette circulaire dans *Le Peuple lycéen,* p. 432.

3. Sur ce point cf. *Le Peuple lycéen,* IVe Partie, Ch. 3, pp. 335-362.

4. P. Bourdieu et J. C. Passeron, *Les Héritiers* (Paris: Ed. de Minuit, 1964) et *La Reproduction* (Paris: Ed. de Minuit, 1970). Ch. Baudelot et R. Establet, *L'Ecole capitaliste en France* (Paris: Maspero, 1971). N. Poulantzas, *Les Classes sociales dans le capitalisme aujourd'hui* (Paris: Le Seuil, 1974). Ch. Baudelot, R. Establet et J. Malemort, *La Petite Bourgeoisie en France* (Paris: Maspero, 1974).

5. Nous emploierons le terme de "socialisation" dans l'acceptation suivante: "intégration dans une société donnée à la fois sur le plan de l'activité professionnelle et du consensus".

6. Cf. les très sommaires indications bibliographiques données en note à la page 13 du *Peuple lycéen* et dans le même ouvrage le chapitre 4 de la première partie, "Construction de l'identité et socialisation".

7. Sur ce point voir les conclusions convergentes pour la France dans R. Boudon: *L'Inégalité des chances, la mobilité sociale dans les sociétés industrielles* (Paris: Colin, 1973) et pour les Etats-Unis dans L. Thurow "Education and Economic Equality", *Public Interest,* No. 28, 1972, pp. 67-81.

8. De très nombreux tracts et affiches en témoignent. Faute de place nous ne pouvons les citer dans cet article.

9. Jusqu'en 1940 les anticléricaux dénonçaient la "conspiration des Jésuites" et la droite nationaliste "la conspiration des Juifs". Des études récentes ont montré que le Jésuite pour l'anticlérical et le Juif pour l'antisémite avaient exactement les mêmes caractéristiques: génie du complot, nez crochu, ongles longs et même . . . odeurs méphitiques!

14
Bref Historique de l'enseignement en France depuis la Libération

Joseph Majault

NOTE EXPLICATIVE

L'un des sujets qui intéressent particulièrement les jeunes Américains, l'enseignement, exigerait un long chapitre si une description du système éducatif pouvait rester valable. Mais ce système subit des modifications continuelles. Le ministère de L'Education, le secrétariat d'Etat aux Universités et les universités elles-mêmes, dans les domaines où elles sont devenues autonomes, ne cessent de s'adapter à la société en mutation. Nous avons donc demandé à M. MAJAULT de proposer une bibliographie sélective, précédée d'une brève introduction. Pour esquisser les rapports entre les institutions éducatives et le reste de la société française nous retenons dans le chapitre suivant un extrait d'un séminaire inédit de M. CRUBELLIER, auteur de *L'Histoire culturelle de la France, XIXe-XXe siècle* (Paris: Armand Colin, 1974). [Les Rédacteurs]

Dès que le territoire fut libéré de l'occupant étranger, à la fin de la Seconde Guerre mondiale, le Gouvernement, désireux d'adapter l'enseignement aux intérêts de la société et des citoyens, se préoccupa d'apporter des modifications au système éducatif existant. C'est à cette fin que fut constituée, dès novembre 1944, une commission chargée de proposer un plan de réforme. Ce plan, nommé plan Langevin-Wallon du nom de ses présidents successifs, resta lettre morte faute d'avoir été adopté par le Parlement; il devait toutefois inspirer les différents projets, également restés lettre morte, qui furent élaborés depuis 1947 jusqu'en 1959; sous une forme diffuse on peut retrouver son influence dans certaines des mesures prises au cours des vingt dernières années.

En 1959, à l'initiative et sous l'autorité du général de Gaulle, assisté du ministre de l'Education nationale M. Berthouin, une ordonnance élevait l'âge de la scolarité obligatoire de 14 à 16 ans, et créait, au niveau de l'enseignement du second degré, cinq types d'enseignement ouverts par un cycle d'observation de deux années pour les enfants de 11 à 13 ans; la même ordonnance définissait les objectifs et l'organisation générale de l'enseignement supérieur.

Depuis cette date, trois ordres de mesures ont de nouveau modifié les structures établies.

D'une part, à la suite des événements de 1968, le régime des universités devait être profondément transformé. Aux règles précédemment définies une loi d'orientation substituera les principes d'autonomie, de participation et de pluridisciplinarité.

Trois ans plus tard, l'organisation des enseignements technologique et professionnel, les règles de l'apprentissage et de l'éducation permanente étaient à leur tour transformées en vue de revaloriser les études techniques et de les adapter à la réalité économique; en vue aussi de faire en sorte que la formation initiale puisse être suivie d'une formation continue au sein même de l'entreprise.

Enfin, dans la ligne de la politique de changement, instaurée par le président de la République Giscard d'Estaing, le ministre de l'Education R. Haby préparait, dès son installation, une réforme du système éducatif. Une loi cadre fut votée par le Parlement le 11 juillet 1975. C'est elle qui, accompagnée des textes réglementaires qui la précisent et la complètent, définit pour l'avenir les principes et les orientations de la politique éducative pour les enseignements préscolaire, primaire et secondaire.

LA REFORME HABY

Les objectifs généraux se définissent ainsi:

"Une éducation moderne se proposera désormais de faire acquérir à l'élève, non seulement certaines connaissances naturelles, mais aussi des méthodes de pensée et d'action, des capacités (être capable de . . .) et des comportements intellectuels, manuels, sociaux.

"Dans sa classe, le maître devra jouer un double rôle: faciliter l'acquisition du savoir, de la méthode et de la logique propre à chaque discipline enseignée; se préoccuper en même temps d'utiliser ces apports pour susciter le développement de capacités, d'attitudes, de traits de personnalité dépassant le seul cadre de la matière enseignée."

Les intentions novatrices portent en particulier sur les points suivants:

—importance donnée à la préscolarité,
—organisation d'un tronc unique de quatre ans pour tous les élèves après l'école primaire (11/12-15/16 ans),
—importance donnée aux activités manuelles en cours de scolarité,
—large possibilité d'options pour répondre à la pluralité des intérêts individuels,

—développement des études techniques et ouvertures de leurs débouchés,
—organisation d'un enseignement de soutien pour les élèves en difficulté,
—constitution d'une communauté scolaire permettant une participation de toutes les personnes concernées et notamment des élèves au fonctionnement des établissements,
—ouverture des établissements à la plus grande autonomie compatible avec les exigences du service public d'éducation.

L'année 1977-78 marque le début d'application de cette réforme qui doit normalement, année après année, couvrir l'ensemble des cycles d'enseignement. Nouvelles conditions de vie scolaire, nouveaux programmes, nouveaux moyens d'enseignement (manuels et ensembles audio-visuels) devraient permettre d'assurer à tous les jeunes Français, outre les indispensables connaissances de base, le développement de leurs facultés et de leurs aptitudes individuelles dans les conditions les plus propres à favoriser leur insertion dans la vie sociale et économique du monde moderne.

L'ENSEIGNEMENT SUPERIEUR

Si un consensus général s'est établi en faveur des mesures qui tendent à développer les actions de formation continue—l'expérience tentée, une des premières de ce genre dans le monde, révèle des aspects positifs—l'opinion est loin d'accueillir avec la même complaisance la mise en place, longue et délicate, du nouveau régime de l'enseignement supérieur, et surtout la modernisation du système éducatif telle qu'elle découle de la loi-cadre du 11 juillet 1975. Sur le plan politique, les partis d'opposition et les organisations syndicales, sur le plan pédagogique, des associations corporatives et des groupes indépendants, contestent à la fois les principes et les modalités de la réforme en cours tout en dénonçant l'insuffisance des moyens financiers destinés à en assurer le succès. Il faut noter en effet que l'action entreprise vise à édifier un système éducatif cohérent adapté aux nécessités et aux perspectives de la société libérale de la France d'aujourd'hui, dans le cadre d'une organisation qui demeure centralisée et hiérarchisée: société combattue par les adversaires du régime, et organisation dénoncée par les partisans des structures plus souples qui permettraient de la part des enseignants plus d'initiative et davantage d'innovation. Telle qu'elle se présente dans les conditions actuelles, l'action menée se justifie, aux yeux de ses promoteurs, par la recherche d'un juste équilibre entre les besoins de l'économie et le libre épanouissement de l'homme.

la Loi d'orientation

M. Majault élabore ainsi les provisions de la Loi d'orientation dans son *Histoire de l'enseignement en France* (1973), pages 57-59, que nous citons avec l'aimable permission de la McGraw-Hill Book Company [Les Rédacteurs]:

La réforme de l'enseignement supérieur a été réalisée par la Loi du 12 novembre 1968, dite "Loi d'orientation". Une quadruple mission est confiée à l'enseignement supérieur:

—l'élaboration et la transmission des connaissances,
—la recherche,
—la formation des hommes,
—l'organisation et le développement de la coopération internationale.

Deux grands principes ont inspiré le renouvellement des structures universitaires: l'autonomie et la participation.

L'autonomie présente divers aspects: elle est statutaire, administrative, pédagogique et financière.

L'autonomie administrative se manifeste par la possibilité pour les établissements publics à caractère scientifique et culturel et les unités d'enseignement et de recherche de déterminer "leurs status, leurs structures internes et leurs liens avec d'autres unités universitaires". Ces établissements et unités sont administrés par un conseil élu et un président ou un directeur élu par ce conseil.

L'autonomie pédagogique est affirmée par l'article 19 de la Loi: "Les établissements publics à caractères scientifique et culturel et les unités d'enseignement et de recherche groupées dans ces établissements déterminent leurs activités d'enseignement, leurs programmes de recherche, leurs méthodes pédagogiques, les procédés de contrôle et de vérification des connaissances et des aptitudes . . . ."

Cette autonomie est limitée en ce qui concerne les études conduisant aux grades, titres ou diplômes nationaux dont les modalités également nationales relèvent du ministre de l'Education nationale. Enfin, le législateur fait obligation aux universités d'organiser l'éducation permanente et de favoriser la pratique de l'éducation physique.

Le titre V de la Loi définit les limites dans lesquelles peut s'exercer l'autonomie financière. Les établissements disposent essentiellement des crédits qui leur sont affectés par l'Etat, car leurs ressources propres ne constituent aujourd'hui qu'un faible appoint. Le régime budgétaire comporte le vote par chaque établissement de son budget. Le contrôle financier de l'Etat ne s'exerce qu'à posteriori.

La participation, second principe énoncé, intéresse les étudiants, les chercheurs, les personnels techniques et administratifs. Elle s'exerce au moyen de conseils élus au sein desquels sont représentées ces différentes catégories. Le principe s'applique dans les trois domaines: administratif, financier et pédagogique, mais subit un certain nombre de dérogations en ce qui concerne le recrutement, la carrière des enseignants (et la répartition des enseignements qui leur sont confiés).[1]

Un contrôle limité des autorités de tutelle*, et l'institution d'organismes collégiaux, doivent aider à résoudre les difficultés qui pourraient résulter de l'application des deux grands principes énoncés.

La mission des universités est élargie: non seulement elles doivent élaborer et transmettre la connaissance, développer la recherche, assurer la formation de tous les maîtres, mais encore offrir aux adultes des enseignements adaptés afin de leur permettre "d'améliorer leurs chances de promotion".

REFERENCES

Delion, André G. *L'Education en France: problèmes et perspectives.* Paris: Documentation Française, 1973.
Fourrier, Ch. *Les Institutions universitaires.* Paris: PUF, 1971.
Leif, J. et G. Rustin. *Histoire des institutions scolaires.* Paris: Delagrave, 1964.
Léon, A. *Histoire de l'enseignement en France.* Paris: PUF, 1967. Collection Que sais-je?
Majault, Joseph. *L'Enseignement en France.* Londres: McGraw Hill, Collection Etudes Européennes, 1973.
Minot, J. *L'Entreprise Education nationale.* Paris: A. Colin, 1971.
Prost, A. *Histoire de l'enseignement en France (1800-1965).* Paris: A. Colin, 1968.

POSITIONS ET PROPOSITIONS

Barre, Raymond. *De l'enseignement secondaire à l'enseignement supérieur; expériences étrangères et problèmes français: Rapport à M. le Ministre de l'Education nationale.* Paris: Documentation Française, 1974, 40 p.
Bataillon, M., A. Berger, et P. Walter. *Rebâtir l'école.* Paris: Payot, 1967.
Bourdieu, R., J. C. Passeron. *Les Héritiers: Les étudiants et la culture.* Paris: Editions de Minuit, 1964.
Citron, S. *L'Ecole bloquée.* Paris: Bordas, 1971.
Girod de L'ain, Bertrand. *L'Enseignement supérieur en alternance. Actes du Colloque national de Rennes.* Paris: Documentation Française, 1974, 340 p.
Haby, René. *Propositions pour une modernisation du système éducatif.* Paris: Documentation Française, 1975, 52 p. (Cahiers français, No. spécial).
Natanson, J., A. Prost. *La Révolution scolaire.* Paris: Les Editions ouvrières, 1963.
Rapport de la Commission d'études sur la fonction enseignante dans le second degré. Paris: Documentation Française, 1972, 140 p.

En plus des titres sélectionnés par M. Majault citons l'étude judicieuse d'un historien et comparatiste anglais [Les Rédacteurs] :

Halls, W. D. *Education, Culture and Politics in Modern France.* Oxford et New York: Pergamon Press, 1976.

NOTE DES REDACTEURS

1. L'autorité des universités en matière de programmes d'instruction est limitée par le ministère de l'Education. Celui-ci prescrit 60% du "premier cycle" de l'enseignement supérieur (les deux premières années, qui mènent au Diplôme d'Etudes Universitaires Générales, ou DEUG). L'université en prescrit encore 20% et, dans la limite des cours offerts, l'étudiant choisit lui-même les derniers 20% de son programme.

Éducation et culture[1]
15

Maurice Crubellier

Il y a crise lorsqu'un système éducatif attardé se trouve en dissonance, puis en contradiction avec une culture en cours de renouvellement. En fait, tout problème éducatif, scolaire est un problème de société. Mais entre éducation et société intervient la médiation de la culture. En outre, l'histoire montre que la culture précède et que l'éducation suit. Logiquement, c'est toujours l'éducation qui retarde sur la culture et non le contraire.

Puisque c'est le présent qui pose à l'historien les problèmes qu'il pose à l'histoire, on peut partir d'une analyse de la situation actuelle: il n'est guère contestable que c'est une situation typique de crise.

L'éducation que l'école a cherché à monopoliser (pour des raisons politiques parfois contradictoires, par le poids propre d'une structure énorme, dévorante, plus efficace que l'action de groupes de pression) ou à modeler (enseignement de la puériculture* donné aux futures mères, par exemple), reste au service de la culture d'hier. Qu'on se réfère, pour en juger, aux programmes des divers cycles, aux attitudes (refus ou condescendance) 1) à l'égard de la culture de masse, 2) à un certain idéal aristocratique de l'enseignement secondaire dont V. Isambert-Jamati, dans sa thèse *Crises de la société, crise de l'enseignement,* a établi qu'il était le thème dominant des distributions de prix dans les années 1946-1960 ("retour à l'esthétisme"), 3) à l'élitisme étroit des classes préparatoires aux grandes écoles préféré à la large ouverture sociale et culturelle des Universités. . . .

A mieux regarder toutefois, il est possible de reconnaître:

1. les restes d'une culture populaire traditionnelle surtout rurale, pagano-chrétienne, sédimentés pendant on ne sait combien de siècles;
2. une culture de l'élite, toujours solide, exagérément valorisée par l'opinion et par l'appareil scolaire qui s'obstinent à les considérer comme la culture par excellence;
3. la masse énorme de matériaux que charrient* les *media* modernes, si énorme qu'elle menace de tout submerger;
4. enfin des forces de contradiction, de contestation, à l'oeuvre dans le monde ouvrier, dans l'art, dans la musique, les sciences de l'homme et notamment parmi la jeunesse.[2]

Déjà, pourtant, la culture sauvage des media de masse affirme sa domination sur la société. Culture surgie spontanément, non pas même comme conséquence logique d'un système économico-social, comme on est parfois tenté de le croire, mais plutôt comme symptôme et principe de déviation, de corruption de ce système. On en connaît les caractéristiques; Edgar Morin les a fortement dégagées dans ses deux volumes: *L'Esprit du temps* (1962) et *l'Esprit du temps* (1975). En résumé, ce sont: l'homogénéisation (âges, sexes, sous-cultures), la passivité (culture du spectacle, de la TV par-dessus tout), dégradation du temporel et retour à l'immédiateté de l'actualité, compensée (?) par une planétisation de l'information, pouvoir des "modèles" préféré à celui des "préceptes", et d'abord aux modèles de la mode (la presse dite "féminine" impose à presque tous un style de vie). Le retour à l'irrationnel serait plutôt un retour à la culture antérieure. Les forces de résistance ne manquent pas non plus.

Il n'est pas question de juger cette culture. On doit noter que le message de l'école est déphasé* par rapport à elle.

Très concrètement, un appareil scolaire dont l'emprise ne cesse de s'étendre s'oppose à l'impérialisme montant des media qui diffusent la nouvelle culture. Or, la société, ou, pour mieux dire, les groupes dominants ont spéculé et continuent de spéculer sur l'un et sur l'autre, mal conscients de leur antagonisme profond. Les valeurs morales de l'école (travail, économie, modération dans les désirs, etc.) devraient étayer* une production massive, toujours en croissance, qui ne peut se soutenir que par la destruction de ces valeurs (loisirs, achats à crédit, profit, désirs toujours aiguisés et renouvelés par la "pub" . . .). Tel est le dilemme socio-culturel. Il n'est pas question de juger, mais seulement de mesurer l'ampleur et la nature du déphasage.

De tels déphasages, il y en a sans doute eu d'autres. L'un des objectifs de l'historien d'aujourd'hui devrait être de les rechercher dans le passé et de les étudier, d'en signaler les ressemblances et les différences. Ils peuvent être passés inaperçus; ils ont eu de loin en loin, comme aujourd'hui, importance majeure. L'historien contemporanéiste est mal placé pour en parler. Il me semble toutefois que le XVIe siècle, du moins en France, est au cœur d'un pareil divorce entre cultures, d'un tel renouvellement culturel.

Mais jamais déphasage n'a sans doute été aussi fortement ressenti que le nôtre. Cela tient à la puissance matérielle et au prestige de notre culture occidentale; cela tient à la mondialisation de cette culture grâce au resserrement du réseau des communications mondiales, à la colonisation hier, à l'unanimisme de l'information télévisée, à la contagion quasi instantanée de tant de modes. Encore beaucoup de nos contemporains ne sont pas guéris du complexe de la supériorité occidentale; ils restent convaincus d'une possible digestion des apports valables (?) des autres cultures.

Dans un admirable livre (*La Vision des vaincus*), N. Wachtel a décrit, démontré les mécanismes d'une dramatique confrontation de cultures, de l'écrasement de l'une par l'autre: celle des conquérants du Nouveau Monde et celle des Indiens du Mexique et du Pérou. Pour être moins dramatique, l'affrontement culturel que nous vivons n'en est pas moins essentiel, pas moins gros de risques. Or, historiens et professeurs, nous le vivons en un point névralgique*: d'où notre rôle, nos responsabilités.

NOTES DES REDACTEURS

1. Cet article est extrait d'un texte intitulé "Education et culture: une direction de recherche", rédigé par le Professeur Maurice Crubellier, de l'Université de Reims, pour un séminaire pluridisciplinaire.

2. L'auteur reprend ici la catégorisation qu'il avait présentée dans *Le Français dans le monde,* 118 (janvier) 1976, p. 8.

Quatrième Partie

STYLES DE VIE EN DEVENIR

16 Les Mass Media: leur développement, leur public, leur rôle[1]

Francis Balle et
Jean Cazeneuve

Ce ne fut qu'après un très lent progrès qui s'étendit à travers une période de plus de quatre siècles que les fruits de l'imprimerie—la presse quotidienne, les périodiques et les livres—se répandirent dans toutes les couches* de la société; tandis que, au contraire, les autres moyens d'information et de divertisssement collectifs—le cinéma, la radiodiffusion et la télévision—ont témoigné un développement explosif en moins d'un demi-siècle, grâce aux extraordinaires innovations techniques, industrielles et commerciales.

Les quotidiens* n'étaient destinés qu'à une clientèle locale et à une élite jusqu'au milieu du XIXe siècle. A partir de là, ils visent à un public national et hétérogène; ils abaissent leur prix et augmentent considérablement leurs tirages*. *Le Petit Journal,* lancé le ler février 1863 à cinq centimes, atteint un tirage d'un million d'exemplaires en 1895. *Le Petit Parisien* dépasse après 1900 un tirage d'un million et demi d'exemplaires. Plus récemment un nouveau phénomène s'est produit: une contraction du nombre des quotidiens accompagnée d'une expansion de leur taille. En 1949, la France comptait plus de 150 titres de journaux quotidiens: parmi eux, 16 étaient parisiens. En 1974, il n'y a plus que 9 quotidiens à Paris et 70 en province. Parmi ces derniers, certains paraissent sous un titre qui leur appartient, mais ils ne constituent bien souvent que les éditions locales des grands journaux régionaux. En France, la crise de la presse reste sectorielle*. Forts de la fidélité de leurs lecteurs, les monopoles régionaux sont dans l'ensemble en progression, même si cette pente est aujourd'hui plus faible qu'il y a quelques années. Mais, depuis plus de quinze ans, la presse hebdomadaire a connu des innovations et des succès spectaculaires. Quant à la presse spécialisée, celle d'un public ou d'un sujet bien circonscrits, elle n'a pas cessé de prospérer, à l'instar* de ses homologues* étrangères.

On peut considérer que le cinéma, la radio et la télévision amorcent* leur expansion vertigineuse respectivement après 1910, 1925 et 1945.

Le taux* de croissance des récepteurs de télévision en France était peu élevé de 1951 à 1954. La seconde phase de la croissance, de 1954 à 1965, indique une expansion brutale; après 1965 l'expansion est ralentie. Il n'y avait que 5.400.000 récepteurs dans la France de 1965, une densité inférieure à 140 par 1000 habitants tandis que la densité aux Etats-Unis était de 362 par 1000 habitants et en Grande Bretagne, 250 par 1000. Quatre années plus tard, les taux américains, anglais et français seront respectivement de 400, 284 et 200.

La gestion* de la radiodiffusion et de la télévision en France a subi une évolution considérable de 1923 à 1975, amenant à une amélioration à la fois quantitative et qualitative du rôle que peuvent jouer ces deux mass media dans la dissémination des programmes informatifs, divertissants et culturels. La chronologie donnée ci-dessous[2] en indique les étapes successives:

30 février 1923
    Le monopole de la radiodiffusion est confié à l'Administration des postes. Quelques stations privées subsistent mais sur la base d'autorisation précaire et révocable.

22 février 1944 (à la Libération)
    Ces stations privées sont incorporées au réseau public de la Radio Télévision française (RTF) subordonnée au Chef de l'exécutif (ministère de l'Information).

4 février 1959 (Ve République)
    Une plus grande indépendance de la RTF s'établit, mais le gouvernement peut nommer et aussi révoquer discrétionnairement les organes dirigeants de l'entreprise de la TV.

27 février 1964
    RTF devient ORTF (Office de radiodiffusion télévision française).

Autonomie plus grande des Gouvernants.
    Un conseil d'administration à égalité avec des représentants de l'Etat. Ce conseil est composé de "représentants des associations et téléspectateurs, de la presse écrite et du personnel de l'office ainsi que des personnalités hautement qualifiées".

Septembre 1969
    Deux chaînes, à la fois autonomes et concurrentes*, sont formées, sous la direction des "régies" indépendantes.

Janvier 1975
    Sept sociétés différentes, autonomes et indépendantes, se substituent à la défunte organisation unique de l'ORTF.

Voici les sept sociétés et leurs fonctions:

PREMIERE SOCIETE, dite de "diffusion", a une vocation technique: chargée d'organiser, de développer et d'exploiter les réseaux de diffusion; doit créer les équipements nécessaires pour couvrir les zones qui ne peuvent pas encore recevoir les émissions.

DEUXIEME SOCIETE, nommée "Institut de l'audio-visuel", est chargée "de la conservation des archives, des recherches de création audio-visuelle et de la formation professionnelle".

TROISIEME SOCIETE qui prend soin de l'ensemble de la production "lourde": les grandes dramatiques, les émissions à gros budgets.

Les quatre autres sociétés nationales de programme qui ont été mises en place dès les premiers jours de 1975:

QUATRIEME SOCIETE, Radio-France, à laquelle sont confiées la conception et la programmation des émissions de radiodiffusion.

CINQUIEME, SIXIEME et SEPTIEME SOCIETES auxquelles sont confiées séparément les trois chaînes de télévision et sont chargées de la conception et de la programmation des émissions. L'une d'elles (la troisième chaîne) doit réserver une place privilégiée à la programmation des films et à l'organisation d'émissions consacrées à l'expression directe des "diverses familles de croyance et de pensée". Elle est également chargée de la gestion et du développement des centres régionaux de radio et de télévision.

Les réformes de la télévision française actuelle visent à combiner les avantages de la télévision privée (concurrence stimulante entre les chaînes et efforts créateurs des sept sociétés autonomes et indépendantes) et ceux de la télévision publique (intérêt public et absence d'interruptions publicitaires).

L'ANALYSE DES PUBLICS DES MASS MEDIA

L'analyse des publics des mass media peut être entreprise de trois manières différentes et pourtant indissociables. La première consiste à décrire les attitudes des personnes qui composent les publics, à voir quelles sont leurs caractéristiques, leurs manières d'entrer en contact avec les médias et à les classer si possible en catégories. C'est la méthode de la typologie descriptive. La deuxième est la recherche des effets; elle consiste à observer et si possible à déterminer quelles sont les réactions des personnes qui reçoivent tel ou tel message ou qui ont telle ou telle attitude globale à l'égard d'un moyen de diffusion collective. Quel est l'effet d'un article ou d'un film sur le public? Comment le téléspectateur est-il touché par le petit écran? La troisième sorte d'approche est plus récente et s'est développée à partir du moment où l'on a pris conscience des insuffisances des deux premières. En effet, on s'est aperçu que dans le monde moderne l'abondance des messages issus des divers mass media laisse un assez grand choix, de sorte qu'on n'y trouve que ce qu'on veut bien y venir chercher, par exemple l'article de journal qu'on lit au lieu d'écouter la radio, l'émission de télévision qu'on regarde parce qu'on a préféré capter celle-là plutôt qu'une autre. Par ailleurs, le même message ne produit pas les mêmes effets suivant la façon dont on l'a reçu. A la question: "Qu'est-ce que la télévision fait aux gens?" on substituera donc celle-ci: "Qu'est-ce que les gens font de la télévision?" Dans la pratique, les trois voies ainsi tracées, celle de la typologie descriptive, celle des effets et celle des fonctions, doivent être constamment utilisées ou du moins disponibles conjointement, bien qu'on soit amené, suivant le cas, à s'engager plus nettement dans l'une ou l'autre d'entre elles.

Quelles sont les caractéristiques les plus usuellement retenues pour savoir quelle est la composition du public et en faire une typologie descriptive?

REPARTITION, COMPOSITION, ATTITUDES DES PUBLICS

Il faut tout d'abord signaler que les documents disponibles sont beaucoup plus nombreux et importants en ce qui concerne la radio et surtout la télévision que pour les autres médias. Dans la plupart des cas, on ne dispose, pour le cinéma, que des chiffres bruts* concernant la fréquentation des salles. A propos des journaux, les renseignements les plus sûrs portent sur le tirage et, éventuellement, la vente.

La radio est maintenant implantée dans presque tous les foyers des pays industrialisés, et elle a conquis une place éminente dans les pays sous-développés.

La télévision n'a toutefois pas encore atteint son niveau de saturation dans beaucoup de pays, mais son taux de croissance est pourtant très élevé. Ce qui est le plus remarquable, dans l'histoire de ce media, c'est qu'il a d'abord pénétré dans les catégories riches ou aisées, puis très rapidement dans les classes moyennes où il a connu immédiatement un succès considérable. On note d'autre part une nette résistance à la pénétration de la télévision dans la catégorie des personnes les plus cultivées. En France, la catégorie socioprofessionnelle la mieux dotée en téléviseurs fut celle des cadres moyens jusqu'en 1968, date à laquelle cette catégorie fut légèrement dépassée par celle des cadres supérieurs. La classe ouvrière arrivait en 1970 en seconde position, à égalité avec les cadres moyens (en moyenne 75 pour cent des ménages équipés de récepteurs). Si l'on prend en considération le facteur de l'urbanisation, le pourcentage de foyers ayant la télévision fut longtemps proportionnel à la taille des villes; mais, depuis 1967, ce ne sont plus les grandes métropoles, ce sont les villes moyennes (entre 20.000 et 100.000 habitants) qui, dans l'ensemble, ont la plus grande densité de postes de télévision dépassant même la capitale. Au total, en 1972, on comptait en France 12 millions de téléviseurs en service. Leur nombre pour 1000 habitants était en 1969 de près de 400 aux Etats-Unis, d'environ 300 au Canada et en Grande Bretagne et de 200 en France.

Pour la presse, toute personne sachant lire fait partie du public potentiel. En fait, on estime qu'en France 67 pour cent des habitants lisent assez régulièrement un quotidien. Ce pourcentage est plus élevé chez les hommes (73,1 pour cent) que chez les femmes (61,7 pour cent) et aussi chez les personnes ayant une instruction supérieure (78,1 pour cent) que chez celles qui n'ont pas dépassé le niveau de l'école primaire (64,1 pour cent). On constate, d'autre part, que ce public se tourne de plus en plus vers la presse locale et vers les journaux qui ne sont pas liés directement à un parti politique. Il faut noter aussi, depuis quelques dizaines d'années, l'apparition de publics numériquement importants dont les préférences vont à des types de journaux et de magazines d'apparition assez récente, comme la "presse du coeur", la "presse de copains", la presse du tiercé, les magazines de télévision.

Quant au public du cinéma, il était en diminution notable depuis les débuts de l'expansion de la télévision. En France, la situation est très sombre, puisqu'en 1969 un quart seulement des salles réussissaient à accroître leur clientèle, pendant que les trois autres quarts subissaient une perte de 14 pour cent en moyenne.

Si l'on considère l'utilisation journalière du petit écran, les usagers les plus fidèles se recrutent dans la catégorie des inactifs: puis viennent les ouvriers, employés et cadres moyens, et enfin les artisans, petits commerçants, agriculteurs et classes supérieures, ce qui ne coïncide pas, on le voit, avec le tableau concernant l'équipement en récepteurs. C'est ainsi, par exemple, qu'en règle générale les classes supérieures, malgré une certaine résistance culturelle mais en raison de leur pouvoir d'achat, ont été au début les mieux pourvues en appareils de télévision, mais passent en moyenne moins de temps que les autres à les utiliser, parce qu'il leur est possible de trouver d'autres distractions. On note aussi que les cadres moyens se distinguent des ouvriers et employés par une moins grande consommation de radio et de télévision et par une plus grande disponibilité pour la lecture. En France, aux alentours de 1969, la place accordée par les familles dans leur budget à l'équipement en matière de radio et de télévision était en nette progression, alors que l'achat des journaux était en très légère augmentation et les dépenses pour le cinéma et le théâtre en baisse. Une enquête réalisée à Charleroi, en Belgique, révèle qu'en général "peu de gens vont au spectacle et ils y vont peu", notamment en ce qui concerne le théâtre, même divertissant, et les concerts, tandis que presque tout le monde écoute la radio et regarde la télévision.

Le temps moyen que les téléspectateurs passent devant le petit écran varie, suivant les pays et aussi, il faut bien le dire, selon les enquêtes, entre deux heures et deux heures trois quarts par jour. Mais ces moyennes générales recouvrent des disparités considérables, suivant les diverses catégories biosociologiques. En ce qui concerne les âges, on note d'abord que les enfants de cinq à quatorze ans sont grands consommateurs de télévision, alors que le maximum de durée d'écoute de la radio se situe dans les tranches d'âge de quinze à dix-neuf et de vingt à vingt-neuf ans.

Chez les jeunes, selon une enquête réalisée en France en 1972, c'est plutôt à la télévision qu'aux autres médias qu'on s'adresse pour avoir des informations. La télévision, en général, recueille son maximum d'audience pour la diffusion des très grands événements, tel que le couronnement d'un souverain, la première mission sur la lune.

Les habitudes des individus présentent à l'intérieur de ces évolutions générales une assez grande stabilité pour le choix non seulement entre les medias, mais aussi entre les diverses options de chacun d'entre eux. Par exemple, sans être à proprement parler fidèles à une chaîne, les téléspectateurs changent, en moyenne, assez peu souvent de chaîne au cours d'une soirée, et les lecteurs d'un journal ne l'abandonnent pas facilement même s'il ne reflète pas toujours leur opinion.

Les habitudes en matière de mass media varient évidemment beaucoup en fonction des professions et des niveaux d'instruction, ces deux variables étant souvent en étroite corrélation. Lorsqu'en France les deux chaînes de télévision ont eu des "styles" assez nettement différents, on a pu constater que les usagers appartenant à la catégorie ayant le statut socioéconomique le plus élevé, et à celle qui correspond aux salariés des classes moyennes, étaient proportionnellement beaucoup plus nombreux dans le public habituel de la deuxième chaîne, plus "sophistiquée" que la première. D'une façon générale, les émissions distractives ont une audience plus large que celles qui se présentent comme culturelles, et les plus populaires sont les émissions de fiction facile, notamment les dramatiques (comédies, pièces policières) et les films de cinéma reproduits par le petit écran. C'est là une donnée constante dans tous les pays. Les émissions culturelles ont un auditoire où la catégorie de public la plus instruite est en pourcentage plus représentée que les autres. Mais, finalement, même dans cette catégorie, le goût pour la distraction reste dominant. En ce qui concerne les programmes de la radio, une enquête réalisée en 1961 montre qu'en moyenne les émissions de poésie, de grande musique et les émissions scientifiques sont d'autant plus choisies que le niveau d'instruction est plus élevé; les opérettes, le jazz et les variétés recrutent leur auditoire surtout parmi les personnes d'instruction moyenne, et les chansons sont d'autant plus choisies que le niveau d'instruction est plus faible.

Les goûts, dans le domaine des mass media, sont donc assez largement conditionnés par le niveau culturel. Mais cette corrélation n'est pas simple. Certaines catégories sociales, pour atteindre le statut social des classes plus élevées, ont tendance à surestimer leur goût pour les productions ayant une allure culturelle. On s'efforce, en somme, dans certains milieux, de paraître plus cultivé qu'on ne l'est. C'est ainsi que le monde des employés tend à afficher des goûts proches de ceux qui sont réputés correspondre à ceux d'une catégorie plus instruite. En revanche, les ouvriers ne sont pas entraînés dans cette course au "standing", car la culture leur apparaît trop lointaine. Une typologie, particulièrement adaptée au public français et fondée sur une analyse factorielle* des correspondances entre les choix révélés par une enquête minutieuse, a été proposée par Jean Sousselier. Elle distingue quatre catégories. La première qui est minoritaire (8 pour cent de la population) et se recrute surtout parmi les Parisiens, les jeunes de quinze à vingt-quatre ans, des personnes ayant un niveau d'instruction secondaire, des cadres moyens et des étudiants, s'intéresse presque exclusivement à la fiction et très peu aux informations. Le deuxième groupe, qui représente près d'un tiers de la population, avec une prédominance de jeunes, de personnes de niveau primaire, d'ouvriers et d'agriculteurs, se détourne des émissions culturelles et affectionne les émissions distrayantes (variétés, films, feuilletons). Le troisième groupe, d'égale importance numérique, où dominent les personnes ayant reçu une instruction secondaire ou supérieure et habitant dans les villes assez grandes ainsi que les cadres moyens et supérieurs, accepte assez bien les émissions "intellectuelles" et accorde ses préférences à la fiction pourvu qu'elle les éloigne du quotidien. Enfin, le quatrième groupe (33 pour cent de la population) réunit des habitants de communes rurales et de grandes villes, des personnes âgées, des gens ayant une instruction de niveau primaire ou primaire supérieur, des employés et des retraités, et il se caractérise par une certaine dispersion des goûts, sans prédominance affirmée pour un type d'émission.

L'INFLUENCE SUR LES PUBLICS

On a très souvent exagéré l'influence exercée par les mass media sur la société moderne; on les a rendus responsables de toutes sortes de méfaits et on a prétendu que, de plus en plus, les esprits risquaient d'être conditionnés et "massifiés". En d'autres termes, on a imaginé que la multiplication des mass media conduisait à affaiblir la liberté de jugement en imposant à la "masse" des façons de voir, de penser et de vivre stéréotypées.

L'action des mass media peut renforcer un certain aspect dominant de l'opinion, existant par ailleurs, qu'il soit statique ou dynamique.

Les mass media sont communément accusés de nuire* au développement culturel, soit en détournant le public de la lecture des livres, soit en créant une pseudo-culture, ou "culture de masse". En ce qui concerne le premier argument, les médias électroniques, et par-dessus tout la télévision, ne peuvent pas, quel que soit le contenu de leurs émissions, ne pas donner à la culture, et même généralement à la civilisation, une orientation très différente de celle qui correspondait au seul règne de diffusion par le livre. Cependant, ce serait peut-être une erreur de conclure que la société moderne va cesser de lire. Rien ne permet de le prévoir. Bien au contraire, il semble bien que se produise une adaptation des divers médias entre eux. Si la télévision modifie la culture, ce n'est pas en éliminant celle qui est liée à l'écriture, mais en lui donnant une nouvelle dimension, en l'intégrant dans un ensemble plus vaste. De même, les études sociologiques les plus récentes ne confirment pas du tout l'hypothèse selon laquelle une culture de masse refoulerait la culture classique ou la culture de l'élite. Il est vrai, sans doute, que la vulgarisation des connaissances scientifiques, littéraires, artistiques, dans un contexte de divertissement où elles sont présentées d'une manière décousue* ou sporadique, n'est pas de nature à faire progresser la formation intellectuelle du grand public dans les meilleures conditions. Mais, bien souvent, ce genre d'informations s'insère dans un temps libre qui, sans cela, ne serait pas consacré à des activités plus enrichissantes. D'autre part, plusieurs enquêtes ont démontré que, dans une proportion notable, les auditeurs et téléspectateurs des émissions ayant un arrière-plan culturel étaient portés à compléter l'instruction rudimentaire ainsi reçue en consultant des livres traitant des mêmes sujets. Le public des mass media passe peut-être moins de temps à lire qu'il le pourrait autrement, mais ses lectures sont en moyenne d'un plus grand intérêt. Le danger est plutôt que la recherche du spectaculaire et du sensationnel, ce que la radio, les magazines et la télévision favorisent naturellement, donne une importance excessive à des secteurs de la vie culturelle qui ne le méritent pas. Ce phénomène est d'ailleurs lié à celui de la "vedettisation" qui confère une notoriété plus grande aux interprètes et aux présentateurs qu'aux auteurs et aux créateurs, et peut finalement bouleverser, d'une manière dangereuse, les critères de la production littéraire et artistique.

Avec la primauté donnée aux vedettes, dont les visages apparaissent sur les écrans, petits et grands, ainsi qu'ils illustrent les magazines, on constate que les effets des mass media se prolongent dans le domaine plus généralement social; la hiérarchie des valeurs qui fonde les stratifications et le prestige se trouve complètement modifiée, tout au moins au sommet de l'échelle. La réussite sociale des vedettes, consacrée par les communications de masse, ôte une justification aux efforts qu'exigent les autres carrières et peut entretenir chez les jeunes certaines illusions.

Mais, parmi les méfaits que l'on attribue communément aux nouveaux moyens de diffusion, figurent avec beaucoup plus de relief ceux qui concernent les problèmes de la violence et du relâchement des moeurs. De nombreuses enquêtes ont été consacrées aux rapports éventuels entre les médias et la délinquance juvénile. Les conclusions en sont variées et, en tout cas, elles n'autorisent pas des jugements tranchés et assurés. Certes, il est incontestable que les films de cinéma, les bandes dessinées, les émissions de télévision contiennent une forte proportion d'images et de scènes de violence. Mais elles n'entraînent pas nécessairement la tendance à l'imitation des personnages brutaux. Il peut même arriver que, comme le disait Aristote, ces spectacles exercent une influence cathartique* et permettent le relâchement sous forme imaginative des tensions psychiques. Ce qu'on peut constater, c'est que la liaison entre la délinquance et la consommation de films et d'émissions du genre "série noire" s'établit presque exclusivement chez des sujets présentant certains déséquilibres psychiques, dont la cause doit être cherchée ailleurs. Le danger le plus réel est que les jeunes s'habituent à voir et à regarder des scènes de brutalité et qu'ils deviennent à cet égard trop insensibles. C'est peut-être vers des conclusions analogues qu'il faudrait s'orienter en ce qui concerne la sexualité et l'érotisme. Les mass media, braquant* le projecteur sur tout ce qui est propre à piquer la curiosité, à fixer l'attention du public, finissent par faire apparaître comme normal ce qui, auparavant, était l'objet de la réprobation générale.

Si le public subit les effets des films, des émissions, des articles, il réagit aussi sur leur contenu, puisque ni le cinéma, ni la radio, ni la télévision, ni les journaux ne peuvent être indifférents à leur clientèle et sont obligés, sinon de s'adapter à ses goûts, du moins d'en tenir compte, surtout à partir du moment où un choix est possible. En outre, les messages des mass media ne sont pas des choses objectivement données, mais au contraire sont susceptibles d'être perçus et interprétés différemment. En d'autres termes, bien souvent le public y trouve surtout ce qu'il y cherche, et, d'ailleurs, l'attention sélective fait qu'il n'enregistre guère ce qui ne suscite chez lui aucun intérêt. On peut noter que les communications de masse, dans leur rôle informatif, culturel et surtout distractif, répondent à un besoin de relation sociale qui est peut-être mal satisfait par la civilisation moderne, surtout dans les grandes cités. On peut aussi voir, surtout dans les films de cinéma, la possibilité d'une participation inconsciente, voire mystique entre une société et le contenu d'un ensemble de messages esthétiques.

On peut constater que le contenu des films et des émissions déforme la réalité d'une manière qui accorde une importance excessive aux types d'existence les plus favorisés, les plus brillants, permettant au spectateur de se croire un moment transporté hors de sa condition plus médiocre. En outre, la présentation par le même moyen de contenus culturels ne demandant aucun effort d'assimilation permettrait aux sujets de se croire plus cultivés qu'ils ne le sont. Enfin, il ne faut pas oublier que le cinéma et la télévision sont regardés pendant le temps de loisir, et même à des moments où l'on se sent détaché de toute obligation. Ainsi, la consommation des mass media est-elle liée à des phases de la vie séparées des activités courantes, ce qui contribue encore à en faire un moyen d'évasion.

L'AVENIR

Il serait intéressant de pouvoir connaître et apprécier l'évolution future des publics des mass media. Quelques lignes de force sont déjà perceptibles. D'une part, on observe déjà que le public, en général, s'adapte aux nouvelles techniques, les maîtrise peu à peu et, en tout cas, est moins subjugué* par elles et moins passif, plus critique aussi et plus sélectif dans l'usage qu'il en fait. Submergé par un flot toujours croissant d'informations, de fictions, il est contraint de choisir, et, menacé par la saturation, blasé bien souvent, il apprend à préserver sa propre personnalité. En second lieu, ce public est de moins en moins une "masse" uniforme et indistincte. D'une part, il se diversifie de lui-même et reste intégré, même en tant que consommateur de médias, dans ses groupes et ses cadres familiaux, professionnels, sociaux en général. D'autre part, le progrès des techniques va dans le sens d'une différenciation croissante des publics. En particulier, les "vidéocassettes*", en permettant à chacun de se fabriquer des programmes "à la carte", et la télédistribution par câbles, en faisant surgir une télévision "de clocher*", vont plutôt contribuer à une "démassification".

Enfin, les diverses fonctions que remplissent les systèmes de diffusion collective font apparaître, d'une part leur possibilité de se plier aux exigences de l'évolution sociale, et d'autre part, leur vocation de combler les besoins que fait surgir la civilisation industrialisée et urbanisée. On peut, du moins, espérer que, cette société étant de plus en plus perméable à la culture par la généralisation de l'instruction, le niveau des messages d'information ou de fiction permettra que s'accomplissent ces fonctions dans une perspective de progrès intellectuel, moral et social.

NOTES

1. Résumé fait par le Dr. Henry H. Kotchek du chapitre 12, "L'information collective et les mass media", *Encyclopédie de la sociologie: Le présent en question* (Paris: Larousse, 1975), pp. 305-345. Nous remercions vivement la maison Larousse de nous autoriser cette adaptation. [Les Rédacteurs]

2. Francis Balle, "La télévision française et l'Etat", résumé inédit.

17
Révolution culturelle du loisir dans la société française[1]

Joffre Dumazedier

Quand on parle de culture française, on pense surtout à Voltaire, Baudelaire, Malraux or Robbe-Grillet et à ceux qui les lisent, volontairement en dehors des obligations scolaires, dans leur temps de loisir. Il s'agit de moins de 20% de la population française. Quelle est donc la culture de la majorité? Il faut se méfier des généralités sur "la douceur de vivre" ou l'art d'aimer à la Française. En fait la culture vécue est avant tout le contenu de loisir vécu dans les différentes couches et classes sociales. En effet ce ne sont que des minorités très limitées qui trouvent ce qui enchante et développe le plus leur personnalité dans un travail professionnel, une participation religieuse ou une action politique.

De ce point de vue-là on n'a peut-être pas suffisamment remarqué qu'il s'est produit à partir des années 53-55 un changement capital dans l'évolution culturelle de la France. Les tendances postérieures malgré la révolte de mai-juin 68 ou la crise pétrolière n'ont fait que confirmer ce changement. Dès 1953 l'appareil productif détruit par la guerre est à peu près reconstruit grâce aux efforts collectifs de l'après-guerre soutenus par le plan Marshall. Par réaction au malthusianisme* des années 30, l'esprit de modernisation gagne du terrain, comme le montre déjà, en de nombreux points, le deuxième plan national dit "de modernisation et d'équipement". Le traité de Rome (1957), conçu pour créer un Marché commun aux vastes dimensions, est préparé dès 1955. Phénomène peut-être plus significatif: les entreprises industrielles françaises, stimulées par la perspective du commerce européen, mais confrontées à un marché du travail étroit, et notamment à une pénurie* de main-d'oeuvre qualifiée, mettent l'accent sur la nécessité d'un accroissement rapide de la productivité. Il avait fallu soixante-dix ans (1880-1953) pour que l'indice de la productivité industrielle double. Dix nouvelles années seulement (1954-1963) suffiront pour qu'il double une seconde fois.[2] Des économistes prévoient même qu'il triplera avant 1985. La consommation par tête s'est élevée de 49% de 1950 à 1959, malgré une croissance démographique* accrue; elle se serait multipliée par 2,5 entre 1960 et 1985.[3] Si ces hypothèses se confirment, malgré le ralentissement actuel, nous serions sur le point d'entrer dans cette ère de la consommation et du loisir de masse, qui, selon D. Riesman, risquerait d'avoir une influence déterminante sur la transformation du "caractère social", quel que soit le régime.[4]

Avant de reprendre, en partant de l'expérience de notre pays, les grands problèmes d'évolution de la société post-industrielle, que Riesman a posés en partant de l'expérience du sien, nous nous proposons une tâche plus modeste: observer quelques changements caractéristiques intervenus en France depuis 1953-1955 dans la demande de biens et services culturels par les individus et dans celle de l'offre des biens et activités par les organisations commerciales et non commerciales.

EVOLUTION DE LA DEMANDE DE BIENS ET SERVICES CULTURELS PAR LES INDIVIDUS

C'est évidemment dans le temps libéré par le travail et particulièrement dans le loisir, que l'adulte peut surtout consommer les biens et services culturels. Certes pendant la période 1953-1965, la durée hebdomadaire du travail (agriculture exclue) a légèrement augmenté mais la pratique du week-end complet s'est étendue et la durée du loisir annuel a doublé sous la pression des syndicats*: elle est passée pour la majorité des salariés urbains en six ans (1957-1963) de dix-huit jours à trente jours, malgré l'opposition du patronat et l'avis défavorable des experts du commissariat au Plan. Ajoutons que, par ailleurs, la part la plus importante du temps libéré a surtout profité aux études des jeunes. En effet, l'âge d'entrée dans la production a été retardée par une prolongation de la scolarité.[5] Depuis cette période, la majorité des jeunes poursuivent leurs études après quatorze ans (71,3% en 1964 contre 57,7% en 1954). Mais, de notre point de vue, le fait le plus durable de la décennie 1955-1965 est double: a) une rapide valorisation des activités et des dépenses de loisir dans tous les milieux urbains et même ruraux[6] de la population et, b) une prise de conscience généralisée de l'existence d'un problème spécifique du loisir dans l'équilibre de la vie sociale et culturelle, actuelle et future de notre pays.

Essayons de préciser quelques dimensions et modalités de ces deux phénomènes récents:

Les dépenses de loisir dans les budgets des ménages ne représentent pas 8% comme il apparaît dans les comptes de la nation (1960) mais beaucoup plus. En effet, le poste "Loisir et culture" qui a été extrait du poste "Divers" à partir de 1953 ne comprend pas toutes les dépenses réelles de loisirs. Grâce à une étude de l'INSEE et du CREDOC (1957-1961) nous savons que 51,7% des kilomètres parcourus chaque année en automobile sont relatifs aux activités extra-professionnelles: sortie d'agrément, week-ends et vacances, etc.[7] Or, ce poste global compte également pour 8% dans les budgets des ménages de cette année-là. De même les dépenses de café, encore classées sous la rubrique "Hôtel-Restaurant-Café" (6,7%) correspondent pour la majorité des gens, non aux besoins de la vie professionnelle ou politique, mais à ceux d'une sociabilité de loisir. Or, les dépenses de café sont exclues de ce qui est appelé "Dépenses de loisir" (CREDOC). Il faudrait de même tenir compte des dépenses de l'habitation (résidences secondaires et résidences assimilées au week-end), du vêtement (vêtement de sport, d'été ou d'hiver), des soins et hygiène (crème contre le soleil, accidents de sport...) et de la nourriture (dépenses supplémentaires consécutives aux réceptions et sorties de loisir). Sur ces bases, nous estimons au moins à 16% le montant actuel des dépenses des ménages consacrées au loisir. Même s'il est difficile à l'économiste de les regrouper, leur signification *commune* par rapport au loisir ne fait aucun doute. Dans cette période, l'ensemble des dépenses de loisir a crû plus vite que l'ensemble des dépenses des ménages.

Mais ce qui nous paraît le plus significatif dans ce nouveau genre de vie, c'est le changement et parfois la mutation des intérêts culturels qui les accompagnent. Prenons quelques exemples: vers 1950, environ 10% des ménages possèdent une automobile; en 1965 c'est le cas de presque 50% de la population totale et de 40% des foyers d'ouvriers qualifiés. On compte au total huit millions de voitures particulières. (Le Groupe 1985 estimait qu'on en dénombrerait dix-neuf millions en 1985.)[8] Cet avènement de l'automobile dans les foyers de toutes classes change les mentalités. De 1950 à 1963, le nombre des départs en vacances dans les villes de plus de 50.000 habitants est passé de 49% à 63%. En 1964, 40% des Français de plus de quatorze ans ont voyagé pendant leurs vacances, la majorité en automobile (65%). Parmi eux, 14% sont allés à l'étranger, soit 3.780.000.[9] Il n'est plus possible de dire du Français actuel qu'il est "casanier*".

L'exode des urbains vers la nature prend des formes de plus en plus "naturistes". La France est, après la Hollande, la nation d'Europe qui donne au camping la plus grande place dans tous les milieux sociaux, quel que soit le niveau des ressources (en 1964, environ 21% des ouvriers et 11,3% des cadres* supérieurs). Le nombre des pêcheurs au lancer, qui était de 308.000 en 1950 est à présent de 1.120.000 soit 41% des pêcheurs. Ce goût de la pleine nature est en croissance malgré les concentrations qu'il provoque (plages). Il s'étend de plus en plus aux week-ends. On compte environ 900.000 résidences secondaires.[10] Si l'on ajoute les petits cabanons improvisés, certaines maisons de jardiniers du week-end, les fermes faussement productives, les caravanes stationnées dans des camps de banlieue, il faut probablement au moins doubler le chiffre. On observe des résidences secondaires réelles. Le groupe 1985 escompte qu'il y aura dans vingt ans 1.250.000 nouvelles résidences secondaires compte tenu du développement probable (à peine amorcé*) de la construction de pavillons* dont rêvent la majorité des Français (68% à Paris en 1962). Le Français des villes est en train d'inventer, peut-être, un nouveau style de rapports avec la nature.

Malgré l'attrait accru des sorties dans la nature, l'intérêt traditionnel pour le bricolage* à la maison et le jardinage près de la maison persiste. Certes, la pratique de l'artisanat domestique semble plus faible chez les Français que chez leurs voisins: 21% seulement d'entre eux déclarent qu'ils bricolent au moins une fois par semaine, contre 29% des Italiens, 37% des Hollandais et 41% des Brittaniques.[11] Mais leur intérêt est fort: 60% des bricoleurs d'Annecy déclarent qu'ils s'adonnent au bricolage uniquement par plaisir (surtout parmi les ouvriers).[12] Ils le font en général avec joie, compensant ainsi la dépersonnalisation du travail parcellaire*. C'est aussi un moyen d'expression dans lequel Levi-Strauss voit même une persistance durable de la "pensée sauvage" à l'époque de la rationalisation scientifique.[13] Quoique nous manquions d'indicateurs sûrs pour mesurer l'étendue de cet intérêt et sa signification, notre hypothèse est qu'il est en croissance. Il sera vraisemblablement de moins en moins utilitaire et de plus en plus psychologique à mesure que la rationalisation de la production et la standardisation des produits de consommation de masse augmenteront. On peut avancer que la culture manuelle est déjà et sera probablement de plus en plus un des aspects majeurs de la culture populaire, c'est-à-dire vécue par la majorité de la population. Si l'artisanat est en régression dans le secteur productif, il prospère dans celui du loisir, de même que dans celui du jardinage.

Le paysan du dimanche est un produit des sociétés industrielles et postindustrielles. Malgré la construction depuis 1954 de plus de trois millions d'appartements dans de grands et petits ensembles privés de jardins, les Français sont toujours amateurs de jardins: 42% d'entre eux jardinent au moins une fois par semaine contre 34% des Hollandais et 11% des Italiens; souci d'économie certes mais surtout désir de disposer d'une production plus "saine" que celle du marché, et plaisir qu'on éprouve au contact des choses de la terre et dans le retour périodique à la nature. Quoi qu'il en soit, cette relation traditionnelle avec la terre à exploiter ou le matériau à transformer correspond à un besoin culturel que ni l'élévation du niveau de vie ni celle du niveau d'instruction n'ont diminué.

Dans le domaine artistique et intellectuel, l'événement majeur de cette période fut l'apparition de la télévision. La progression de l'équipement des foyers fut lente (53.000 appareils en 1953), puis rapide (1 million chaque année depuis le 1er janvier 1962). En septembre 1965, on comptait plus de 6 millions de postes. Ainsi, près d'un foyer sur deux est équipé (35% chez les cadres, 21% chez les ouvriers en 1961). La moyenne d'audition est de 16 heures par semaine.[14] On sait que l'écoute de la radio en famille est de moindre durée. On sait aussi que depuis 1957 la fréquentation du cinéma a baissé: 27% seulement des propriétaires de TV y vont au moins une fois par mois contre 42% parmi les autres.[15] Mais dans le même temps (1956-1963) la vente des transistors est passée de 150.000 à 2.160.000, celle des microsillons* a été multipliée par dix de 1954 à 1963, et un tiers des foyers sont équipés en électrophones*. La vente des périodiques* a continué pendant ce temps sa croissance (11,7 kg par tête en 1955; 15,4 en 1962).

Quant à l'expansion du livre, elle a été de 10 millions d'exemplaires vendus en 1960 à 31 millions en 1963.[16]

Jusqu'à présent, le contenu des émissions de la télévision française n'est pas envahi par les "variétés" de la publicité commerciale comme aux U.S.A. où elles occupent 75% des heures d'antenne. Le contenu des émissions françaises est plus équilibré (25% de variétés d'un niveau moyen plus élaboré). Le goût du public se partage entre les jeux faciles et les reportages de grande qualité comme "Cinq colonnes à la une", entre les feuilletons (d'un niveau moyen plus élevé qu'aux Etats-Unis) et les pièces comme *Macbeth* (J. Vilar) ou comme les *Perses* qui, en une seule soirée eut plus de spectateurs en France qu'en deux mille ans de représentations théâtrales! C'est l'hebdomadaire de télévision le plus proche des normes du milieu le plus instruit (*Télé 7 jours,* analogue au *TV Guide* des Etats-Unis) qui a le plus fort tirage: 2 millions en 1977. Ce sont les chansons qui ont le plus large succès radiophonique, mais les chanteurs "littéraires" ont, tout compte fait, autant de succès que les autres, et sur 500 heures d'émissions des postes nationaux, on en compte 150 consacrées à la musique classique et moderne (1961). Le cinéma français est beaucoup plus proche des exigences d'une littérature de qualité que, dans son ensemble, le cinéma d'Hollywood. En 1964, les genres de films préférés étaient *les Misérables* (75%) et *les Canons de Navarone* (70%) mais *Quai des brumes* recueillait encore 43% des suffrages et *Hiroshima mon amour* 37%.[17] Les livres de poche ont favorisé l'expansion des romans policiers les plus faciles, mais aussi celle des grandes oeuvres. Après *le Larousse de poche* (1.300.000 exemplaires vendus) arrivent *le Journal d'Anne Frank* (750.000), *la Peste* (650.000) et trente-deux titres d'oeuvres qui, jusqu'en 1964, ont eu un tirage supérieur à 300.000. Quoique le livre de poche soit moins répandu qu'aux Etats-Unis, on peut commencer à parler d'une production et d'une distribution "massives"[18] de la littérature générale (pas encore d'une consommation de masse).[19] Ainsi en dix ans, cette situation culturelle a évolué vers une complexité croissante. Elle se caractérise dans la majorité des milieux sociaux d'une ville[20] par un enchevêtrement* de genres et de niveaux culturels variés qui s'interpénètrent dans des combinaisons souvent originales. Ni les concepts raffinés de la culture académique et de la culture d'avant-garde, ni les concepts simplifiés d'une culture de masse qui domine aux U.S.A. ne nous paraissent aptes à rendre compte des caractères particuliers des contenus du loisir des différentes classes et catégories sociales en France, malgré certaines tendances des syndicats, en 1936 notamment. Mais, ces dix dernières années, il est devenu, comme nous l'avons déjà dit, un problème général qui a fait l'objet d'un nombre sans précédent de congrès, de colloques, de journées d'études, de numéros spéciaux de revues, non seulement sur l'initiative des syndicats ouvriers, mais sur celle des organisations patronales, des organismes de publicité, des groupements d'assistantes sociales, des organismes pédagogiques, etc. Le loisir est devenu un problème réellement national à l'ordre du jour dans tous les genres d'organismes; c'est une préoccupation d'une dimension et d'une signification nouvelles.

Cette réflexion, malgré sa diversité, présente une unité. Quatre problèmes l'ont dominée:

1. Pourquoi et comment affirmer le droit au loisir comme un aspect nouveau du bonheur, contre la survivance des moralistes antérieurs du travail, de la famille, de la politique ou de la religion?
2. Pourquoi et comment réduire les contraintes (horaire de travail, genre de travail ou genre d'habitation et longueur du trajet, etc.) qui limitent les possibilités de loisir pour les milieux les plus défavorisés?
3. Pourquoi et comment éviter que les valeurs du loisir ne contrarient les valeurs authentiques de l'engagement familial, scolaire, professionnel, syndical, politique ou spirituel?
4. Pourquoi et comment favoriser dans le loisir un équilibre entre la jouissance et l'effort, entre l'évasion et la participation, le divertissement et la haute culture?

Pour répondre à ces problèmes, constatons d'abord que toutes les organisations de la vie sociale se sont transformées ou ont accéléré, pendant cette période, leur transformation. Tout d'abord les organismes de distribution commerciale ont modifié leur publicité qui est devenue dans l'ensemble plus informative, plus éducative ou plus humoristique. Pour la première fois (en 1964) la Foire de Paris a organisé "un village de loisir" qui regroupait tous les commerces de biens et services culturels dans une perspective commune où la volonté d'éducation du public était associée à la promotion des ventes (collaboration de chercheurs, d'écrivains, d'éducateurs). Des groupements nationaux de publicité se sont réunis en séminaire (1963) pour étudier les moyens de faire contribuer le contenu et la forme de la publicité au développement dans les masses d'une vie équilibrée de loisir. Le bazar* traditionnel vendant de tout et ne connaissant rien est en régression. En marge du développement des supermarchés, souvent pourvus de rayons spécialisés pour les loisirs, les nouveaux commerces spécialisés de biens culturels (marchands d'articles de sport, libraires, marchands de musique...) tendent à être gérés* par des animateurs compétents, formés au cours de stages. Ces "vendeurs-animateurs" sont intégrés à la vie des sociétés locales non pas comme de traditionnels bienfaiteurs, mais comme des techniciens qualifiés d'une activité de loisir. Cette tendance, quoique très limitée, est, à notre point de vue, un des faits marquants de l'évolution récente des commerces de biens culturels.

Un nombre croissant d'entreprises industrielles qui se sont construites dans cette période ne ressemblent plus du tout à nos anciennes fabriques; certes leur nombre est bien réduit par rapport à l'ensemble des entreprises. Mais elles marquent une tendance nouvelle et créent un cadre de référence nouveau. L'évolution des sources d'énergie et des méthodes de travail impose des bâtiments administratifs ou scolaires à d'anciennes usines, et le désir d'agrémenter la vie entraîne l'entreprise à construire stades, terrains de jeux, salles de spectacle, salles de réunions, salles de cours et à prévoir des jardins. Les comités d'entreprises ont développé leurs activités de loisir dans un style plus technique. C'est en 1960 que les principaux responsables de la formation des grandes entreprises se réunirent pour étudier "la culture générale dans la formation industrielle".[21]

Cette nouvelle culture fait très largement place aux nouvelles relations des valeurs du travail et des valeurs du loisir dans l'équilibre culturel des cadres. Certes la majorité des entreprises conserve encore des conditions de travail anachroniques, mais l'entreprise la plus moderne ressemble de moins en moins à l'image de l'usine qui domine la littérature française de Zola à Aragon.

Pendant cette même période, nous l'avons dit, plus de trois millions de logements ont été construits. Des quartiers, des villes entières sont nés. La protection et l'aménagement d'un espace de loisir est un des principaux problèmes à l'ordre du jour: espaces verts, terrains de jeux, Maisons de jeunes, centres sociaux et culturels.... Les centres sociaux ont consacré une part croissante de leur activité aux activités distractives et informatives. A partir de 1956, une véritable reconversion du rôle de l'assistante sociale s'amorce. Elle se prépare à devenir une "animatrice" formée aux techniques d'action culturelle. La traditionnelle "concierge" tend à être remplacée dans les nouveaux ensembles d'immeubles par un système complexe de gardiens, de délégués, d'assistants et d'animateurs de foyers culturels en tous genres pour les locataires jeunes, adultes et âgés.

Sur un tout autre plan, il en va de même pour le curé traditionnel de la paroisse. Il a été précurseur de l'organisation du loisir. Mais le cadre des "oeuvres sociales de l'Eglise" s'est révélé trop étroit pour répondre aux nouveaux besoins. C'est à la suite d'un "congrès national sur l'action pastorale et le loisir" (1965) que la laïcisation générale de ces oeuvres a été décidée par l'Eglise. La participation des chrétiens à toutes les nouvelles organisations de loisir a été encouragée. L'action pastorale s'oriente vers des formes beaucoup plus adaptées aux loisirs de fin de semaine ou de fin d'année et à la "nouvelle mentalité" des fidèles. En dehors des exigences traditionnelles du sacerdoce*, c'est le rôle de guide d'une équipe d'animateurs culturels qui est à l'ordre du jour.

Enfin, les municipalités les plus dynamiques ont commencé à se poser le problème du loisir de leur population en termes nouveaux. Autrefois les commissions des sports, des beaux-arts, et des associations avaient une politique fragmentaire, sans perspective d'ensemble. Depuis une dizaine d'années, à l'exemple des municipalités novatrices comme Rennes, Strasbourg, Metz, Rouen, Bourges, Avignon, Annecy ou Grenoble, une politique plus cohérente de développement culturel extra-scolaire à court et à long terme commence à s'élaborer dans quelques villes avec l'aide de l'Etat. Le nombre des piscines, des gymnases et des stades est en forte augmentation. Malgré le retard qu'elles ont pris depuis cinquante ans,[22] les bibliothèques municipales tendent à s'organiser en foyers culturels. Avec un retard du même ordre, les conservateurs de musées sont encouragés à devenir des animateurs culturels (congrès du Conseil international de l'organisation des musées, Paris 1964). Un grand nombre de centres dramatiques nés d'une initiative de la IVe République se sont transformés ou s'apprêtent à se transformer en maisons de culture—six ont été réalisées pendant le IVe Plan et près de cinquante sont en projet. Les centres sociaux, les Maisons des Jeunes et de la Culture et les foyers de jeunes travailleurs ont plus que doublé en dix ans (il y en a actuellement plus de 1200). Les mairies traditionnelles sont de plus en plus inadaptées pour résoudre ces nouveaux problèmes culturels à court et à long terme.

Certes, répétons que toutes ces réalisation novatrices sont encore limitées. Elles rencontrent l'hostilité des conservateurs et la force d'inertie qui caractérise toute administration publique ou privée. Mais il est incontestable qu'un mouvement de rénovation culturelle s'est déclenché ou accéléré dans cette période. Il a favorisé des réalisations et beaucoup de projets circonstanciés qui ont des chances de se réaliser progressivement dans les dix ou vingt ans à venir, si les hypothèses des économistes se vérifient. Ces projets peuvent être parmi les indicateurs les plus concrets des réalisations de "1985".

Nous n'avons évidemment pas décrit de façon exhaustive les traits de l'évolution culturelle des familles et des organismes sociaux pendant cette période. Ce n'était pas notre propos. Nous avons choisi quelques faits significatifs qui mettent en lumière l'apparition d'intérêts nouveaux dans la population et d'initiatives nouvelles dans les organisations de notre pays en relation avec la valorisation inégale mais générale des dépenses et activités de loisir. Pouvons-nous parler avec D. Riesman de l'amorce d'une "seconde révolution" dans le caractère national? Nous ne le savons pas encore. Notre hypothèse, néanmoins, est que ces transformations culturelles sont déjà suffisamment étendues et profondes pour avoir un effet durable sur la mentalité générale de notre pays, y compris ses attitudes syndicales, socio-politiques ou socio-spirituelles. Malgré le changement de climat politique par rapport à cette période, malgré l'effet des mouvements de mai-juin 1968, ces tendances se maintiennent. Aucune observation ne nous permettrait de prévoir un changement. Au contraire, toutes les statistiques disponibles depuis la période 1955-1965 prolongent celle-ci au niveau de loisir.[23] La revendication de la semaine de travail à 40 heures et l'abaissement de la retraite à 60 ans risquent d'étendre ces problèmes à un public nouveau dans un avenir proche.[24]

La signification historique de ce phénomène dépasse la société française. Elle s'insère dans une évolution à long terme des sociétés industrielles avancées et des sociétés post-industrielles. Cette évolution se poursuit quelles que soient les conjonctures* défavorables comme les guerres, ou la crise actuelle de l'énergie. La société française abandonne de plus en plus, surtout dans les villes, les caractères de la période traditionnelle qui avaient marqué sa façon de vivre jusqu'à une date récente.

Tout d'abord la production du temps libre, enveloppe qui contient le temps de loisir, est évidemment le résultat d'un progrès de la productivité, provenant de l'application des découvertes scientifico-techniques: tous les économistes s'accordent sur ce point, de Marx à Keynes. Mais ce progrès scientifico-technique est complété par une action double: celle des syndicats qui revendiquent parfois simultanément et le plus souvent alternativement l'accroissement du salaire et la diminution des heures de travail et celle des entreprises qui ont besoin pour écouler leurs produits d'étendre le temps de la consommation. Tous ces faits ne sont pas toujours en harmonie. Il en résulte, comme on l'a déjà observé dans la société américaine avec l'avènement de la consommation de masse, des possibilités de grèves plus longues, de conflits sociaux plus étendus, intégrant, aux côtés des travailleurs, des retraités, des ménagères, etc. Cependant, on peut remarquer que, dans l'ensemble, toutes ces forces convergent vers la revendication d'un accroissement du temps libre non seulement par rapport au travail professionnel, mais aussi par rapport aux travaux domestiques et familiaux.

Soulignons que la composante scientifico-technique, en interférence avec les mouvements sociaux, concerne non seulement la réduction des heures de travail professionnel mais également celle des heures de travail domestico-familial: c'est un fait souvent oublié dans les analyses de la dynamique technico-économique qui produit le temps de loisir.

J. Fourastié a mis en lumière la différence de durée du travail ménager consécutive à l'inégalité d'équipement technique des foyers.[25] L'enquête du budget-temps de A. Szalai a permis de mesurer l'économie de temps que la ménagère américaine, à condition sociale égale, réalise grâce à l'équipement supérieur des foyers par rapport aux autres pays moins riches.

Mais la composante technologico-économique n'explique pas tout. Elle ne permet pas de comprendre pourquoi le temps libéré s'est surtout transformé en activités de loisir. Il faut faire intervenir une composante éthico-sociale. En effet notre hypothèse est que la production du loisir est le résultat de deux mouvements simultanés: a) le progrès scientifico-technique appuyé par les mouvements sociaux libère une partie du temps de travail professionnel ou domestique; b) la régression du contrôle social par les institutions de base de la société (familiales, socio-spirituelles et socio-politiques) permet d'occuper le temps libéré surtout par des activités de loisir. Cette régression de contrôles institutionnels est en relation avec l'action de mouvements sociaux des jeunes et des femmes qui se sont élevés contre l'omnipotence des devoirs familiaux ou conjugaux, de ceux des fidèles qui ont revendiqué plus de responsabilités laïques par rapport aux anciens patronages gérés par l'Eglise, comme dans les autres secteurs de la vie paroissiale, de ceux des citoyens dressés contre les totalitarismes politiques menaçant la liberté et ce qu'on a appelé "la vie privée" qui inclut le loisir.

Mais là se pose un nouveau problème; cette dynamique économique et sociale est pour ainsi dire négative. Il s'agit de libérer du temps par rapport aux anciennes contraintes, aux anciens devoirs imposés par les institutions médiatrices, constitutives de la société globale. Ce temps libéré ne rencontrerait-il que le vide? On comprendrait mal un attrait si fort du "vide"! N'y aurait-il pas, au contraire, dans toutes les sociétés industrielles avancées, capitalistes ou socialistes, une force positive qui orienterait la plus grande partie du temps libéré vers le loisir? Quelle pourrait être la source majeure de cette attraction de plus en plus essentielle, exercée par les loisirs à mesure que les sociétés industrielles évoluent vers le stade post-industriel? Telle sera la dernière question que nous essaierons de traiter dans ce chapitre.

Il est, à première vue, bien difficile de saisir cette attraction centrale, tant le foisonnement d'activités en apparence hétérogènes est grand. Peut-on même postuler une unité sous cette diversité croissante, évoluant au gré des découvertes techniques ou selon la fantaisie des modes? Certains, nous l'avons dit, devant cette variété vont jusqu'à nier que le loisir soit un concept valide et opératoire digne de constituer une branche de la sociologie. D'autres, au contraire, et nous nous rangeons parmi eux, soutiennent qu'une réalité cachée est vraisemblablement commune à toutes ces activités; il nous appartient de la faire apparaître. L'élaboration du concept de loisir, de ses limites, de ses structures internes et de ses relations externes est la meilleure voie pour tenter de saisir cette réalité profonde.

Où réside la force centrale d'attraction de ce phénomène, quelles que soient les formes qu'il emprunte: vacances, repos, divertissements, week-ends, promenades, sports, spectacles, conversations, voyages d'agrément, télévision, théâtre, musique, bals, autodidaxie*, cafés, PMU, jeux de cartes, jeux d'amour et même "drogues de plaisance", etc.? Cette force centrale d'attraction qui s'affirme à travers ce foisonnement d'activités, c'est—selon nous—un nouveau besoin social de l'individu à disposer de lui-même pour lui-même, à jouir d'un temps dont les activités étaient autrefois en partie imposées par l'entreprise, les institutions socio-spirituelles, socio-politiques ou familiales. La nécessité d'un travail prolongé se faisant moins sentir, le contrôle des institutions constitutives de la société étant moins étendu, un temps marginal est libéré: sa raison d'être n'est plus le fonctionnement d'une institution mais la réalisation de l'individu. Ainsi que le dit R. Richta dans *La Société du loisir,* "la subjectivité de l'individu est devenue en elle-même une valeur sociale".

Ce nouveau besoin social, quoique fortement ressenti par un nombre croissant d'individus est certes difficile à conceptualiser au niveau scientifique. Il naît dans un conflit avec les éthiques et structures de l'époque passée.[26] Il peut être réduit à presque rien, par manque d'argent, de temps, chez les déshérités. Il peut être dénaturé en devenant une source "d'évasion", d'inadaptation, de délinquance sociale. Il peut être l'occasion de mystifications idéologiques en tous sens. Il peut devenir l'objet de nouveaux contrôles institutionnels dont la régression lui a permis de naître et de croître.[27]

Mais il faut comprendre les caractères spécifiques de ce phénomène dans la dynamique des sociétés industrielles avant de le critiquer. Sinon la critique sociale manquerait son objet. Cette critique s'en prendrait à un mythe fabriqué pour les besoins de la cause; elle dénoncerait des tares*, des illusions, des idéologies suspectes associées au loisir dans notre société actuelle en évacuant le sujet lui-même, en ignorant ou en éliminant le loisir en tant que tel. Sous l'influence des sociologues de la vie "sérieuse" (travail, famille, politique, religion, éducation . . .) le loisir est le plus souvent récupéré conceptuellement par une idéologie sociale qui s'empresse de couvrir une partie de sa réalité par des concepts plus rassurants. Ce loisir suspecté de délinquances ou d'anarchisme en puissance ferait-il peur?

A l'inverse, l'observation sociologique révèle que le loisir ne correspond pas seulement aux besoins authentiques de la personne. Ces besoins sont évidemment en interaction permanente avec les conditions subjectives et objectives qui les favorisent ou les contrarient.... Ce sont celles du marché économique qui les standardisent, des traditions éthiques qui les censurent ou les canalisent*, des politiques qui tentent de les manipuler, en fonction d'objectifs souvent étrangers aux aspirations de libre expression et communication de la personnalité. Ces observations contredisent donc les représentations simplifiées, caricaturales, dans lesquelles le loisir est, soit confondu avec la liberté absolue, soit anéanti sous le poids des déterminismes sociaux. Il est évident que le loisir n'a pas la propriété miraculeuse d'anéantir les conditionnements sociaux, ni d'instaurer* le règne de la liberté absolue, mais la liberté de choix dans le temps de loisir est une réalité, même si elle est limitée et en partie illusoire. L'enfant ne confond pas récréation et travail scolaire, l'adulte ne peut pas davantage confondre ses loisirs avec les obligations du travail professionnel ou domestique, même quand il trouve en ces derniers du plaisir. Mais cette liberté est toujours limitée, conditionnée.

C'est dans ces conditions réelles, équivoques, dialectiques ou conflictuelles que s'élaborent les nouvelles possibilités historiques de réalisation "ludique"* de la personne. Celle-ci a conquis peu à peu le droit et un certain pouvoir (temps) de choisir des activités orientées en priorité vers des fins désintéressées, vers la satisfaction des besoins individuels ou sociaux, sans utilité sociale directe, vers l'expression, la création ou recréation de la personne elle-même. La valorisation du jeu, surtout associé à l'enfance dans la période précédente, s'étend de plus en plus aujourd'hui à l'âge adulte. Dans le champ du loisir les frontières entre les normes qui règlent les activités des différents âges deviennent de plus en plus floues*.[28] Dans la norme actuelle le temps de loisir n'est plus seulement un temps de repos réparateur, même s'il le demeure pour un grand nombre de travailleurs fatigués, il est devenu un temps d'activités qui ont une valeur en soi. Certains individus qui vivaient autrefois pour travailler osent travailler aujourd'hui pour "vivre" ou osent en rêver....

Tout se passe comme si cette valorisation sociale de l'expression de soi par le loisir était une nouvelle étape des conquêtes historiques de la personne. Aux confins de l'histoire et de la psychologie, I. Meyerson a montré comment ce qui apparaît comme des attributs propres à chaque individu (un mode de sentir, de penser, d'agir) est en réalité profondément marqué par l'histoire des sociétés qui bouleverse les équilibres antérieurs.[29] Il en va de même pour les droits de la personne dans le loisir. Tout se passe comme si l'éthique du loisir avait des relations avec les autres éthiques, celles du travail, du devoir familial, du service social, etc. Celles-ci limitent, conditionnent celle-là, mais à leur tour, elles sont influencées par elle. L'éthique sociale et personnelle en est changée. Ce qui hier aurait été paresse par rapport aux exigences de l'entreprise est aujourd'hui dignité; ce qui hier s'appelait égoïsme par rapport aux exigences de l'institution familiale se nomme aujourd'hui respect des caractères de l'un de ses membres. Une partie de ce qui était péché aux regards de l'institution religieuse est reconnue aujourd'hui comme art de vivre. Certains ont parlé d'une morale de l'hédonisme*. C'est équivoque*: L'éthique de loisir n'est pas celle du désoeuvrement qui rejette le travail, ni celle de la licence qui enfreint les obligations, mais celle d'un nouvel équilibre entre les exigences utilitaires de la société et les exigences désintéressées de la personne. Si cette perspective est confirmée par l'histoire, le loisir serait moins une compensation ou un complément de travail professionnel ou domestique que la cause et le résultat d'une aspiration nouvelle de la personne en relation avec une étape nouvelle des sociétés technologiques. Les besoins de raccourcir le temps de production pour libérer un temps supplémentaire, où les producteurs puissent mieux consommer, ne seraient qu'un corollaire de cette mutation historique que tout système de production et de consommation, quel qu'il soit, tentera d'accaparer à son profit, sans être capable de la créer.

Ainsi tout se passe comme si nous vivions une nouvelle étape de la conquête de la personne sur tous les intégrismes ou totalitarismes brutaux ou pacifiques, manifestes ou cachés des institutions sociales. A la Renaissance, à la suite d'un long mouvement de protestation et de contestation qui devait aboutir à la Réforme, l'Eglise commence une mutation qui devait mener à la fin des procès de sorcellerie, d'athéisme, d'hétérodoxie*: l'homme avait conquis le droit de choisir son Dieu ou de n'en choisir aucun. Deux siècles plus tard à la suite de mouvements sociaux contre l'absolutisme, l'arbitraire du souverain, son pouvoir discrétionnaire reculent: c'est l'origine de l'Habeas Corpus: le sujet du roi tout puissant devient un citoyen plus libre. Un siècle plus tard, c'est le droit tout-puissant de l'institution corporatiste sur le travailleur qui disparaît. D'un côté l'apparition de la loi nouvelle[30] livre sans défense le travailleur au bon vouloir de l'entrepreneur, mais en même temps l'individu n'est plus attaché à l'entreprise et les travailleurs prennent conscience de leurs intérêts propres: la lutte de classe peut s'organiser malgré la loi répressive, le salarié conquiert âprement le droit de défendre sa dignité. Aujourd'hui, c'est l'institution familiale elle-même qui relâche ses contrôles sur ses membres; même quand elle reste un cadre efficace d'échanges fonctionnels et affectifs. La toute-puissance du chef de famille sur le loisir de ses membres s'assouplit, se négocie. Le droit de chacun à choisir ou refuser les loisirs en groupe sous le contrôle direct de l'institution familiale grandit; celui de disposer plus librement de son temps en loisir avec des êtres de son choix commence à un âge de plus en plus précoce. D. Riesman a montré que, dans les sociétés modernes, les valeurs de l'individu ont changé.[31] Sa thèse est que l'individualisme de la Renaissance ne satisfait plus le besoin de sortir de l'isolement social propre aux grandes villes anonymes. On peut le vérifier dans la recherche, par la population des villes, d'unités de voisinages plus proches de la nature où les individus sont plus près les uns des autres,[32] mais il faudrait compléter cette observation par une autre: dans le loisir, les valeurs de l'individualisme sont également à reconsidérer dans un sens opposé: jeux, voyages, relations affectives ou études personnelles considérées hier par beaucoup comme une perte de temps, un amusement suspect ou une atteinte aux devoirs familiaux, sociaux, tendent aujourd'hui, dans certaines conditions encore floues et variables en chaque situation, à devenir de nouvelles exigences de la personne. Dans ce temps prescrit par la nouvelle norme sociale, ce n'est ni l'efficience technique, ni l'utilité sociale, ni l'engagement spirituel ou politique qui est la fin de l'individu mais la réalisation et l'expression de lui-même: telle est notre hypothèse centrale.

NOTES

1. Pour approfondir ce thème, consulter J. Dumazedier, *Sociologie empirique du loisir* (Paris: Seuil, 1974). [Les Rédacteurs]

2. J. Fourastié, *Prévision et évolution* (Paris: La Table ronde, 1962), pp. 9-19.

3. Groupe 1985 du commissariat au Plan, *Réflexion pour 1985* (Paris: Documentation Française, 1964).

4. D. Riesman, *La Foule solitaire* (Grenoble: Arthaud, 1964). Cf. l'analyse critique par J. Dumazedier, "David Riesman et la France 1963-1985", *Revue francaise de sociologie,* VI (1965), 379-382; A. Touraine, *La Société post-industrielle* (Paris: Denoël, 1969), Coll. Médiations 61.

5. L. Cros, *L'Explosion scolaire* (Paris: CVIP, 1961), voir aussi *Etudes statistiques* (Bruxelles: Institut National de Statistiques, 1964).

6. Première enquête JAC sur le loisir (20.000 réponses), 1961; H. Mendras, "L'Agriculture et l'avenir de la société rurale", *Bulletin SEDEIS "Futuribles"* (20 décembre 1964, supplément No 2).

7. H. Faure, "Une enquête par sondage sur l'utilisation des voitures particulières et commerciales", *Consommation, Annales du CREDOC,* No. 1 (janv-mars) 1963, pp. 1-81.

8. Voir la note 3.

9. C. Goguel, "Les vacances des Français en 1964", *Etudes et Conjonctures,* No. 6 (juin) 1965, pp. 65-102.

10. INSEE, *Recensement de 1962,* population légale, divers fascicules.

11. SOFRES, *221.750.000 consommateurs,* sous la direction de A. Piatier (Paris: Sélection du Reader Digest, 1963).

12. J. Dumazedier, A. Ripert, *Loisir et culture* (Paris: Seuil, 1966).

13. C. Lévi-Strauss, *La Pensée sauvage* (Paris: Plon, 1962).

14. J. Cazeneuve, J. Oulif, *La Grande Chance de la télévision* (Paris: Calmann-Lévy, 1963).

15. Centre National du Cinéma français, *Cinéma français, perspective 1970,* Paris, Numéro spécial du *Bulletin du CNC,* 91 (février) 1965.

16. Syndicat national des éditeurs, *Monographie de l'édition* (Paris: Cercle de la librairie, 1965).

17. Voir la note 15.

18. Les livres de poche de la littérature générale sont surtout achetés par ceux qui lisaient déjà des livres, soit 42% des Français (d'après le sondage effectué en 1960 par le Syndicat national des éditeurs).

19. J. Dumazedier et A. Ripert, *Loisir et culture* (Paris: Seuil, 1966).

20. Paul Lafargue, *Le Droit à la paresse,* nouvelle éd. (Paris: Maspero, 1969), (1ère édition 1833).

21. On peut voir dans cette période l'origine ou le renforcement d'un mouvement social qui devait s'étendre plus tard et aboutir à des négociations entre syndicats et patronats puis à un ensemble de lois 70/71 sur la formation permanente dans l'entreprise.

22. Par exemple, à Paris, les bibliothèques municipales prêtent quatre fois moins de livres par habitant que celles de New York et environ dix fois moins que celles de Londres. Cf. J. Hassenforder, "Le retard des bibliothèques françaises", *Expansion de la recherche scientifique,* XXII (1965), 46-48.

23. J. Dumazedier, *Vers une civilisation de loisir?* (Paris: Seuil, nouvelle édition, 1972. Coll. Points.) Voir aussi G. Coronio et J.-P. Muret, *Loisir: du mythe aux réalités* (Paris: Centre de recherche de l'urbanisme, 1973).

24. Cf. "Loisir et troisième âge", in J. Dumazedier, *Sociologie empirique du loisir* (Paris: Seuil, 1974).

25. J. et F. Fourastié, *Histoire du confort* (Paris: PUF, 1962).

26. W. Kerr, *The Decline of Pleasure* (New York: Simon and Schuster, 1962), p. 39. "We are all of us compelled to read for profit, party for contacts, lunch for contracts, bowl for unity, drive for mileage, gamble for charity, go out for the evening for the greater glory of the municipality, and stay home for the week-end to rebuild the house".

27. J. Baudrillard, *Le Système des objets* (Paris: Gallimard, 1968). Voir aussi S. B. Linder, *The Harried Leisure Class* (New York et Londres: Columbia University Press, 1970). L'auteur, un économiste, montre que les objets de consommation ainsi que les activités correspondantes sont devenus tellement foisonnants et variés que le temps manque de plus en plus pour les consommer.

28. M. Mead, *Le Fossé des générations* (Paris: Gonthier, 1975).

29. I. Meyerson, *Les Fonctions psychologiques et les oeuvres* (Paris: Vrin, 1948).

30. Loi Lechapelier, 1791.

31. D. Riesman, *Individualism Reconsidered and Other Essays* (Glencoe, Ill.: The Free Press, 1954).

32. H. J. Gans, *The Urban Villagers...*, (New York: The Free Press, 1962); *The Levittowners, Ways of Life and Politics in a Suburban Community* (New York: Pantheon Books, 1967).

18. La Cuisine et l'esprit du temps: quelques tendances récentes de la sensibilité alimentaire en France

Claude Fischler

Selon un point de vue très répandu aujourd'hui en France et ailleurs, l'art culinaire serait entré dans un déclin irrémédiable: la baisse de qualité des matières premières comestibles*, la disparition des produits artisanaux, les contraintes de la vie urbaine, tout cela et bien davantage conduirait à court terme à une uniformisation totale de nos habitudes alimentaires dans la médiocrité. Le monde développé ne serait sorti des vieilles angoisses de la pénurie* que pour mieux tomber dans l'assèchement total de la sensibilité gourmande, dans un univers alimentaire incolore, inodore et sans saveur, dominé par les ersatz* et les substituts et, de plus, chargé de poisons insidieux.

Ce pessimisme s'appuie sans doute sur des faits souvent indéniables. Pourtant, depuis une dizaine d'années, l'intérêt pour la cuisine semble connaître une recrudescence* considérable.

Une presse et une littérature culinaires se développent puissamment. Il paraît en moyenne un livre de cuisine par semaine (*l'Express*, 22-28 décembre 1975). Les guides gastronomiques se multiplient, accroissant leur audience, sans que cette nouvelle concurrence* semble gêner le classique *Michelin* (600.000 exemplaires en 1975). Tous les hebdomadaires et de nombreux quotidiens* ont mis à leur sommaire une rubrique* de critique gastronomique. Le restaurant est devenu une institution qui, comme à la grande époque du Palais Royal ou du Boulevard, fait partie intégrante de la vie culturelle du pays. Il y a plus: les grands cuisiniers sont admirés à l'égal des stars du cinéma et leur gloire est répercutée par les "mass media".

La cuisine n'est pas pour autant abandonnée aux seuls professionnels: de récentes enquêtes (Claudian et Serville, 1973)** montrent que "la Française aime toujours cuisiner". Une cuisine "de loisir et de divertissement" se développe même, cuisine qui n'est d'ailleurs plus exclusivement pratiquée par les femmes. Il y a en fait un intérêt nouveau et croissant pour la cuisine. Cet engouement* est suffisant pour faire l'objet d'une utilisation commerciale, en France et à l'étranger: un peu partout, s'ouvrent des écoles de cuisine pour amateurs, des écoles d'initiation à l'oenologie*; des agences de voyage offrent des circuits, des croisières, non plus seulement touristiques, mais aussi gastronomiques. Il y a désormais un marché—en expansion—de la gastronomie.

Devant ces données apparemment contradictoires, il convient de toute évidence d'opérer cette distinction préalable: l'art culinaire, la gastronomie, ne recouvrent pas l'ensemble du système alimentaire. Ils constituent soit un privilège social, soit une rupture festive ou célébrative de l'ordinaire. C'est ainsi que, à la fin de la première moitié du XIXe siècle, âge d'or de la gastronomie de la bourgeoisie parisienne, un quart à peine de la population s'alimente sans problèmes. Pendant ce temps, "entre 60, 80, 100.000 personnes au plus et selon les périodes, se joue la grande affaire gastronomique qui fait la fierté de Paris. Et c'est à 5.000, 6.000 calories ou pis encore que passe, par les excès de la table, la ration énergétique individuelle dans la bourgeoisie fortunée" (Aron, 1967).

Pour André Burguière (1965), la gastronomie est en quelque sorte "une réaction contre le système alimentaire de l'époque": certaines périodes, particulièrement marquées par un art culinaire florissant, sont aussi "de grandes périodes d'effondrement* alimentaire". Ainsi, dans la Rome impériale, la concurrence des produits en provenance de toutes les provinces de l'Empire "avait ruiné les cultures vivrières* de l'Italie et réduit à la famine la masse des petits paysans". En France, à la fin du XVIIIe et au début du XIXe siècle, l'introduction récente de la pomme de terre et l'orientation des cultures vers une économie de marché "avaient substitué au vieux système alimentaire à base céréalière un système plus solide économiquement mais plus pauvre diététiquement" (Burguière, ibid.).

Ainsi, la gastronomie se situerait non seulement en dehors de l'alimentation courante, mais aussi, en somme, en opposition à elle. Elle constituerait une évasion, dans le réel et/ou l'imaginaire, hors du quotidien et de l'ordinaire alimentaire, en alternance avec lui. Le paradoxe qui conjugue la crise de l'alimentation contemporaine et la montée gastronomique n'est donc qu'apparent: loin de succomber définitivement, la gastronomie puise dans la crise une nouvelle vigueur. On tentera de montrer ici que: le développement et la crise de l'alimentation contemporaine sont liés au développement et à la crise de la société industrielle et urbaine. En opposition à ce développement et à cette crise émergent des aspirations nouvelles. La gastronomie s'inscrit dans ces aspirations et, en s'adaptant à elles, adopte un cours nouveau.

**Les noms d'auteurs entre parenthèses renvoient aux ouvrages cités dans les références à la fin du chapitre.

CHANGEMENT SOCIAL ET CRISE DE L'ALIMENTATION

Les années 50 ont constitué pour la société française un tournant décisif. La France, jusque-là profondément marquée par son caractère rural et agricole, entre véritablement dans une nouvelle civilisation. Après la reconstruction, on assiste à une accélération considérable de l'industrialisation, de l'urbanisation et, corrélativement, à la promotion d'un mode de vie nouveau, de standards et de modèles de prestige inédits, diffusés par les mass media, qui connaissent eux-mêmes un développement très rapide. L'expansion industrielle et technologique, le gonflement des villes induisent l'émergence et l'ascension de nouvelles couches* sociales, citadines, jeunes, se situant, par leur statut économique et culturel, aux premières lignes de cette évolution globale, à la pointe des moeurs nouvelles, vivant et incarnant l'avant-garde du changement social.

Avec l'urbanisation, les rythmes de travail, donc de vie, donc d'alimentation sont modifiés (Serville, Trémolières, 1967; Claudian et Serville, 1970). L'opposition travail/loisirs, vie privée/vie professionnelle, qui traverse tout l'Occident industrialisé, s'installe aussi dans l'alimentation. Le repas de midi, dans les villes et chez les catégories sociales "de pointe*", tend à perdre de son importance au profit de celui du soir: les citadins déjeunent de moins en moins chez eux. C'est donc le dîner qui devient le principal repas, celui qui concentre en lui tous les contenus sociaux, affectifs de la table familiale (encore cette commensalité* du soir est-elle sérieusement menacée par l'intrusion de la télévision).

Dès lors, le déjeuner tend de plus en plus à basculer dans l'univers du travail; il est pris en charge par une restauration collective, le plus souvent purement fonctionnelle (se nourrir, se nourrir vite), industrialisée, en quelque sorte bureaucratisée, vidée de ses contenus communicationnels: cantines, *fast-food*, *self-service*, etc. Sur ces repas, pèse la contrainte de plus en plus puissante du temps social, qui rythme implacablement l'alimentation.

On pourrait croire que cette "alimentation de travail" n'est pas une nouveauté: le traditionnel "casse-croûte" du paysan aux champs, le déjeuner à la gamelle* de l'ouvrier ou de l'artisan ne sont-ils pas aussi de ces repas de fortune, pris loin de la table familiale, des pis-aller* alimentaires? En réalité, de la gamelle à la cantine d'entreprise, il y a une différence de nature, de même que du casse-croûte au sandwich il y a davantage qu'une simple traduction en "franglais".

La gamelle et le casse-croûte sont bien des repas pris sur le lieu de travail, en rupture avec la table familiale: mais, en un sens, ils portent en eux l'antidote à cette rupture. Mitonnée* sur la cuisinière du ménage par une épouse attentive, la gamelle est le récipient symbolique qui permet d'emporter avec soi les contenus chaleureux et familiers du foyer. Réchauffée sur un feu commun, elle marque le milieu du jour de travail d'un rituel collectif, commensalité de fortune où ce qui rapproche les "convives", c'est précisément l'absence de table et la présence d'un feu.

Bien entendu, quelles que soient les connotations et les significations de la gamelle, il est probable que, pour la plupart des travailleurs, la cantine d'entreprise représente un progrès alimentaire. Mais cette amélioration s'accompagne de contraintes sur lesquelles il faut s'interroger.

Serville et Trémolières (1967) constatent que les travailleurs pratiquant la "journée continue" acceptent souvent difficilement de renoncer, sous la pression du temps, à de petites habitudes accessoires au repas proprement dit: ainsi une personne interrogée regrette de ne plus avoir le loisir quotidien d'effectuer une courte marche avant de reprendre sa tâche. La halte du déjeuner est réduite par la pression du temps à sa fonction purement restaurative, énergétique, en quelque sorte reproductive de la force de travail. Or, le repas, pratique sociale essentielle, ne saurait se réduire à cette recharge calorique: le repas est un repos—moins physique que symbolique—une récupération passant par une foule de petits rites familiers qui, de la promenade apéritive à la cigarette ou au café final, font de la "pause-déjeuner" un mini-cérémonial personnel de détente. La halte de midi du travailleur citadin, considérablement écourtée, est donc perturbée dans sa dimension rituelle, un usage du temps inaperçu, non comptabilisable, mais essentiel.

Le manger dans la civilisation "managériale"

Le développement industriel, l'urbanisation, l'extension du secteur dit "tertiaire*" et, selon le terme de Galbraith, de la "technostructure", ont répandu dans une grande partie des classes moyennes et supérieures un mode de vie "managérial" stéréotypé qui, du voyageur de commerce au cadre moyen, du fonctionnaire au chef d'entreprise, constitue désormais l'univers quotidien des hommes. Cet univers s'ordonne autour des trois pôles principaux du bureau, du voyage, du repas d'affaires. A chacun de ces pôles correspond un type d'alimentation particulier.

La journée de bureau ordinaire comporte un repas qui, on l'a vu, peut être pris à la cantine, au café, au restaurant de quartier (institution qui subsiste en France tant bien que mal, ou même au distributeur automatique.[1]

Mais c'est sans doute autour du pôle des voyages d'affaires qu'appparaissent le plus clairement quelques traits révélateurs des contenus profonds d'une certaine modernité alimentaire.

Fondamentalement, le voyage et le manger sont liés par d'obscures attaches. Pour la sagesse populaire, "partir, c'est mourir un peu": peut-être cherchons-nous à conjurer magiquement cette angoisse mortelle par un acte vital: l'acte alimentaire. Le voyageur à l'ancienne, à peine installé dans son compartiment de chemin de fer, déballait ses provisions; le nouveau voyageur "avale" un sandwich ou un "hamburger" dans une cafétéria d'aéroport ou un restaurant d'autoroute, se fait servir un plateau-repas dans un avion. Cette alimentation des transports est rarement l'occasion de transports gastronomiques: c'est que le mangeur transporté lutte contre une obscure angoisse.

La civilisation contemporaine a créé de toutes pièces un univers du voyage clos sur lui-même, coupé du monde et du temps environnants: l'autoroute, les grands aéroports, fonctionnent à l'intérieur d'un temps et d'un espace qui leur sont propres. Dans ce monde clos, règne sans partage un manger apparemment hyper-rationnel: fonctionnalisé, massifié, hyperorganisé, standardisé, dépersonnalisé, mécanisé, bureaucratisé: "avaler" un sandwich ou un "Big Mac", c'est, semble-t-il, satisfaire comme à regret à une contrainte purement biologique, c'est absorber de la substance alimentaire comme on ingérerait* une substance pharmaceutique: pour pallier* une insuffisance physiologique.

Ce manger repose sur les stéréotypes alimentaires (d'importation américaine, mais désormais internationaux et même quasi-apatrides) du hamburger, du dessert glacé monumental, de la salade mêlant les ingrédients les plus hétéroclites.[2] Mais en fait, dans cet univers anonyme, à la fois vaguement anxiogène* et anomique* (au sens où, comme on l'a dit, il échappe à l'ordre du monde environnant) s'établit un rapport à l'alimentation à la fois régressif et transgressif. La restauration des aérogares et des autoroutes (de même que ses avatars* du cœur des villes: le *pub* et le *drugstore* "à la française") incarnent une "liberté" chronologique: celle de manger sans horaire, "24 heures sur 24", c'est-à-dire hors des contraintes du temps urbain et laborieux.

Mais le manger "drugstorien" repose aussi sur une autre transgression: il introduit à une gourmandise en quelque sorte régressive, substituant au plaisir de la table un plaisir enfantin (sinon infantile) où la friandise* triomphe au détriment du repas. Il renvoie à tous les fantasmes alimentaires de l'enfance, notamment par la fétichisation des desserts monumentaux, des glaces couronnées de montagnes de crème Chantilly et de sucreries multicolores, etc.

Une sorte de puritanisme alimentaire apparaît: la fonctionnalisation du repas prétend asservir le manger au travail. Mais derrière les signes affichés de ce puritanisme, il y a autre chose: les contraintes de la vie managériale sont aussi l'alibi d'une gourmandise censurée.

La civilisation contemporaine, urbaine et managériale, a rejeté dans le ghetto de la vie privée les contenus affectifs, individuels, personnels de l'existence. Or, dans le modèle de vie managérial, le ghetto domestique lui-même est rongé, peu à peu investi, par les contraintes professionnelles et les rituels du monde des affaires: tout se passe comme si s'instituait une zone d'indiscrimination entre travail et loisirs, où des plaisirs coûteux (repas d'affaires, "sorties" avec les clients, voyages, etc.) sont financés et justifiés par les "notes de frais" et les relations publiques.

Dans cette même zone d'indétermination, précisément, se développe la pratique du déjeuner (ou même du dîner) d'affaires, privilège s'appuyant sur l'usage prestigieux de la note de frais et de la carte de crédit. La réussite des restaurants de luxe (et l'ascension vertigineuse de leurs prix) doit beaucoup à l'extension considérable, dans la pratique commerciale, des dépenses dites de "représentation" et de ce que l'on pourrait nommer les "loisirs de fonction".

Si le déjeuner d'affaires est une pratique si répandue, c'est sans doute que la commensalité introduit dans la relation d'affaires, commerciale, économique ou même politique, une dimension supplémentaire, personnelle, une communication ou une communion autour des mets* et dans les libations*. Plus fondamentalement, la commensalité est aussi un instrument du pouvoir, ne serait-ce que parce qu'elle établit entre l'hôte et ses convives un rapport de dépendance élémentaire: la dépendance alimentaire. A Rome, la clientèle des patriciens* était entretenue dans sa dépendance par des libéralités alimentaires: dans la relation commerciale, le client est ce partenaire dont on attend une soumission ou une concession en échange d'une gratification, par exemple gastronomique. "Régaler" un client constitue donc bien, en un sens, un acte de pouvoir et de prodigalité proprement royal.

Le festin* empoisonné

L'industrialisation agro-alimentaire et la hausse du niveau de vie ont permis l'augmentation considérable de la consommation des aliments "d'exception" au détriment de ceux qui, au long des siècles, furent les aliments "de nécessité" (Claudian et Serville, 1970): les consommations de viande, de sucre, de corps gras, de laitages, de fruits frais ont été, en particulier depuis la guerre, en hausse, au contraire de celles de céréales (pain), légumes secs, etc. Simultanément, les technologies alimentaires nouvelles (conserves, surgélation*, lyophillisation*, etc.) ont diminué considérablement le temps consacré à la préparation des repas.

Mais ces progrès technologiques et industriels vont de pair avec soit une baisse (réelle ou imaginaire, réelle et imaginaire) des qualités gustatives* des aliments, soit une standardisation des produits, soit encore la disparition, la raréfaction, le remplacement par des substituts industriels des produits artisanaux (fromages, charcuteries, pain, etc.).

Dans un premier temps, on a conjuré le péril immémorial de dégradation biologique des aliments grâce au développement des techniques de conservation, de conditionnement, d'hygiène (pasteurisation). Mais le souci d'hygiène et de pureté bactériologique a pris parfois des formes obsessionnelles, comme le montre la consommation considérable des signes de la pureté tels, entre autres, la couleur blanche (pain blanc, sucre blanc, veau blanc, usage du blanc dans le décor des magasins d'alimentation ou les vêtements du personnel, etc.) ou l'usage extensif de la cellophane et des conditionnements de matière plastique. La généralisation des procédés de conservation et d'hygiène, l'obsession bactériologique, en stérilisant l'aliment, ont parfois stérilisé ses saveurs, tandis que les emballages plastiques et la cellophane l'ont installé dans un *no man's land* aseptisé* qui le coupe symboliquement à la fois de ses origines et de son consommateur. Enfin et surtout le progrès technique va de pair avec des excès technologiques: une problématique toxicologique inédite se révèle; ses résonances virtuelles dans la psychologie et l'imaginaire collectifs sont considérables.

Ainsi, par une sorte de choc en retour, à l'obsession de pureté bactériologique succède une obsession de pureté chimique et la conscience angoissée de participer à un "festin empoisonné". On découvre avec anxiété que le "progrès alimentaire", dans le moment même où il élevait des protections contre les dangers immémoriaux de pénurie* et de corruption des aliments, "générait" obscurément des périls nouveaux.

LA CONTRE-TENDANCE: MYTHES NATURELS, ASPIRATIONS NOUVELLES

Cette civilisation industrielle, urbaine, technicienne, encore en développement, est déjà en crise. Générés par elle, en opposition à elle, apparaissent des contre-courants multiples. Contre la tendance dominante du changement social, se constitue ainsi une contre-tendance complexe, ambiguë, vers l'avenir et le passé. Contre l'idée—et le mythe—de la nature conquise, se développent le mythe et l'idée de la nature retrouvée. Cette contre-tendance est profondément ambivalente: elle présente l'aspect d'une rééquilibration, d'une volonté de retour en arrière: mais en même temps elle apparaît porteuse de dynamiques inédites, de processus nouveaux.

On a assisté, en particulier depuis la fin des années 60, à des tentatives micro-dimensionnelles, marginales et radicales de remise en cause globale de la société urbaine, industrielle, technicienne, capitaliste, etc. Cette effervescence se limitait à des milieux* périphériques*, imprégnés par la "contre-culture", puis par la conscience écologique naissante. Elle prenait des formes diverses: expériences communautaires, agriculture "biologique", technologies "douces", militantisme écologique, retour au végétarisme, syncrétisme de doctrines orientales (zen, nourriture macrobiotique, etc.).

Tandis que se développaient ces phénomènes périphériques, éclosaient dans le cours central de la société des manifestations moins radicales, mais générées par des ferments similaires: "à l'avant-garde de la psychologie urbaine naît et se développe un appel vers la nature, ressenti* par opposition au monde artificiel des villes, et un besoin d'enracinement, de communication avec les sources authentiques de l'existence" (Morin, 1968). Ces deux besoins se combinent pour se projeter et s'incarner dans ce que Morin appelle un "néo-naturisme" et un "néo-archaïsme". La demande de naturel et d'archaïque se conçoit comme une évasion, comme l'aspiration à un complément de la vie urbaine. Elle se vit sur le mode de l'alternance (saisonnière ou hebdomadaire: vacances, week-ends), avec l'intégration de quelques signes de rusticité dans la vie urbaine (poutres apparentes, feu de bois) et, symétriquement, l'installation de tout le confort urbain dans la résidence secondaire rustique. On assiste à un renversement de la sensibilité alimentaire. Les mets connotés rustiques et "naturels" jouissent d'une faveur nouvelle: pain noir, au levain et au feu de bois, produits "de ferme", buffets "campagnards", cochonnailles "paysannes", etc.[3] En même temps, avec la méfiance croissante à l'égard des produits de l'industrie agro-alimentaire, se développent des antidotes réels ou supposés au "festin empoisonné": produits dits "biologiques" ou "naturels", rejet systématique des "produits chimiques" (colorants, additifs divers, etc.). Les industriels, le "marketing" et la publicité ne manquent pas de détourner partiellement à leur profit cette dynamique: la confiture "de grand-mère" et le pâté "de ferme" sont désormais produits à la chaîne; une foule de "spécialités" alimentaires fabriquées en série pléthorique* se drapent dans le manteau de l'artisanat et de la rusticité.

Pourtant, on ne peut réduire la contre-tendance à la simple exploitation économique de résistances passéistes* au changement. Il s'agit d'autre chose que d'un passéisme résiduel: c'est précisément dans les couches sociales les plus imprégnées par le "progrès" que les manifestations en sont le plus aiguës. Ainsi la méfiance à l'égard des produits alimentaires préparés par l'industrie est-elle plus vive, non dans les catégories qui n'ont pas encore véritablement accédé à leur consommation, mais bien dans celles qui en font le plus grand usage (Claudian et Serville, 1970).

Il ne s'agit pas davantage d'une simple "récupération": la contre-tendance présente aussi un aspect d'innovation, elle débouche sur l'intégration sociale de phénomènes nouveaux: une consommation plus exigeante et plus éclairée (associations de défense du consommateur), une aspiration à la restauration des rapports interindividuels, la prise en compte dans le développement de facteurs jusque-là négligés ou niés (contraintes environnementales), etc. Tout se passe comme si des dynamiques initialement minoritaires, marginales, venaient désormais s'intégrer au cours dominant du changement social, l'infléchir, le modifier.

LE COURS NOUVEAU DE L'ART CULINAIRE

Ainsi: le développement même de l'industrie agro-alimentaire, la standardisation des aliments, la pression croissante des contraintes de temps, l'érosion de la commensalité dans la société moderne suscitent en opposition des aspirations composites, à la fois mythiques et novatrices, passéistes et inédites. Le regain contemporain de la gastronomie participe de ces aspirations et partage leur ambivalence.

La cuisinière et le maître queux *

La tradition culinaire française repose sur un double héritage que l'on peut ramener à deux grandes figures symboliques: la cuisinière et le maître queux. Le regain récent de la gastronomie s'appuie sur une vogue nouvelle de la cuisinière et sur une nouvelle vague de maîtres queux.

L'opposition entre la cuisinière et le maître queux correspond en partie à celle, classique, entre "grande cuisine" et cuisine "traditionnelle". Elle recoupe les grandes divisions sociales: la grande cuisine, c'est celle des princes et des monarques, puis, à partir de la fin du XVIIIe siècle, de la bourgeoisie. L'autre, c'est une mosaïque de "folklores" culinaires, plus populaires, liés à des traditions locales ou familiales.

Mais cette opposition correspond également à la répartition dans la société des rôles entre les sexes: la grande cuisine est une affaire d'homme, l'autre est du ressort des femmes. La grande cuisine est professionnelle et quasi-institutionnalisée: elle repose sur une codification des usages, sur une tradition qui s'inscrit notamment dans une littérature extrêmement ancienne, dans un enseignement et une formation. La cuisinière, pour sa part, puise avant tout dans une tradition orale, transmise de mère à fille, et qui ne commence à se fixer qu'à partir du XIXe siècle. Le maître queux se décerne le monopole à la fois d'une "grande tradition" et d'une faculté de création, alors que la cuisinière, par hypothèse, reste anonyme et peu innovatrice. Sa grandeur repose, non sur l'invention ou la création géniale, mais sur un tour de main, le secret d'une préparation enseignée de génération en génération. La recette de la cuisinière est donc à la fois une spécialité familiale et un secret personnel; elle est en même temps authentique (c'est-à-dire fidèle et conforme à une longue tradition) et unique (c'est-à-dire inimitable, marquée par l'identité irréductible de celle qui la détient). Le rôle revendiqué* par la cuisinière n'est autre que celui de la femme s'affirmant par la cuisine bonne mère, bonne épouse, bonne ménagère. Elle incarne en somme les valeurs de l'artisanat, alors que le maître queux se réclame du grand art.

La cuisine du maître queux, aristocratique ou bourgeoise, s'inscrit dans une fonction à dominante ostentatoire*, somptuaire*, dans un apparat* et des pompes* qui ne sont autres que ceux du pouvoir. La cuisinière n'ignore pas les impératifs du prestige, mais sa cuisine est aussi, fondamentalement, festive et célébrative. Contrairement à une mythologie apparemment bien établie, elle n'est pas l'ultime survivance d'une gastronomie paysanne archaïque, issue des bombances* quotidiennes d'un monde rustique et idyllique disparu, mais bien la célébration alimentaire d'événements familiaux ou collectifs venant rompre périodiquement la monotonie—sinon la franche pénurie—de l'ordinaire.

Historiquement, la cuisine de la ménagère avait essaimé* hors de l'univers domestique avec le développement du restaurant. Dès 1806, nous dit Jean-Paul Aron (1967, 1973), la mère Godard, à "La Rapée", régalait les Parisiens d'une matelote* sans égale. Et tout au long de l'histoire de la restauration française se perpétue une tradition des "mères" (appellation significative de la fonction symbolique de la cuisinière), dont les fameuses "mères" lyonnaises restent sans doute les plus célèbres.

Déjà, dans l'entre-deux-guerres, au moment où le maître queux donnait des signes d'académisme et de dogmatisme, un courant s'était dessiné, prônant* la simplicité et, à travers elle, la cuisine traditionnelle, régionale, maternelle, la "cuisine de femmes" (Curnonsky,[6] Marcel Rouff[4]). Dodin-Bouffant, personnage du roman de Rouff et archétype du gastronome, va jusqu'à épouser sa cuisinière pour la garder à son service et il donne au prince d'Eurasie (ainsi qu'à son chef prétentieux) une cinglante* leçon de gastronomie en lui faisant servir un "simple" pot-au-feu: mais cet humble plat de ménage, accomodé par la cuisinière selon la conception géniale du gourmet, est ici haussé au rang de chef-d'œuvre de la table.

Cet éloge de la simplicité est précurseur: de nos jours, les plats mijotés* de la cuisinière, rustiques et maternels, connaissent, grâce à la résurgence naturiste-archaïsante, une faveur sans précédent. La cuisine de fête des terroirs ou la cuisine du dimanche des familles figure à la carte de restaurants de plus en plus nombreux, à des prix élevés qui sont ceux, désormais, des nourritures rustiques.

La vogue nouvelle de la cuisinière

La faveur dont jouit aujourd'hui la cuisinière est davantage qu'une mode, mais elle est modulée par des modes. Lyon, capitale des "mères", devient de plus en plus la capitale d'une cuisine de chefs (Bocuse, Chapel, Troisgros, etc.). L'image culinaire de la cité en est modifiée, d'autant que les mères disparaissent peu à peu: ainsi, c'est désormais aussi et surtout vers les solides nourritures du Massif Central et du Sud-Ouest que semble nous entraîner le goût de la rusticité. Paris se couvre d'enseignes auvergnates*, rouergates* et plus encore quercynoises*, périgourdines*, landaises*. Les confits semblent (provisoirement?) supplanter le tablier de sapeur* ou le saucisson chaud.

Sur les fourneaux de la ménagère citadine semblent se préciser à la fois un retour aux plats mitonnés traditionnels et un élargissement du répertoire culinaire (Claudian et Serville, 1973). Avec l'exil à la ville, la cuisine domestique s'extrait désormais du cadre étroit des plats enseignés par la tradition familiale. La transmission du répertoire de recettes est bouleversée: les mass media et la presse féminine, mais aussi les vacances et les voyages, sont en grande partie à l'origine de cet élargissement de l'horizon culinaire qui, en valorisant le terroir, valorise du même coup le terroir exotique. Ainsi, la faveur nouvelle des cultures régionales et minoritaires, phénomène général, trouve son expression alimentaire avec la formation d'un syncrétisme* et même d'un cosmopolitisme gastronomiques (qui correspond, aux Etats-Unis, au goût pour les "ethnic foods") mettant sur le même plan "paëlla", "couscous" et blanquette de veau.

Le maître queux nouvelle vague: vers un socratisme culinaire

L'aspiration néo-naturiste, néo-archaïque, qui favorise un repli attendri sur les saveurs maternelles de la cuisine de terroir et de la cuisine ménagère, suscite en même temps une échappée inventive et anti-académique dans la cuisine de chefs: l'héritage classique est soumis à un réexamen critique approfondi. Comme c'est souvent le cas lorsque survient un mouvement de rénovation artistique, celui-ci s'appuie à la fois sur une remise en cause radicale et sur un retour aux sources, une "relecture" anti-académique de l'art culinaire des pères fondateurs.

Le premier grand maître queux de la tradition culinaire française est sans doute Taillevent, qui fut l'officier de bouche ou le chef du roi Charles V et l'auteur d'un traité intitulé *Le Viandier,* rédigé vers la fin du XIVe siècle. Mais les origines de la "grande cuisine française" semblent remonter en réalité à l'importation, au XVIe siècle (en particulier par Catherine de Médicis), de l'art culinaire italien, qui connaît un âge d'or toscan* et lombardo-vénétien* au quattrocento* et au cinquecento* (Faccioli, 1973). Cette tradition s'affirme au XVIIe siècle avec la monarchie centralisatrice, s'affine au XVIIIe siècle lorsque le Régent lui-même se met aux fourneaux, puis sous Louis XV, lorsque les plus grands seigneurs du royaume se passionnent pour la pratique culinaire. La

Révolution "invente" le restaurant (Aron, 1967, 1973) et prépare l'extraordinaire floraison* de la cuisine (privilège désormais bourgeois et non plus aristocratique) sous le Directoire, le Consulat, l'Empire et la Restauration (Carême, Grimod de la Reynière, Brillat-Savarin, etc.).

C'est au XXe siècle, en particulier après la Première Guerre mondiale, que cette grande cuisine semble entrer en crise. Avec Escoffier et Montagné, rigidement codifiée, elle se fige dans un certain académisme et un apparat* de plus en plus ruineux. Après la Seconde Guerre mondiale, elle ne se survit guère à elle-même que dans une frange* infime de la haute société et dans les dîners officiels de l'Etat; ou bien, émiettée*, réduite à quelques grandes recettes normalisées, elle s'intègre à une cuisine officielle, cérémonielle, dite "internationale": la cuisine des palaces et des palais.

Dès la fin du XIXe siècle, l'évolution de la cuisine du maître queux s'était caractérisée par une relative simplification et un allègement (ne serait-ce que dans l'ordonnancement du repas, avec le passage progressif du service "à la française" au service "à la russe"; cf. Aron, 1967, 1973).[5] Les gastronomes de l'entre-deux-guerres, on l'a vu, prêchent déjà pour la simplicité et l'authenticité. Mais le changement qui semble s'opérer depuis une dizaine d'années en France (et dont l'initiateur plus lointain est sans doute Fernand Point, qui forma quelques-uns des chefs contemporains les plus célèbres) est davantage qu'une simple accélération de ce processus.

La cuisine de Carême (le père fondateur de la cuisine du XIXe siècle) et de ses héritiers directs était un art conquérant qui s'attachait, par l'accommodement* (J.-P. Aron parle d'une "mentalité de l'accommodement") à transformer totalement la matière première alimentaire, la dé-naturer, à la faire accéder au rang d'objet purement culturel. Le plat cuisiné est alors un artefact total, témoin et produit de la créativité humaine. Les préparations de Carême, avec leurs socles* en saindoux, leurs "bords de plat" en pâte à nouille, relèvent d'une sorte de grandiose architecture culinaire.

Aujourd'hui, au-delà de la simplification et de l'allègement, disparaît ou s'atténue* cette prééminence fondamentale de l'accommodement sur l'aliment. De nouveaux canons* s'instaurent* dans l'esthétique alimentaire du temps. La créativité culinaire cesse de s'investir exclusivement dans l'accommodement pour opérer un retour à l'aliment brut. L'acte créateur s'est déplacé: le cuisinier appose déjà sa marque sur le produit avant même de l'apprêter, en le choisissant soigneusement, en l'élisant pour sa pureté, sa qualité (Bocuse intitule son livre *La Cuisine du marché*). Avec la nouvelle méfiance à l'encontre des produits alimentaires industriels, avec le regain du goût pour les choses de la nature, s'opère un retour culinaire à la nature des choses.

Ce véritable changement de paradigme* impose de profondes modifications à l'art du maître queux.

La cuisson, élément-clé de l'accommodement, doit désormais en quelque sorte s'effacer devant l'aliment lui-même: on tend de plus en plus à la réduire jusqu'à un point optimum où l'aliment conserve une sorte de virginité fondamentale sous l'apprêt* culinaire: haricots verts croquants, canard rose, poisson "rose à l'arête" (encore que ce point particulier fasse souvent l'objet de violentes polémiques), pâtes "al dente", etc. Des techniques de cuisson jusque-là négligées ou inédites se développent (à la vapeur, en papillotes dans un four à micro-ondes, etc.). A la limite, le cru* est réhabilité: foie gras cru, saumon cru (il est vrai que, symétriquement, les huîtres sont de plus en plus souvent cuites...).

La sauce, pierre de touche de la grande cuisine française, change de nature et de fonction. Tout plat "noble" n'est plus obligatoirement en sauce. Toutefois, celle-ci reste par excellence l'un des domaines où le talent du cuisinier peut trouver occasion de s'affirmer. La sauce ne doit masquer ni l'apparence, ni la saveur, ni la consistance du plat qu'elle nappe[6]: elle doit conserver un caractère de translucidité à la fois réelle et métaphorique, visuelle et gustative*, transcender les succulences du plat et non s'y substituer. Dès lors, le cuisinier s'acharne à rechercher des techniques de liaisons adéquates, la farine étant bien entendu de plus en plus bannie.

La "grandeur" culinaire cessant d'être au goût du jour, des nourritures jusque-là négligées, méprisées ou ignorées par la grande cuisine, en particulier certains légumes, sont désormais hautement estimées. Des produits jadis souvent abandonnés à la cuisinière sont réhabilités solennellement par la cuisine des chefs: oseille, navets, poireaux, carottes, concombres, etc. La modestie même de ces mets est désormais revendiquée dans les appellations des plats: elle suggère des mitonnages appétissants, des saveurs précieuses et subtiles. Les menus d'aujourd'hui ont abandonné les grandiloquences de jadis pour nous parler avec une humilité gourmande de "petits" légumes, de "petits" concombres, de "compote" de lapin, de purées de céleri ou carottes, etc.

L'innovation culinaire procède volontiers du contraste entre des aliments de connotations opposées. Ainsi l'association d'ingrédients porteurs de substances imaginaires antithétiques produit parfois des plats qui, pour être simples, n'en sont pas moins riches de sens. En voici un exemple: "l'oeuf Céline", mis au point par Jacques Manière. Non que, sur le plan de l'émotion, ce mets—quoique savoureux—doive être mis au-dessus de tout autre: simplement, cette curiosité ouvre une voie royale à l'analyse d'une conception particulière de la cuisine.

Il s'agit d'un oeuf à la coque dans lequel sont introduits un peu de caviar, ainsi que de la vodka, dans des conditions de cuisson et de température précises. On peut effectuer une première "lecture" de cette association fortement contrastée: d'une part l'oeuf à la coque, préparation simplissime, familière au point d'en être (apparemment) triviale, archétype, à la limite, de *non-cuisine* (ne dit-on pas d'une mauvaise ménagère qu'elle "ne sait même pas faire cuire un oeuf à la coque"?); d'autre part le caviar, mets ruineux aux connotations somptueuses et somptuaires, régal des princes et des rois. Ainsi, l'oeuf de poule serait ennobli et transcendé par l'apport mirifique de l'oeuf de ce poisson royal: l'esturgeon.

Déchiffrement insuffisant, nous semble-t-il. C'est que, en réalité, la cuisson parfaite d'un oeuf à la coque—les véritables cuisiniers vous le diront—est un art délicat, authentiquement culinaire, qui nécessite le plus grand soin (la consistance du blanc, en particulier, dans son contraste avec celle du jaune, exige un doigté*, j'allais dire un talent, extrême). L'oeuf, cette nourriture triviale pour quiconque ignore les grandes vérités gourmandes, trouve toute la grandeur de sa simplicité dès lors que, choisi dans sa fraîcheur idéale, il s'enrichit de toutes les succulences d'une cuisson parfaite. Face à cette modeste perfection, le caviar est ramené à sa véritable dimension, dépouillé de ses significations et connotations ostentatoires: on pourrait dire, en somme, que la superbe du caviar est étouffée dans l'oeuf.

Ainsi, l'association de l'oeuf de poule et de l'oeuf d'esturgeon, outre qu'elle transgresse ou contourne l'incompatibilité qui oppose chair et poisson, accomplit un échange de substance imaginaire entre l'humilité et l'ostentation, la pauvreté et l'opulence. La chimie des signes et l'alchimie des symboles opèrent, peut-être catalysées, ici, par l'alcool de grain: à l'issue de ce phénomène, du frugal et du dispendieux* ne subsistent qu'un précipité de "simplicité" précieuse et de raffinement....

C'est bien, en définitive, à une morale culinaire que nous renvoie cette préparation: tout se passe comme si le nouveau paradigme gastronomique consistait en la quête d'une vérité primordiale des aliments, d'une *essence* des mets. Ce principe diamantin*, ce noyau dur de saveur et de plaisir purs, jusque-là masqués sous la gangue* des codes sociaux, des mythes, des rites et des fantasmes, il appartiendrait à l'art du *cuisinier* de les mettre au jour. "Cuisinier", et non plus "chef" ou "maître queux": en réformant la cuisine, l'homme de l'art réforme son propre statut et sa fonction. Et ce n'est plus l'autorité qui les caractérise, mais bien la modestie opiniâtre du maïeuticien*: au *condottiere** des fourneaux qu'était le maître queux succède le cuisinier socratique, accoucheur de la vérité culinaire.

Charge sans cesse alourdie: dès lors, en effet, que l'aliment doit retrouver sa nature essentielle—et son essence naturelle—on voit bien que le procès culinaire ne se résume plus à l'accommodement: il commence loin en amont, au moins avec la sélection de la matière première alimentaire; mais on pourrait fort bien imaginer, en poussant la nouvelle logique culinaire à son terme, de situer son origine encore bien plus haut dans la chaîne alimentaire, dès le travail agricole: certains cuisiniers, aujourd'hui, font leur pain eux-mêmes; à quand celui (s'il n'existe déjà) qui servira des légumes de son propre potager, des volailles engraissées par ses soins, etc.?

Le cru est à la mode cette année

Dans la brèche* ouverte par le "ressourcement" et le renouvellement de la haute-couture gastronomique, s'engouffre le prêt-à-porter culinaire: ici, la "nouvelle donne" s'effectue surtout dans le domaine du discours et des signes.

Le menu est balayé par un grand souffle lexical qui redistribue les dénominations, transgressant à bon compte les règles d'association et d'exclusion anciennes, le vocabulaire, la grammaire et la syntaxe de la "Grande Cuisine". Des préparations traditionnelles se drapent sous le manteau d'appellations nouvelles: ainsi la classique julienne se dissimule sous la feinte humilité des envahissants "petits légumes". Des appellations que la cuisine académique réservait depuis des lustres—souvent abusivement—à certains types d'aliments ou de préparations sont étendues à d'autres, selon de brutales transpositions ou, au contraire, de subtils glissements d'acception, contribuant ainsi à une subversion des taxinomies culinaires.

Ainsi, les terrines ou pâtés ne relèvent plus exclusivement de la charcuterie: ils sont de plus en plus fréquemment à base de légumes ou de poisson; de même, un ragoût n'est plus à tout coup une préparation de viande: il peut être de lotte (poisson bien étrange, si l'on songe que certain menu en proposait le "gigot"), de homard ou même d'escargots... Il y a bon temps que l'escalope n'est plus uniquement une fine tranche de veau, mais aussi une découpe de saumon (ou d'autre chose: aubergines*, cèpes*, etc.). La "compote" peut être de lapin, tandis que les "soupes" tendent à être de fruits et se mangent alors au dessert ("soupe de fraises"). La fricassée ne renvoie plus guère au poulet, ni la matelote à l'anguille et il est illusoire de penser qu'une charlotte ou un flan sont toujours des desserts ("flan de foies de volailles", "charlotte de légumes"...).

Dans le sillage de la Réforme culinaire fleurissent des préciosités parfois ridicules: associations qui singent la hardiesse ("cassolette de crêtes de coq au coulis d'airelles"); inversion pure et simple, souvent abusive, de pratiques traditionnelles ou exagération aberrante d'idées nouvelles (vieux grands Bordeaux servis frappés); cuissons excessivement réduites ou extension indiscriminée du cru (des jardins potagers entiers s'entassent de plus en plus dans les corbeilles de "crudités" ou sur les "buffets campagnards"); usage systématique d'un petit répertoire d'ingrédients et de mets hautement signifiants (poivre vert, menthe fraîche, concombres cuits, légumes divers en "purée", "mousse" ou "mousseline"), etc.

Il n'y a pas seulement un discours de la cuisine, dont il faudrait étudier le style, les figures; il y a aussi dans la mode une cuisine du discours culinaire, de ses clichés.

La norme culinaire

Les préceptes classiques et rigoureux de la grande tradition culinaire, les principes d'association et d'exclusion considérés—à tort ou à raison—comme intangibles sont aujourd'hui fréquemment transgressés: on marie certains mets et certaines boissons (poisson ou coquillages et vin rouge rafraîchi), certains mets entre eux (huîtres et foie gras), certaines saveurs (aigre et doux, sucré et salé) qui, classiquement, s'opposaient ou se repoussaient. Toutefois, pour être quelque peu bouleversées, les normes gastronomiques ne sont pas balayées: simplement, une nouvelle normalité s'installe. Car l'usage du discours culinaire continue de conférer, dans une certaine mesure, un pouvoir de discrimination sociale. L'art de manger s'inscrit en effet aussi dans le cadre normatif plus large des usages et des manières de table: si les pratiques culinaires ont, de tout temps, été réglées et codifiées, c'est sans doute moins pour satisfaire aux nécessités internes et impérieuses d'une esthétique pure que pour discriminer les convives, les répartir entre ces deux catégories: béotiens* et connaisseurs, une opposition qui est sans doute l'avatar récent de celle, classique, qui distingue le parvenu et le gentilhomme, l'aristocrate et le roturier* enrichi, le grand bourgeois et le nouveau riche. Ainsi, la gastronomie, qui se veut et se dit *art de vivre,* est aussi, profondément, un *savoir-vivre,* c'est-à-dire un code qui, comme les "usages du monde", dresse autour de ceux qui en possèdent le chiffre une protection difficilement franchissable, et que la mode se charge de renouveler ou de modifier constamment.

Le pouvoir considérable de légiférer* en la matière est aujourd'hui abandonné pratiquement sans contrôle à un personnage redoutable, qui l'exerce quasi-dictatorialement, qui juge et décrète souverainement: le critique gastronomique. Or, le discours normatif qu'il tient peut se heurter et s'affronter à celui de chapelles opposées. Ces querelles de chapelles sont aujourd'hui rendues plus virulentes que jamais par la surdétermination des rivalités économiques: la concurrence des "écoles" est souvent étonnamment parallèle à celle des guides gastronomiques (Michelin, Kléber-Colombes, Gault et Millau, etc.).

La gastronomie semble, dans la période récente, avoir élargi son audience: elle reste toutefois un privilège de l'argent ou du pouvoir, de la nouvelle caste (ou classe) managériale. Mais elle s'établit aussi en modèle culinaire à vocation plus large: en tant que tel, elle constitue d'une part une dérivation imaginaire, mythique, fantasmatique; mais, d'autre part et simultanément, elle contribue à modifier les pratiques et la sensibilité alimentaires de certaines couches* vivant l'avant-garde du changement et préfigurant sans doute dans une large mesure l'évolution globale de la société.

La cuisine et l'image du corps

A l'avant-garde du nouveau cours de l'art culinaire, se développe une cuisine qui s'efforce d'être à la fois gourmande et hypocalorique*: elle cherche à éliminer autant que possible farine et corps gras des sauces, à alléger les préparations, à éliminer les ingrédients trop "riches" ou trop "lourds", etc.

La préoccupation "diététique" n'est pas nouvelle dans la cuisine. Tout aliment fait l'objet de représentations qui lui attribuent des effets sur l'organisme, dans le cadre d'une sorte de cosmogonie interne du corps construite d'abord par l'imaginaire. La frontière qui sépare l'aliment du médicament est floue*. Jusqu'au XVIIe siècle, le sucre, produit longtemps rare et précieux, était paré de vertus quasi-médicinales et vendu à titre pharmaceutique. Innombrables sont les aliments auxquels la croyance commune attribue des vertus aphrodisiaques, dormitives, roboratives*, etc. La justification diététique de prescriptions culinaires est sans doute aussi vieille que la cuisine elle-même: on trouve dans de nombreuses cultures (en particulier, dès le Moyen Age, dans des ouvrages tels le *Regimen Sanitatis*) une littérature qui mêle des aphorismes diététiques, des prescriptions hygiéniques et des recettes de cuisine (Faccioli, 1973). Brillat-Savarin lui-même, dans la *Physiologie du goût,* condamne pour des raisons diététiques les "farineux" et l'excès de sucre.[7] Selon Perrot (1961), l'évolution du mode d'alimentation des familles bourgeoises depuis la fin du XIXe siècle "semble due, non à un changement dans leur niveau de vie, mais plutôt à une transformation des goûts individuels sous l'influence d'une meilleure connaissance des règles de diététique".

Mais l'esthétique alimentaire est également liée à l'esthétique corporelle qui prévaut dans une société et une culture. Et la tentative "diététique" des cuisiniers modernes (qui tend à réaliser ce rêve: le péché alimentaire sans la sanction pondérale) s'inscrit dans un contexte nouveau: l'image normative du corps a changé.

Quoique Brillat-Savarin se soit préoccupé de combattre l'obésité, le XIXe siècle était attaché à un "raisonnable" embonpoint*: "Louise était donc très jolie et avait surtout, dans une juste proportion, cet embonpoint classique qui fait le charme des yeux et la gloire des arts d'imitation" (Brillat-Savarin, *Physiologie du goût*). Une bonne corpulence était source de beauté, signe de respectabilité mais aussi de santé, physique et mentale. Curnonsky raconte dans *La France gastronomique*[8] ce conte édifiant du terroir charentais*: un jeune bourgeois du XVIIIe siècle, trahi par sa maîtresse, décida de se suicider en absorbant une dose mortelle de foie gras. Mais, au bout d'une semaine, "on le revit frais, joyeux et pimpant; la santé brillait sur son visage; le sourire habitait ses lèvres vermeilles; un léger embonpoint avait remplacé sa maigreur. Le pâté de foie gras lui avait rendu mieux que la vie: le goût de la vie! " Un statut social privilégié et un état physiologique heureux s'affirmaient donc, grâce à la table, à travers un corps plantureux: la maigreur ne renvoyait qu'à la misère ou à la consomption.

Ce modèle est aujourd'hui renversé. Peu de sociétés avant la nôtre ont fait peser une aussi grande réprobation sur l'obésité ou la simple surcharge pondérale. Certes, l'enrichissement global de l'alimentation dans les pays développés entraîne une montée des maladies dites "de civilisation" et des pathologies de l'excès alimentaire: dans les pays occidentaux, des pourcentages très importants de la population sont atteints d'obésité (plus de 30% aux Etats-Unis d'après H. Bruch, 1975; entre 20 et 30%, semble-t-il, en France). Mais l'obésité n'est pas également répartie dans les différentes classes de la société: elle est proportionnellement beaucoup plus fréquente dans les couches les plus modestes (Bruch, 1975). Ainsi, la minceur a succédé à la corpulence comme modèle et privilège social: l'embonpoint d'un individu est désormais signe qu'il est fort mal en point. Et les couches privilégiées adaptent leur esthétique alimentaire aux modèles d'éternelle jeunesse et de minceur imposés par la culture contemporaine, aux impératifs diététiques édictés par les médecins.

Avec la civilisation nouvelle, contre elle, s'est donc dessiné un cours nouveau de la sensibilité et de l'esthétique alimentaires. Ainsi, à la question initiale qui se posait à nous: les modifications qu'impose la modernité à notre alimentation condamnent-elles l'art culinaire et le plaisir de manger? s'impose cette réponse:

c'est précisément la pression des contraintes pesant de plus en plus sur notre alimentation quotidienne qui suscite, en opposition, un regain de la gastronomie, une montée ou un retour du goût pour la table, l'émergence d'un nouveau manger. Ces contraintes et ces menaces, comme celles qui pèsent sur la société, le monde, la biosphère sont réelles: mais le réel peut sécréter du mythe, à plus forte raison quand il renvoie à des angoisses immémoriales, anthropologiques. Le discours apocalyptique qui se développe aujourd'hui autour de la cuisine nous renvoie lui aussi à une angoisse fondamentale: celle qui perce dans ces récits d'anticipation ou de science-fiction qui, depuis *Brave New World* (*Le Meilleur des mondes*), projettent dans un futur cauchemardesque des peurs à la fois éternelles et extrapolées du présent. Dans ce présent conjugué au futur, dans ce futur sans avenir, la reproduction s'effectue in vitro* et l'homme se nourrit de pilules. Il y a dans ce stéréotype d'angoisse deux fantasmes qui n'en font qu'un: la fin du désir, alimentaire et sexuel, c'est-à-dire la mort.

REFERENCES

Aron, J.-P. *Essai sur la sensibilité alimentaire à Paris au XIXe siècle*. Cahier des Annales. Paris: Armand Colin, 1967.

———. *Le Mangeur du XIXe siècle*. Paris: Robert Laffont, 1973.

Bruch, H. *Les Yeux et le ventre*. Paris: Payot, 1975. Trad. de *Eating Disorders*. New York: Basic Books, 1973.

Burguière, A. *Notes pour une histoire des habitudes alimentaires*. Dactylographié. Paris: SERES, 1964-1965.

Claudian, J. et Y. Serville. "Evolution récente des coutumes alimentaires en France." *Cahier de Nutrition et de Diététique*, 5, fasc. 3 (1970).

———, et Y. Serville. "L'homme de l'ère industrielle et ses aliments." *Cahiers de Nutrition et de Diététique*, 8, fasc. 3 (1973).

Faccioli, E. "La cucina." *Storia d'Italia*. Vol. 5. Milano: Einaudi, 1973.

Morin, E. *Néo-archaïsme urbain et nouveau modernisme rural*. Ronéotypé. Paris: CETSAS, 1968. Repris dans: *L'Esprit du temps*, tome II, *Nécrose*. Paris: Grasset, 1975.

Perrot, M. *Le Mode de vie des familles bourgeoises, 1873-1953*. Paris: Armand Colin, 1961.

Serville, Y. et J. Trémolières. "Recherches sur le symbolisme des aliments et la signification du repas familial." *Cahiers de Nutrition et de Diététique*, 2, fasc. 1 (1967).

NOTES

1. Dans la sémiotique hiérarchique qui s'attache au repas de midi, il faut noter ce trait particulier: curieusement, la ration calorique absorbée (et le temps consacré au repas) semble en relation inverse du pouvoir détenu: à la limite, le jeûne absolu est signe de pouvoir absolu (il est vrai qu'il permet de compenser les excès des déjeuners d'affaires, qui restent la règle, pour les grands managers, plusieurs jours par semaine) . . .

2. La salade "de drugstore" tend sans doute à réussir à l'échelon d'un plat ce que Raymond Roussel pratiquait quotidiennement au niveau du repas: André Guillot, grand cuisinier qui fit ses débuts chez Roussel, raconte que l'écrivain prenait un seul repas par jour, à l'intérieur duquel se succédaient dans leur entier le petit déjeuner, le déjeuner, le goûter et le dîner . . .

3. On raconte même qu'à Paris un restaurant de grillades de Saint-Germain-des-Prés affichait récemment à sa porte, avec son menu, cette mention supplémentaire: "toutes nos grillades sont cuites au feu de bois (bois coupé à la hache)".

4. Marcel Rouff, *La Vie et la passion de Dodin-Bouffant* (Paris: Delamain, Boutelleau et Cie, 1924). (Paris: Stock, 1970).

5. Dans le repas servi "à la française", le "service" désigne les séquences qui composent le repas. Dans chacune de ces séquences sont disposés sur la table selon un ordre spatial bien défini (les deux bouts et le centre) un nombre de plats variable. Un repas peut compter deux, trois services ou même davantage. Il se présente donc un peu comme un buffet contemporain, ou plutôt comme une succession de buffets. Le service dit "à la russe" se répand vers les années 1860-1870: c'est le repas "diachronique" que nous connaissons, avec la succession des plats suivant un ordonnancement temporel (Cf. J.-P. Aron, 1967, 1973).

6. Curnonsky, élu "prince des gastonomes" en 1927, souhaitait déjà que la sauce ne masque pas le plat, "mais le prolonge".

7. Brillat-Savarin se pose d'ailleurs en précurseur de la cuisine diététique contemporaine par cet aphorisme: "Je me suis appuyé sur cette vérité expérimentale que, plus un régime est rigoureux, moins il produit d'effet, parce qu'on le suit mal ou qu'on ne le suit pas du tout" (*Physiologie du goût*).

8. R. J. Courtine, J. Desmur, *Anthologie de la littérature gastronomique* (Paris: Trévise, 1970).

19

La Langue française: pourquoi change-t-elle?

Alain Fantapié

L'attention du public en France, mais aussi à l'étranger, a été intriguée par des mesures linguistiques prises successivement depuis une douzaine d'années par les Pouvoirs publics français, mesures qui portent sur l'emploi de la langue française mais aussi sur sa matière elle-même.

Ce type de démarche n'avait pas de précédent, du moins en France. L'opinion, au départ quelque peu goguenarde*, a finalement approuvé ces mesures, considérant qu'elles répondaient effectivement à une situation linguistique nouvelle. Mais de quelle situation nouvelle s'agissait-il, et l'évolution de la langue française était-elle telle qu'on dût recourir à des voies dirigistes? Ces quelques notes ne prétendent pas apporter une réponse définitive ou complète à ces questions; plus simplement elles tenteront sous une forme parfois plus rhapsodique* qu'ordonnée d'éclairer les manifestations sensibles* de l'évolution de la langue relevées par maint commentateur (comme, entre autres phénomènes, le franglais) en les reliant aux conditions nouvelles dans lesquelles se réalise aujourd'hui la communication; en tentant aussi de saisir l'évolution des mentalités qu'elle suppose dans la communauté, et notamment l'évolution des attitudes des Français vis-à-vis de leur propre langue.

ATTITUDES

Si l'intervention des Pouvoirs publics dans le domaine linguistique n'a finalement pas rencontré de résistance de la part du public, ce n'est sûrement pas par simple passivité ou indifférence: l'attachement à la langue, à un certain beau-parler ou bon-parler, s'il n'est pas (comme on le croit naïvement en France) le privilège exclusif des Français, est néanmoins un phénomène à la fois profond, constant à travers les âges, et conscient; attachement d'ailleurs qui est aussi vif dans les milieux dits populaires (pour lesquels une langue "de qualité" est la marque et le moyen de l'ascension sociale) que chez les érudits de tout poil. L'image de ce français "de qualité" correspond à celle qu'a laissée la langue des bons auteurs étudiés à l'école, c'est-à-dire un français écrit, littéraire et appartenant à un passé plus ou moins récent, qu'il conviendrait de maintenir intact dans la langue parlée, courante et contemporaine. Ce statut de modèle du français écrit, Marc Blancpain l'a clairement rappelé dans son ouvrage, *En français malgré tout* (Grasset, 1975): "les langues parlées sont trop diverses et trop changeantes pour former une langue et nul n'appréhendera et n'épuisera jamais ce qu'André Malraux appelle 'le charabia* de la parole'. Toutefois, il y a fort heureusement une langue grâce à laquelle tout le monde peut s'entendre et cette langue c'est le français de ceux qui écrivent en français".

Maintenir intact: la continuité du souci puriste (c'est-à-dire de défendre une pureté sans cesse menacée et perdue) de la langue n'est pas le privilège exclusif des grammairiens, comme le prouve le courrier abondant de téléspectateurs ou d'auditeurs de radio qui écrivent spontanément et en grand nombre aux chroniqueurs spécialisés de la presse écrite ou au Secrétariat permanent du langage de l'audio-visuel pour dénoncer des tournures qui heurtent leur sentiment linguistique ou leurs habitudes personnelles. Le ton est généralement virulent: on déplore l'état actuel de la langue française et sa "décadence". Attitude certes qui n'a rien de neuf, chaque génération stigmatisant la dégénérescence de la langue qu'elle pratique par rapport au modèle antérieur; mais en dehors de tout jugement subjectif il y a des signes incontestables et objectifs: par exemple la baisse de niveau orthographique constatée à l'école et mesurée par exemple lors d'une enquête menée auprès d'élèves instituteurs entre 1950 et 1971 (Establet-Genouvrier, séminaire de l'Université de Tours 1972, cité par Désirat-Hordé).[1]

Alors les chroniques spécialisées trouvent un nouvel essor, dans la presse quotidienne (*Le Monde* et *Le Figaro* notamment) et jusque dans les hebdomadaires à large public (*Télé 7 jours,* 2 millions de lecteurs). Un bulletin (*Télélangage,* puis *Médias-langage*) est créé à l'usage des journalistes et les formules du type *Ne dites pas... mais dites...* se mettent à fleurir comme si les fameuses listes du grammairien Probus n'étaient pas là pour rappeler leur inefficacité.

Le ton est d'ailleurs à la condamnation et à l'indignation. On condamne le laisser-aller des usagers mais aussi l'impéritie* de ceux qui "ont la garde" du langage: "Le français, tout le monde s'en f...*", titre de Maurice Chapelan dans *Le Figaro* (1er juin 1977). La langue apparaît envahie par les mauvaises herbes (il faut entendre la néologie) ou polluée par les nuisances (il faut entendre l'anglais...). Ce terme même de pollution est d'ailleurs significatif à maints égards: la pollution altère la pureté des éléments naturels qui entourent l'organisme et dont il vit: comme il y a une pollution de l'air ou une pollution de l'eau, il y a une pollution du langage. Lutter contre la pollution du langage apparaît donc comme la définition moderne du purisme linguistique: voilà le mouvement écologiste récupéré par les grammairiens. ...

Altération, pollution, dégradation, il s'agit là d'un phénomène en quelque sorte physique. Mais cette dégradation physique est souvent perçue comme la marque d'une dégradation morale dont elle serait tout à la fois et la cause et la manifestation. René Georgin illustre bien ce point de vue, pour qui les fautes contre la langue sont graves parce qu'elles portent témoignage d'une décadence des mœurs et de l'esprit public. Sur un plan plus pratique Michel Debré affirme qu'"une langue bien faite, support d'un raisonnement bien exprimé, est un facteur d'unité nationale, d'influence extérieure et de progrès humain". Défendre la langue apparaît donc autant comme un combat moral que comme un combat national: en termes colorés la *Revue de Défense de la Langue Française* écrivait en 1971 que le combat allait reprendre autour de la langue française, magnifique édifice, fruit d'un amour séculaire de la raison et de la beauté que, ajoute la revue, l'on veut maintenant démolir. Bref la langue française apparaît comme une perpétuelle victime, une malade, une moribonde qu'il faut protéger des virus et des microbes, soigner et sauver; ou encore garder des massacreurs, défendre contre l'ennemi. On notera au passage que l'on est passé du vocabulaire médical au vocabulaire militaire et à un vocabulaire militaire qui exprime exclusivement des soucis défensifs. A l'extrême on rêverait d'une législation qui permettrait de barrer tout accès à l'envahisseur comme, aux jardins du Luxembourg, des pancartes (et des gardiens) interdisent aux passants l'accès des pelouses... En quelque sorte une ligne Maginot aux frontières d'un bien matériel et spirituel—la langue française—à défendre. Mais quand on sait que les lignes Maginot ont surtout pour vocation de se laisser franchir...

VERS UN FRANÇAIS UNIQUE?

Même chez les observateurs qui acceptent comme parfaitement normal que la langue évolue, une inquiétude apparaît devant le caractère exceptionnellement rapide et massif des transformations qu'elle a subies au cours des 20 ou 30 dernières années.

L'une des premières constations qui s'imposent au voyageur qui, dans une machine à remonter le temps, parcourrait la France entre 1944 et 1979, serait la disparition partielle mais progressive d'un certain nombre d'oppositions entre les variantes régionales ou sociales du français. L'Ecole y est pour quelque chose; elle joue ici l'un des rôles qui lui ont été dévolus: renforcer l'unité nationale en diffusant un modèle de langue identique pour tous les Français: ce rôle certes n'est pas nouveau mais la démocratisation de l'enseignement depuis 1945 en a renforcé les effets.

D'autres considérations d'ordre historique et démographique jouent dans le même sens: le brassage* des populations pendant et à la suite de la dernière guerre, la mobilité sans cesse accrue des travailleurs, l'envoi d'une génération de jeunes Français en Algérie dans une armée où toutes les origines régionales et sociales, donc linguistiques, se trouvaient confondues, le retour en France d'un million et demi de rapatriés d'Afrique du Nord répartis un peu partout dans le midi de la France. Dans certains cas la concentration de ces populations rapatriées aux habitudes linguistiques relativement homogènes a atteint 20 à 30, voire 40% de la population des agglomérations qui les accueillaient. Dans un premier temps leur influence sur les parlers locaux a été négligeable; les deux communautés d'accueil et de rapatriés vivaient juxtaposées, plutôt qu'en osmose véritable, et chacune défendait ses particularismes comme autant de marques de son identité culturelle. Aujourd'hui les pieds-noirs* et notamment les plus jeunes d'entre eux se sont fondus graduellement dans les communautés d'accueil allant même, comme pour se donner de nouvelles racines, jusqu'à entreprendre parfois, l'étude des langues locales. Aujourd'hui, parmi la population de moins de 30 ans, on peut dire que l'accent et les particularités syntaxiques et lexicales pied-noir ont pratiquement vécu* en tant que tels, mais ils n'ont pas disparu sans traces: ils auront contribué à l'ébranlement* des systèmes (et surtout du système phonétique) de la langue des populations d'accueil.

Ces facteurs démographiques ont eu d'autant plus d'effet qu'ils ont exercé leur poussée en même temps que se développait le rôle de l'audio-visuel. En 1948 la France comptait 5000 récepteurs de télévision. En 1953 il n'y en avait encore que 60.000. En 25 ans ce chiffre a été multiplié par 160: en 1959 un million et demi; en 1964 cinq millions; aujourd'hui près de 15 millions. A cet essor de la puissance des médias se conjugue la diminution considérable de leur diversité.

Si les récepteurs se multiplient, dans le meilleur des cas (et en dehors des régions frontalières) le nombre des programmes est limité à trois. Ces trois programmes réunis touchent aujourd'hui entre 20 heures et 21 heures 30 plus de 30 millions de téléspectateurs dont, comme le souligne Jean Cazeneuve, plus de la moitié n'ont pas dépassé le niveau d'instruction primaire. Si l'on ajoute le prestige que confère l'audio-visuel à l'orateur qui s'exprime sur le petit écran on conçoit que l'instituteur ait aujourd'hui, dans son enseignement, un concurrent de poids. Or l'instituteur était, et reste encore souvent, un enfant du pays. Il contribuait à maintenir et à transmettre des particularités du modèle de langue local. Comme la télévision, la radio a contribué à répandre un français standard en supprimant ou réduisant les programmes régionaux au bénéfice de programmes réalisés à Paris; les stations de radio commerciales elles-mêmes, si elles diffusent leurs programmes à partir d'un territoire étranger, confectionnent en fait leurs programmes dans leurs studios parisiens. Aujourd'hui on trouve dans les salles de rédaction parisiennes de TF_1, $Antenne_2$, FR_3*, Radio France, Europe n°1, Radio Télé Luxembourg et Radio Monte Carlo des journalistes (souvent interchangeables d'ailleurs) venus certes des quatre coins de France mais dont la langue n'apparaît pas marquée d'un quelconque accent régional, au moins aux oreilles du grand public.

Or chez provinciaux (ou ces Parisiens: leurs accents de Belleville ou de Neuilly ne sont que des variantes régionales comme d'autres) le souci de pratiquer un français neutre n'a pas effacé toutes les habitudes phonétiques. La réalisation des phonèmes vocaliques notamment varie considérablement d'un journaliste ou d'un présentateur à l'autre. Ainsi contribuent-ils à faire du système vocalique français actuel (et particulièrement dans le cas des oppositions de timbre entre voyelles ouvertes et fermées) un domaine d'une extrême confusion. Paradoxalement seuls les rares journalistes ou présentateurs qui par exception, comme le populaire spécialiste de rugby—sport pratiqué surtout dans le Sud-ouest de la France—Roger Couderc, ont des accents régionaux très marqués, n'exercent pas de véritable influence sur les habitudes linguistiques des auditeurs: leur manière de parler étant clairement reconnue comme marquée régionalement, l'auditeur se garde, inconsciemment, de la prendre pour modèle.

Cet ébranlement des systèmes qui rendent compte de la langue française, l'audio-visuel y contribue aussi d'une toute autre manière. En effet l'opposition entre les procédés de la langue parlée et ceux de la langue écrite est très marquée en français. Or, à côté du français parlé des reportages en direct ou des débats radiophoniques ou télévisés, le français pratiqué le plus souvent à l'antenne appartient à un type bâtard, où la langue a souvent d'abord été écrite afin d'être ensuite oralisée sans danger. Les programmes d'information télévisée sont largement de ce type, avec l'usage des téléprompteurs. Il s'ensuit, comme le notent très justement Désirat et Hordé, qu'il se développe un courant d'échanges entre les deux codes "par la voix des discours écrits pour être lus" qui entraîne de multiples interférences entre les systèmes de l'écrit et de l'oral. Le rapprochement de ces systèmes, comme la réduction des écarts entre les différentes formes régionales ou sociales du français, contribue puissamment à la mise en place graduelle d'un français central et neutralisé. Aux médias de masse correspond nécessairement, comme l'a fait observer Gilbert Quemada, une langue de masse: le processus en tout cas est en route.

Voilà qui pourrait réjouir tous ceux qui rêvent de cette langue française devenue enfin homogène, et tout particulièrement ceux qui, à l'étranger, auraient enfin un modèle indiscutable de langue à proposer à leurs élèves. Hélas pour eux, il faut leur rappeler que nous décrivons seulement ce qui nous paraît être une simple tendance actuelle et que dans la réalité les choses sont moins simples: on peut ainsi voir se développer des oppositions nouvelles dans la pratique du français, notamment chez les adolescents: il y a par exemple aujourd'hui un langage des jeunes avec son vocabulaire et sa syntaxe, qui s'oppose à celui des adultes.

EVOLUTION DE LA PRONONCIATION

Si l'on tente d'isoler des exemples précis d'évolution du français entre 1950 et nos jours on se heurte à deux difficultés essentielles: la brièveté de la période examinée d'abord, et le fait qu'une étude claire ne serait possible que si la langue pratiquée à une date donnée était un ensemble homogène, alors que la diversité des pratiques (et, pour les mêmes sujets, suivant les situations dans lesquelles ils communiquent) est extrême. Il est plus facile de mettre en évidence l'instabilité ou la désagrégation des systèmes anciens que d'identifier la nature des systèmes qui sont en voie de les remplacer.

Dans le domaine phonétique d'abord, une seule chose semble sûre: on assiste à la simplification du système par réduction du nombre d'oppositions. La distinction de longueur semble avoir largement disparu et ne subsister que parmi les couches les plus âgées de la population, qu'il s'agisse de distinction de longueur en finale (mie/mis, allée/allé) ou à l'intérieur du mot (bêle/belle).

Certains phonèmes tendent à disparaître, par suite de leur faible rendement: le [ɲ] de *régner* se réalise le plus souvent comme le [nj] de *Rainier*. Le [œ̃] se confond avec [ɛ̃] dans la région parisienne mais aussi dans une fraction de plus en plus large de la population, *un indien* [œ̃nɛ̃djɛ̃] se prononce [ɛ̃nɛ̃djɛ̃] et *brun* comme *brin.*

La confusion s'établit aussi entre le [ɑ] et le [a] : prononce-t-on *poids* [pwa] ou [pwɑ] ? ; le [o] et le [ɔ] : comment transcrire la prononciation courante de *automobile*? Différemment sans doute si je parle vite (où ce sera [ɔtɔmɔbil]) et si je parle très lentement ([otomobil]). Et si je parle moyennement vite? La répartition devient également incertaine entre le [ɛ] et le [e] et les oppositions traditionnelles à la finale du futur et du conditionnel (*pourrai/ pourrais*) ou en finale de mot (*pré* et *près*) tendent à disparaître.

Peut-être faudrait-il noter que l'orthographe semble influencer davantage celui qui parle, qui tend à prononcer tout ce qui est écrit: *dompteur*, prononcé [dɔ̃ptœr] au lieu de [dɔ̃tœr]. Plus encore dans les monosyllabes dont les consonnes finales sont de plus en plus souvent prononcées: de même qu'à la fin du XIXe siècle [fis] a remplacé [fi] pour un *fils,* de même on tend aujourd'hui à prononcer de plus en plus souvent la finale de *cinq* et même *six, dix* devant une consonne (cin*k* chevaux, sis*s* décembre). La finale de mots comme *cerf, but, fait*, entre autres tend à être toujours prononcée au singulier et de plus en plus souvent au pluriel.

De même il y a une tendance, observable notamment dans les programmes d'information radiodiffusés ou télévisés, à faire entendre le redoublement des consonnes: al'lergie, hol'landais, col'loque, com'menter, pol'lution, im'moral, im'migré: prononciation qui rappelle celle des instituteurs quand ils faisaient faire une dictée à leurs élèves. ... Ce phénomène qui tient à la fois de l'interférence de la graphie et de l'hypercorrection, fréquent dans les discours politiques, ne semble toutefois pas avoir été reproduit par le grand public jusqu'ici.

Il en est de même pour l'accentuation. On a relevé tant sur l'antenne que dans les discours une tendance à accentuer la première syllabe des groupes rythmiques. Mais là aussi le phénomène, maintes fois constaté et dénoncé, ne semble pas faire tâche d'huile.

EVOLUTION DE LA MORPHOLOGIE ET DE LA SYNTAXE

Dans le domaine morphosyntaxique, l'instabilité est particulièrement manifeste dans l'emploi de la négation. En langage courant la particule *ne* disparaît souvent, sa valeur négative se transférant sur le *pas* employé seul (je sais *pas,* il serait *pas* venu). Toutefois la forme complète traditionnelle *ne ... pas* se maintient seule en français écrit, ce qui donne à celui qui parle le sentiment qu'en omettant la particule il pratique une langue relâchée: la même personne utilisera (ou tentera d'utiliser) l'une ou l'autre forme suivant la situation ou l'interlocuteur auquel il s'adresse, ou l'image qu'il veut projeter de lui-même. D'où ces journalistes qui à l'antenne emploieront la forme complète de la négation en interviewant une personnalité politique mais la forme raccourcie lorsqu'ils s'adressent à des écoliers. D'où aussi cette affectation de certains intellectuels qui négligent systématiquement la forme complète de la négation pour donner l'impression qu'ils parlent la langue "du peuple...".

Des trois procédés interrogatifs (*Vient-il? –Est-ce qu'il vient? –Il vient?*), le troisième qui est essentiellement un procédé de la langue parlée tend à être employé dans la majorité des cas, entraînant des formes interrogatives: *Il vient quand? –Il va où?* de préférence à la forme complexe avec inversion: *"Quand Pierre vient-il?"* ou sans inversion *"Quand est-ce que Pierre vient?"*

L'emploi des verbes (conjugaisons, concordance) tend incontestablement à se simplifier. Certains temps disparaissent totalement du français parlé mais aussi écrit comme le passé surcomposé (*quand j'ai eu fini de travailler*). Le passé simple cède la place au passé composé et le futur simple à son tour recule devant les équivalents composés formés avec *aller* suivi de l'infinitif (*cet été je vais visiter la Grèce*) d'emploi plus facile et plus régulier que le futur simple: *nous allons promouvoir la chanson française,* permet d'éviter les pièges de verbes soit défectifs soit de maniement difficile. La tendance à la régularisation de verbes défectifs, irréguliers ou simplement difficiles, si elle n'est pas un phénomène nouveau, tend à s'accentuer et à être plus largement admise que dans le passé (*chuter* pour *choir, émotionner, promotionner* pour *émouvoir, promouvoir, solutionner* pour *résoudre*): il est frappant à cet égard que la création de verbes nouveaux se fasse presque toujours sur le seul modèle de la première conjugaison (aimer), de conjugaison réputée plus simple. C'est le cas notamment de tous les verbes créés ou retenus par les commissions de terminologie pour l'enrichissement du vocabulaire français.

On a également noté en français une tendance croissante à l'emploi des tournures nominales. Ainsi dans la presse qui rapporte en mai 1977 les propositions de syndicats d'enseignants l'énoncé: *les remplaçants pourraient devenir professeurs stagiaires* devient *la possibilité de stagiarisation des remplaçants,* procédé qui s'associe parfois (comme c'est le cas ici) à un néologisme par dérivation suffixale. Entre mille autres exemples citons cet étonnant *principe de complexification croissante* entendu le 8 avril 1977 au cours des informations de France-Inter.

Complexification croissante, ce n'est pas en tout cas ce qui caractérise l'évolution de la morphosyntaxe du français. Au contraire on constate une simplification du système qui correspond aux exigences nouvelles d'une communication où le parlé remplace l'écrit, où il faut donc trouver immédiatement l'expression adéquate sans pouvoir remettre l'ouvrage sur le métier dans un cabinet de travail. D'où un souci d'employer (et particulièrement devant une antenne) des énoncés simples, réguliers, et aussi, courts. La phrase se raccourcit et la juxtaposition ou la coordination se substituent aux formes hiérarchisées de la phrase complexe avec ses subordonnées. Ainsi l'économie du langage parlé conduit-elle en quelque sorte toute seule la langue française sur les traces où l'art de Hemingway avait conduit la langue de ses romans. . . .

EVOLUTION DU VOCABULAIRE

S'il y a un domaine où depuis une vingtaine d'années la langue française et les attitudes des Français se sont simultanément modifiées, c'est bien celui de l'emprunt et de la néologie. Le recours à l'emprunt a pris, depuis la guerre, un essor si considérable qu'il a justifié à lui seul les mises en garde contre ce qu'Etiemble avait plaisamment appelé le franglais.[2] Certes ce n'était pas la première fois que la langue française adoptait des termes étrangers et elle avait su au cours de son histoire s'enrichir de termes italiens et espagnols et, cédant à l'anglomanie des beaux quartiers depuis la reine Victoria, de mots anglais. Mais aujourd'hui l'imprégnation apparaît plus massive en même temps que plus durable. L'invasion (parlons donc en termes militaires . . .) est d'abord le fait de secteurs précis, qui sont des secteurs clefs de l'activité humaine; elle touche d'abord la recherche scientifique et la technologie, puis le commerce et sa publicité. L'invention nouvelle est importée, pour ainsi dire, avec sa désignation d'origine qui est plus souvent américaine.

Ces emprunts se sont faits d'autant plus facilement que la communauté linguistique française a un grand respect pour le caractère sacré et "immuable" de son langage et qu'employer un mot qui n'est pas dans le dictionnaire (référence suprême en matière de correction pour le Français depuis l'école primaire) c'est transgresser les lois de la langue. L'employer, ou pire encore, l'inventer. Employer un terme étranger là où d'autres emploient un terme qui n'est pas dans le dictionnaire c'est montrer sa culture non seulement parce qu'on connaît le mot étranger mais aussi parce qu'on n'emploie pas le mot français "douteux".

A ce facteur en quelque sorte *négatif* (le recul devant la création lexicale) qui favorise l'emprunt s'ajoute un facteur positif qui ne joue qu'en faveur de la langue anglaise et d'elle seule. Ce facteur positif c'est l'image dont bénéficie l'anglais (et plus exactement aujourd'hui la langue des Américains) dans la population, une image qui est postérieure à la guerre et au débarquement des forces américaines à la libération de la France. Dès sa plus tendre enfance le jeune Français est plongé dans un bain sonore et visuel anglo-américain, par la chanson d'abord (un large pourcentage des programmes de variétés), par les films, westerns ou policiers, par des séries américaines de télévision, celles-ci doublées en français mais dont la constante référence à des valeurs et à des situations américaines a pour effet—entre autres effets—de rendre l'anglais une langue moins "étrangère" que l'allemand, l'espagnol, l'italien ou le javanais*. Les résultats apparaissent clairement dans les choix de langue exercés par les élèves à l'école: tandis que l'enseignement de l'italien passait entre 1965 et 1972 de 9,87% à 0,29% des élèves (première langue), tandis que celui de l'espagnol s'effondrait en première langue et que l'enseignement du russe plafonnait à 1,26% (première langue), l'anglais passait à 82,66% (première langue) et 18,05% (deuxième langue) des choix d'élèves.

La langue anglaise liée au monde de la chanson et de la fiction apparaît aux adolescents la langue du rêve, de la liberté et de la permission alors que le français inversement est la langue de la réalité quotidienne, de l'école et de la contrainte. L'anglais se charge de la puissance des mythes et de l'apparente liberté du monde où évoluent les Cannon, Colombo, Mannix ou Ironside,[3] dans des situations où tout est permis (mais où tout se dénoue heureusement); les tee-shirts marqués des noms d'universités américaines prestigieuses ou exotiques portent témoignage de ces rêves, comme l'administration française lorsqu'elle appelle Bison fûté* le plan qui permet aux automobilistes en vacances de rouler en évitant les embouteillages: c'est par le cœur et le rêve que le Français se westernise et ce sont des facteurs d'abord affectifs qui ont favorisé le recours systématique à l'emprunt.

Or, et très curieusement, c'est précisément dans le domaine du lexique que se manifeste depuis quelques années une attitude nouvelle chez les Français: le renouveau de la création lexicale. Les besoins nouveaux sont considérables. A titre d'exemple notons que sous le seul aspect de la concurrence commerciale, de 45 à 50.000 mots nouveaux sont déposés chaque année à l'Institut national de la propriété industrielle pour examen (à peine moins que le *Petit Robert* ou le *Petit Larousse* ne comptent d'articles).

Cette création verbale correspond certes au besoin de nommer des réalités nouvelles, mais aussi à celui de faire apparaître les choses comme nouvelles. Dans le premier cas la nécessité d'invention vient par exemple des progrès de la science et de la technique; dans le deuxième, de la publicité qui, à défaut de produits réellement nouveaux, a besoin pour frapper l'imagination de formules frappantes donc neuves. Il faut noter d'ailleurs avec quelle rapidité ce vocabulaire nouveau, qui autrefois ne sortait pas de l'usage des jargons professionnels, grâce à la publicité et aux médias peut passer rapidement dans la langue courante. Ordinateur*, informatique*, ingénierie*, mots créés de toutes pièces pour répondre à des besoins nouveaux, font aujourd'hui partie du vocabulaire commun.

NOUVELLES ATTITUDES

Cette activité lexicale s'est faite d'abord de manière dispersée et il n'a pas été rare de voir dénommer de termes différents des techniques nouvelles identiques. D'où la nécessité d'un travail de coordination pour lequel des organismes ont été créés comme la Régie de la langue française au Québec, les commissions ministérielles de terminologie en France depuis une dizaine d'années, et très récemment l'Association française de terminologie. Mais ce qu'il faut d'abord souligner c'est le complet changement d'attitude des usagers vis-à-vis de la néologie. Alors que l'opinion assimilait* hier encore néologie et barbarisme et en flétrissait* l'usage, la situation aujourd'hui se transforme et la néologie se charge d'une image renversée et valorisante: son usage ne trahit plus une ignorance, il semble exprimer au contraire la science.

Le rôle des médias, l'influence de l'anglais, les besoins nouveaux de la communication ont amené certains grammairiens, comme Aurélien Sauvageot, à chercher ailleurs que dans le purisme ou le laxisme une troisième voie. De la même manière est apparue en France une politique linguistique qui, écartant simultanément la conservation figée de modèles de langue antérieurs et le laisser-faire absolu, met en avant le concept de l'aménagement* linguistique. Un facteur nouveau rendait, il est vrai, ce concept d'autant plus opportun: le français n'est plus aujourd'hui la langue exclusivement de la France. Il vit et se transforme dans un certain nombre de parties du monde qui ne demandent plus nécessairement à Paris de légiférer en matière de langue en leur nom. C'est ainsi qu'on a vu apparaître au Canada comme en France des organismes officiels dont le rôle ne concerne pas seulement (et parfois pas du tout) les conditions d'emploi de la langue mais sa qualité et sa matière même: ainsi ont été institués successivement depuis une dizaine d'années un Haut Comité de la langue française chargé de servir de conseil au Gouvernement et de coordonner l'action en matière linguistique; un Conseil international de la langue française (en 1967) réunissant l'ensemble des pays de langue française; des commissions de terminologie créées auprès des ministères pour étudier et fixer des termes nouveaux qui sont publiés ensuite par arrêté, un secrétariat permanent du Langage de l'Audio-visuel chargé de la qualité de la langue pratiquée sur les antennes nationales de radio et de télévision, une Association française de terminologie (AFTERM) (1976) qui se propose de coordonner toutes les activités néologiques en liaison avec les autres foyers de création lexicale notamment au Canada. Il faut noter également les dispositions de la loi du 31 janvier 1975 relative à la langue française qui imposait dans un certain nombre de cas (notamment la rédaction des contrats, la vente de biens et service, et la publicité) l'usage des termes nouveaux retenus par les commissions de terminologie: ainsi on ne se contente pas de créer mais de faciliter l'usage de la terminologie nouvelle.

Il est impossible de juger du degré de réussite d'une politique volontariste d'aménagement linguistique pratiquée depuis si peu de temps, même si des termes nouveaux se sont rapidement imposés comme logiciel*, ingénierie*, conteneur*. Mais plus que ces succès ponctuels* la nouveauté la plus significative est peut-être bien que l'attitude des Français devant leur langue soit en train de changer: la langue française retrouve ainsi son aptitude à s'adapter à l'évolution des besoins.

NOTES

1. Tristan Hordé et Claude Désirat, *La Langue française au XXe siècle* (Paris: Bordas, 1976).

2. René Etiemble, *Parlez-vous franglais?* (Paris: Gallimard, 1964). Nouvelle édition, revue et augmentée, Gallimard, 1973.

3. Héros et titres de séries policières américaines très populaires en France. [Les Rédacteurs]

Cinquième Partie

TENDANCES ARTISTIQUES ET PHILOSOPHIQUES

La Littérature

20

Bruno Vercier

Etudier les mutations de la littérature en France depuis 1955 supposerait comme préalable une ethnographie* de la lecture fondée sur une analyse des conditions de l'édition*. Les vingt dernières années ont vu celles-ci changer peu à peu, mais profondément. Cette évolution a sans doute encore accentué le fossé entre la littérature de recherche et la "littérature" de grande consommation. L'apparition puis la multiplication des éditions de poche; l'exploitation, puis la fabrication quasi-systématique de livres à succès (on dit aussi... best sellers!) "pour lire en vacances"; la primauté donnée au document brut*, à la confession de célébrités du sport ou du spectacle; la diminution progressive et régulière des librairies concurrencées à la fois par la vente par correspondance (des clubs de livres et des clubs... d'éditeurs!) et par la vente de livres à prix réduits dans les magasins à grande surface; l'influence grandissante de la télévision non seulement sur la lecture mais aussi sur la vente des livres (le sujet d'un livre, ou mieux encore le charme ou le sourire de l'auteur, sont plus importants et plus commerciaux que la qualité ou l'originalité d'une écriture); la place de plus en plus grande occupée par les Prix littéraires qui amène à soupçonner chaque fois davantage (notamment en 1976 et 1977) l'impartialité des jurés, tous eux-mêmes auteurs et donc liés aux grandes maisons d'édition; autant de signes, et il y en aurait bien d'autres, d'une transformation profonde des conditions de l'édition, et donc de la lecture, et de la littérature. Cette transformation semble aller dans un sens qui ne rend pas l'observateur particulièrement optimiste quant à l'avenir de la véritable création littéraire: la nouveauté risquant alors de devenir un simple argument commercial et non la marque nécessaire d'une vision du monde différente.

Pourtant, face aux très grandes maisons appuyées par des groupes financiers importants, on revoit surgir de petites maisons d'édition (Hallier, Sagittaire, Lattès, Editions des Femmes), fonctionnant parfois dans des conditions presque artisanales: phénomène un peu comparable à la floraison*, dans l'après-guerre des années 50, de nouvelles maisons, celles-là mêmes qui devaient favoriser l'existence de l'avant-garde de cette époque, les Editions de Minuit, nées de la Résistance, et les Editions du Seuil. Parallèlement, face au déclin des grandes revues traditionnelles (telles la N.R.F.) on assiste à la multiplication de revues nouvelles, souvent éphémères, qui témoignent de la vitalité de la recherche et de la création. Un trop grand pessimisme serait donc déplacé. Peut-être sommes-nous trop près de notre objet, trop victimes de certaines habitudes de pensée, pour juger absolument sereinement de l'état actuel de la littérature—essayons cependant.

Où vaut-il mieux donc se placer pour rendre compte des mutations de la littérature de ces vingt dernières années? Selon que l'on s'établira en 1955 ou en 1977, le renversement de perspective modifie non seulement l'angle de vision mais aussi l'objet lui-même. C'est que le concept de littérature n'a plus la même signification, du moins pour tout un secteur des écrivains et de leurs lecteurs. Cette période a pris conscience que la littérature, le mot comme la chose, n'était pas forcément cette valeur universelle à laquelle les générations précédentes avaient cru. Les questions se succèdent: "Qu'est-ce que la littérature?" "Que peut la littérature?" "La littérature, à quoi ça sert?" On reconnaît là les questions que Dada et les Surréalistes* avaient eux aussi posées, et auxquelles ils avaient apporté diverses réponses; comme si la Seconde Guerre mondiale avait provoqué les mêmes doutes et les mêmes interrogations sur la valeur de cette activité face au déchaînement de la violence. Mais alors que les années 30 avaient vu un retour à peu près général à la confiance en la littérature, les années 60 vont voir se développer ce que l'on pourrait appeler avec Nathalie Sarraute "l'ère du soupçon". De notre point de vue, il est alors symptomatique que ce livre *L'Ere du soupçon* paraisse en 1956, l'année qui suit la mort de Paul Claudel. Avec la disparition de l'académicien ambassadeur, qui suit celle de Valéry (1945) et celle de Gide (1951), ce n'est pas uniquement la grande génération des années 1890 qui disparaît, celle du *Mercure de France* puis de la N.R.F., c'est bien davantage une conception de la littérature sur laquelle était réalisé l'accord implicite de toute une société, comme valeur essentielle d'un humanisme en lequel tous se reconnaissent. Cette image rassurante est mise en pièces, et la Préface que Gide donne alors à son *Anthologie de la poésie française* prend les allures d'un testament: "... c'en sera fait de notre culture et de cette tradition que nous avons tant lutté pour maintenir. L'art ne peut revenir en arrière.... Cette anthologie ne représenterait donc plus que le désuet* bréviaire d'une génération qui s'en va. Puisse-t-elle du moins apporter témoignage, tant bien que mal, de l'état où nous nous trouvions avant le retour au chaos."

L'année 1977, 7 janvier—Roland Barthes prononce sa leçon inaugurale au Collège de France. Le critique à peu près inconnu en 1955 (il n'avait alors publié que *Le Degré zéro de l'écriture* en 1953, et un petit livre sur *Michelet*) prend, d'une certaine manière, la place que Valéry avait occupée. Le voici qui, à son tour, donne sa définition de la littérature, après avoir posé que toute langue est oppressive, "fasciste": "Nous, qui ne sommes ni des chevaliers de la foi ni des surhommes, il ne nous reste, si je puis dire, qu'à tricher avec la langue, qu'à tricher la langue. Cette tricherie salutaire, cette esquive*, ce leurre* magnifique, qui permet d'entendre la langue hors pouvoir, dans la splendeur d'une révolution permanente du langage, je l'appelle pour ma part: 'littérature'. J'entends par littérature non un corps ou une suite d'oeuvres ni même un secteur de commerce ou d'enseignement, mais le graphe complexe des traces d'une pratique: la pratique d'écrire. Je vise donc en elle, essentiellement, le texte, c'est-à-dire le tissu des signifiants qui constitue l'oeuvre, parce que le texte est l'affleurement* même de la langue, et que c'est à l'intérieur de la langue que la langue doit être combattue, dévoyée*; non par le message dont elle est l'instrument, mais par le jeu des mots dont elle est le théâtre. Je puis donc dire indifféremment: littérature, écriture ou texte. Les forces de liberté qui sont dans la littérature ne dépendent pas de la personne civile, de l'engagement politique de l'écrivain qui, après tout, n'est qu'un 'monsieur' parmi d'autres, ni même du contenu doctrinal de son oeuvre, mais du travail de déplacement qu'il exerce sur la langue: de ce point de vue, Céline est tout aussi important que Hugo, Chateaubriand que Zola."

Entre ces deux dates, pour poursuivre encore un peu dans cette voie des pivots et des repères*, 1964 et le refus par Sartre du prix Nobel de Littérature (c'est à lui bien sûr que l'on pense immédiatement lorsque Barthes parle de "l'engagement politique" de l'écrivain). Ce refus, motivé surtout pour des raisons idéologiques—"L'écrivain doit donc refuser de se laisser transformer en institution" et surtout: "Le prix Nobel se présente objectivement comme une distinction réservée aux écrivains de l'Ouest ou aux rebelles de l'Est"—renvoie à une conception de la littérature bien différente à la fois de celle de Gide et de celle de Barthes: "La parole est un moment particulier de l'action." C'est en 1964 aussi qu'il participe au débat de la Mutualité sur "Que peut la littérature?" après avoir prononcé sa fameuse phrase: "En face d'un enfant qui meurt, *La Nausée* ne fait pas le poids." Toutes ces réactions sont tout à fait prévisibles si l'on se rappelle que l'année précédente Sartre avait publié *Les Mots,* livre qui avait sans doute décidé le jury du prix Nobel à lui décerner son prix. Bien plus qu'un livre de souvenirs d'enfance, *Les Mots,* dans lequel Sartre s'applique à lui-même la méthode qu'il avait déjà appliquée à Baudelaire et à Genet, avant de l'appliquer plus tard à Flaubert, constitue en effet avant tout une dénonciation de la littérature: "Je voudrai qu'on lise ce livre pour ce qu'il est en réalité: la tentative de destruction d'un mythe." Ce mythe, c'est celui du grand écrivain, l'auteur de *La Nausée* . . . et des *Mots,* à qui l'on décerne le prix Nobel de Littérature! Sartre démonte les mécanismes par lesquels une famille et une société fabriquent ce "névrosé" qu'est le grand écrivain qui croit que la littérature est son salut et sa mission. Cet admirable livre, le meilleur sans doute de Sartre, l'un des plus grands de toute cette période, se veut, paradoxalement, un adieu à la littérature, mais un adieu impossible: "J'ai désinvesti mais je n'ai pas défroqué*: j'écris toujours. Que faire d'autre? *Nulla dies sine linea.*[1] C'est mon habitude et puis c'est mon métier. Longtemps j'ai pris ma plume pour une épée: à présent je connais notre impuissance. N'importe: je fais, je ferai des livres; il en faut; cela sert tout de même. La culture ne sauve rien ni personne, elle ne justifie pas. Mais c'est un miroir de l'homme: il s'y projette, s'y reconnaît; seul, ce miroir critique lui offre son image."

Mais les dates sont trompeuses, et ce serait trop commode de pouvoir s'en tenir au schéma suivant:

1955: fin de la Littérature
1964: adieu à la Littérature
1977: une nouvelle "Littérature".

C'est qu'en effet en 1955 la Littérature à la Claudel est déjà une survivance*, que les réflexions qui mèneront à la conception d'un Barthes sont déjà en marche, et que ... *Les Mots* sont déjà, sinon publiés, du moins en grande partie rédigés, et dans une "forme plus radicale". Sartre a écrit ce livre l'année précédente, en 1954, l'année même où Simone de Beauvoir publiait *Les Mandarins* (couronnée par un prix Goncourt), bilan* sévère de la génération de Sartre et de Camus, des espérances et des illusions des écrivains après 1945, et du conflit né autour de *L'Homme révolté*. Elle y faisait le procès de l'engagement de l'écrivain, et questionnait elle aussi le statut de la littérature, comme Sartre l'avait fait dès 1948 dans *Qu'est-ce que la littérature?* : "Rien ne nous assure que la littérature soit immortelle". Pourtant, à sa façon, l'existentialisme* est un humanisme lui aussi: "Bien sûr, tout cela n'est pas si important: le monde peut fort bien se passer de la littérature. Mais il peut se passer de l'homme encore mieux." On le voit, le Sartre de ces années-là, s'il a une conscience plus claire que Gide ou Claudel de la fragilité de certaines valeurs qu'on avait cru immortelles, appartient encore par certains côtés à l'avant-guerre—attitude qu'il dénoncera dans *Les Mots*. Les ruptures qui se marquent alors, ou qui s'annoncent, sont donc à comprendre par rapport à cette conception-là de la littérature.

La plus éclatante de ces ruptures est constituée par cette avant-garde que l'on a baptisée Nouveau Roman* et Nouveau Théâtre ou Théâtre de l'Absurde. La problématique de cet ensemble d'oeuvres se situe aux antipodes de celle de la littérature existentialiste: refus de l'absurde existentiel et de la signification, affirmation de la présence neutre des objets, disparition du personnage, conception de l'oeuvre comme recherche à la fois de la part de l'écrivain et du lecteur troublé dans ses habitudes. L'observateur de l'époque avait pu avoir l'impression que cette avant-garde surgissait de nulle part. C'est que la coupure de la guerre avait rejeté dans l'ombre un certain nombre d'oeuvres importantes, ou retardé leur plein épanouissement et différé leur influence. Entre 1955 et 1965-68, on va donc assister à un double mouvement parallèle et complémentaire: développement de la jeune avant-garde qui peu à peu s'établit et se modifie, redécouverte et affirmation d'écrivains plus âgés mais qui, on s'en rend mieux compte maintenant, avaient rendu possible l'existence même de cette avant-garde. On s'aperçoit alors que ces expériences nouvelles du Nouveau Roman et du Nouveau Théâtre avaient une origine et des racines aisément reconnaissables.

L'avant-garde a d'ailleurs elle-même indiqué bien souvent lesquels de ces Inventeurs[2] il importait de relire, ou de découvrir (l'exemple de Raymond Roussel est, à cet égard, particulièrement significatif).

On s'aperçoit aussi que la plupart de ces Inventeurs, indispensables pour bien comprendre la mutation en question, ont presque tous—Queneau, Leiris, Blanchot, Bataille, Artaud—eu partie liée, d'une façon ou d'une autre avec le Surréalisme, ce Surréalisme que Sartre en 1948 considérait comme un "feu d'artifice" retombé. Non pas forcément avec le mouvement dans ses manifestations les plus tonitruantes*, mais avec la réflexion menée par Breton et ses amis sur la littérature et sur le langage. Si Breton publie peu durant ses dernières années (il mourra en 1961), il demeure toujours aussi vigilant à l'égard de son époque au nom de son double mot d'ordre "changer la vie", "transformer le monde". Bien avant le rapport Khrouchtchev de 1956, il dénonçait, dès la mort de Staline en 1953, la perversion effectuée par celui-ci du *langage* révolutionnaire: "les mains souillées du sang de ses meilleurs compagnons de lutte, le secret d'un moyen infaillible pour leur ravir l'honneur en même temps que la vie, l'attentat insigne contre le Verbe qui a consisté à pervertir systématiquement les mots porteurs d'idéal, la duplicité et la terreur érigées* en mode de gouvernement, je vois mal ce qui, même l'oubli aidant joint au goût durable des foules pour les destinées individuelles spectaculaires, pourra faire contrepoids dans la balance." Chacun de ces Inventeurs—et ceci est vrai aussi de Céline, de Ponge, de Beckett, de Paulhan, de Michaux—avait, à sa façon, remis en cause les conventions de la littérature antérieure, entrepris un travail d'exploration du langage et proposé de nouvelles formes, dans une transgression à peu près générale de la notion de genre littéraire. Tous ces écrivains qui n'étaient, à part Paulhan déjà fameux pour son activité éditoriale à la N.R.F., et Céline, célèbre puis rejeté, connus jusqu'alors que d'un petit nombre, vont voir s'accroître leur audience et vont devenir les grands écrivains de notre temps, sinon ses écrivains célèbres. La vague du Nouveau Roman et du Nouveau Théâtre ne se comprend bien que si l'on envisage aussi la houle* profonde de ces Inventeurs.

Du point de vue de ceux-ci, 1955 ne constitue donc pas vraiment une date charnière*. Ils avaient à peu près tous commencé leur recherche dans les années 30, et c'est maintenant, parfois jusqu'à aujourd'hui (les derniers textes de Michaux, de Blanchot, de Ponge ou de Leiris sont tout aussi actuels que bien des œuvres de la plus récente avant-garde), qu'elle s'épanouit—ou plutôt qu'un public plus large, sinon toujours le grand public, est prêt à les entendre et à reconnaître qu'ils sont les véritables initiateurs de la mutation des années 1955-1965. C'est en 1947 qu'Artaud donne une conférence demeurée mémorable au théâtre du Vieux-Colombier et qu'il obtient le prix Sainte-Beuve pour son *Van Gogh*. C'est en 1953 que Beckett devient brutalement célèbre avec *En attendant Godot,* alors que son oeuvre dramatique est presque entièrement déjà publiée. En 1957 *D'un château l'autre* va remettre Céline à la place qu'il mérite. L'année 1959 verra le succès de Queneau avec *Zazie dans le métro,* qui n'est peut-être pas son livre le plus important. Les autres demeureront longtemps encore des auteurs pour initiés—et pour écrivains. C'est que leur discours est difficile dans la mesure où il est différent; c'est que tous, chacun à sa façon, posent le même genre de questions, celles qui mettent la littérature en question non pas dans sa fin, comme le fait Sartre, mais dans son moyen même: le langage. Céline et Queneau renversent les barrières qui séparent la langue écrite de la langue parlée; Ponge et Michaux s'en prennent, eux, aux barrières des genres et de l'oeuvre achevée; Artaud veut remplacer le mot par le cri; Bataille substitue l'écriture au style, et Leiris a complètement déplacé l'objet même de l'écriture autobiographique, du vécu au dit; philosophes et romanciers, Paulhan et Blanchot, s'interrogent sur l'origine du langage littéraire et les conditions de possibilité de l'écriture; l'oeuvre de Beckett, enfin, illustre de façon exemplaire cette interrogation sur la littérature, et, au-delà, sur le langage lui-même.

Le cas de Beckett est d'ailleurs particulièrement révélateur de cet enchevêtrement* des générations qui rend si difficile ce problème des mutations. Lorsque le succès de *Godot* projette Beckett au premier plan, il y a en fait vingt ans qu'il écrit. Son itinéraire l'a mené d'une réflexion sur le roman (*Murphy*, écrit en 1935), à une réflexion sur le récit et la fiction (*Molloy* 1951, *Malone meurt* 1951), puis avec *L'Innommable* (1953) à un questionnement même du langage, de la parole: "Où maintenant? Quand maintenant? Qui maintenant? Sans me le demander. Dire Je. Sans le penser. Appeler cela des questions, des hypothèses." A ces questions qui mettent à nu le mécanisme de toute fiction, mais également de la parole, il n'y a selon Beckett qu'une seule réponse, celle qui constitue la dernière phrase du livre: "il faut continuer, je vais donc continuer, il faut dire des mots, tant qu'il y en a, il faut les dire, . . . , il faut continuer, je vais continuer." Il faut dire même s'il n'y a plus rien à dire. *Godot* ne faisait donc que mettre sur scène, sous forme de dialogue—parler, c'est toujours parler à autrui—cet aboutissement de *L'Innommable*. Vouloir rapprocher à tout prix Beckett d'Adamov et de Ionesco pour la commodité des étiquettes, c'était fausser la portée* de cette oeuvre, aussi bien que des deux autres d'ailleurs. C'était s'empêcher de comprendre, par exemple, que les premières pièces de Ionesco étaient en fait beaucoup plus proches des quelques pièces surréalistes de Breton et Soupault (*Vous m'oublierez, S'il vous plaît*) ou de Vitrac (*Victor*), et qu'au moment où *Le ping-pong* impose le nom d'Adamov (1955), celui-ci ne fait que poursuivre, à propos du langage, une enquête sur les différentes formes de violence qui va l'amener, presque naturellement, à une évolution bien différente de celle de Beckett ou de Ionesco.

Peut-on parler d'une mutation de Beckett lorsqu'après 1961 son oeuvre va peu à peu être comme rongée, envahie par le silence? La tentation du silence est inscrite dès les premières oeuvres, celles-là même où la parole coulait intarissablement*. A mesure que les personnages sont gagnés par la misère, la paralysie, la mort—d'où donc nous parlent-ils sinon "de l'autre côté de la vie" comme disait Céline au début de *Voyage au bout de la nuit?* —le livre lui-même semble atteint dans sa substance et la phrase dans son ordonnance, qui disparaît au profit du mot ou du groupe de mots, écriture du corps meurtri, du souffle. Les derniers livres de Beckett, *Têtes mortes* (1967), *Pour finir encore* (1976), n'ont plus que quelques pages: simple trace, vestige de ce combat sans fin de la mort et de la parole, qu'il avait mis en scène dans un certain nombre de pièces, elles aussi de plus en plus brèves, *Fin de partie* (1957), *La dernière bande* (1958), *Oh les beaux jours* (1961), *Comédie et actes divers* (1969). Cette problématique tragique de Beckett aboutit donc, par la voie la plus ardue*, à la quasi-disparition de la littérature; trajet exemplaire, inimitable, qui permet de mieux apprécier les autres formes qu'a pu revêtir la mutation de la littérature dans les dix dernières années.

Si Beckett se situe ainsi à la limite entre le dire et le non-dire, d'autres choisissent de rejeter absolument la littérature. C'est apparemment le cas de Jean Genet, associé lui aussi, dans les années 1955, au Nouveau Théâtre, après le succès, le scandale, du *Balcon* (1957) et des *Nègres* (1959). Là encore, on comprendrait mal et l'évolution ultérieure de Jean Genet lui-même et certaines des mutations de l'écriture romanesque en général, si l'on oubliait que Jean Genet, autodidacte* génial, avait, dès son premier livre, *Notre-Dame-des-Fleurs*,[3] écrit en 1942 à la prison de Fresnes, donné une formulation étonnante de tous les problèmes qui se posaient au roman depuis à peu près un siècle. L'écrivain est le personnage principal du roman, et son texte se déroule sur un double plan; celui de la fiction qu'il invente, et celui de l'écrivain, non seulement dans l'exercice de la fiction, mais aussi dans les rapports de celle-ci avec les conditions de l'existence de Genet; la fiction est absolument nécessaire, justifiée par le lieu—la cellule de la prison où il se trouve—et l'état de désir et de frustration qui est le sien. Du *Il*, niveau de la fiction, au *Je*, niveau de l'écriture et de la vie de Genet, c'est un perpétuel va-et-vient, qui constitue en même temps la dénonciation de la fiction et l'affirmation de son pouvoir et de sa valeur. Comme le Narrateur de Proust, Genet se sauve par l'écriture, mais celle-ci est bien analysée comme substitut de la vie réelle, et non, comme chez Proust, comme la seule vraie vie. Par cette évaluation de la littérature dans sa nature et dans ses limites, par le démontage* de toutes les instances de la fiction, par cette écriture qui transgresse allègrement la séparation des genres (roman? journal? autobiographie? tout cela à la fois, et autre chose—et surtout l'écriture du désir, la poésie), Genet se situe dans la lignée des écrivains, tels Proust ou Céline, qui semblent mettre un terme à la littérature en même temps qu'ils la renouvellent entièrement. Trois autres romans, deux pièces, puis le *Journal du voleur* (1949) font de l'ancien condamné un homme de lettres (consacré par la monumentale étude de Sartre *Saint Genet comédien et martyr* (1952), qui ressent* de plus en plus douloureusement la vanité de la littérature; il se tourne alors définitivement vers le théâtre (*Le Balcon, Les Nègres, Les Paravents* 1961), dont il met à jour tous les mécanismes dans un jeu d'apparences, de masques et de miroirs qui met en cause le théâtre lui-même et, à travers lui, la réalité. Depuis, c'est le silence total. L'écriture n'aura assuré à Genet qu'un salut temporaire. Pourquoi écrire? Pourquoi continuer à écrire? Genet, comme Sartre, mettra de temps à autre son prestige en jeu à l'occasion d'un débat politique ou social.

Face à ces attitudes radicales ou extrêmes, qui rappellent celles d'un Rimbaud ou d'un Lautréamont, il en est d'autres qui déplacent la question de la littérature au lieu de la trancher une fois pour toutes. Il nous faut revenir maintenant aux années 1965 pour décrire d'autres modalités de cette mutation.

Le théâtre, que nous abordions avec Beckett et Genet, va constituer un premier champ de réflexion privilégié. Lorsqu'elle n'a pas mené sa recherche jusqu'au silence, quelles voies l'avant-garde des années 1955 a-t-elle empruntées? Soit celle d'un retour à l'académisme qu'il est bien difficile de considérer comme une mutation, et c'est le cas de Ionesco (nous ne pensons pas seulement, faut-il le préciser, à son entrée à l'Académie française...) qui semble rejoindre Jean Anouilh dans un théâtre de dénonciation traditionnel et répétitif. Soit celle d'un théâtre plus carrément politique, et c'est le cas d'Adamov qui, jusqu'à sa mort en 1970, va continuer son analyse de la violence au niveau des rapports sociaux et de l'exploitation de l'homme par l'homme (de *Paolo Paoli* à *Off limits* et *Printemps 71*); cette évolution, qui s'explique en partie par la volonté de lier "la névrose individuelle et la névrose collective", "la psychologie du chacun et la ligne générale, politique, de tous", doit être aussi envisagée comme une des nombreuses conséquences de l'influence du théâtre et des idées de Bertolt Brecht, de ce que Roland Barthes appelait en 1955 "la révolution brechtienne": "la révolution théâtrale de Brecht remet en question nos habitudes, nos goûts, nos réflexes, les 'lois' mêmes du théâtre dans lequel nous vivons". Au théâtre "aristotélicien*" de l'identification succéderait un théâtre "épique" de la distanciation*. En France, cette influence ne va pas agir seule ni directement, elle va se combiner avec d'autres (en particulier le développement de la Nouvelle Critique qui applique aux anciens objets que sont les textes classiques des instruments de lecture nouveaux) pour aboutir à ce qui apparaît, aujourd'hui, comme une mutation profonde du phénomène théâtral, qui semble échapper en fait au domaine de la Littérature.

Aujourd'hui en effet, en France comme dans bien d'autres pays d'ailleurs, le rôle le plus important n'est plus celui de l'Auteur, mais celui du Metteur en scène, ce qui entraîne une modification parallèle de la place du Texte. Alors qu'un Jean Vilar se considérait, au TNP, comme chargé de faire connaître et aimer d'un public le plus large possible les grands textes classiques (Shakespeare, Corneille, Musset) d'une Culture que personne ne mettait alors en question, les metteurs en scène actuels (Planchon et Chéreau au TNP, Vincent et Jourdheuil, parmi tant d'autres) considèrent que leur rôle consiste à interroger ces mêmes textes (mais aussi des textes beaucoup plus récents, comme *La Cantatrice chauve* de Ionesco qu'on a vu représenté naguère dans une telle mise en scène-mise en question) pour en faire ressortir le côté historiquement daté, les contradictions internes, les lignes de force et les lignes de rupture. Le texte classique n'est plus sacré: on le découpe, on le met en pièces (Planchon et *Le Cid* de Corneille en 1970, Sanguinetti et Ronconni avec l'*Orlando furioso* de l'Arioste en 1970 également), on l'interroge au nom d'une autre conception de l'Histoire de l'homme. L'Auteur, au sens traditionnel du terme, peut d'ailleurs disparaître entièrement dans les tentatives de spectacle collectif, où les Acteurs, qui ne sont plus seulement des interprètes, élaborent tout le spectacle: la tentative la plus achevée dans ce sens a été sans conteste celle du Théâtre du Soleil, la compagnie d'Ariane Mnouchkine, qui dans *1789* (1970) et *1793* (1972) a voulu donner une image nouvelle de cette période historique où se fonde la société française contemporaine, qu'elle analyse ensuite dans *L'Age d'or* (1974). Tout ce théâtre contemporain, à la différence de Brecht, qui adhérait assez fidèlement à une idéologie bien définie (le marxisme), est lui-même, à travers ces tentatives, à la recherche de son idéologie, en quête d'une nouvelle définition de la Culture.

D'autres influences, nous l'indiquions, se sont combinées avec celle de Brecht pour réduire encore la part du texte et faire vaciller le statut de l'auteur; mais, en les réduisant à leurs éléments communs, on découvre presque toujours qu'elles se fondent sur les théories d'Antonin Artaud. Que ce soit, par exemple, chez le Polonais Grotowski ou l'Américain Bob Wilson, on retrouve les idées du "Théâtre de la cruauté". Louis Aragon pouvait ainsi saluer, dans une "Lettre à André Breton", les représentations en 1971 du *Regard du sourd* de Bob Wilson, spectacle d'où le texte a complètement disparu au profit du geste et de la musique: "... il est ce que nous autres, de qui le surréalisme est né, nous avons rêvé qu'il surgisse après nous, au-delà de nous. ... Bob Wilson est, serait, sera (il aurait fallu le futur) surréaliste par le silence, bien qu'on puisse aussi le prétendre de tous les peintres, mais Wilson c'est le mariage du geste et du silence, du mouvement et de l'ironie." Mutation donc, mutation essentielle, mais qui, nous le constatons une fois encore, trouve ses racines du côté des Surréalistes et des Inventeurs.

Si elles vont être moins abruptes qu'au théâtre, les transformations du roman vont être cependant tout aussi profondes. Si certains, comme Nathalie Sarraute, poursuivent leur œuvre en l'approfondissant dans la même direction, d'autres vont explorer de nouvelles avenues, pas nécessairement en rupture avec leurs premières tentatives, mais qui n'y figuraient qu'en germe* ou en filigrane*.

C'est, semble-t-il, avec *Degrés* (1960) qu'on peut parler d'une mutation dans l'œuvre de Michel Butor. C'est dans ce livre qu'il s'engage délibérément dans une expérimentation sur la multiplicité des voix et des langages. L'auteur devient alors moins un écrivain avec un style unique, reconnaissable, qu'un arrangeur, un constructeur, qui juxtapose les divers langages de la collectivité; la place de la citation devient prépondérante. Elle va se généraliser dans les ouvrages qui vont suivre, sous une forme qui rappelle celle du collage des peintres; peut-on encore nommer romans *Mobile* (1962), *6.810.000 litres par seconde* (1965), ces textes d'où tout personnage identifiable a disparu, remplacé par une série de voix, de citations? Le collage se combine avec les procédés musicaux, ou poétiques, que sont la répétition, la reprise avec variations. La lecture linéaire est rendue impossible: au fil des pages se produisent des échos, des attentes—lecture en relief, lecture en liberté. Chacun se fera son itinéraire, ses itinéraires: lecture aléatoire* comme il y a une musique aléatoire. Butor n'est d'ailleurs pas le seul à déranger le lecteur dans ses habitudes, à vouloir en faire sinon un créateur, du moins un fabricateur: Queneau, par exemple, publie en 1961 *Cent mille milliards de poèmes,* recueil de dix sonnets construits sur les mêmes rimes et la même structure grammaticale, que treize coups de ciseaux horizontaux, un sous chaque vers, transforment en cent mille milliards de poèmes... possibles. Butor prolongera ses recherches dans des textes plus récents comme *Intervalle* (1973), où la structure se complique d'une étape intermédiaire, celle de la naissance et de la fabrication du texte: le lecteur convié à participer au fonctionnement de l'imagination et au travail de l'écriture ne sera-t-il pas tenté de se lancer à son tour dans l'expérience pour donner forme et sens au monde qui l'entoure?

Evolution parallèle que celle de Robbe-Grillet, mais dans une tonalité un peu différente, et avec une issue* plus radicale. Jusqu'à *La Jalousie,* on avait pu, contre la volonté de l'auteur, proposer une lecture "psychologique" de ses romans: l'omniprésence de ces descriptions d'objets, la répétition des scènes, par exemple, avaient pu être attribuées à la situation du Narrateur, voyeur ou obsessionnellement jaloux. Avec *Dans le labyrinthe* (1959), et surtout *La Maison de rendez-vous* (1965) et *Projet pour une révolution à New-York* (1970), ce type d'interprétation devient impossible. Le livre devient un espace où se déploie, en toute liberté et en toute nécessité, le fantasme*, donnant naissance à une série de reprises et de variations à partir d'un petit nombre d'éléments (objets et formes dans le premier, citations et situations archétypales* dans les deux suivants). Ecriture à transformations, qui met en cause les principes du récit auquel elle semble pourtant rester fidèle: chronologie, cohérence, séparation des personnages, etc. Le travail de la fiction devient le véritable sujet du livre, dans l'engendrement sans fin de ses possibilités. Pour Robbe-Grillet, ce jeu n'est pas gratuit: la liberté de l'artiste, et donc celle du lecteur, qui manipule ces produits de notre civilisation—le récit lui-même en est le plus éclatant—permet d'exorciser ces images, ces archétypes, ces clichés dans lesquels nous risquerions d'être engloutis*. Pour mieux le démontrer, Robbe-Grillet a abandonné le stylo pour la caméra: *L'Immortelle, Trans Europ Express, L'Homme qui ment, L'Eden et après,* autant de films où Robbe-Grillet, avec de vraies images, poursuit ses recherches sur les cellules, les matrices et les séries, rejoignant ainsi, lui aussi, les préoccupations des musiciens contemporains. Qu'elle soit filmique ou littéraire, seule compte l'écriture qui devient moins, selon le mot de Jean Ricardou, "l'écriture d'une aventure que l'aventure d'une écriture".

C'est encore à Jean Ricardou (*Problèmes du nouveau roman* 1967, *Pour une théorie du nouveau roman* 1971) que nous emprunterons les éléments d'une transition, celle qui va du Nouveau Roman à ce qui se systématise, autour de Barthes et de la revue *Tel Quel,* sous le nom d'Ecriture textuelle ou de Texte: "L'une (celle du Nouveau Roman) subvertit la catégorie de personnage et l'autre (celle de *Tel Quel*) l'abolit. L'une tend à formaliser sa fiction, et l'autre, plus violemment, sa narration. L'une détourne contre lui-même le procès de représentation et l'autre l'annule." En 1953, dans *Le Degré zéro de l'écriture,* Barthes écrivait: "L'écriture classique a donc éclaté et la Littérature entière, de Flaubert à nos jours, est devenue une problématique du langage." Partant des positions de Sartre, mais s'appuyant surtout sur Marx et sur Saussure, il montrait comment tout était signes, et comment aucun de ces signes n'était neutre, innocent. Dans les années 1955, il s'est livré, dans ses "Mythologies" (publiées en recueil en 1957), à la démystification des langages de notre société. Mais il s'écarte de Sartre en contestant la notion d'engagement dont il démontre toute l'ambiguïté: l'écrivain est *dans* le langage, et non dans un lieu utopique où il échapperait à l'idéologie. Sa seule possibilité sera donc un travail de l'intérieur du langage, un travail de perversion, qui consistera à "tricher avec le langage, à tricher le langage" (1977).

On comprend donc pourquoi il avait été l'un des premiers défenseurs de Robbe-Grillet: c'est qu'il y voyait une tentative de déplacement du lieu de la littérature. Lorsqu'il a cru—à tort? —constater chez Robbe-Grillet un "retour du sens", Barthes s'en éloigne (1962). C'est aussi l'époque où il se rapproche des jeunes écrivains qui avaient, en 1960, fondé la revue *Tel Quel,* dans laquelle ils tentent de poser les fondements d'une nouvelle science de la littérature. L'aspect le plus spectaculaire de cette tentative sera, en 1965—décidément la date charnière de notre période—la querelle de la Nouvelle Critique, sur laquelle il n'est sans doute plus utile de revenir. Pour mener à bien leur entreprise, les écrivains de *Tel Quel* (Sollers, Faye, Kristeva, Pleynet) s'appuient sur des "textes limités, refusés ou mis à l'écart par notre culture": Sade et Lautréamont, Artaud et Bataille. Ils ont également recours, en même temps qu'aux idées de Barthes (c'est l'époque où celui-ci publie son "Analyse structurale des récits" et ses "Eléments de sémiologie*"), à la philosophie (Foucault, Derrida), aux derniers développements de la psychanalyse (Lacan), de la linguistique (Chomsky) et du marxisme (Althusser).

Le concept d'écriture textuelle qui est alors élaboré, dans la théorie mais aussi dans la pratique—deux notions qu'il devient de plus en plus difficile de dissocier, comme le prouve bien le cas de Barthes lui-même, ("Combien d'écrivains n'ont écrit que pour avoir lu? Combien de critiques n'ont lu que pour écrire? Ils ont rapproché les deux bords du livre, les deux faces du signe, pour que n'en sorte qu'une parole. La critique n'est qu'un moment de cette histoire dans laquelle nous entrons et qui nous conduit à l'unité—à la vérité de l'écriture." *Critique et Vérité,* 1966)—n'a en fait plus de rapports avec celui qui était utilisé dans *Le Degré zéro.* Dans cet ouvrage, l'écriture, entre la langue, système d'une nation, et le style, système d'un auteur, était définie comme système d'un groupe, celui des écrivains qui, à une époque donnée, ont en commun une même idée de la littérature et de ses codes. Dans la théorie nouvelle, l'écriture occuperait plutôt la place de ce qu'il nommait le style, mais à la différence de celui-ci, "c'est une énonciation* (et non pas un énoncé*) à travers laquelle le sujet joue sa division en se divisant, en se jetant en écharpe* sur la scène de la page blanche: notion qui doit peu, dès lors, à l'ancien style, mais beaucoup au double éclairage du matérialisme (par l'idée de productivité) et de la psychanalyse (par celle de sujet divisé)".

Dans le commentaire que Barthes donne en 1965 de *Drame* de Philippe Sollers (et que l'on trouvera dans *Théorie d'ensemble,* ouvrage collectif qui fournit la meilleure introduction à cette recherche), on voit bien comment cette écriture constitue une réponse aux questions posées par Beckett et l'évolution du Nouveau Roman. Il s'agit à la fois de parler, c'est à dire de refuser l'ineffable*, et de lutter contre le langage socialisé, mystifiant, plein de clichés et de stéréotypes. Esquiver les formes apprises, déporter le langage, se remettre à l'écoute du langage, faire que la lecture se rapproche le plus possible de l'écriture, finalement en venir au "plaisir du texte" (on reconnaît là le titre d'un autre des livres de Barthes, 1973). Rabelais et Céline deviennent les grands maîtres pour cette avant-garde qui après avoir expérimenté avec les figures du récit, les éléments de la narration, les grammaires et les structures (P. Sollers, *Nombres* 1968; J. Thibaudeau, *Ouverture*

1966), s'attaque, dans ses développements les plus récents, au lexique, à la substance même des mots, avec une arme supplémentaire, celle de l'humour et du rire (P. Sollers, *H,* 1972; M. Roche, *Circus* 1972). Le mot devient, pour reprendre l'expression de Claude Simon, un Nouveau Romancier qui a suivi de très près cette évolution, le "corps conducteur" du texte: "Chaque mot en suscite (ou en commande) plusieurs autres, non seulement par la force des images qu'il attire à lui comme un aimant, mais aussi parfois par sa seule morphologie*, de simples assonances qui, de même que les nécessités formelles de la syntaxe, du rythme et de la composition, se révèlent souvent aussi fécondes que ses multiples significations." (*Orion aveugle* 1970). On aboutit là à ce qui est probablement l'aspect dominant de la littérature vivante d'aujourd'hui, puisque ces lignes pourraient, aussi bien que les derniers livres de Claude Simon lui-même (*Les Corps conducteurs* 1971, *Triptyque* 1973), caractériser les dernières œuvres de Céline ou de Beckett, aussi bien celles de Ponge ou de Michaux que les derniers livres de Marguerite Duras ainsi que les plus récents développements de ce que l'on appelle "l'écriture féminine" (H. Cixous, L. Finas, D. Collobert). Ecriture éclatée, écriture du fragment, écriture du signifiant et du rythme, écriture du corps qui cherche à se dire en transgressant syntaxes et habitudes.

Convient-il, pour conclure, d'en revenir à notre point de départ, c'est-à-dire au lecteur et à la diffusion finalement restreinte de cette littérature d'avant-garde? L'un des aspects majeurs de toutes ces recherches est la volonté, présente dans le texte lui-même, de modifier les habitudes et le statut même du lecteur, incité à occuper une situation de producteur du texte. Dans une époque où la lecture elle-même est remise en question, on conviendra que ce n'est pas là prendre le parti de la facilité. Mais la survie de la littérature, d'une littérature, est peut-être à ce prix.

Nous n'entendons pas, est-il besoin de le préciser, dresser un panorama général de la littérature actuelle, entreprise impensable dans le cadre de cet article qu'elle n'eût pas manqué de transformer en un catalogue, voire un palmarès*. Mettre l'accent comme nous l'avons fait sur la recherche n'implique cependant pas qu'il faille négliger la tradition, et ce d'autant moins que celle-ci, peu à peu, se modifie en assimilant certaines des propositions de l'avant-garde. On pourrait alors concevoir un autre article, parallèle à celui-ci, et qui, moins soucieux de dégager lignes de forces et tendances, se serait attardé à présenter les oeuvres de poètes comme Y. Bonnefoy, Roubaud ou J. Réda, de dramaturges comme Arrabal, Weingarten ou Dubillard, d'autobiographes comme Claude Roy, de romanciers comme Michel Tournier, Marie Cardinal ou Emile Ajar. Mais chacune de ces œuvres est elle aussi, à sa façon, recherche, preuve de la vitalité persistante de cette littérature dont certains, périodiquement, annoncent la décadence et la fin.

NOTES

1. "Aucun jour sans écriture." [Les Rédacteurs]

2. Je reprends ici l'expression que nous avions utilisée dans l'ouvrage collectif *La Littérature en France depuis 1945* (Bersani, Autrand, Lecarme, Vercier, Bordas éditeur) auquel cet article fait implicitement référence.

3. On vient de publier ce livre en édition de poche.

La Chanson française[1]

21

France Vernillat

Vieille de huit siècles, la chanson française apparaît comme un art extrêmement diversifié, mais dont la permanence est remarquable. Une production considérable (environ 30.000 titres de chansons déposées tous les ans à la Société des auteurs et compositeurs de musique), amène une consommation prodigieuse.

Cet art original naît de l'alliance des mots et des notes, du verbe et de la musique: un texte et une mélodie. Cet alliage*, quand il est de bonne qualité, peut survivre aux atteintes du temps. Mais des modes, souvent imposées par une publicité tapageuse*, ont fondu au creuset* de la chanson des alliages d'une qualité douteuse. Alors, la chanson française a failli disparaître.... Mais jusqu'ici, le miracle s'est toujours produit: la chanson est sortie d'épreuves passagères, rajeunie et vivante.

LE TEMPS DU YE-YE

Après la guerre de 1914-1918, les soldats du corps expéditionnaire américain avaient fait découvrir aux Français une nouvelle forme de musique: le Jazz. Popularisé par *la Revue nègre* (1925), il inspire de nouveaux créateurs, qui réalisent une synthèse originale entre la tradition française et la musique importée d'Amérique. Un phénomène de même genre se reproduit après les visites parisiennes de Bill Haley (1957) et de Paul Anka (1958). Le Rock and Roll, puis le Twist balaient la chanson française: le temps du yé-yé commence.

Ce terme apparait dès 1961, dérivé de l'argot américain *Yeah*. Il désigne une variété de jazz américain abâtardie, mais rythmée avec violence. C'est une nouvelle religion dont les prêtres sont sacrés idoles. Leurs fans (en général de très jeunes gens—13 à 19 ans)[2] leur rendent un véritable culte, collectionnant des reliques: poussières de vêtements, cheveux, images, etc. Ce phénomène, plus sociologique qu'artistique n'était pas nouveau. Déjà, à la fin du XVIIIe siècle, les Incroyables imitaient la tenue et les tics du chanteur Garat, recueillant ses cheveux, jusqu'aux rognures de ses ongles! . . . au XIXe siècle, Pierre-Jean de Béranger sera, lui aussi, l'objet d'un véritable culte.

Lancées par une publicité intense, les manifestations de ce nouveau style tournent facilement à l'émeute ou à l'hystérie collective. Ainsi, à Paris, la "folle nuit de la place de la Nation" (22 juin 1963), qui réunit 150.000 à 200.000 jeunes, autour de Johnny Hallyday, Sylvie Vartan et Richard Anthony.

Matraquées par les postes de radio et de télévision, les chansons de cette période arrivent à s'imposer aux plus rebelles. Pourtant, le contenu des textes est pauvre, parfois il ne s'agit que d'onomatopées, la musique est monotone. Pour pallier* à ces carences*, une orchestration tonitruante* est combinée à une sonorisation poussée aux limites des possibilités auditives.

Quant aux idoles du yé-yé, leur ascension a été aussi fulgurante* qu'éphémère. Seuls subsistent Richard Anthony, toujours resté un peu en dehors des outrances* du rock, Claude François, qui doit une grande part de son succès à ses qualités de danseur, Sheila, personnage fabriqué par le show business, présentant, pour la presse du coeur, l'image rassurante de la jeune Française "bien sous tous les rapports". Eddy Mitchel et Sylvie Vartan ont su changer de répertoire, surtout Sylvie, qui remporte un succès mérité avec une chanson dans le plus pur style du jazz des années 30: *Je chante pour Swanie*. Quant à Johnny Hallyday, si lui aussi cherche à changer son image de marque, il est devenu un personnage de musée. Il est le seul à faire acclamer encore les vieux tubes* du rock, au sommet desquels brille *Dadou ron ron*.

Mais que sont devenus Frank Alamo, Jacqueline Boyer, Lucky Blondo, Rosalie Dubois, Patricia Carli?

RETOUR AUX SOURCES

Jusqu'aux alentours de 1965, les outrances du yé-yé couvrent les voix des vedettes les plus chevronnées.

C'est alors qu'un vieil oublié, le folklore, considéré comme niais et ridicule, fait redécouvrir le charme de mélodies plus chantantes et de paroles plus rigoureuses. A partir de cette époque, Hugues Aufray introduit en France le *folk song*. Il crée un *skiffle group** à l'exemple de certains étudiants américains, et connaît bientôt le succès avec *Santiano* (chant de cabestan* de la guerre du Mexique—1846-1848), *Debout les gars!* (poseurs de rails—1880) et des œuvres de Bob Dylan traduites par Pierre Delanoë (*Hattie Carol, With God on Your Side,* etc.). Après le côté morbide de la mode yé-yé, c'est avec lui l'aventure, la santé, la simplicité.

Aussitôt, la France s'aperçoit qu'elle possède un patrimoine* traditionnel. Au début du siècle cependant, des artistes comme Yvette Guilbert, Yvonne George, Botrel, et plus tard Germaine et Jean Sablon, avaient fait une place dans leur répertoire à la chanson traditionnelle. Plus près de nous, des vedettes comme Cora Vaucaire, Guy Béart, Yves Montand, Jacques Douai, les Quatre Barbus, les Compagnons de la Chanson, avaient maintenu cette tradition, mais le public avait peu réagi. Aujourd'hui, il est significatif qu'une vedette internationale, de nationalité grecque, Nana Mouskouri, enregistre un disque entier de chansons folkloriques françaises!

Le succès d'Hugues Aufray suscite des vocations: le Breton Alan Stivell, qui a été élevé dans le culte de folklore de sa province et qui joue de la harpe celtique depuis plusieurs années dans l'indifférence générale, adapte les mélodies traditionnelles au style pop, sans rien perdre des racines. Il compose aussi des oeuvres qui se confondent avec le folklore authentique. En 1971, son succès égale celui des vedettes du rock, alors en perte de vitesse. A sa suite, des groupes bretons se forment, qui accompagnent le chant traditionnel des instruments du jazz, augmentés d'une panoplie* laissée à l'initiative des interprètes. C'est ainsi que des groupes utilisent indifféremment les instruments traditionnels: vielle à roue*, harpe celtique, fiddle, cornemuse*, guimbarde*, dulcimer, et les cuillers, maracas, banjos, cloches à vaches, etc., voire même des guitares électriques.

De la Bretagne, ces groupes essaiment* peu à peu par toute la France, tandis que des interprètes comme Catherine Perrier, John Wright, Jean-François Dutertre, Yvon Guilcher, font entendre un folklore plus classique. Ils ont fondé un groupe, le Bourdon, qui réunit en des festivals de nombreux adeptes du folklore.

Des auteurs continuent d'écrire dans la veine subtile et fraîche des chansons folkloriques: Francine Cokenpot (*J'ai lié ma botte... Automne,* plus connu sous son incipit *Colchiques dans les prés*), Raymond Fau (*Au marché de ma ville*), Robert Marcy (*File la laine*), Jean Moiziard (*J'étais encore tout frais*). Certaines oeuvres de Brassens rejoignent la tradition: *Le petit cheval, La chasse aux papillons, A l'ombre du coeur de ma mie.*

LA CHANSON ENGAGEE

A son arrivée en France, le *folk song* est accompagné du *protest song,* qui relance une vieille forme de chanson, chère au coeur des Français: la chanson dite engagée, descendante directe du sirventès* des troubadours.

La chanson politique qui, depuis la fin du XIXe siècle et la glorieuse époque du Chat Noir, n'avait pour auditoire que le public forcément restreint des cabarets de style montmartrois, atteint alors le public considérable du music-hall, de la radio et de la télévision.

Certes, après 1945, ce type de chanson était apparu dans les répertoires d'Yves Montand, Léo Ferré, Golmann, etc., et Boris Vian a bien écrit dès 1954 *Le déserteur*, créé par Mouloudji, que Peter, Paul and Mary reconnaissent comme le type même du *protest song*. Chanson qui est bientôt interdite.[3] Pourtant, Boris Vian avait pris soin d'indiquer: "Cette chanson n'est nullement antimilitariste, mais, je le reconnais, pro-civile".

A partir de 1965, la chanson engagée prolifère. A la suite de Vian, certains auteurs restent dans la ligne anarchisante et reprennent pour leur compte tous les vieux clichés qui, au XIXe siècle, avaient déjà été utilisés. Ainsi, l'antimilitarisme: *Quand un soldat* (Lemarque), *Le soudard* (Darnal). La critique de la société bourgeoise: *Le sabre et le goupillon* (Ferrat), *Les bourgeois, Les dames patronesses* (Brel). Ferré se réclame d'anarchisme bohème avec *Graine d'ananar, La Maffia, Les temps difficiles.* Plus nuancé, Brassens allie l'anarchie à un tempérament individualiste qui domine toute son œuvre: *Hécatombe, Le pluriel.*

Vingt ans après, le souvenir de la Seconde Guerre mondiale et les atrocités nazies inspirent Ferrat (*Nuit et brouillard*), M. Fanon (*La petite juive*), R. L. Lafforgue (*Les enfants d'Auschwitz*), P. Louki (*Ça fera vingt ans*), Aragon-Ferré (*L'affiche rouge*), P. Seghers-P. Rousseau (*Le beau travail*), et Hélène Martin consacre tout un disque en hommage aux femmes de la Résistance.

Brassens suscite des remous avec *Les deux oncles,* où il renvoie dos à dos gaullistes et collaborateurs*. P. Louki répond à cette chanson avec *Mes deux voisins.*

La chanson politique contemporaine traite des événements mondiaux. Trente ans plus tard, la guerre d'Espagne est encore évoquée: *Franco la muerte* (Ferré), *Frédérico Garcia Lorca* (Ferrat), *Je n'irai pas en Espagne* (P. Louki).

La guerre menée au Viet-Nam par les Etats-Unis est condamnée par Ferré (*Pacific Blues*), Arnulf-Merri (*Chante une femme*) et la révolte de Cuba inspire H. Gougaud-J. Ferrat (*Cuba si, Santiago*). Paul Louka chante *Le printemps de Prague,* Bécaud met à son répertoire l'histoire d'un Brésilien libéré (*Liberaçao*), et Michel Sardou prend parti pour *Les Ricains.* La guerre d'Algérie trouve son chantre avec Enrico Macias: *J'ai quitté mon pays, Les gens du Nord.* La sanglante manifestation de Charonne (1968), est évoquée par Leny Escudero (*Je t'attends à Charonne*) et le printemps chaud de cette même année par Ferré (*Printemps 68*) tandis que Philippe Clay conteste la contestation avec *Mes universités, La quarantaine.*

Il semble cependant que la préoccupation la plus évidente des auteurs de chansons soit l'environnement et la crainte des temps futurs. Dès 1963, Bécaud tente le premier essai de chanson sociologique avec *Dimanche à Orly.* En 1966, Ferrat compose "le tube" de l'année avec *La montagne*, qui oppose la vie rustique à celle des HLM et de la société de consommation. Guy Béart réussit la difficile gageure de la chanson d'anticipation: *Le grand chambardement, Lune ma banlieue.* Il évoque la guerre interplanétaire: *Etoiles, garde à vous!* , et le saccage* des sites avec *J'ai retrouvé le pont du Nord.* La pollution est un sujet abordé par de nombreux chanteurs. Nino Ferré (*La maison près de la fontaine*), Sardou (*Dans *les villes de grande solitude*) Jacques Lansmann-Jacques Dutronc (*La France défigurée*), et surtout *Le petit jardin* "qui sentait bon le métropolitain. . . ."

Retrouvant le style montmartrois, Henri Salvador dénonce le scandale de la Garantie foncière*. Le personnage du chef de l'Etat semble intouchable. Seul Léo Ferré avec *Mon général,* se risque dans ce sentier peu fréquenté. A l'opposé, Bécaud roule en toute sécurité sur l'autoroute de la chanson laudative* avec *Tu le regretteras!*

Sous couleur de régionalisme, et profitant de la vogue du folklore, les mouvements autonomistes trouvent leurs bardes*: Marti, Patric, Yves Rouquette pour les Occitans, Glenmor, Youan Gwernig, Alan Stivell pour les Bretons, Raimon pour la Catalogne, Imanol pour le Pays-Basque.

DE NOUVEAUX MOYENS DE DIFFUSION

Le développement permanent de la radiodiffusion et de la télévision offre aux auteurs et interprètes un auditoire élargi. Auparavant, la chanson, créée sur une scène de café-concert ou de music-hall, se transmettait au public populaire grâce aux éditions de petit format. Simple feuille pliée en deux (quatre pages), comportant généralement la ligne mélodique et les paroles. La page de couverture était illustrée, soit par un dessin, inspiré par le sujet de la chanson, soit par le portrait du créateur.

Ces petits formats étaient vendus par des chanteurs ambulants (successeurs des colporteurs*). Installés sur les places, les marchés, les foires, ils faisaient reprendre en chœur les refrains, à la foule des badauds, et ce n'était pas le moindre charme de Paris que de voir et d'entendre ces chanteurs, établis aux carrefours. Leur industrie, en voie de disparition en 1940, s'est éteinte définitivement vers 1955, victime de la radio, la télévision, mais aussi de la circulation. . . .

Avant le développement du disque, on pouvait vendre quelques milliers d'exemplaires de petits formats d'une chanson à succès. Actuellement, une chanson dont le succès a été suscité par la radio et la télévision, entraîne la vente de 100.000 exemplaires d'un disque. Certains grands succès ont atteint 800.000 exemplaires, quelques-uns ont dépassé le million (ex: *La Mamma* – Aznavour- R. Gall) et, dès 1969, Adamo estimait avoir vendu 30 millions de disques depuis ses débuts (1960).

La phonothèque* nationale, chargée de recevoir le dépôt légal* des disques édités en France, accueille une moyenne de 3000 disques de chansons chaque année.

La publicité vient fausser* le palmarès* de la chanson. Tous les moyens sont bons pour lancer une vedette, attirer l'attention du public sur un débutant, ou imposer une chanson.

LES VALEURS SURES

Depuis des années, la chanson française est dominée par deux auteurs-interprètes: Georges Brassens et Charles Trenet.

Couronné par l'Académie française qui, en 1967, lui décerne son prix de Poésie, Brassens, dont le répertoire est inscrit au concours d'entrée d'une Ecole normale supérieure en 1969, semble toujours étonné d'avoir mérité de tels honneurs. La première chanson de son premier disque, *La mauvaise réputation* (1954), donne les caractéristiques essentielles de son œuvre: non conformisme, verve*, poésie, avec une certaine gauloiserie* robuste qui n'est pas pour déplaire aux Français et dont il s'est expliqué dans *Le pornographe*.

Charles Trenet chantait déjà quand Brassens regardait voler les mouches au Lycée de Sète. Plus touché semble-t-il que Brassens par la vogue du yé-yé, il a pris une éclatante revanche dès 1966 où, à l'Olympia, il prouve qu'il ne fait pas partie de la "génération d'avant" avec de nouvelles chansons: *Chante le vent, Rachel dans ta maison*. Succès confirmé en 1969 au Théâtre de la Ville, où il fait salle comble*, et de nouveau à l'Olympia en 1971 avec encore de nouvelles œuvres qui deviennent rapidement populaires.

Mais *La mer* (composée en 1938, orchestrée par Jacques Lasry, et connue en 1945), reste le chef-d'oeuvre incontesté du "fou chantant". Célèbre dans le monde entier, elle a servi d'indicatif à Radio Tokyo.

A côté de ces deux planètes, la chanson française a vu, dans les vingt dernières années, surgir ou s'affirmer des étoiles de première grandeur, comme Gilbert Bécaud, encouragé par Edith Piaf, qui l'incite à travailler avec le poète Louis Amade. De leur collaboration vont naître *Les baladins, Les marchés de Provence, L'important, C'est la rose*. . . . En 1954, après un spectacle à l'Olympia, où les spectateurs en délire cassèrent les fauteuils et les vitres, Bécaud est surnommé "Monsieur 100.000 volts".

A présent, il est plus humain, moins survolté, mais son impact sur la foule est toujours le même.

Un autre spécialiste du genre, Guy Béart, réédite le même exploit: il suffit qu'il gratte quelques mesures d'une chanson sur sa guitare pour que toute la salle chante . . . et Béart n'a plus qu'à accompagner!

Mathématicien d'origine, Béart a donné à ses chansons la solidité des choses bien construites: *Les grands principes, Il a dit la vérité*, qu'il chante d'une étrange voix rouillée*. Mais Béart a trouvé des interprètes de choix: Patachou crée *Bal chez Temporel*, et Gréco: *Chandernagor*.

Jacques Brel, bien que né en Belgique, peut être considéré comme une étoile de la chanson française. Sa popularité a commencé en 1957 avec *Quand on n'a que l'amour*; et, en 1967, il a renoncé à la chanson alors qu'il était à l'apogée d'une carrière internationale.[4] Poète et satiriste, il exprime sans cesse dans son œuvre ces deux aspects: il chante la beauté de sa Flandre natale (*Le plat pays*), mais raille *Les Flamandes*. Il exalte l'amour (*Je t'aime*), mais se méfie des femmes (*Les biches*).

Lui aussi découvert par Edith Piaf, Charles Aznavour a végété durant des années. Son physique souffreteux rebute le public. Pourtant, il est chanté par de nombreux interprètes: Patachou, Bécaud, Eddie Constantine, Edith Piaf, Juliette Gréco qui crée *Je hais les dimanches* (écrit en collaboration avec Florence Véran). Après une tournée* au Maroc en 1953, le talent de Charles Aznavour est enfin reconnu par le public. Dès lors sa carrière sera ascendante et, en 1965, il conquiert la presse new yorkaise lors de son récital au Carnegie Hall.

Les chansons d'Aznavour chantent l'amour (*Les plaisirs démodés*), parfois l'érotisme (*Après l'amour*), souvent le couple (*Tu t'laisses aller*).

Jean Ferrat a commencé à chanter en cabaret en 1954. Il compose des mélodies sur des poèmes de Coulonges, Delecluse, Senlis, etc. Chansonnier engagé, il s'est vu longtemps interdire sa chanson *Potemkine* à la radio d'Etat. Mais l'amour et la tendresse font aussi partie d'un répertoire très accordé à la sensibilité contemporaine (*La jeunesse, La matinée*).

Léo Ferré transforme ses récitals en profession de foi devant un public toujours passionné (et parfois houleux*: Olympia 1972—Opéra-Comique 1974—Palais des Congrès 1975 où il s'essaye à diriger un orchestre...). Il sait pourtant composer des oeuvres délicates et tendres, (*L'étang chimérique, Monsieur mon passé.*

La rude poésie de Félix Leclerc, qui a fait découvrir en France la chanson canadienne d'expression française: J. P. Ferland, C. Leveillée, R. Lévesque, G. Vignault. Le public apprécie la sensibilité populaire de Francis Lemarque; la chaleur convainquante de Serge Lama, admirateur et continuateur de Jacques Brel; la sobre émotion de Stéphane Golmann; la tendre gentillesse de Sacha Distel. L'attachant et déroutant Serge Gainsbourg est capable du meilleur (*Le poinçonneur des lilas*), et du pire (*Poupée de cire, poupée de son*).

Avec Jean-Claude Darnal, René-Louis Lafforgue, Pierre Louki, Marie-José Neuville, Nicole Louvier, Anne Sylvestre (excellents textes pour enfants entre autres), Barbara (*L'aigle noir*), les auteurs-compositeurs ont apporté à la chanson des exigences de qualité accrue.

Des interprètes de talent ont pris une part considérable au succès et à la diffusion des auteurs-compositeurs: Jacques Douai, Catherine Sauvage, Cora Vaucaire, Germaine Montero, Michèle Arnaud, Jacqueline François, Mouloudji (auteur lui-même), les Quatre Barbus, les Frères Jacques, les Compagnons de la Chanson, et, incarnation d'un moment de la chanson française: Juliette Gréco.

LES SUCCESSEURS DES VALEURS SURES

De jeunes auteurs-compositeurs prennent, peu à peu, la relève des anciens.

Gérard Lenorman, romantique jeune homme, arrivé à Paris en 1968, a conquis dès 1972 la première place du *Hit Parade*.

Poétique et politique, dans la lignée anticonformiste de Brassens, Maxime Le Forestier est provocateur avec *Parachutiste,* grinçant avec *Février de cette année-là,* voyageur avec *San Francisco.*

Pierre Vassiliu oscille entre le délicat romantisme (*Ma maison d'amour*) et le genre comique hérité du café-concert (*Qui c'est, celui-là?*).

Julien Clerc, entré au pas de charge dans la chanson avec *La Californie* en 1968, écrit les musiques des œuvres qu'il interprète sur des textes parfois aussi hermétiques que le *trobar clus** des troubadours, mais gonflés d'une poésie accessible à tous. Ces textes (*Terre de France–Le maître du palais*), sont signés par ses complices, Etienne Roda-Gill et Maurice Vallet.

Julien Clerc chante d'une curieuse façon, avec des inflexions prolongées, des trébuchements*... mais cette façon plaît à son jeune public (ses fans se recrutent à partir de 12 ans!).

Le charme certain de Michel Delpech a conquis les âmes sensibles en 1966, grâce au succès d'une chanson, *Chez Laurette,* tirée d'une comédie musicale, *Clopin-Clopant,* dont il était la vedette (1965). Disque d'or du MIDEM (1970), il est l'un des plus solides auteurs de "tubes" et surtout, de l'une des chansons les plus poétiquement évocatrices de ces dernières années: *Le chasseur.*

Entré en trombe* au panthéon des vedettes en 1969, Michel Sardou, descendant d'une dynastie d'artistes, a retrouvé le secret d'une chanson populaire française aux thèmes simples et actuels, qui vont de la romance poétique (*La maladie d'amour*) à la gaudriole* épicée (*Le rire du sergeant*). Il prend courageusement position contre la disparition du bateau "France" et déchaîne les passions avec *Je suis pour.* Ses récitals tournent à l'émeute. A pleine voix, à plein cœur, Michel Sardou chante notre temps.

Des étrangers, Demis Roussos, Mort Shuman (ou "un américain à Paris", qui a traduit Brel à l'usage de ses Compatriotes), Mike Brant, Joe Dassin, Georges Moustaki, se sont imposés dans la chanson française, prouvant ainsi son universalité.

La tête de ce peloton a été tenue sans conteste par Michel Fugain jusqu'en 1976. Entouré d'une sympathique bande de petits clowns, *Le Big Bazar,* il présente à la fois une fête, un show, une comédie musicale. Lancé en 1967 avec une romance que n'aurait pas désavoué le XVIIIe siècle: *Je n'aurai pas le temps,* aidé de Maurice Vidalin et Pierre Delanoé, il crée le genre "romanticopop": *Comme l'oiseau, C'est la fête, Tout va changer,* et, dans le style cajun, *Les Acadiens.* Mais le *Big Bazar* est dissous. . . .

POUR FAIRE PLEURER MARGOT

La chanson réaliste et la chanson sentimentale ont, depuis toujours, touché le cœur du public français.

Veuf d'Edith Piaf (morte en 1963), qui avait porté ce genre vers les sommets, ce public lui cherche une remplaçante. Lors d'un concours organisé par l'émission *Télé-Dimanche* (1965), il croit l'avoir trouvée. Le public pleure en écoutant *Mon Credo,* et Mireille Mathieu commence une carrière internationale, bien orchestrée par la publicité. Mais Johnny Starck, son imprésario, a fait s'évader rapidement cette jeune fille, méritante et bien élevée, d'une ombre trop grande et trop lourde pour sa frêle stature.

Victime d'un répertoire trop facile, Dalida essaie d'imposer Ferré, Lama, Seeger à un public qui lui réclame du mélodrame.

Carlos renouvelle le style du caf'conc'* avec *Les pieds bleus, Monsieur Météo*; ce nounours* barbu est plus fin qu'il n'y paraît.

RENOUVEAU DE LA CHANSON LITTERAIRE

La chanson littéraire avait été relancée en France en 1945, dans les caves de Saint Germain-des-Prés. A ce moment, elle n'appartient plus à l'élite qui, vers les années 30, venait applaudir Marianne Oswald ou Agnès Capri.

Si Brassens, Trenet, Ferré, mettent en musique les poètes du livre, leur assurant ainsi l'audience de leur vaste public, les musiciens et les interprètes de la chanson littéraire sont souvent—hélas! —en dehors des circuits commerciaux. Cependant, les réussites sont nombreuses, et elles concernent aussi bien l'œuvre de poètes contemporains (Aragon, Eluard, Supervielle, l'Anselme, Prévert, Seghers, Mallet-Jorris, etc.) que des poètes du passé (Hugo, La Fontaine, Marot, Villon, Ronsard, Verlaine, etc.).[5]

En 1963, Luc Bérimont dans ses "Jam-sessions chanson poésie" et à la radio au cours de l'émission *La Fine Fleur* révèle de jeunes talents dont Jacques Bertin, Michel Aubert et Anne Vanderlove.

Hélène Martin a créé une maison de disques, *Le Cavalier,* où elle édite une anthologie chantée des poètes de tous les temps, en commençant par les Troubadours et les Trouvères, interprétés par les Ménestriers, ou Henri Gougaud, qui se veut le "troubadour de notre temps".

Le Théâtre de l'Est Parisien organise des "ateliers chansons" avec Annie Colette, Henri Tachan, Pia Colombo, James Ollivier, Julos Beaucarne....

Ainsi, malgré les pièges tendus par la société de consommation, toujours diverse, toujours renouvelée, la chanson française continue.

REFERENCES

Brunschwig, C., L. J. Calvet, J. C. Klein. *Cent Ans de chanson française.* Paris: Seuil, 1972.
Charpentreau, J. *Brassens et la poésie quotidienne de la chanson.* Paris: Le Cerf, 1960.
Halimi, A. *On connaît la chanson.* Paris: Arthaud, 1966.
Rioux, L. *Trente Ans de chansons.* Paris: Table ronde, 1959.
Vernillat, F., J. Charpentreau. *Dictionnaire de la chanson française.* Paris: Larousse, 1968.
———, J. Charpentreau. *La Chanson française.* Paris: PUF, 1971. Collection Que sais-je?'
Vernillat, F. Articles dans: *Journal de l'année* (1972-73-74) et *Encyclopédie contemporaine.* Paris: Larousse, 1975.

NOTES DES REDACTEURS

1. Pour complémenter le répertoire des chansons françaises dans ce chapitre, nous suggérons au lecteur de consulter *Le Français dans le monde,* dans sa série "Numéros de vacances", qui a consacré le numéro 131, août-septembre 1977, à la chanson et à l'enseignement de certains aspects de la civilisation française, à tous les niveaux d'âge.

2. A l'Olympia, une représentation gratuite a même été offerte à des enfants de 8 à 13 ans!

3. Les temps ayant changé, cette chanson peut passer à présent sur les ondes de la radio d'Etat.

4. Un an avant sa mort, en novembre 1977, au cours d'un bref séjour à Paris, Brel a enregistré un nouveau disque (Eddie Barclay, éditeur), accueilli par la critique avec enthousiasme.

5. Peu connues du grand public, certaines jeunes femmes comme Marie-Paule Belle, Mannick choisissent pour leurs chansons des textes de qualité, qui donnent le ton exact des préoccupations actuelles dans la société française.

L'Evolution du Cinéma Français
22

Edwin Jahiel

LA CONTINUITE DE LA PRODUCTION EN FRANCE ET AUX ETATS-UNIS

Etat civil du cinématographe. Date de naissance: le 28 décembre 1895; lieu: Paris; nom du père: Louis Lumière; circonstance: la première représentation publique de films. Depuis ce jour-là, le cinéma est passé dans tous les pays du monde. Certains de ces pays ont eu leur jour de gloire cinématographique, mais seuls le cinéma français et le cinéma américain ont pu soutenir sans interruption leur importance. Dans les années 20, par exemple, le film russe et le film allemand connaissent un âge d'Or, mais celui-ci prend fin avec le stalinisme et l'avènement d'Hitler. La production italienne cesse de compter après la prise de pouvoir par Mussolini. Le grand élan du film suédois (ca. 1915-1925) est freiné pour des raisons économiques et artistiques, et surtout par le chant de sirène d'Hollywood qui attire des vedettes comme Greta Garbo et des metteurs en scène comme Victor Sjöstrom et Mauritz Stiller.

Après la Seconde Guerre mondiale, le cadre s'élargit avec la rentrée fracassante de l'Italie (grâce au néo-réalisme), la découverte du cinéma japonais, du Suédois Ingmar Bergman, de l'Indien Satyajit Ray. A partir de 1959-60, et sous l'influence immédiate de la Nouvelle Vague du cinéma français, une espèce de Tiers Monde du film réserve aux cinéphiles une étonnante série de surprises. Cela commence par l'Europe de l'Est, le Canada et le Brésil, pour s'étendre à la Suisse, l'Allemagne, l'Amérique latine, l'Afrique, la Grèce, la Turquie, l'Australie. D'autre part, la succession de périodes fécondes et de périodes stériles continue dans presque tous ces pays, avec, hélas, plus de bas que de hauts—à cause, surtout, de problèmes économiques et politiques. Et, comme autrefois, la France et les U.S.A. sont parmi les rares privilégiés à éviter les fluctuations.

A l'époque du muet, le cinéma français présente un grand intérêt. Son avant-garde, la plus évoluée de toutes, dépasse les limites du cinéma pour initiés et influence le film français de type commercial. Le prestige français est mondial, grâce à des réalisateurs comme Louis Feuillade, Abel Gance, Louis Delluc, Germaine Dulac, Jean Epstein, Marcel l'Herbier, Jacques Feyder, René Clair.

A l'avènement du cinéma parlant, les problèmes techniques, les crises économiques et les remous sociaux troublent la production dans tous les pays d'Europe. Le cinéma français est le premier à retrouver la stabilité. La plupart des grands cinéastes du muet s'adaptent au parlant et de nouveaux cinéastes de valeur se révèlent: Jean Vigo, Jean Cocteau, Marcel Pagnol, Julien Duvivier, Marc Allégret, et surtout Marcel Carné et Jean Renoir. Le "réalisme poétique" devient en quelque sorte une exclusivité française et, du Front populaire à 1940, le cinéma français est celui dont les qualités artistiques impressionnent le plus les divers publics—surtout à l'étranger, car même dans le meilleur des cas, il est difficile d'être prophète dans son pays.

Sous l'Occupation, le Dr. Goebbels, ministre de la propagande hitlérienne, exige que ". . . les Français ne produisent que des films légers, vides, et si possible stupides. . . ." Ce souhait est peu exaucé, car, malgré toutes les difficultés, malgré les embûches de la censure, malgré l'exil de plusieurs grands réalisateurs, de très bons films sont tournés—par Robert Bresson, Henri-Georges Clouzot, Claude Autant-Lara, Marcel Carné, et Jean Grémillon. Après la Libération, ces films ainsi que ceux de la production nouvelle redonnent au cinéma français son prestige international, prestige rehaussé d'une façon assez curieuse par trois films d'avant-guerre auparavant interdits ou inédits: *Zéro de conduite* (1933) de Jean Vigo, *Une Partie de campagne* (1936) et *La Règle du jeu* (1939) de Jean Renoir. Des cinéastes chevronnés comme Renoir, René Clair, Max Ophuls, reviennent de l'étranger, et à ceux-ci s'ajoutent des réalisateurs récents (Jacques Becker, René Clément, Jean Delannoy, Henri-Georges Clouzot) et nouveaux (André Cayatte, Jacques Tati, Jean-Pierre Melville). Chose étrange, c'est Jean Cocteau, le grand touche-à-tout des arts en France, scénariste et réalisateur seulement à mi-temps, qui assume la continuité du cinéma français: ses films s'étalent depuis l'avant-guerre (il débute avec *Le Sang d'un poète* en 1930), à travers l'Occupation, et après 1945. *La Belle et la bête* (1946) et *Orphée* (1950) vont populariser un style très particulier, fantastique et poétique.

René Clair fera des films charmants, comme *La Beauté du diable* (1949) et *Les Belles-de-nuit* (1952) lesquels, sans être des chefs-d'oeuvre, valent surtout par la présence du grand acteur Gérard Philipe. Marcel Carné n'a que 36 ans au moment de son magnifique et romantique *Les Enfants du Paradis* (1943-45).

Renoir, lui, travaille un peu au ralenti, mais fait quelques bons films et deux merveilles: *Le Fleuve* (1950) et *Le Carrosse d'Or* (1953).

Le cas de Max Ophuls est très particulier: après une vingtaine de films en vingt ans, tournés dans cinq pays, il donne le meilleur de son œuvre en France entre 1950 et 1955: *La Ronde, Le Plaisir, Madame de* ..., et le délirant *Lola Montès.* Il meurt en 1957.

LE FILM FRANÇAIS DIX ANS APRES LA LIBERATION

Dans l'ensemble, les films sortis entre 1954 et 1956 rajeunissent le cinéma français, mais ne le rénovent pas. La filiation avec l'avant-guerre est nette. Elle rappelle "La Marseillaise":

Nous entrerons dans la carrière/ quand nos aînés n'y seront plus.
Nous y trouverons leur poussière/ et la trace de leurs vertus.

Les vertus du cinéma "classique" français n'étaient pas à dédaigner: films littéraires mais pas pour autant trop intellectuels, inspirés du roman (surtout populiste) et du théâtre, aux scénarios et dialogues habiles (Jacques Prévert, Charles Spaak, Henri Jeanson, plus tard Aurenche et Bost). De grands décorateurs comme Alexandre Trauner et Lazare Meerson y reconstruisaient en studio des extérieurs et des intérieurs à rendre Hollywood jaloux. Mais c'était en fin de compte un cinéma où régnait le jeu de l'acteur, et dans des œuvres par trop bien faites. Or, si au XIXe siècle les pièces bien faites avaient provoqué la réaction naturaliste et symboliste, le film bien fait va, lui, provoquer la réaction du Nouveau Cinéma.

UN FOSSE ENTRE LES GENERATIONS

En 1955, la moyenne d'âge des réalisateurs établis est de cinquante ans. Ce n'est pas la vieillesse, c'est même la fleur de l'âge pour les artistes—mais les secousses de la guerre et de ses séquelles ont modifié radicalement les arts et la vie. Elles ont creusé un fossé entre les générations. Les futurs Nouveaux Cinéastes ont, en moyenne, moins de vingt-cinq ans. A la Libération ils étaient pour la plupart des écoliers qui se gavaient* de films, surtout des nouvelles œuvres du néo-réalisme italien et de toutes ces merveilles américaines faites depuis 1939 et lâchées en masse sur les écrans français dès la fin de l'Occupation. Les salles d'art et d'essai, les ciné-clubs se multiplient à partir de 1946 et sont très fréquentés. Même les hivers rigoureux et le manque de charbon ne font qu'encourager la recherche de la chaleur dans les cinémas! La Cinémathèque Française, fondée en 1936 par Jean Mitry, Georges Franju et Henri Langlois, devient un super-ciné-club, le plus prestigieux, le plus populaire du monde. Pour quelques francs on peut y voir—dans l'inconfort mais dans une ambiance quasi-mystique—une vingtaine de films par semaine, anciens, nouveaux, commerciaux ou de recherche, familiers ou inédits, venant des quatre coins du monde. Langlois, qui règne sur la Cinémathèque en monarque absolu et excentrique, est aussi le roi des cinéphiles et l'archiviste "à l'état pur". Il collectionne tout, il montre tout, car il sait que tel film "sans importance" aujourd'hui est peut-être le chef-d'œuvre de demain. D'ailleurs, pour Langlois tout film a quelque chose de magique, ne dure-t-il qu'une seule minute. En même temps, la Cinémathèque organise des rétrospectives de réalisateurs ou de pays, des hommages qui donnent des vues d'ensemble et qui permettent d'observer, d'étudier des évolutions historiques, de suivre le processus créateur.

LE CINEMA D'AUTEUR

C'est ainsi que s'affirme la notion du cinéma "d'auteur", c'est-à-dire du metteur en scène (ou réalisateur, les termes étant interchangeables) comme l'élément le plus important du film, dominant les contingences matérielles, le travail en équipe, les studios, les désirs du public, bref, étant capable de surmonter le côté "industrie" du cinéma et d'en souligner l'aspect "art". L'auteur fait preuve de continuité thématique et stylistique. Il appose à ses films le cachet d'une forte personnalité et une vision particulière du monde—donc l'ensemble de ses films forme un *tout* cohérent. Cette notion bénéficie particulièrement à des "directeurs" d'Hollywood, considérés jusque-là comme simples faiseurs de films et exclus du cinéma "artistique". Il ne faut pas, bien sûr, confondre cette définition technique avec l'expression "cinéma des auteurs" qui signifie tout simplement que tel ou tel romancier ou dramaturge s'est tourné une ou deux fois vers le cinéma pour s'y exprimer (Marcel Achard, Jean Anouilh).

Le cinéma a toujours été pris au sérieux en France, où intellectuels et artistes s'occupent de théorie et de critique. A partir de 1951, le critique André Bazin élabore, notamment dans la revue *Les Cahiers du cinéma,* toute une esthétique de l'auteur, de la mise en scène, et du réalisme. Intelligent et passionné, Bazin devient le prophète autour de qui va graviter, à partir de 1955, une équipe de jeunes disciples, dont quelques-uns deviendront des réalisateurs de la Nouvelle Vague. L'influence des *Cahiers* en général et de "la politique des auteurs" en particulier sera extraordinaire—la plus grande dans toute l'histoire du cinéma. Certains cinéastes seront sacrés "auteurs", d'autres seront férocement attaqués, tout un échaffaudage de valeurs sera construit. Il n'y manquera ni arbitraire, ni excès, ni injustices. Mais cette ferveur critique donne à réfléchir, elle fait connaître des cinéastes négligés, elle popularise l'étude dans la compréhension du cinéma. En dehors des *Cahiers,* les lettres françaises diffusent l'immense apport du critique et historien Georges Sadoul qui voit tout, écrit sans cesse—et élargit le rayon d'action de la critique.

Pour le grand public—même pour beaucoup de cinéphiles—parler cinéma a toujours consisté en discussions des films et des vedettes. En général, un film est identifié par ses "stars". On dit "un western avec John Wayne", "une comédie avec De Funès", "un film avec Jean Gabin". Mais, à partir des années 50, les cinéphiles deviendront conscients de l'auteur-réalisateur du film. On dira "un film de John Ford, de François Truffaut, de Jean Renoir". Ce simple changement d'un mot est une véritable révolution dans la manière de voir les choses. C'est là une situation assez logique bien que paradoxale : à notre époque, l'étude de l'Histoire a cessé d'être celle d'une succession de rois, pour devenir de l'histoire sociale. Au contraire, l'histoire du cinéma, en se modernisant, devient, elle, l'étude des "rois du cinéma", c'est-à-dire des grands réalisateurs.

Les critiques "auteuristes" des années 50 sont particulièrement sévères envers le cinéma français dit "de papa". Ils tournent en dérision sa "qualité", demandent la fin du cinéma sclérosé. Ils prônent le film personnel, subjectif, libéré du théâtre, des studios et des systèmes. Ils exigent un cinéma de la réalité contemporaine, un cinéma jeune. Parmi ces jeunes Turcs comptent Jacques Rivette, Jean-Luc Godard, Eric Rohmer et François Truffaut. Ce dernier collabore aussi à la revue *Arts* de 1955 à 1958. Il y fait de la critique originale, intelligente, souvent terroriste: tous les moyens sont bons pour abattre l'ennemi, pour exalter les cinéastes aimés... et les copains de la Nouvelle Vague.

En France, comme un peu partout, la grande majorité des nouveaux réalisateurs sortent des rangs, après un apprentissage à l'intérieur du système. Il est rare que des critiques deviennent metteurs en scène—mais, dans les années 50, cas unique dans les annales du film, de jeunes critiques, surtout ceux des *Cahiers*, passent presque tous et presque en même temps, de la plume à la caméra. Ils tournent des courts métrages*, jouent les uns dans les films des autres, collaborent. C'est le cas de Truffaut, Godard, Rivette, du groupe des *Cahiers*; de Pierre Kast et du critique Alexandre Astruc, en marge de ce groupe. Toujours à la même époque apparaissent des indépendants, comme Agnès Varda, photographe au TNP qui, à 26 ans, sans aucune expérience du cinéma, réalise *La Pointe courte* (1954-55), long métrage monté par Alain Resnais, mélange stylisé d'abstrait et de concret qui annonce des tendances nouvelles (style Nouveau Roman*) différentes de celles des *Cahiers*. La plupart de ces films passent inaperçus.

Parallèlement, des indépendants qu'on nomme "le groupe Rive Gauche" font sentir leur présence. Ils ne forment pas école mais ils sont liés par des affinités littéraires, un engagement politique et une moyenne d'âge supérieure à celle du groupe des *Cahiers*. Ce ne sont pas des critiques de cinéma. Alain Resnais et Georges Franju sont des professionnels déjà réputés pour leurs courts métrages. Chris Marker est écrivain et critique littéraire.

Tous ces auteurs de courts métrages originaux vont passer aux longs métrages innovatifs qui feront la rupture entre le cinéma "de papa" et le Nouveau Cinéma. Ainsi le cinéma a un petit retard sur le Nouveau Théâtre qui s'impose depuis 1950 (Ionesco, puis Beckett en 1953) et sur le Nouveau Roman (à partir de 1953 Alain Robbe-Grillet, Nathalie Sarraute, Michel Butor).

LA NOUVELLE VAGUE

Pourtant, le coup d'éclat de ce nouveau cinéma en France n'est pas une œuvre intellectuelle, mais un film commercial "risqué". *Et Dieu créa la femme,* premier film de Roger Vadim (28 ans), lance en 1956 Brigitte Bardot, le tout premier mythe international d'érotisme "made in France". Succès de scandale et de publicité, nouveau par son ton désinvolte et son amoralité moderne. Ce film va faciliter la tâche d'autres cinéastes bien moins commerciaux. Des producteurs comme Pierre Braunberger et Anatole Daumann, à la fois mécènes* et hommes d'affaires, vont miser sur le potentiel des jeunes cinéastes; et cela coïncide avec des subventions d'Etat qui aident les débutants.

En 1958, Claude Chabrol tourne son premier film, *Le Beau Serge,* avec des acteurs jeunes et inconnus, en décors naturels, et avec un petit budget: succès honnête. Par contre, *Les Amants* de Louis Malle lance la future muse du jeune cinéma, Jeanne Moreau, et fait mondialement le genre de scandale qui fait vendre des billets; son film choque par des audaces qui d'ailleurs nous semblent puériles aujourd'hui. L'année 1958 est aussi l'année de *Moi, un Noir,* documentaire style cinéma-vérité de l'ethnologue Jean Rouch; et de *Mon Oncle,* de Tati.

Mais le tournant se situe en 1959. *Les Cousins* de Chabrol, tableau de la jeunesse estudiantine d'une moralité nouvelle (pour l'écran) est un succès commercial et obtient aussi le grand prix du festival de Berlin. *Le Beau Serge* a le prix Jean Vigo. Au grand festival de Cannes—sorte de Jeux Olympiques du Cinéma—Marcel Camus a la Palme d'Or pour *Orfeu Negro* (le mythe d'Orphée transposé au Carnaval de Rio); Alain Resnais le Prix de la Critique pour *Hiroshima mon amour,* brève rencontre au Japon où se mélangent amour, politique, présent, passé, chair et pensée, dans un film lyrique et de structure non linéaire; Truffaut obtient le Prix de la Mise en scène avec *Les Quatre Cents Coups.*, film personnel, autobiographique, portrait émouvant et direct d'un jeune faux délinquant. L'astucieux* Vadim bat, à Paris, le record des recettes avec *Les Liaisons dangereuses.* Chabrol sort encore *A double tour* et *Les Bonnes Femmes* (portrait réaliste de quatre vendeuses, où alternent cynisme et sympathie), sans succès commercial, il est vrai. Mais tout le monde parle de cette avalanche de nouveaux réalisateurs. Françoise Giroud, journaliste à *l'Express,* se sert de l'expression "la nouvelle vague". Le terme est vite adopté dans le monde entier bien que d'une manière imprécise souvent: on croit avoir affaire à une véritable école, ce qui est faux, ou alors on applique l'expression pêle-mêle à tout ce qui est nouveau. La confusion persiste à ce jour, alors qu'en principe il faut limiter la Nouvelle Vague au groupe des jeunes cinéastes sortis de la critique des *Cahiers* et à quelques autres. La Nouvelle Vague est une partie—très importante—de l'ensemble du Nouveau Cinéma en France.

De "vieux" cinéastes eux aussi participent à ce renouveau. Luis Buñuel tourne deux coproductions en 1956. Robert Bresson y contribue avec *Un Condamné à mort s'est échappé* (1956) et *Pickpocket* (1959), remarquables d'intensité et de sobriété; Jean-Pierre Melville, qui en 1947 avait produit *Le Silence de la mer* en dehors du "système" et à très petit budget, donne en 1955 *Bob le flambeur,* début d'une série noire très admirée. Pourtant ce sont surtout les jeunes qui attirent l'attention.

Dès 1959, les futurs grands réalisateurs du Nouveau Cinéma ont déjà leurs caractéristiques d'auteurs: Resnais, littéraire, poétique, engagé, aux constructions complexes. Truffaut, modeste, naturel, romantique; Chabrol, féroce et flamboyant critique de la bourgeoisie.

A bout de souffle (1960), histoire d'un truand* dans le cadre d'un hommage au cinéma américain, révèle Jean-Luc Godard qui deviendra vite le chef de file des jeunes. Débridé, capricieux, didactique, bavard, souvent prétentieux ou naïf, Godard a aussi du génie, de l'invention à revendre. Toujours passionnant, toujours insatisfait de tout (et de lui-même), infatigable chercheur et inventeur, controversé, contradictoire, et contestataire, Godard sera le symbole de la Nouvelle Vague. Ses films vont bafouer* toutes les règles, se servir d'ellipses, de non-sequiturs*, de décalage* entre image et son, d'ambiguïtés, d'éléments disparates ou gratuits, bref, de cent procédés qui seront adoptés par mille cinéastes dans le monde entier.

En 1959, 24 nouveaux cinéastes. En 1960, 43: et ainsi de suite. Le Nouveau Cinéma est bien parti, malgré beaucoup d'échecs critiques ou commerciaux, malgré certains détracteurs qui parlent *du* nouveau vague!

Godard, d'une fécondité prodigieuse entre 1960 et 1968 tourne 17 films, sans compter son apport aux films collectifs. Il s'attaque à tous les sujets: la guerre d'Algérie (*Le Petit Soldat,* 1960, interdit par la censure jusqu'en 1963); le film musical américain et le ménage à trois (*Une Femme est une femme,* 1961); la prostitution (*Vivre sa vie,* 1962); l'imbécillité de la guerre (*Les Carabiniers,* 1963); les fausses valeurs culturelles (*Le Mépris,* 1963); la publicité qui déshumanise (*Une Femme mariée,* 1964); la jeunesse désemparée et aliénée (*Bande à part,* 1964, *Masculin-Féminin,* 1966, *Pierrot le fou,* 1965). Pour le grand public, ce sont là des canulars* confusionnistes; pour les cinéphiles, ce sont des essais qui incitent à penser. Tout cela est truffé* de citations, d'allusions littéraires et cinématographiques, de discours, de palabres*. Les personnages se cherchent, Godard se cherche. "C'est par le cinéma que j'ai découvert la vie (...), en faisant du cinéma je m'éclaircis les idées", déclare-t-il en 1967. Cinéma brechtien*, d'un bourgeois anarchisant, l'œuvre évolue: elle passe du non-engagement à l'humanisme, ensuite à la gauche, et finalement milite dans l'extrême gauche. Les films semblent improvisés et faciles à imiter. C'est là une illusion et les copistes sont voués à l'échec. Godard lui-même innove à chaque film. On a toujours du retard sur lui.

Alain Resnais, par des styles très étudiés, est l'antithèse de Godard, mais son cinéma est tout autant révolutionnaire. Il collabore pour ses scénarios avec des littéraires: Marguerite Duras, Alain Robbe-Grillet, Jean Cayrol, Jorge Semprun, Chris Marker... *Nuit et brouillard* (1955) est le plus bouleversant des documents cinématographiques sur les camps de concentration. *L'Année dernière à Marienbad* (1961), le premier film-mystère contemporain, est très stylisé, beau, glacial pour certains, un mythe de la sensibilité moderne vu par l'imagination. Il semble abolir toute logique et narration traditionnelles.

Chez Resnais, les liens entre littérature et cinéma sont resserrés par les écrivains qui deviennent réalisateurs. Il ne s'agit plus d'adaptations littéraires à l'ancienne mode, mais d'écriture directe en langage filmique. En partie, c'est un vœu exaucé*: Alexandre Astruc déclarait déjà en 1948, dans son manifeste sur la caméra-stylo que "le cinéma n'a d'avenir que si la caméra finit par remplacer le stylo". C'est le cas de Robbe-Grillet qui dans ses films refuse la psychologie, écrit directement *du* cinéma (et pas *pour* le cinéma), fait fi* de la narration logique et crée des structures formelles, complexes, subjectives, agrémentées d'humour et d'érotisme: *L'Immortelle* (1963), *Trans Europ Express* (1967), *l'Homme qui ment* (1968), *l'Eden et après* (1972). Les films de Marguerite Duras, comme *Détruire dit-elle* (1969) ou *India Song* (1975) sont très indirects, allusifs, faits de fragments de temps, de bribes de phrases incantatoires: des antifilms par excellence, dans le sens où l'antiroman s'oppose au roman balzacien. Chris Marker rénove le documentaire, intègre des commentaires poétiques et politiques d'une grande beauté, au point où la séparation son-image disparaît: *Cuba sí!* (1961), *Le Joli Mai* (1963), *A Valparaiso* (1963, avec Joris Ivens), *La Jetée* (1963, merveilleux photo-roman de science-fiction). Jean Rouch, dans *Chronique d'un été* (1961) va susciter bien des débats sur la définition du cinéma-vérité.

Loup solitaire, Robert Bresson adapte le roman dostoyevskien et l'œuvre de Bernanos, les utilise comme tremplin* pour créer le meilleur cinéma "métaphysique" de France. Bresson se sert de non-professionnels dont il contrôle minutieusement chaque geste, chaque syllabe. Ses héros sont des personnages isolés, des espèces de prisonniers s'acheminant vers la grâce. Ils sont tour à tour prisonniers des Allemands (*Un condamné à mort s'est échappé*, 1956) de la tentation (*Pickpocket*, 1959); de la peur de mourir (*Procès de Jeanne d'Arc*, 1962); de la condition sociale (l'âne, héros de *Au hasard, Balthazar*, 1966, et la petite fille souffre-douleur de *Mouchette*, 1966); d'aspirations et d'idéaux (*Une Femme douce*, 1969, *Quatre nuits d'un rêveur*, 1971, *Lancelot du Lac*, 1974). Cinéma ascétique, dur comme le diamant.

Claude Chabrol évolue, lui, dans un sens moins révolutionnaire mais très personnel et original. Après ses premiers films sur la jeunesse, il passe à des protagonistes adultes. Malgré quelques succès, la fortune cesse de lui sourire et il se lance dans des films plus lucratifs, même dans des parodies frivoles de James Bond. Chabrol est un grand amoureux du cinéma, au point d'avoir beaucoup aidé ses "rivaux" de la Nouvelle Vague, mais devant les difficultés, il adopte une position de je m'enfoutisme* cynique. On parle de lui à l'imparfait, lorsque, à partir de 1967/68, reparaît un Chabrol troisième manière, qui fait film sur film avec beaucoup de bonheur. Ce sont en général des mélodrames assez sinistres, axés sur le personnage de Stéphane Audran (Mme Chabrol). Chabrol emploie sa maîtrise technique à illuminer les raisons psychiques et mentales de ses drames. Dans son œuvre récente, Chabrol conserve sa satire mais la violence s'intériorise: *Folies bourgeoises, Une Partie de plaisir, Alice ou la dernière fugue,* tous de 1976. On dit que Chabrol est le Hitchcock français. Il avait écrit un livre sur ce cinéaste en 1956, avec Rohmer. Mais Chabrol est bien plus grinçant, critique, et analytique que Hitchcock.

François Truffaut est l'enfant chéri de la Nouvelle Vague. La "biographie" d'Antoine Doinel, amorcée dans *Les Quatre Cents Coups,* continue jusqu'en 1970 avec *Antoine et Colette, Baisers volés* et *Domicile conjugal,* espèce de *Bildungsfilm* où le héros, toujours joué par Jean-Pierre Léaud, aimable et gauche farfelu*, grandit, aime, se marie, vit des aventures. De dur critique, Truffaut devient un doux cinéaste, plein de charme et de gentillesse. Fils spirituel de Bazin quand il était critique, Truffaut cinéaste admire beaucoup Renoir et Hitchcock, s'inspire de l'humanisme de l'un, des structures de l'autre, de l'humour des deux. Avec *Jules et Jim* (1961) Truffaut a son deuxième grand succès. Il y décrit les relations entre deux amis et une femme dans un cadre rétro, et atteint un équilibre exquis entre le réalisme et la poésie, le sentiment tragique et l'ironie comique. La thématique de Truffaut est multiple mais claire. Le triangle est repris dans *La Peau douce* (1964) et dans *Les Deux Anglaises et le continent* (1972), sorte de *Jules et Jim* à rebours. L'enfance est encore traitée dans *L'Enfant sauvage* (1970), film rousseauiste, et dans *Argent de poche* (1976), suite optimiste des *Quatre Cents Coups,* dix-sept ans après. Parodies et hommages à des genres Hollywoodiens se retrouvent dans *Tirez sur le pianiste* (1960), *La Mariée était en noir* (1967), *La Sirène du Mississippi* (1969) pour culminer dans *La Nuit américaine* (1973), réflexion sur le cinéma à travers le tournage d'un film. Truffaut passe avec aise de l'humour (*Une Belle Fille comme moi* (1972), vaudeville Hitchcockien-Renoiresque) à l'amour (*La Sombre Histoire d'Adèle H*, 1975, où la passion mène à la folie). Son film le plus méconnu est *Fahrenheit 451* (1966), science-fiction humaniste et lyrique.

D'AUTRES REALISATEURS IMPORTANTS DES ANNEES 60

Jacques Demy, spécialiste du charme et de la nostalgie romantique, avec *Lola* (1961) puis le grand succès du premier film totalement chanté, *Les Parapluies de Cherbourg* (1964). Claude Lelouch, aux débuts godardiens (*Une Fille et des fusils,* 1963) et à l'immense succès du sentimental *Un Homme et une femme* (1966).

Jean-Pierre Melville, américanophile acharné et ses films policiers ambigus, stylisés, où l'explication psychologique est proscrite: *Le Doulos* (1962), *Le Deuxième Souffle* (1966), *Le Samourai* (1967). Georges Franju, plus âgé que la moyenne, passe du court métrage aux grands films en 1958 avec *La Tête contre les murs,* habile combinaison de cinéma direct (scènes dans un asile d'aliénés) et de fiction. *Thérèse Desqueyroux* (1962) et *Thomas l'imposteur* (1965) adaptent avec bonheur les romans de Mauriac et de Cocteau; *Les Yeux sans visage* (1959) et *Judex* (1963) sont des hommages amusés et un peu surréalistes aux films d'épouvante et au cinéma du pionnier Louis Feuillade. Louis Malle déroute la critique qui n'arrive pas à le "classer". Sans cesse à la recherche du nouveau, Malle change de genre et de style à chaque film. Après *Les Amants* vient la contestation insolente de *Zazie dans le métro* (1960), d'après Queneau; la démythification des vedettes dans *Vie privée* (1962); l'excellente étude du suicide dans *Le Feu follet* (1963); la comédie exotique *Viva Maria* (1965); l'anarchisme Belle Epoque dans *Le Voleur* (1967); le documentaire-fleuve *L'Inde fantôme* (1970); l'inceste traité en tour de force dans *Le Souffle au cœur* (1971); l'analyse de la Collaboration dans *Lacombe Lucien* (1974); le surréel dans *Black Moon* (1975). Agnès Varda a l'honneur d'être la première en date des réalisatrices du Nouveau Cinéma. Son deuxième long métrage, *Cléo de 5 à 7* (1962), deux heures dans la vie d'une femme qui attend un verdict médical, fait connaître Varda, ainsi que le film suivant, *Le Bonheur* (1965) qui choque un peu par son mélange de lyrisme et d'amoralité. Avec *Daguerrotypes* (1976), retour au documentaire poétique, et surtout avec *l'Une chante l'autre pas* (1977), un des premiers films carrément féministes en France, Varda connaît beaucoup de succès.

LA DIVERSITE DU NOUVEAU CINEMA

Le Nouveau Cinéma a autant de styles que de réalisateurs, autant d'approches que de films. Les points communs des cinéastes sont la fraîcheur du regard, l'expression personnelle, le respect et l'amour du cinéma. Les réalisateurs travaillent à la première personne—ils sont les auteurs de leurs films et non pas les fabricants. Ce cinéma est caractérisé aussi par un jeu souvent compliqué entre l'image et la parole, ou même par un renversement des rapports traditionnels image-son: en effet, les puristes du cinéma voulaient que le visuel prime, et que le son (dialogues, fond sonore) n'en soit que le support, le commentaire. Le Nouveau Cinéma structure souvent les films de façon telle que c'est l'image qui devient l'appui de la parole. Les valeurs reçues, filmiques ou sociales, sont toutes remises en question. Il y a là un effort de recherche, beaucoup d'ambiguïté, et le refus d'explications simples. Mais ce qui frappe le plus, c'est l'immense importance accordée au passé du cinéma. Les jeunes cinéastes sont les enfants du cinéma, ils ont grandi en vivant le cinéma—au point où la "vraie vie" n'est pas celle de la maison, de l'école ou de la rue, mais bien celle des salles obscures et de l'écran. Le monde que perçoivent ces jeunes est en grande partie la réalité vue par l'intermédiaire du cinéma, d'où références à des situations Hollywoodiennes, allusions, hommages, citations directes ou indirectes. Cela dépasse la simple nostalgie. C'est une nouvelle façon de voir et de sentir—toute une mythologie nouvelle est créée. Vingt ans plus tard, cette sensibilité aura traversé l'Atlantique et se retrouvera dans des films américains (des films nouveaux faits en partie sur des films anciens) comme *Star Wars, New York New York, Nickelodeon, Obsession,* les films de Woody Allen (*Play it again, Sam, Annie Hall,* et autres), ceux de Mel Brooks. . . .

En général le Nouveau Cinéma prend la vie au sérieux, et ce qu'il exprime (le signifié) est grave, même si la façon de l'exprimer (le signifiant) est souvent désinvolte. La séparation des genres (en comédie, tragédie, drame, farce) disparaît au profit du mélange—ce qui déconcerte, du moins au commencement, le public français, conditionné par le classicisme. Le comique de qualité, par exemple, se retrouve dans des films de type mixte plutôt que dans des films "comiques". Les effets de farce, d'humour noir et d'absurde remplacent le célèbre "esprit français" traditionnel.

Le Nouveau Cinéma n'a à ses débuts que trois auteurs spécialistes du rire: Philippe de Broca, rattaché à la Nouvelle Vague, Jacques Tati et Pierre Etaix, indépendants. Tati précède le Nouveau Cinéma avec *Jour de fête* (1947) et *Les Vacances de M. Hulot* (1951). Il invente le personnage de Hulot/Tati, et continue avec *Mon Oncle* (1958), *Playtime* (1967), *Trafic* (1971) et *Parade* (1974). Tati, lent et méticuleux, se ruine à bâtir des villes en studio et vit sans cesse dans la crise financière. C'est un grand inventeur de gags à l'américaine, mais son fort est d'observer sans juger, de reconstruire le comportement des gens ordinaires qui se heurtent aux objets et aux absurdités du monde moderne. Nous nous regardons "jouer" et, alors que Jean Cocteau montrait le merveilleux dans l'ordinaire, Tati montre le cocasse* dans le quotidien. Cinéma du regard, phénoménologique (car il décrit sans analyser), l'œuvre de Tati est en avance sur son temps. Son apprenti, Pierre Etaix, comme Tati, écrit, filme, joue dans ses propres films. D'excellents courts métrages pour commencer, ensuite *Le Soupirant* (1962), *Yoyo* (1965, sur le cirque), et d'autres qui renouent avec la tradition du muet, et où quelquefois il subordonne trop les idées aux gags. Un manque relatif de succès et l'indifférence des producteurs lui font abandonner le cinéma pour une école de cirque.

Les trois premiers films de Philippe de Broca (*Les Jeux de l'amour*, 1959, *Le Farceur*, 1960, *L'Amant de cinq jours*, 1961) furent d'admirables pochades* désabusées, où voltigeait l'acteur Jean-Pierre Cassel en Don Juan désinvolte et excentrique. Par la suite, Broca s'alourdit et se commercialise. Citons toutefois *Le Diable par la queue* (1969) pour son élégant marivaudage* et son humour noir. *Le Roi de cœur* (1966) avec Alan Bates est une fantaisie de fous pendant la Grande Guerre; la critique est peu chaleureuse, mais depuis 1970 ce film passe sans arrêt aux U.S.A. où il a battu tous les records de longévité. Le record de longévité appartient cependant à l'étonnant Luis Buñuel (né en 1900) dont les films français (*Belle de jour*, 1966; *Le Charme discret de la bourgeoisie*, 1972; *Cet Obscur Objet du désir*, 1977, etc.) sont des merveilles de finesse et d'ironie surréaliste.

Vers le milieu des années 60 le Nouveau Cinéma est entièrement établi, malgré l'opposition du film routinier commercial, malgré des critiques qui l'accusent de diverses trahisons et qui parlent de "feu la Nouvelle Vague" et de son "autopsie". Le Nouveau Cinéma influence énormément aussi la création ou la modernisation des cinémas étrangers cités au début de cet article. La portée précise de ces influences, le rôle du synchronisme dans la genèse de diverses "nouvelles vagues" ne peuvent être scientifiquement définis—mais il est difficile de concevoir le nouveau cinéma canadien, le Cinéma Novo brésilien, les jeunes cinémas de l'Europe de l'Est, sans la préexistence du Nouveau Cinéma français.

LA DEUXIEME VAGUE, 1964-1968

L'histoire du cinéma est comprimée au point que "génération" peut signifier une courte période de 5 ou 6 ans. La "génération" qui suit celle du Nouveau Cinéma est celle des années 1964/65 à 1968. Ce qui était outrageant ou bizarre en 1960 est presque "normal" en 1965, le modernisme ayant cessé de choquer. Le cinéma devient respectable aux yeux de tous, et à l'avis de plusieurs intellectuels il dépasse en importance le roman ou le théâtre.

Dans cette deuxième vague de cinéastes, on remarque Claude Berri (né en 1934) dont le premier film rappelle ceux de Truffaut, car *Le Vieil Homme et l'enfant* (1966) raconte avec délicatesse sans faux sentiment le séjour d'un petit Juif chez un vieux paysan antisémite, sous l'Occupation. Suivent plusieurs autres à succès populaires et artistiques, comédies de mœurs intimistes autour d'une famille juive: *Le Mariage ou Magel Tov* (1968), *Le Pistonné* (1969), *Le Sex Shop* (1972), etc. L'enfance est un sujet privilégié dans le cinéma français depuis *Zéro de conduite* de Jean Vigo, 1933; dans son premier film, *L'Enfance nue* (1967), Maurice Pialat fera une chronique admirable de justesse sur un petit abandonné. Mentionnons aussi pour cette période les réalisateurs Alain Jessua, René Allio, Jean Eustache. On pourrait aisément allonger la liste....

EVENEMENTS DE 1968

La critique sociale de Godard, un peu fumeuse jusqu'alors, se précise en 1967 dans *La Chinoise,* tableau d'étudiants révolutionnaires maoïstes. Le film est controversé, mais il est prophétique, comme le confirmeront les événements de Mai 1968. En février 1968 le gouvernement annonce qu'Henri Langlois est démis de ses fonctions de directeur de la Cinémathèque. Le tout-cinéma mondial s'insurge. A Paris, cinéphiles et cinéastes descendent dans la rue, manifestations et affrontements avec la police s'ensuivent, et le gouvernement se rétracte. "L'Affaire Langlois" est le véritable début de Mai 68. En mai, la contestation s'étend au Festival de Cannes, interrompu, puis annulé. On organise les Etats-Généraux du Cinéma qui s'opposent surtout à la politique conservatrice du Centre national du cinéma, demandent des mesures de réorganisation de l'industrie du film, et de nationalisation. La Société des réalisateurs de films est fondée. Si tout cela n'aboutit pas à de grandes restructurations officielles, le cinéma engagé qui existait avant 1968 se précise, s'affirme et se sépare bien plus du "système". Godard fera des ciné-tracts et des films d'agit-prop*. Il se crée un cinéma militant, collectif et anonyme: le groupe Dziga-Vertov de Godard et J. P. Gorin, le groupe Medvedkine à Besançon, SLON avec Chris Marker, Dynadia, etc. L'idéal, rarement atteint, serait de faire faire des films par les prolétaires eux-mêmes. Parallèlement à ces expériences se développe l'"underground" français, les films dits "sauvages", conçus, tournés, projetés en dehors du système commercial, et s'étalant sur toute la gamme*, films politiques, anarchistes, fantastiques, érotiques, de recherches formelles, confessionnels, obsessionnels. A l'instar* des films du Nouveau Cinéma, ils vont à l'encontre de la grammaire traditionnelle et pousseront leurs audaces encore plus loin: le son peut cesser de s'accorder à l'image, ou il disparaît, ou même l'image disparaît. A la limite on a du noir ou du blanc, et du silence. La présence de l'équipe qui tourne est souvent soulignée.

L'image peut durer très longtemps ou à peine. Le film est présenté "sans être fini", etc. Le chef de file des "sauvages" est Philippe Garel, qui tourne depuis l'âge de 16 ans et dont les films, abstraits et oniriques, refusent l'anecdote et la signification: *Anémone, Marie pour mémoire, Le Lit de la Vierge.* Citons aussi Michel Baulez, Jean-Daniel Pollet, Luc Moullet, Jean-Pierre Lajournade, Daniel Duval parmi lesquels certains passeront plus tard au film "normal". Le couple Jean-Marie Straub / Danièle Huillet travaille hors de France, est à la pointe de l'expérimentation, opère une destruction systématique du langage filmique ... et est mondialement connu et vénéré par l'avant-garde depuis quelques années. Le Polonais Walerian Borowczyck, maître de l'animation, transfère au long métrage ses obsessions sexuelles, surréalistes, et chosistes*: *Goto, Ile d'amour* (1968), allégorie d'un état totalitaire; *Blanche* (1970), conte médiéval; *Contes immoraux* (1974), bric à brac érotique et imaginatif, *La Bête* (1975) et *La Marge* (1976). Borowczyck mis à part, ces cinémas parallèles n'auront que des publics restreints, différents les uns des autres. C'est là du cinéma pour initiés. Le cinéma militant, au contraire, va encourager les cinéastes militants à l'étranger et va influencer une partie du cinéma commercial en France.

UN CINEMA POLITIQUE MILITANT

Les critiques et cinéastes de la Nouvelle Vague étaient incontestablement très épris du cinéma américain. Ces amours deviennent pourtant assez vite ambiguës et le Nouveau Cinéma peut être, en même temps, hommage à Hollywood et condamnation de son système, de son conformisme, de son langage. D'autre part, l'influence française, très sentie aux U.S.A. pendant les années 60, est à l'origine de films américains anti-Hollywoodiens ou qui croient l'être: non conformistes, personnels (cf. *The Graduate,* 1967). Mais à la même époque et dans une opération inverse, après l'établissement du Nouveau Cinéma, la France se Hollywoodise! On y fait des films à grands moyens (Verneuil), de virtuosité technique (Lelouch), sur grand écran, en couleurs, pleins d'action, extravertis, populaires. Cette américanisation est due surtout au succès de *Z* (1968) de Costa-Gavras, réalisateur qui, après deux bons et dynamiques exercises de style à l'américaine, met au point une formule astucieuse*: tourner des films politiques à la manière des policiers américains. Comme tout bon artiste, Costa-Gavras dépasse la formule. Il saisit des cas de conscience politiques pris dans la réalité de l'histoire contemporaine: les colonels grecs dans *Z,* la folie stalinienne des purges tchécoslovaques dans *L'Aveu* (1970), l'impérialisme de la CIA en Amérique latine dans *Etat de siège* (1973), la justice de Vichy au service d'Hitler dans *Section spéciale* (1975). Costa-Gavras se sert de plusieurs styles (bouffon, koestlérien*, documentaire), s'adjoint d'excellents collaborateurs ... et se fait attaquer tantôt par la droite, tantôt par la gauche. La façon séduisante dont ses films véhiculent leur humanisme met les critiques mal à l'aise. Il est vrai que Costa-Gavras ne refuse pas les ficelles, mais à l'analyse, ses variations sur un même thème (la haine de la raison d'Etat, de la violence et de l'injustice) se révèlent complexes et d'une finition technique extraordinaire.

A Paris, dans la quarantaine de films français qui ont dépassé les 500.000 spectateurs entre 1950 et 1975, Z est le seul film de valeur authentique jusqu'à *Lacombe Lucien* de Louis Malle (1974). Son succès inspire les films de "la série Z": policiers, films noirs, politiques, tous des suspenses à l'américaine. Les quelques réussites sont dues à des réalisateurs comme Costa-Gavras ou Melville qui, partis de l'emprunt, créent leur propre genre et donnent à leurs œuvres une spécificité cinématographique ou française.

Que la dominante dans ces films soit la politique (Yves Boisset) ou la stylisation (Philippe Labro, Jacques Deray), c'est du cinéma fait pour plaire. Le film militant après 1968 est tout autre chose, car c'est l'engagement qui prime. Martin Karmitz, dans *Camarades* (1970) fait un documentaire-fiction sur les ouvriers et dans *Coup pour coup* (1972) de véritables ouvrières "jouent" leur grève. *On n'arrête pas le printemps* (1972) de René Gilson (sur les lycées) et *Avoir vingt ans dans les Aurès* (1972) de René Vautier (sur la guerre d'Algérie) sont parmi les bonnes œuvres de ce genre, souvent filmées dans le style "nouveau naturel", éloigné du commercial. Leur simplicité affecte le public, au lieu de l'embrouiller par une dialectique comme le font les films militants de Godard (*Vent de l'Est, Tout va bien*). Citons également la réussite comique de Pascal Aubier, *Valparaiso, Valparaiso!* (1971), satire des gauchistes de salon, l'équivalent du "radical chic" américain.

ROHMER ET RIVETTE

Un fait curieux de ces années 1959, c'est le démarrage longtemps attendu d'Eric Rohmer et de Jacques Rivette, grands critiques des *Cahiers* et retardataires de la Nouvelle Vague. Rohmer, après son premier film en 1959, *Le Signe du lion,* entreprend la série des *Six Contes moraux,* films élégants, très parlés, littéraires, stylisés, où le désir et la tentation donnent lieu à de minutieuses analyses de moraliste. Les trois premiers contes sont remarqués, pas plus, mais, à partir de *Ma Nuit chez Maud* (1968), *Le Genou de Claire* (1970) et *L'Amour l'après-midi* (1972) Rohmer devient l'objet d'un culte filmique international, confirmé en 1976 par *La Marquise d'O*. A la dialectique amoureuse s'ajoute un érotisme très raffiné, fait d'un regard ou d'un geste chaste. C'est là l'érotisme des riches, et cela à l'époque où règne* la pornographie, érotisme des pauvres.

Quant à Rivette, il fait depuis 1960 des films difficiles, qui tournent souvent autour des représentations théâtrales, de conspirations, de rapports complexes et angoissés. Ce sont des films-fleuve intellectualisés: *L'Amour fou* (1968) dure plus de quatre heures, *Out one* (1973) totalise douze heures de pellicule*. Ces structures combinent le préétabli et l'improvisation, le rêve et le réel. Dans *Céline et Julie vont en bateau* (1974) Rivette allège la fantaisie, souligne l'humour et la poésie, et obtient le grand succès amorcé en 1968.

LE DEFI DU DECLIN DE FREQUENTATION

Toutefois, l'élan artistique du Nouveau Cinéma français coïncide avec des crises économiques dont la plus grave pour lui est la baisse de fréquentation. Les Français vont de moins en moins au cinéma. Avant 1950, environ 11 billets par an et par habitant étaient vendus en France. Cet index de fréquentation ne fait que baisser depuis: 9,2 en 1957, 5,4 en 1965, 3,6 en 1969. La chute ralentit entre 1969 et 1977 et se stabilise autour de 3,3—mais il n'y a vraiment pas lieu d'être optimiste car cet index est artificiellement "gonflé" par l'essor des films pornographiques des dernières années. Pour freiner ce genre de production, tout en évitant l'accusation de censure, le gouvernement impose maintenant des taxes spéciales. Ces mesures, ainsi que la lassitude des spectateurs, vont probablement faire baisser la production porno dans un avenir prochain et l'index passera peut-être au-dessous de 3.

La baisse est un phénomène mondial. Pendant les années 40, donc avant la télévision, l'Américain moyen achetait plus de 28 billets par an. En 1973 ce chiffre atteint son nadir* avec 4 billets, pour remonter à 6 en 1975. En Grèce, pays de maniaques du cinéma, l'index passe de 15 en 1968 à 4,5 en 1976! D'autre part, malgré la crise les Italiens vont au cinéma trois fois plus que les Français. Comme partout, le cinéma en France est "malade de la télévision" qui le concurrence par ses programmes, et qui en plus passe beaucoup de films (540 en 1976) achetés à bas prix.

Pour compliquer la situation, la France produit de plus en plus de films depuis une vingtaine d'années. En 1954-58 la production de longs métrages est d'une centaine par an; elle passe ensuite à 142 (1965), 117 (1968), remonte en flèche et atteint 234 (1974), 222 (1975), 214 (1976). Cela va de pair avec l'augmentation spectaculaire des salles d'art et d'essai: 127 (1966), 292 (1970), 495 (1973), 646 (1975). C'est admirable et déprimant à la fois. Admirable, dans la mesure où ces chiffres reflètent un effort de création artistique et l'intérêt de la part d'un public de cinéphiles. Déprimant, parce que la majorité des films d'art ne sont pas rentables. Pour la production, la France est le quatrième pays du monde, après l'Inde, le Japon et l'Italie, et dépasse même les Etats-Unis. Si l'on tient compte de la population, la production française est effarante: par habitant, elle est environ 4,25 fois plus grande que celle des U.S.A.! Il est évident que la France produit beaucoup plus de films qu'elle ne peut absorber, et cela dans un pays qui importe énormément de films étrangers. Depuis une douzaine d'années, les films français représentent en France une moyenne de 54% des recettes, ce qui n'est pas assez. Pis encore, pendant les six premiers mois de 1977, ce chiffre est tombé à 47%, c'est-à-dire que 53% des recettes proviennent de films étrangers, les Américains en tête avec la part du lion: 31%.

Le cinéma étant un domaine fort onéreux, il faut comprendre son côté matériel pour pouvoir apprécier son côté artistique. Par exemple, les U.S.A. depuis une dizaine d'années se concentrent sur un nombre limité de superproductions (le reste étant surtout des films du genre "B" ou de drive-in), alors que le film français est en général "petit", personnel, artisanal, et sinon toujours de grande qualité, bien souvent animé de bonnes intentions. Il faut que ce genre de films puisse survivre mais comment faire, étant donné le peu de potentiel commercial? Les cinéastes non commerciaux non seulement doivent faire face à la concurrence des grands films populaires, mais se concurrencent aussi entre eux. Il y a donc en France une surproduction générale qui mène à une impasse. L'idéal serait de pouvoir remplacer beaucoup de films de distraction, sans valeur, par ceux du Nouveau Cinéma.

Malgré le recul du "star system" dans la plupart des pays, certaines vedettes très chères font vendre des films en France: Catherine Deneuve, Annie Girardot, Michel Piccoli, feu Jean Gabin, Lino Ventura, Jean Yanne, Jean-Paul Belmondo, Yves Montand. Les champions sont Alain Delon et Louis de Funès. Mais, depuis la retraite de Brigitte Bardot, ces vedettes ne suffisent pas à faire vendre des films à l'étranger. De nos jours, le film français est en train de subir une nette crise d'exportation. Les Etats-Unis, au potentiel immense, importent relativement peu de films français. De janvier 1976 à mars 1977, 30 nouveaux films français sont sortis à New York, alors qu'en 1976 (douze mois) 55 films sont sortis en Allemagne et 134 dans la province de Québec. Les films étrangers en général ont connu une période de prospérité aux U.S.A. de 1955 à 1968 et des années maigres depuis. C'est là une ironie du sort, car le succès même des diverses nouvelles vagues européennes a obligé le cinéma américain à se mettre au goût du jour ... et les nouveaux produits indigènes ont fini par détrôner les importations. Maintenant les distributeurs américains misent sur les films américains, plus rentables, et conçus pour tenir l'affiche pendant des mois. Les superproductions américaines non seulement font des recettes-record au détriment des autres films, mais elles accaparent aussi les salles, donc elles empêchent les importations de sortir. De leur côté, trop d'exportateurs de films français, enhardis par quelques gros succès exceptionnels, exigent des prix qui ne tiennent pas compte de la réalité américaine, du fait que les films les plus attendus par les cinéphiles n'ont qu'un infime potentiel économique aux U.S.A.–surtout une fois sortis de New York. La liste d'environ 800 films champions de recettes aux U.S.A. n'inclut que quatre productions ou coproductions françaises: *Z*, *Un Homme et une femme*, *Barbarella* et *Emmanuelle*.

Le gros de la production française ne traverse donc pas l'Atlantique. Or, s'il est juste que la camelote ne s'exporte pas, il est triste qu'un grand nombre de films français restent inconnus en Amérique. D'ailleurs, même dans des conditions de distribution améliorées, il reste le problème du public. Le public principal de la Nouvelle Vague se recrutait dans les campus américains, parmi les nombreux étudiants idéalistes ou contestataires. La génération des années 70 ne prend pas la relève de l'ancienne clientèle. Non pas que cette nouvelle génération ait cessé de s'intéresser au cinéma–bien au contraire–mais, conditionnée par la télévision et le cinéma américain, elle recherche surtout la technique, le rythme, le dynamisme. Or, ce ne sont pas là les caractéristiques du cinéma français. Le cinéma de qualité en France est plutôt un cinéma social, politique, littéraire, un cinéma d'auteurs qui en principe s'adresse à un public d'élite. Aux U.S.A., l'habitude du cinéma-spectacle conduit dans certains cas à un genre d'hébétude*, et rend le public peu apte à apprécier le dépaysement, l'introspection, les rigueurs et les lenteurs du cinéma français. Il ne faudrait pas penser toutefois que le jeune public américain est le seul à bouder les "petits films". Paris est la ville au monde où passent le plus de films, y compris les nouveautés du monde entier, mais, même dans ce paradis des cinéphiles, la moitié presque des nouveaux films n'arrivent à atteindre que quelques milliers de spectateurs.

1969-1977: PREOCCUPATION DOMINANTE, LA POLITIQUE

En parlant des répercussions de 1968, nous avons fait le survol d'une partie du cinéma des années 70.

L'événement de la saison 1969/70 est *Le Chagrin et la pitié*, documentaire fouillé et objectif de la France sous l'Occupation. L'ORTF refuse de le diffuser, au grand émoi de ceux qui voient en la télévision le valet de l'Etat. Le réalisateur de ce film est Marcel Ophuls, fils de Max Ophuls, et grand spécialiste du documentaire, notamment *La Mémoire de la justice* (1976, sur les crimes de guerre). *Remparts d'argile* (1970) de Jean-Louis Bertucelli, sur la condition féminine en Afrique du Nord, est remarquable mais se fait assez peu remarquer.

Maurice Pialat, dans *Nous ne vieillirons pas ensemble* (1972), décrit avec sensibilité un couple qui n'arrive pas à se défaire. La vedette masculine de ce film est Jean Yanne, qui obtient le prix d'interprétation à Cannes. Simultanément, Yanne sort un film qu'il a réalisé, *Tout le monde il est beau, tout le monde il est gentil*, satire "hénaurme" de la radio et de la publicité. Yanne joue dans ses propres films et ainsi s'inscrit dans la merveilleuse lignée des grands comiques acteurs-réalisateurs: Chaplin et Keaton aux U.S.A., Max Linder, Tati et Etaix en France. Yanne va se fabriquer un personnage public pittoresque et insolent, et s'en prendra successivement au syndicalisme (*Moi y en a vouloir des sous*, 1973), aux collaborateurs et aux faux résistants (*Les Chinois à Paris*, 1974), à l'industrie du spectacle (*Chobizenesse*, 1975), dans un style qui rappelle "Charlie Hebdo" ou "Le Canard enchaîné".

La mode rétro est lancée en 1967 aux U.S.A. par *Bonnie and Clyde* et confirmée en France en 1970 par le succès du film franco-italien de Bernardo Bertolucci, *Le Conformiste*. Dans les films qui vont suivre, les différences— évidentes ou subtiles—entre le rétro français et l'américain, symbolisent la conception générale du nouveau cinéma de part et d'autre de l'Atlantique: les Américains mettront l'accent sur la nostalgie, le pittoresque, et le drame personnel, alors que les Français insisteront sur le côté social et politique.

L'Occupation sera un des éléments les plus sérieux des films rétro: *Les Violons du bal*, de Michel Drach (1973), le bouleversant *Les Guichets du Louvre* (1974) de Michel Mitrani (déportation des Juifs parisiens), *Les Bons et les méchants* (1975) de Lelouch. *Le Vieux Fusil* de Robert Enrico obtient le "César" 1975 (équivalent de l'"Oscar" américain), *Mr. Klein* de Joseph Losey le César 1976; *L'Affiche rouge* du jeune Frank Cassenti le prix Jean Vigo 1976.

D'excellents films se font dans la gamme très vaste des sujets sociopolitiques. La mort ou la médecine dans *RAK* (1972) de Charles Belmont, *La Gueule ouverte* (1974) de Maurice Pialat, *Sept Morts sur ordonnance* (1975) de Jacques Rouffio. L'enfance avec *Un Sac de billes* (1975) de Jacques Doillon, *Un Enfant dans la foule* (1976) de Gérard Blain. La société moderne est remise en question à travers le sujet historique dans *Les Camisards* (1972) de René Allio qui, dans *Moi, Pierre Rivière, ayant égorgé ma mère, ma soeur et mon frère* ... (1976), reconstituera un véritable événement, avec authenticité et avec l'aide de véritables paysans. "Le film interroge l'idée qu'on se fait du peuple dans le travail artistique. On a donné la parole au peuple mais il ne l'a jamais prise", dit Allio. "C'est l'intellectuel qui parle. Ici c'est le peuple qui parle pour lui-même."

La jeunesse est partout. En 1973, Jean Eustache, ancien de la Nouvelle Vague mais peu connu, fait sensation avec *La Maman et la putain,* où un garçon et deux femmes vivent comme des personnages de la Nouvelle Vague, aliénés, masochistes, narcissistes. Avec *Mes Petites Amoureuses* (1974) Eustache réussit une oeuvre intimiste et bressonienne dans la solitude et l'éducation sentimentale d'un apprenti en province. *Les Valseuses,* de Bertrand Blier, fantaisie démesurée sur deux truculents voyous en vadrouille, est le scandale de 1974.

LE "NOUVEAU NATUREL"

Plusieurs de ces films se rattachent au "nouveau naturel" des années 70. C'est un genre de retour à la première Nouvelle Vague: ton décontracté ou négligé, récit peu structuré, techniques spontanées style TV, emploi fréquent de la province et de la campagne (au contraire de la Nouvelle Vague, très urbaine), héros jeunes, femmes, ouvriers, paysans. C'est aussi, dans une certaine mesure, un retour, mais dédramatisé, au vieux naturalisme et populisme français, revu et corrigé par les diverses nouvelles vagues européennes des années 60. En dehors de ces traits, le "nouveau naturel" adopte toute la gamme des tons. Il peut être sérieux (Pialat, Bellon, Jallaud), amusé (Doillon, *Les Doigts dans la tête,* 1974, ménage à trois chez les ouvriers; J. D. Pollet, *L'Acrobate,* 1976; Maurice Dugowson, *Lily, aime-moi,* 1975, avatars sentimentaux d'un ouvrier), farfelu (Joel Séria, *Les Galettes de Pont-Aven,* 1975), intimiste (Pierre Jallaud, *La Chaise vide,* 1974, mère célibataire), rageur (Philippe Condroyer, *La Coupe à dix francs,* 1974, des patrons d'usine abusifs), et ainsi de suite.

Enoncé ou sous-jacent, le côté politique de tous ces films saute aux yeux. Quelquefois ils essaient de concilier politique et poétique, comme dans les portraits d'adolescents en province de Pascal Thomas (*Les Zozos,* 1972; *Pleure pas la bouche pleine,* 1973; etc.) qui remporte du succès, en dépit—ou à cause—de certaines complaisances.

Dans cette tendance, le cinéma prolétaire de l'ex-prolétaire Claude Faraldo est remarquable: *Bof!* (1971), satire sociale à travers un livreur—un ménage d'ouvriers, à deux, à trois, quatre, cinq ... *Themroc* (1973), science-fiction anarchiste, *Les Fleurs du miel* (1976), autres aventures d'un livreur chez les bourgeois.

France, S.A. (1974) d'Alain Corneau, est une satire insolite de l'avenir. Corneau, plus "hollywoodisé" que les autres, fait ensuite de grands films d'action, des suspenses qui renouent avec les films noirs américains de la grande époque: *Police Python 357* (1976), *La Menace* (1977).

Les petits films intimistes ont moins de chances de trouver un public adéquat—surtout à l'étranger—que les films qui dépassent la simple spécificité française ou qui combinent finesse et construction puissante, comme *La Victoire en chantant* (*Black and White in Color,* 1976) de J. J. Annaud, satire rétro et exotique du colonialisme et "Oscar" 1976. Et surtout comme *Cousin cousine* (Prix Delluc 1975) de Jean-Charles Tacchella, le premier triomphe français aux U.S.A. depuis bien longtemps, fantaisie d'amour en liberté, un peu comme *Le Bonheur* d'Agnès Varda revu et corrigé par Truffaut. Tacchella avait débuté par un film pour cinéphiles, le picaresque mais sérieux *Voyage en Grande Tartarie* (1974).

Le metteur en scène le plus prometteur est peut-être Bertrand Tavernier qui à 31 ans fait *L'Horloger de Saint-Paul* (Prix Delluc 1973), touchante œuvre psychologique et politique, d'une dialectique très belle. *Que la fête commence* (1975), tableau historique de la Régence, est un triomphe d'intelligence. *Le Juge et l'assassin* (1976) sur un fait divers de 1895, et *Des enfants gâtés* (1977) sur la société contemporaine, sont de beaux films politiques qui—fait significatif—renouent avec la tradition de Renoir et de Duvivier à l'époque du Front populaire. C'est là du cinéma de réflexion qui n'exclut pas le divertissement mais qui fait contraste avec le cinéma de pure distraction. Et c'est du côté de la réflexion que se situe le meilleur du cinéma français et de ses nouveaux talents: Daniel Duval, Bernard Paul, Didier Kaminka, Eduardo Kozarinsky, Claude Miller, Guy Casaril, Jean Marboeuf, Jacques Fansten et tant d'autres. Rattachés ou non au nouveau naturel, ces cinéastes sont en général des jeunes qui font des films de jeunes, sur des jeunes, avec des jeunes—des films qui souvent ne vont pas sans maladresses, mais dont les gaucheries sont compensées par une intégrité qui n'existe pas dans les films commerciaux.

Le contraste avec le cinéma américain contemporain est saisissant. Celui-ci, dans son ensemble, n'est pas un cinéma de réflexion. Sa gamme de sujets est étendue, mais on n'y trouve que fort peu de contestation et d'engagement. Même lorsque Hollywood filme des "exposés" susceptibles de faire penser le public (*Network, The Godfather, The Front, Serpico,* etc.), les véritables problèmes sont souvent escamotés en faveur d'aventures, de péripéties spectaculaires et d'émotions fortes.

LES REALISATRICES

L'année 1975, "Année Internationale de la Femme", coïncide avec la présence accentuée de réalisatrices françaises.

Comme partout ailleurs, le cinéma en France était auparavant affaire d'hommes. Les femmes étaient censées être douées pour les détails, donc limitées au travail de montage. Les réalisatrices étaient rarissimes: Germaine Dulac, Jacqueline Audry—c'est tout. Vers 1959-1962 Agnès Varda et Marguerite Duras avaient un peu ouvert aux femmes la porte de la réalisation. Mais il faudra attendre les remous des années 60 et le féminisme à l'échelle internationale avant d'aboutir à une véritable nouvelle vague au féminin, après 1970. Nelly Kaplan, Argentine de Paris, écrivain, ex-assistante d'Abel Gance et auteur d'excellents courts métrages sur Gance, sur Picasso, tourne son premier long métrage en 1969, *La Fiancée du pirate*, ensuite *Papa les petits bateaux* (1971) et *NEA* (1976). Elle passe de l'humour noir à la comédie du type bande dessinée, et de là à l'adaptation érotique d'Emanuelle Arsan. Yannick Bellon réussit des films tendres et mélancoliques: *Quelque part, quelqu'un* (1972), *la Femme de Jean* (1974), *Jamais plus toujours* (1976). Liliane de Kermadec fait *Aloïse* (1975); l'actrice Jeanne Moreau, *Lumière* (1976). Anna Karina, ancienne interprète et épouse de Godard tourne *Vivre ensemble* (1973). Claudine Guillemain, l'ex-assistante de Rohmer, filme *Véronique, ou l'été de mes 13 ans* (1976).

Il faudrait aussi mentionner Nina Companeez, la collaboratrice de Michel Deville, Christine Lipinska, Annie Tresgot, Michèle Rosier, Madeleine Hartman-Clausset, Charlotte Dubreuil, Liliane Dreyfus (*Femmes au soleil*, 1974), Rachel Weinberg (*Pic et pic et colegram*, 1974), la très active Nadine Trintignant (*Le Voleur de crime*, 1969, *Ça n'arrive qu'aux autres*, 1971, *Défense de savoir*, 1973, *Le Voyage de noces*, 1976), Paula Delsol, Dolorès Grassian.

On trouve en général chez ces réalisatrices une grande sensibilité et compréhension, des premiers rôles de femmes et une certaine concentration sur la condition féminine, un style simple et direct—dû quelquefois à des budgets restreints. Il faut dire que ces traits se retrouvent aussi chez des réalisateurs masculins. Le féminisme militant n'apparaît que peu. Presque tous ces films sont accessibles, sauf ceux de Marguerite Duras: *La Musica* (1966), *Détruire dit-elle* (1969), *Nathalie Granger* (1972), *India Song* (1975), *Des Journées entières dans les arbres* (1976), *Baxter, Vera Baxter* et *Le Camion* (1977). Ce sont là des films d'avant-garde, littéraires, très controversés—envoûtants et destructeurs de la tradition du récit cinématographique pour les uns, ennuyeux et "où rien ne se passe" pour les autres.

Duras mise à part, il ne se dégage pour l'instant ni thématique ni stylistique particulière dans les films de femmes, et leur qualité n'est ni inférieure ni supérieure à celle de l'ensemble du cinéma récent. Il est toutefois certain que l'époque des réalisatrices ne fait que commencer. Sur 40 projets de films soumis en été 1977, 27 provenaient de femmes!

La manière dont les femmes sont traitées dans les films français subit un changement frappant depuis vingt ans. La conception des rôles avait été dominée traditionnellement par un point de vue mâle. Le cinéma tend à placer la femme soit sur un piédestal soit dans un lit—de préférence la même personne aux deux endroits. La femme-maîtresse est la règle, la maîtresse-femme est l'exception. Le Nouveau Cinéma donne à la femme plus de dignité, d'authenticité, de possibilités. Il y aura la femme-conscience d'*Hiroshima mon amour,* la femme-mystère de *Marienbad,* la femme-pensée des films de Rohmer, les austères héroïnes de Bresson, la ribambelle* des copines de la Nouvelle Vague et plus tard du Nouveau Naturel. Le film commercial ordinaire stéréotype les femmes, le porno les dégrade. Mais, somme toute, même le vieux cinéma français était très en avance sur les autres dans son traitement des femmes, et le nouveau cinéma a fait encore plus de progrès, dépassant en cela les films américains.

L'ASPECT ARTISTIQUE DES ANNEES 70

Masculin ou féminin, le cinéma des années 70 est en croissance artistique. En 1969-71 une trentaine de cinéastes font leur premier film. En 1972 ils sont 43, en 1975, 37. De tous les pays, la France est celui qui s'intéresse le plus au cinéma et celui où, malgré les mesquineries et les rivalités du monde du film, les cinéastes établis aident le plus leurs collègues débutants. La Société des réalisateurs, celle des critiques, d'autres encore, font la promotion du cinéma nouveau à travers des manifestations parallèles au festival de Cannes: La Quinzaine des Réalisateurs, la Semaine de la Critique, les Yeux Fertiles, Perspectives du cinéma français, suivies de tournées à l'étranger. La critique d'analyse en profondeur, universitaire ou pas, lance dans le monde entier de nouvelles méthodes issues de la linguistique, du structuralisme, de la sémiologie ou de la psychanalyse. A un niveau moins théorique, la critique française est aussi la grande révélatrice, sur le plan mondial, de talents inconnus ou négligés.

Il y a toutefois le revers de la médaille. La critique est trop souvent politisée, tendancieuse, faite de partis pris et de sautes d'humeur. Ou alors, elle pèche par excès de générosité, ce qui s'explique (sans s'excuser) par le fait que, pour dire comme Jean Yanne, "tout le monde il se connaît, tout le monde il se fréquente". Enfin, plusieurs critiques sont aussi cinéastes, ou espèrent le devenir, d'où prudence, circonlocutions*, ambiguïtés. C'est là le tribut payé à la centralisation, au vase clos parisien où vit l'essentiel du cinéma.

Le cinéma commercial est naturellement le plus rentable, en France comme partout ailleurs. Les records d'entrées sont détenus par les comédies burlesques (surtout avec Louis de Funès), suivies par les histoires de truands* et les mélodrames. Le comique fin et élégant est plus rare, mais on le trouve dans le marivaudage* de Jean-Paul Rappeneau (*La Vie de château*, Prix Delluc 1975; *Le Sauvage*, 1975) ou chez Michel Deville au libertinage de bon ton (*Benjamin*, Prix

Delluc 1967). Parmi les amuseurs, citons aussi Yves Robert aux héros infantiles (*Le Grand blond...; Alexandre le bienheureux, Salut l'artiste*) et le féroce satiriste Jean-Pierre Mocky, créateur d'anti-héros grinçants et pourfendeur des institutions respectables. Le comique est nettement en hausse depuis 1970 et un certain sourire, ironique ou affectueux, se retrouve même dans les films engagés des jeunes ("nouveau naturel") et des moins jeunes. Cela s'applique aussi au nouveau cinéma francophone suisse, dont la critique sociale est spécifiquement helvétique* mais l'humour, plutôt français.

Entre le cinéma commercial de bon aloi et les films personnels, la ligne de démarcation tend à devenir de plus en plus floue depuis 1970. Claude Lelouch, très doué pour la technique, idéalise et poétise (trop) la réalité bourgeoise. De même, Claude Sautet, après avoir débuté par des films noirs laconiques et nerveux, fait volte-face avec *Les Choses de la vie* (1970) et *Mado* (1976), mélodrame chic. On préférera *César et Rosalie* (1972) ou *Vincent, François, Paul et les autres* (1974) au réalisme traditionnel mais bien rythmé et rehaussé par d'excellentes interprétations. C'est plus ou moins la même formule, à savoir la combinaison de situations fortes, de sujets naturalistes, et de grands acteurs qu'utilisent des réalisateurs comme Pierre Granier-Deferre ou Michel Drach, bref, tous les réalisateurs qui font du cinéma "classique modernisé" avec plus ou moins de bonheur. Les films de ce genre sont applaudis par le grand public en France et bien accueillis à l'étranger où ils arrivent pimentés d'un exotisme "bien français". C'est là un peu le retour aux réactions des spectateurs d'après la Seconde Guerre mondiale. Pourtant, ce n'est pas la valeur intrinsèque de ces 'œuvres' qu'on apprécie, mais la qualité dramatique des acteurs. Par conséquent, des critères de théâtre brouillent les pistes qui devraient conduire à l'intelligence de l'œuvre spécifiquement cinématographique. Cela va à l'encontre de la critique qui exalte le réalisateur et relègue l'acteur au deuxième plan. Certains styles modernistes exigent même une espèce de non-jeu brechtien, comme dans les films de Godard, de Bresson, de Tati, de Rivette, de Straub, et du jeune cinéma allemand.

CONCLUSION: LA MONTEE ET LE DECLIN

Le cinéma français contemporain se divise en deux décades: 1958-1968 et 1968-1978. La première de ces époques renouvelle le cinéma par le cinéma. La formule de McLuhan, "The Medium is the Message" s'applique bien au nouveau cinéma qui, même dans ses manifestations les plus gauchistes, est fait par des intellectuels bourgeois. Rien de tout cela ne se perd après 1968; mais le cinéma social et politique prend une importance extraordinaire.

Le phénomène de la première décade, où les critiques deviennent réalisateurs, s'étend certes à la deuxième avec Michel Vianey, Jean-Louis Comolli, Jean-Charles Tacchella, André Téchiné, Bertrand Tavernier; mais l'esthétisme devient moins important. Beaucoup des nouveaux cinéastes sont par ailleurs des anciens de la télévision, donc des techniciens du style direct ou du nouveau naturel qui ne s'embarrassent pas de littérature et de théorie.

De 1958 à 1968, l'avènement du Nouveau Cinéma en France se traduisait par la montée en masse de nouveaux talents, fait collectif sans précédent dans l'histoire de tous les "médias" du XXe siècle. Période passionnante, dominée par les quatre "grands", Godard, Resnais, Truffaut, Chabrol, leurs alliés et leurs épigones. Lentement mais sûrement tout change après 1968, dans la vie politique, la vie quotidienne, la vie du cinéma. L'idéalisme généralisé, la contestation contre les trois faits précis (capitalisme, colonialisme, racisme), atteignent leur faîte*, puis s'émoussent*. La génération "hippie" disparaît; avec la fin de la guerre au Vietnam et avec la nouvelle crise économique, apparaissent un nouveau conservatisme, une nouvelle religiosité, voire l'apathie ou l'égocentrisme. Les contestataires n'abandonnent pas la partie, mais ils se concentrent sur des objectifs spécifiques et moins spectaculaires: problèmes d'écologie, de chômage, de famine, de vieillesse.... Le cinéma français des années 1969-1978 reflète ces changements. Les bons films ne manquent pas, la plupart des anciens du Nouveau Cinéma poursuivent des carrières plus qu'estimables et même certains (Louis Malle, Eric Rohmer) donnent le meilleur de leur oeuvre. Mais le public est moins bienveillant et progressivement attiré par le cinéma de distraction. L'histoire se répète, car le public de ces autres années de crise, les années 30, se tournait lui aussi vers les films d'évasion. Sur ce terrain-là, l'Amérique est imbattable, alors que les nouveaux cinéastes en France s'obstinent à faire de "petits films", soit par affinités soit par nécessité financière.

Un malaise général de nos jours affecte les autres "grands" cinémas encore plus que le cinéma français: l'anglais, le russe, l'allemand, l'indien, le japonais, le scandinave, ainsi que ceux qui défrayaient la chronique des années 60, comme le tchécoslovaque et le yougoslave. Et cela est dû à des raisons complexes qui peuvent varier d'un pays à l'autre.

Le florissant cinéma américain est la grande exception, suivi du cinéma italien qui continue à faire preuve d'une surprenante vitalité—comme l'attestent les grands festivals depuis 1970, bons baromètres de la qualité des films. Ces festivals donnent aussi la preuve du fait que de plus en plus de réalisateurs de pays "mineurs" se révèlent tous les ans, mais pour l'instant on ne peut parler que d'individus et non de production nationale espagnole, iranienne, algérienne, grecque, turque. Sauf dans le cas du jeune cinéma suisse et du jeune cinéma allemand. Ce dernier, engagé, novateur, non conformiste, existe en marge de la production commerciale allemande. Sous-estimé dans son pays, très populaire parmi les cinéphiles spécialisés à l'étranger, il est comme le remplaçant de la vieille Nouvelle Vague française. Toutefois, ce cinéma, comme tous les autres cinémas jeunes ou émergents, est très peu diffusé. Les distributeurs et les exploitants s'en méfient. Les grosses compagnies qui contrôlent partout les salles—au détriment des indépendants—se soucient fort peu de jouer au mécène: on investit dans la grosse artillerie des valeurs sûres, comme *Star Wars* ou *L'Aile ou la cuisse* (comédie avec de Funès), surtout en province. La belle époque d'expansion économique où l'on prenait des risques n'est plus qu'un souvenir.

Le cinéma français, il est vrai, a une étrange capacité de survie—étrange à cause du caractère artisanal, indépendant et fragmenté de sa production, et cela à l'âge de la technologie, du consortium, du capital, ou des studios étatisés. Ce caractère, qui frise l'anarchie, donne aux meilleurs films français une diversité et une personnalité distinctive.

Il reste, certes, beaucoup à faire dans le domaine de l'aide au film, les mesures fiscales, l'éducation du public, l'insertion du cinéma dans la culture populaire, la recherche, la diffusion. La France n'a, par exemple, qu'une seule Grande Ecole du cinéma, l'IDHEC. Celle-ci ne dispose que de moyens limités et de très peu de places, alors que la Pologne et la Tchécoslovaquie ont les meilleures écoles du monde; les nouvelles vagues de ces pays sortent presque entièrement de ces écoles. Même aux U.S.A., très en retard sur ce chapitre, on ressent l'impact de réalisateurs diplômés, avec des films comme *Mean Streets, Taxi Driver, The Godfather, Star Wars, American Graffiti, The Conversation*. Un Jean-Luc Godard a beau faire des films avec des bouts de bois et de ficelles, l'ensemble du cinéma français ne pourrait être soumis aux lois du hasard et de l'improvisation. Producteurs, distributeurs, réalisateurs et organismes officiels se doivent de "repenser" entièrement le cinéma en France.

Le 12 janvier 1977, Henri Langlois de la Cinémathèque meurt à Paris. Le 3 juin meurt à Rome le grand réalisateur Roberto Rossellini qui revenait du Festival de Cannes où il avait présidé le jury et animé le premier colloque sur l'avenir du cinéma. C'était la véritable école des jeunes de la Nouvelle Vague; derrière cette Nouvelle Vague il y avait le néo-réalisme italien; et derrière le néo-réalisme il y avait Rossellini, le plus grand des inspirateurs du Nouveau Cinéma.

C'est la fin d'une époque. La Cinémathèque, la Nouvelle Vague, le Nouveau Cinéma, c'était surtout un état d'esprit. L'évolution future de cet esprit sera l'avenir.

Les Idées philosophiques

23

Edouard Morot-Sir

PRELIMINAIRE METHODOLOGIQUE ET HISTORIQUE

Cette prise de conscience du langage philosophique français entre 1955 et 1978 se situe dans une perspective culturaliste: il ne s'agit donc pas d'écrire le dernier chapitre d'une histoire de la philosophie en France. Le but est tout autre: trouver la place des "idées philosophiques" à l'intérieur de cette synchronie* et diachronie* culturelle appelée France; en d'autre termes, faire un travail d'historien des cultures.

    Une telle décision d'analyse entraîne quelques postulats qu'il convient d'élucider au point de départ. —D'abord j'admets que toute culture tend à former un système linguistique dont les signes portent des significations (connotations et dénotations) qui dépassent les informations données par la lexicologie et la grammaire, et qui même existent implicites à l'arrière-plan des dictionnaires comme des grammaires. Cette unité sémantique et culturelle se manifeste par une synchronie en devenir, et elle obéit à deux exigences qui sont plus ou moins conscientes dans l'esprit des membres du groupe, -1) comment dépasser la synchronie qui précède immédiatement? -2) quel est l'avenir de l'homme et quel paradigme* peut lui être proposé pour son actualité? Il va sans dire que ces deux exigences prennent leur effet à partir d'une permanence culturelle, une sorte de synchronie transhistorique qui fait que la synthèse révolutionnaire du présent français a beaucoup d'éléments sémantiques communs avec la synchronie française de l'an 1550! De plus le paradigme comme modèle d'humanité est lui-même unique, en création continue et sans référence à une structure préexistante, transcendante ou immanente. —J'introduis aussi un deuxième postulat: les "idées philosophiques" se constituent en système sémantique de base; elles forment ainsi un commun dénominateur culturel à partir duquel tous les autres systèmes— économiques, politiques, moraux, épistémologiques*, etc., prennent leurs sens et valeurs particuliers. Cependant, entre le système dit philosophique et tous les autres il n'y a pas relation de cause à effet. Il y a coexistence et cosignification, qui forment une sorte d'harmonie préétablie, par exemple, entre la philosophie et la gastronomie, la mode vestimentaire et la morale privée, les échanges commerciaux et les relations administratives.

Sens accordé à la date de 1955: une telle date n'est pas arbitraire, mais elle n'indique pas une coupure radicale dans le tissu historique de la France contemporaine. Par elle-même elle ne vise pas un événement considérable qui aurait changé le visage culturel du pays. Toutefois "1955" a la valeur d'un repère*, elle sert d'indicateur culturel et de centre de référence à un certain nombre de faits qu'il convient d'avoir présents à l'esprit pour situer les idées philosophiques.

L'année 1955 désigne d'abord la fin de l'immédiate après-guerre et l'entrée dans un état d'après-guerre relativement indépendant des réactions immédiates à la tuerie mondiale des années 1939-1945. Elle marque aussi le commencement d'un changement important dans la conscience que les Français prennent de la guerre froide et de ce manichéisme* politique avec sa polarisation géographique est-ouest. Enfin elle est aussi le début d'une stabilisation intellectuelle dans l'effort pour contrôler la pensée du pouvoir atomique, l'équilibre de terreur comme sagesse internationale, et les visions apocalyptiques de fin du monde, passant de l'ordre de l'imagination mythique à celui de la probabilité.

L'année 1955 désigne aussi les débuts de la guerre d'Algérie et ainsi les premiers moments d'une mutation dans l'idée que les Français se font de la France. Le gaullisme, sous sa forme culturelle, serait-il une ironie de l'histoire: le plus fervent exemple de mystique nationaliste a eu pour fonction essentielle de faciliter une opération de réduction culturelle, c'est-à-dire le passage de la conscience impériale à la conscience nationale (la réduction de l'image terrestre à celle de l'hexagone)? C'est aussi la naissance d'un néomachiavélisme* qui n'est d'ailleurs pas typiquement français, et qui depuis lors a été présent dans toutes les crises mondiales des vingt dernières années: comment rester grand quand on est devenu petit? Ce qui conduit à la conscience de l'originalité absolue et incomparable de chaque unité culturelle et historique, de telle sorte que sur le plan culturel, la distinction entre grand et petit perd son sens historique. Le concept traditionnel français d'universalité est ainsi mis à l'épreuve.

L'année 1955 désigne encore—sur le plan directement philosophique et littéraire—la fin de l'hégémonie* de Sartre et de Camus, ou en d'autres termes, la fin de ce qu'on appelle l'existentialisme* et la philosophie de l'absurde*. Voici quelques dates révélatrices: en 1954 Sartre commence à écrire cet examen de conscience littéraire et culturel qui deviendra *Les Mots* et sera publié seulement en 1964. Cet autre examen de conscience, écrit par le rival en prestige et gloire des années 40, Albert Camus, *La Chute* paraît en 1956. Et d'autre étoiles commencent à briller dans le ciel culturel des années 50: la première de *En attendant Godot* est donnée le 5 janvier 1953, et il devient impossible d'ignorer l'auteur de *Molloy* (1951) et de l'*Innommable* (1953); le premier "nouveau roman*" est aussi publié en 1953, *Les Gommes* d'Alain Robbe-Grillet. Enfin, pour s'en tenir au plus significatif, c'est en 1955 que paraît cette autre autobiographie intellectuelle et morale, qui annonce un changement dans l'engagement philosophique: *Tristes Tropiques* de Claude Lévi-Strauss, qui présentera un peu plus tard sa méthode dans *Anthropologie structurale* (1958). De la même époque datent aussi les premiers signes d'un renouvellement des méthodes de critique littéraire: en 1953 Roland Barthes publie *Le Degré zéro de l'écriture*.

Enfin 1955 rappelle que les coupures historiques les plus évidentes (par exemple, les débuts ou fins de guerres ou de révolutions) ne coïncident pas nécessairement avec l'évolution de la synchronie philosophique. Il y a interférence, interaction, contamination même, mais il n'y a pas parallélisme. Ainsi un effort pour prendre conscience de l'évolution philosophique du XXe siècle français—je veux dire: l'évolution des idées présentées par les philosophes de profession, ne saurait rentrer dans le schéma bien connu: Première Guerre mondiale 1914-1918, entre-deux-guerres, Seconde Guerre mondiale, etc. La date de 1930 doit être choisie comme repère* dans les mutations philosophiques, et elle répond à celle de 1955. Avant 1930 la pensée philosophique française prolonge encore le XIXe siècle; la philosophie universitaire de la Troisième République, alors triomphante, est représentée par les Brunschvicg, Lévy-Bruhl, Lalande, Bréhier, etc.; elle défend et enseigne un rationalisme positiviste qui fait confiance à la science (on lira avec profit l'important article "L'orientation du rationalisme" que Léon Brunschvicg publie en 1920 dans la célèbre *Revue de Métaphysique et de Morale*). Dans cette perspective l'histoire est l'aliment culturel de base: tout problème disparaît en tant que problème à résoudre dans une actualité; il est simplement un aboutissement, un état présent des choses, qui s'explique par une analyse historique: la courbe de l'histoire permet de situer le point du présent et d'extrapoler l'avenir; toute méthode de penser est alors une rationalisation du passé qui conduit à la rationalisation du présent et à la prévision intelligente du futur. Ainsi les sciences de l'homme sont essentiellement des histoires de l'homme, et la méthode historique assure l'objectivité des résultats. C'est précisément contre cette pédagogie historicisante que s'élèveront les philosophes qui commencent à écrire et publier dans les années 30. C'est aussi l'époque où les traductions de Kierkegaard connaissent un grand succès et où se développent à la fois de nouvelles traductions et études sur Hegel et Marx. On peut alors parler d'une période culturelle qui va de 1930 à 1955—période dont les thèmes dominants sont les suivants: recherche du concret existentiel, découverte de la conscience comme un centre de relations dialectiques avec elle-même, les autres et le monde, rejet du positivisme et méfiance à l'égard d'une civilisation scientifique et technologique. Les œuvres philosophiques et littéraires des années 40 ne sont donc pas par elles-mêmes des ruptures radicales, elles sont préparées par la réflexion des années 30.

Cette protestation contre le rationalisme scientifique et sa civilisation est en fait commencée dès le début du siècle, en réaction contre le naturalisme* de Zola et l'épistémologie d'un Taine ou d'un Paul Bourget. Le bergsonisme* est déjà un appel au concret existentiel! Et surtout le Surréalisme*, comme prolongement imprévu du Symbolisme*, deviendra le fait culturel le plus représentatif de notre siècle. Même après 1955 le Surréalisme reste présent, en dépit des efforts de Sartre et de Camus pour le rejeter dans le passé de l'entre-deux-guerres. Voyez les attaques contre le Surréalisme dans *Qu'est-ce que la littérature?* (1947) et dans *l'Homme révolté* (1951). Il constitue la plus large actualité du XXe siècle, autour des thèmes suivants: pouvoir créateur de l'inconscient, possibilité d'une science et d'une technique de l'inconscient, assimilation entre faits d'expression linguistique et faits culturels, rejet du réalisme et du naturalisme du siècle précédent, refus de la psychologie d'introspection, intérêt pour les mythes et la pensée symbolique, et bien entendu, négation de la bourgeoisie comme système culturel.

En résumé, les idées philosophiques d'après 1955 vont se développer dans la continuité des espérances et des refus exprimés par la première "révolution surréaliste" et dans le rejet de la plupart des credos de l'existentialisme des années 30 et 40. Ces rejets et dépassements prendront deux aspects, l'un et l'autre significatifs de notre actualité française—l'un est le fait d'un certain nombre de penseurs (non obligatoirement philosophes professionnels) qui ont été rassemblés, parfois contre leur gré, sous l'étiquette du structuralisme, l'autre est le fait de Sartre lui-même, essayant de se renouveler et ainsi de se dépasser dans ce qui pourrait être, au moins en intention, une seconde philosophie.

LE STRUCTURALISME

Ce mot ne désigne ni une école avec un chef et des disciples, ni un mouvement entraînant avec lui des personnalités variées, mais unies autour de quelques principes philosophiques symbolisés par ce mot. Il n'est cependant pas une pure invention journalistique ou une simple commodité didactique. Il qualifie des travaux et des livres qui ont en commun, non pas une philosophie au sens traditionnel du terme, c'est-à-dire une vision du monde et une morale, ou même une esthétique, mais des refus et quelques directions méthodologiques; cet ensemble de refus et de méthodes détermine légitimement une attitude philosophique originale:

Le structuralisme comme attitude philosophique

Ses refus

A la surface c'est le refus de l'existentialisme, sous toutes ses formes, et surtout sartrienne, comme théorie philosophique de l'homme. Lévi-Strauss énonce, dans *Tristes Tropiques* et dans *L'Homme nu,* un jugement sévère contre ce qu'il appelle une philosophie pour midinettes*. En analysant cette opposition globale, on découvre des négations théoriques significatives à l'intérieur de la conscience culturelle française des vingt dernières années. C'est d'abord le refus de l'histoire, à la fois comme réalité déterminante de la vie humaine, et comme théorie explicative de sa nature. C'est le rejet de toutes les philosophies de l'histoire du XXe siècle, celles de Comte, Spencer, Hegel et même Marx: Louis Althusser (*Lire le Capital,* 1967) montrera que le marxisme est avant tout une analyse théorique des structures sociales, Lévi-Strauss dira: il n'y a pas une histoire, mais des histoires, et ainsi défendra un pluralisme* historique fondé sur un pluralisme anthropologique: la vision d'une unité humaine s'accomplissant dans une apothéose de bonheur et de liberté est écartée. L'explication historique n'est pas entièrement rejetée, elle est simplement subordonnée à la causalité des structures. —C'est ensuite le refus de la subjectivité comme qualité du sujet de conscience—source et contrôle des activités humaines. On sait que cette importance donnée à la subjectivité remonte à la célèbre déclaration de Descartes: Je pense, donc je suis—déclaration qui a été le point de départ de toutes les philosophies françaises pendant trois siècles et de beaucoup de philosophies européennes (par exemple l'idéalisme allemand à partir de Kant). Le structuralisme dénonce cet impérialisme du cogito. Le sujet humain est détrôné de sa dignité de centre créateur et critique; il n'est plus considéré que comme un élément dans une structure d'ensemble, et on ira jusqu'à dire: "'Je' n'est qu'un pronom personnel qui tient une place particulière dans le système pronominal des langues de culture." Avec le "Je" est aussi détrônée la conscience, comme pouvoir permanent de références pour l'homme. Les réticences de la pensée française devant la notion d'inconscient tout au long du XXe siècle sont remarquables; Sartre lui-même avouera ses réserves devant la psychanalyse de Freud, et quand, dans *L'Etre et le Néant,* il tentera de définir une "psychanalyse existentielle", il essaiera de substituer à la notion d'inconscient celle de "cogito préréflexif", admettant ainsi l'existence d'un état de conscience non conscient de lui-même, plutôt que d'admettre l'existence d'une réalité psychique d'une essence autre que celle de la conscience. On comprendra aisément que le refus structuraliste de la subjectivité aura des répercussions considérables dans les théories psychologiques et sociologiques de l'homme et même de la vie animale. Ce refus conduit à un autre qui prend une valeur particulière à l'intérieur des habitudes culturelles françaises: la dévalorisation de la conscience aboutit au refus de pensée moraliste, c'est-à-dire à la volonté de suspendre cette réflexion morale et psychologique qu'ont pratiquée les philosophes français depuis Montaigne et Descartes; est en conséquence écarté le problème central de cette pensée moraliste, celui de la liberté. Avec le structuralisme nous entrons dans un univers complexe de déterminations dont l'entrelacement indéfini constitue la réalité toute entière: la notion de structure seule permettra de décomposer et d'ordonner l'écheveau des séries causales et leurs entrelacements qui ne peuvent que décourager la philosophie centripète* du sujet de conscience et de la réflexion. Enfin un dernier refus qui a été souvent mal compris—le refus de l'humanisme comme philosophie justifiante de l'homme; à cause de certaines déclarations spectaculaires, imitées de Nietzsche, sur la mort de l'homme, on a cru que le structuralisme niait la réalité des cultures humaines. Il niait simplement—et c'était déjà beaucoup—la réalité d'une "nature humaine" se découvrant dans et par l'histoire; il écartait aussi le postulat implicite dans la plupart des philosophies modernes, selon lequel l'homme a une sorte d'immortalité positive, et donne à la Nature son achèvement et sa totalité. Alors se trouve condamnée l'attitude appelée "humaniste" au sens que ce mot prend dans la première partie de notre siècle—défense des valeurs humaines de dignité et de liberté qui ont servi de justifications idéologiques à toutes les sociétés politiques de notre époque.

L'ensemble de ces négations est l'envers d'une attitude positive et antiphilosophique: la seule connaissance possible est la science; et la seule connaissance possible de l'homme sera structuraliste, ou ne sera pas, selon l'affirmation même de Lévi-Strauss. Voilà un scientisme d'un nouveau style, appuyé sur un nouveau principe épistémologique qui affirme le primat du théorique: dans *Anthropologie structurale,* Lévi-Strauss précise ce principe dans les termes suivants: "Le principe fondamental est que la notion de structure sociale ne se rapporte pas à la réalité empirique, mais aux modèles construits d'après celle-ci." Le rapport entre les faits et les hypothèses, tel que Comte, puis Claude Bernard, l'avaient déterminé au XIXe siècle est ainsi approfondi, comme est aussi approfondie la relation scientifique fondamentale entre mathématiques et expérience.

La méthodologie structuraliste

A partir des négations et affirmations précédentes une attitude méthodologique se dessine: si ses applications sont variées, son intention fondamentale reste la même, et elle se détermine selon trois directions convergentes prenant leur source dans les trois penseurs qui sont unanimement reconnus comme les grands et légitimes ancêtres et initiateurs du structuralisme: de Saussure, Freud et Marx. Le premier, on le sait, a renouvelé les recherches linguistiques au début de notre siècle à partir de la distinction entre diachronie et synchronie: les faits linguistiques sont soumis à une évolution temporelle (diachronique) mais d'abord, et indépendamment de cette causalité historique, ils se constituent en systèmes de simultanéités qui se déterminent réciproquement. De plus les faits linguistiques ne sont pas marginaux dans la vie humaine; ils sont au cœur de toute culture. Dans ses *Entretiens* avec G. Charbonnaux, Lévi-Strauss note: "Il y a un double mouvement, une aspiration de la nature vers la culture, c'est-à-dire de l'objet vers le signe et le langage, et un second mouvement qui, par le moyen de cette expression linguistique, permet de découvrir ou d'apercevoir des propriétés normalement dissimulées de l'objet, et qui sont ces propriétés mêmes qui lui sont communes avec la structure et le mode de fonctionnement de l'esprit humain." —L'apport freudien est lié au précédent: si la réalité humaine est signe partout, alors il faut dépasser l'analyse psychologique à partir de la conscience; il faut déchiffrer les symboles: l'activité humaine est symbolique à travers la variété de ses conduites. Dans *La Pensée sauvage* Lévi-Strauss donne cet avertissement: "Ne jamais perdre de vue que, dans le cas de l'étude sociologique comme dans celui de l'étude linguistique, nous sommes en plein symbolisme" (p. 62). De là le sens des recherches de Lévi-Strauss dans la série de ses *Mythologiques*: le symbole est premier et vit d'une vie autonome possédant le pouvoir de former des cultures. Tel est le sens de cette formule en apparence paradoxale: "Nous ne prétendons pas montrer comment les hommes pensent les mythes, mais comment les mythes se pensent dans les hommes et à leur insu." (*Le Cru et le cuit,* p. 20.) Enfin Marx lui aussi a montré que la réalité humaine n'est pas limitée à la psychologie et à la sociologie de la conscience. En dénonçant les idéologies, en opposant les infrastructures* aux superstructures de la société, il invite à découvrir une causalité humaine profonde, qui se situe au-delà des intentions avouées et souvent mystificatrices. Il révèle le fait qui menace toute science de l'homme—l'idéologie par laquelle se justifie la classe au pouvoir. C'est le progrès de la culture bourgeoise, et d'une certaine culture française. Il est vrai que l'existentialisme de Sartre est violemment anti-bourgeois, comme le fut aussi, avant lui, le néo-thomisme* de Jacques Maritain! En ce point les structuralistes ne feraient-ils que continuer une tradition anti-bourgeoise qui a commencé avec le romantisme? Constatons simplement que l'antibourgeoisisme est né avec l'avènement des bourgeois français au pouvoir et que, de génération en génération, il a pris des formes diverses. La question historique la plus importante ici serait sans doute celle-ci: le procès—cette fois scientifique—de la bourgeoisie par tel ou tel chercheur structuraliste, marxiste ou non, est-il le dernier? Il pourrait l'être, dans cette mesure même où le pouvoir, dans nos sociétés actuelles, n'est plus contrôlé et soutenu par l'idéologie d'une classe. Mais nous devons reconnaître le fait que l'antibourgeoisisme n'a pas encore suscité—de la part même des structuralistes—des études rigoureuses sur la notion d'idéologie dans le cadre d'une sociologie culturaliste. Raymond Aron a cru constater la mort des idéologies, mais sa sociologie politique appelle une théorie des cultures et surtout une analyse de ce qu'on appelle les "valeurs bourgeoises". On a souvent l'impression que tout Français est, petit, moyen ou grand, un "bourgeois anti-bourgeois". Ce qui pourrait être un trait culturel français! Quoi qu'il en soit, je ne prétends pas résoudre ici ce problème; je me suis permis cette digression parce que ce phénomène intellectuel de l'antibourgeoisisme a joué et continue à jouer un rôle important à l'intérieur des réflexions philosophiques les plus variées.

A ce niveau de notre analyse le lecteur—s'il a été patient—compte sur une définition du mot "structure". Mais il sait que toute définition est tautologique* et que la vraie définition est une détermination des usages possibles d'un mot. Les synonymies sont révélatrices du pouvoir sémantique d'un mot. On sait déjà, d'après ce que nous venons de noter, que les mots "structure" et "système" sont souvent employés l'un pour l'autre. Toutefois les jeux synonymiques les plus intéressants se font entre les mots suivants: structure-inconscient-symbole-modèle-langage. Citons enfin cette analyse de la notion du modèle qui est au cœur de la méthodologie structuraliste (*Anthropologie structurale* de Lévi-Strauss, pp. 305-306): "pour mériter le nom de structure" tout modèle doit posséder quatre qualités: être un système d'éléments "tel qu'une modification quelconque de l'un d'eux entraîne une modification de tous les autres"—

appartenir à un groupe de transformation "si bien que l'ensemble de ces transformations constitue un groupe de modèles"—être capable de prévoir les changements du modèle quand un de ses éléments est modifié—enfin rendre compte par son fonctionnement des faits observés.

En conclusion, le "structuralisme" est un effort pour donner aux sciences de l'homme un statut qui soit vraiment scientifique, mais qui ne soit pas une simple imitation de la méthodologie des sciences de la nature; telle est l'intention de la théorie des modèles. Cette exigence méthodologique entraîne inévitablement des prises de positions philosophiques, ou plutôt antiphilosophiques: déterminisme radical, refus des philosophies de la conscience et de l'histoire, telles qu'elles se sont développées aux XIXe et XXe siècles, refus du système philosophique comme expression de l'unité du savoir humain à un moment donné de son histoire.

Les principales applications de la méthode structuraliste

Si les "structuralistes" ont souvent refusé une telle étiquette, c'est en particulier parce que leurs chantiers de travail sont très divers, et qu'alors la méthode générale peut varier considérablement selon les domaines où elle est appliquée. Pour donner une idée de l'état actuel des travaux, je me bornerai à indiquer les principaux secteurs d'application, ainsi que les publications les plus importantes dans chacun d'eux.

Anthropologie: c'est le domaine de Claude Lévi-Strauss qui s'est concentré sur l'étude des mythes appartenant à certaines tribus du Brésil. *Tristes Tropiques* est une sorte d'autobiographie, le récit de ses voyages dans ces tribus. L'étude systématique a pour titre général *Mythologiques*. Voici quelques titres: *Le Cru et le cuit* (1964), *Du miel aux cendres* (1966), *L'Homme nu* (1971).

L'histoire culturelle est un autre champ immense offert à l'analyse structuraliste. Parmi de nombreuses études qui touchent au domaine infini de l'histoire sous toutes ses formes et catégories, l'œuvre de Michel Foucault est la plus remarquée. Citons en particulier son étude *Histoire de la folie* (1961) où le fait de la folie est saisi à travers les attitudes culturelles devant la folie, et *Les Mots et les choses* (1966) qui montrent comment la nouvelle méthode peut renouveler l'interprétation de la philosophie de l'époque classique en France. Foucault présente la théorie de sa méthode dans *L'Archéologie du savoir* (1969). Les analyses de Louis Althusser sur le marxisme (*Pour Marx,* 1967 et *Lire le Capital,* 1967) peuvent être doublement rattachées à cette catégorie de la recherche structuraliste dans le domaine historique, puisqu'elles réinterprètent la philosophie de Marx et qu'elles s'appliquent aussi aux structures sociales de notre actualité.

La théorie du langage elle-même devait inévitablement être transformée par la méthodologie inspirée de Ferdinand de Saussure, à laquelle s'ajoutèrent les œuvres de l'école de Prague[1] et des formalistes russes—œuvres redécouvertes après 1950. Les publications sont ici nombreuses. Citons un livre dont l'influence est grande encore aujourd'hui, *Problèmes de linguistique générale,* Tome I, d'Emile Benveniste (1966), et l'étude de A. J. Greimas, *Sémantique structurale*

(1966). A ces travaux, dont la richesse et la complexité interdisent une première synthèse, il convient d'adjoindre les recherches sur la théorie de la critique littéraire élevée à la dignité d'une théorie de la littérature, ou encore comprise comme la section la plus importante d'une théorie générale des signes, ou sémiologie. Le pionnier a été Roland Barthes: ses livres proprement théoriques sont: *Degré zéro de l'écriture* (1953), *Essais critiques* (1964), *Critique et vérité* (1966). Parmi beaucoup d'autres, un ouvrage représentatif est *Théorie de la littérature* de T. Todorov. Deux revues nouvelles présentent régulièrement des échantillons de critique structuraliste, *Tel Quel* et *Poétique,* la première depuis 1960, la seconde depuis 1970. Jean Genette, un des théoriciens de la critique objectiviste de l'oeuvre littéraire, vient de publier *Mimologiques, voyage en Cratylie* (1976).

L'existentialisme avait écarté pour un temps un des domaines privilégiés de la réflexion philosophique française, l'épistémologie, en tant que théorie universelle de la connaissance et, tout spécialement, de la science. Des travaux d'inspiration structuraliste avant la lettre méritent d'être signalés, tel le livre posthume de Jean Cavaillès, *Sur la logique et la théorie de la science* (1947), tel encore le *Traité de logique* de Jean Piaget (1949), à partir duquel l'auteur a développé des études d'épistémologie génétique (cf. *Sagesse et illusion de la philosophie,* 1965). Parmi les travaux plus récents il convient de signaler comme ouvrage typique d'une épistémologie structuraliste, le livre de J. T. Desanti, *La Philosophie silencieuse ou critique des philosophies de la science,* 1975.

Enfin ce nouvel esprit structuraliste devait susciter un renouveau des études d'inspiration freudienne; l'enthousiasme des surréalistes des années 20 n'avait guère été suivi et les intellectuels français–psychiatres inclus–montraient une grande réserve à l'égard de la psychanalyse comme science et comme thérapeutique–réserve typique de la répugnance du contexte culturel français devant l'idée d'inconscient. Cependant Jacques Lacan, dans son enseignement oral à Paris, demande dès l'après-guerre "un retour à Freud", et son influence sur la jeunesse intellectuelle des années 50 et 60 sera forte. On trouvera le reflet de l'enseignement de Lacan dans son livre publié en 1966, *Ecrits.*

Il va sans dire que ces indications bibliographiques sont sélectives et qu'elles omettent beaucoup de travaux valables. Mon choix a été dicté par le caractère représentatif des ouvrages cités par rapport à la formation de ce milieu culturel qui commence à s'organiser à partir de 1955 environ. Pour une étude plus poussée sur l'ensemble de ces recherches on pourra consulter mon étude *La Pensée française d'aujourd'hui* (1971).

L'AUTO-DEPASSEMENT EXISTENTIALISTE

La recherche d'une seconde philosophie dans l'œuvre de Sartre après 1955

Les Mots, nous l'avons déjà noté, parus en 1964, ont été écrits en une première rédaction en 1954, et selon la déclaration même de l'auteur, la seconde et définitive version a été simplement une atténuation* de la violence critique qui animait l'examen de conscience original. A mi-chemin entre la confession et le roman d'apprentissage, cette œuvre prend spontanément une valeur exemplaire: elle décrit une expérience culturelle qui n'est pas seulement celle de l'enfant et de l'adulte Jean-Paul Sartre, mais celle de tout Français qui tente de situer et de justifier son univers culturel au milieu des crises politiques et morales de l'après-guerre, et face à une situation intellectuelle qui pourrait être une véritable évasion devant la réalité psychique et sociale de l'époque, un dernier avatar* de la culture bourgeoise, l'intelligence s'auto-illusionnant* elle-même—en bref un narcissisme propre à l'écrivain français des années 40 cherchant à ressaisir, dans les limites de son langage psycho-moral formé par trois siècles de moralistes divers, tout le tragique de l'homme contemporain. Et cette crise se ramène à une question directe et personnelle: l'existentialisme des années 40, celui de *La Nausée* (1938), transposé au niveau du langage d'une phénoménologie psychologique avec *L'Etre et le Néant* (1943) et popularisé en 1948 par l'essai *L'Existentialisme est un humanisme*, serait-il, en dépit de ses intentions, une mystification idéologique involontaire, une ultime "récupération" de la culture bourgeoise? *Les Mots* ne répondent pas nettement à cette question; ils expliquent et excusent l'existentialisme en dégageant sa nécessité psychologique. De plus ils centrent le problème non plus sur le signifié, mais sur le pouvoir du signifiant: comment faire passer l'idée et l'image, de leur situation imaginaire à une fonction réalisante? et ainsi comment faire devenir un langage littéraire réel en lui-même aussi bien qu'en ses conséquences pratiques?

Le structuralisme répondait à cette question par une simple négation: la fonction réalisante du langage est assurée par la science et ses règles linguistiques. Sartre ne pouvait accepter un tel rejet du langage philosophique. Il était ainsi amené, après 1955, à opérer une nouvelle transposition philosophique parallèle aux recherches structuralistes. C'est le sens de ces "Questions de méthode" publiées d'abord dans *Les Temps Modernes* (septembre 1957), puis mises en quelque sorte en introduction à la *Critique de la raison dialectique*.

Théorie des ensembles pratiques (Tome I de la *Critique,* 1960)

Lévi-Strauss avait déclaré: les sciences de l'homme seront structuralistes, ou ne seront pas. Ce disant, il prenait position en face d'un problème qui a hanté la pensée française des quatre derniers siècles depuis Descartes: une science de l'homme est-elle possible, et sa réalisation ne serait-elle pas en contradiction avec les impératifs d'une expérience morale fondée sur l'exigence de la liberté? L'existentialisme des années 40 affirmait implicitement que la vraie connaissance de l'homme ne pouvait être que philosophique, et n'être faite qu'à l'aide d'une réflexion phénoménologique redécouvrant les relations de la conscience avec elle-même, les autres et le monde. Alors Sartre, aussi bien que Merleau-Ponty dans sa *Phénoménologie de la perception* (1945) rejetait les méthodes mathématiques et expérimentales telles que les sciences physiques et biologiques les avaient peu à peu formulées au cours du XIXe siècle. L'un et l'autre, quoique avec des intentions différentes et des applications parfois divergentes, empruntaient alors à Edmund Husserl cette méthode d'analyse phénoménologique que le philosophe allemand a cherché à définir tout au long de ses méditations en vue de constituer l'épistémologie comme "science exacte". Ce retour à la réflexion convenait parfaitement aux deux philosophes français: l'expérience objective devait être en dernière analyse fondée sur la subjectivité de la conscience. Husserl prolongeait et approfondissait ainsi le "cogito" cartésien.

Le conflit avec le structuralisme n'a pas été celui d'une opposition entre partisans de la réflexion philosophique et partisans de la méthode expérimentale mais entre deux types d'analyse réflexive: l'un cherchant à comprendre l'expérience à l'aide des structures de la conscience, l'autre découvrant, sous-jacentes à toutes les formes d'expérience et les expliquant, des structures autonomes, objectives en elles-mêmes, véritables "modèles" pour les événements particuliers et contingents qui sont les matériaux de nos observations. Sartre pouvait dire sincèrement qu'il ne contestait pas l'importance des structures, mais qu'il contestait leur indépendance objective; pour lui, elles ne prennent de sens que par rapport au sujet de conscience. En bref, après 1955, et avec les premières réactions d'un structuralisme naissant, Sartre devait se tourner vers l'épistémologie qu'il avait négligée, et voir si l'existentialisme était compatible avec une théorie de la science. Tel est, à mon avis, la raison d'être la plus profonde de la deuxième phase de sa philosophie, et des deux textes que je viens de mentionner.

Dans *Questions de méthode,* Sartre essaie de préciser, non pas la relation entre philosophie et science, mais entre philosophie et littérature. L'épistémologie, comme théorie de la science, devient un problème culturel. Toute culture suppose une philosophie dominante qui est l'expression de la classe dirigeante. Ainsi les sociétés sont organisées par des philosophies à l'intérieur desquelles les hommes vivent et pensent. Il y a eu, par exemple, le moment Descartes et Locke, le moment Kant, le moment Hegel; et nous sommes, déclare Sartre, dans le moment Marx. Un tel moment est "indépassable". Sartre reconnaît qu'il écrit lui-même à l'intérieur du moment marxiste, et cette situation est la même pour tout autre écrivain de son époque. A lui et aux autres Sartre confère le nom d'idéologues, suggérant par là une nouvelle interprétation—non marxiste—de la relation entre philosophie et idéologie. La fonction de l'idéologie est de réagir à la philosophie dominante; ce que Kierkegaard, par exemple, a fait par rapport à Hegel, et ce que Sartre veut faire par rapport au marxisme dominant: ce qu'il appelle le "projet existentialiste", qui est de défendre la liberté du sujet individuel dans un milieu culturel qui peut lui être contraire. De là cette fameuse déclaration de Sartre sur le danger de sclérose* dans le marxisme officiel, et le rôle qu'il attribue à son action idéologique pour empêcher cette sclérose. En somme, l'écrivain doit être le non-conformiste, celui qui résiste à la tendance totalitaire qui anime les structures dominantes d'une culture, et Sartre ne se rattache-t-il pas ainsi, avec un vocabulaire nouveau, à une grande tradition de la littérature française?

Mais Sartre cherche aussi une nouvelle méthode qui permette de saisir la réalité humaine dans sa riche complexité et son originalité. La méthode expérimentale aussi bien que la méthode structuraliste simplifient et universalisent l'expérience humaine; elles ne rendent pas la totalité et la richesse de ses mouvements successifs. Tel est l'objet de ce tome I de la *Critique de la raison dialectique*. Le mot "critique" évoque Kant, mais le mot "dialectique*" renvoie à Hegel. Sont-ils conciliables? Oui, et cette conciliation est une réaction typique de la pensée française d'aujourd'hui.

    Le problème critique, tel que Kant l'a conçu dans sa généralité, est, pour la philosophie française, le problème par excellence de toute réflexion qui cherche à dépasser l'observation empirique. Kant se place à la suite de Descartes. Toutefois le problème critique de Sartre n'est pas identique à celui de Kant qui aboutissait à la justification des mathématiques et de la physique, et à la condamnation de la métaphysique. Tout cela est acquis pour Sartre, mais un nouveau problème critique surgit: comment les sciences de l'homme sont-elles possibles? Elles le seront, à condition de ne pas chercher à imiter la méthode des sciences de la nature et à découvrir les lois statistiques qui règlent les comportements des hommes.

    Le tome I de la *Critique* sartrienne montre que les structures des sociétés humaines sont dialectiques, c'est-à-dire qu'elles se constituent à partir de négations (ruptures) et de négations de négations (totalisations) qui sont les formes de la "praxis" humaine (relation entre l'homme individuel et le milieu, entre le besoin et la rareté). Sartre analyse l'existence de l'homme en "série", seul, telle une unité numérique; il est ce que Sartre appelle un "individu général". Parfois certains hommes brisent les chaînes de l'existence sérielle, ils se réunissent et forment spontanément un "groupe en fusion"; l'individu cesse alors d'être général et solitaire, il devient concret; il se sent agir avec les autres, appartenir à un groupe. Sartre donne l'exemple des Parisiens dans les jours qui ont précédé la prise de la Bastille, le 14 juillet 1789.

    Ainsi le tome I de la *Critique* est plus qu'une critique des sciences de l'homme; il en est en même temps l'esquisse; il propose simultanément une méthode et son application—une épistémologie qui est à la fois théorie de la connaissance et théorie de la réalité humaine. On peut deviner que le tome II de la critique aurait été celui de l'histoire comme science et réalité. Il ne sera probablement jamais écrit, comme Sartre le reconnaît lui-même dans une interview de 1975, publiée dans *Situations, X* (1976). Mais on peut se demander si la vraie suite à la *Critique* n'est pas cet *Idiot de la famille* dont trois tomes ont été publiés depuis 1971 et dont le quatrième est attendu et promis par l'auteur, comme l'un des derniers travaux qu'il souhaiterait accomplir.

    Il s'agit, on le sait, d'une étude psycho-critique de la vie et de l'oeuvre de Flaubert en ses débuts: des centaines de pages qui tentent de retrouver le mouvement même de la vie et de la création! Sartre formule ainsi son intention: "Le projet profond dans le *Flaubert* c'est celui de montrer qu'au fond tout est communicable et qu'on peut arriver, sans être Dieu, en étant un homme comme un autre, à comprendre parfaitement, si on a les 'éléments' qu'il faut, un homme. Je peux prévoir Flaubert, je le connais et c'est cela mon but, pour prouver que tout homme est parfaitement connaissable pourvu qu'on utilise la méthode appropriée et qu'on ait les documents nécessaires." (*Situations,* X, p. 106, je souligne.)

De plus, cet effort de compréhension totale est aussi une ultime synthèse, typique de la culture française: synthèse des sciences humaines et du roman comme récit d'une aventure humaine et procès autocritique de la littérature. A travers *L'Idiot de la famille* ce n'est plus la radiographie* de l'écrivain bourgeois qui est faite, c'est une recherche de "translucidité", pour employer un mot de Sartre, appliquée à tout écrivain et à toute écriture. Ce *Flaubert* est encore une suite indirecte donnée à *L'Innommable* de Samuel Beckett, et, après 1968, une réponse à ces questions qui s'imposent aujourd'hui à tout écrivain que se sent prisonnier dans la cage des mots: qui parle? qui nomme quoi? quand? où?

Cet infléchissement* de la philosophie française vers une psychanalyse d'un nouveau style, comme effort total de compréhension humaine, devait aboutir à une réflexion sur les formes pathologiques de la culture d'aujourd'hui. Tel est l'intérêt du livre de Gilles Deleuze et Félix Guattari, *L'Anti-Œdipe* (1972). Les auteurs analysent le processus de la schizophrénie, non comme fait pathologique, mais au contraire comme phénomène culturel. Leur but est de le comprendre et de le libérer. Ils proposent une schizo-analyse dont l'ultime intention serait de débloquer les forces créatrices de l'inconscient emprisonnées dans le système de la famille. Voilà encore un autre procès fait aux sciences de l'homme qui n'arriveraient pas à se débarasser de préjugés culturels et qui contribuent à un véritable "détournement de l'inconscient". Le problème à éclaircir et à libérer est le suivant: quelle est la relation qui unit capitalisme et schizophrénie, et ainsi en généralisant, quelle est l'unité des structures économiques et pathologiques d'une culture? Il ne s'agit pas simplement d'écrire une histoire de la folie à l'âge atomique, mais de résoudre un problème vital pour notre actualité: quelles sont les bases épistémologiques d'une telle pathologie des cultures? La réponse permettrait de transformer la science en morale, selon la tradition intellectuelle bien française, qui fait de la conscience un art de se connaître et un art de vivre. L'inconscient est ainsi récupéré!

L'ACTUALITE FRANÇAISE DANS SA PROBLEMATIQUE PHILOSOPHIQUE

Nous avons vu comment le champ culturel français des vingt dernières années (1955-1975) s'est formé dans une exigence de dépassement de l'existentialisme athée ou métaphysique des années 30 et 40. Ce dépassement a été double—une négation de la philosophie subjectiviste au nom d'une méthodologie structuraliste capable de donner à l'étude de l'homme un statut scientifique, et un dépassement de l'existentialisme par lui-même, grâce à un effort pour le transposer en philosophie critique, capable d'intégrer simultanément les cadres de la pensée marxiste et les grandes hypothèses freudiennes. Ces deux efforts ont des caractères communs en dépit de leurs oppositions évidentes: la philosophie est niée comme métaphysique; elle est récupérée comme recherche critique; elle aspire à un nouveau positivisme; elle est déterministe et même parfois fataliste; mais elle n'en continue pas moins à espérer qu'une compréhension positive et profonde de l'homme permettrait de le libérer d'entraves* accumulées pendant des siècles de culture française. Ainsi cette conjoncture philosophique se développe et se développera dans son proche avenir selon une nouvelle interprétation de la problématique cartésienne—je vise ici le Descartes qui entre 1637 et 1650 inaugure une double épistémologie, réflexive avec le cogito, et mécaniste avec la physique. En cette dernière partie du XXe siècle le dialogue critique entre la conscience et la machine se poursuit, plus intense que jamais!

Un tel dialogue est sous-tendu par quelques problèmes qui, je crois, ont pris une force exceptionnelle depuis 1968. Je ne veux pas dire que ce que les Français ont appelé "les événements" de mai 68 a été une révolution philosophique; mais cette date joue le rôle d'un "point critique" dans la conscience de la France, et elle a polarisé la problématique culturelle selon certaines directions qui ont une dimension philosophique indéniable. Pour terminer ce tableau des idées philosophiques en France après 1955, j'essaierai donc de proposer un premier inventaire de ces problèmes: —il y a d'abord un problème de réalité: on a commencé par dire que l'homme n'est pas une nature, mais une histoire; ensuite on a parlé de la mort de l'homme; la réflexion, comme prise de conscience et élucidation de l'homme par lui-même, a été mise en question; la dualité de la conscience et de l'inconscient ne semble plus être un bon schéma de compréhension pour l'homme. De là cette question: où se situe la réalité humaine? comment peut-elle être désignée et signifiée? comment peut-elle se manifester? A travers les reproches actuels adressés à la culture française, une même critique se retrouve: cette culture dans son état actuel est "déréalisante". Le besoin de se sentir réel est sans doute plus profond que le besoin de justice sociale. Ce qui explique que l'appel surréaliste, lancé par André Breton et ses amis dans les années 20, continue à être entendu. Il est devenu plus qu'un appel à la libération des forces de l'inconscient. Il est l'espoir du passage possible de l'irréel au réel, et ainsi l'espoir d'une culture qui n'envoie pas les hommes à la découverte de leur nature ou de leur histoire, mais qui les fasse se sentir réels. Le surréalisme est simplement le besoin d'un réalisme authentique!

—Cette exigence est liée à un problème de connaissance: Il s'agit de trouver une épistémologie qui ne se préoccupe plus de savoir comment la vérité des lois et des principes est possible; l'objet de la critique épistémologique n'est plus l'idée, ou le jugement, ou le raisonnement; il est le signe dans son rapport constitutif entre un signifié et un signifiant. Le problème fondamental est alors celui du symbole: non plus quelle est la relation entre l'idée et la réalité? , mais quelle est la relation entre le mot et l'être qui l'émet ou le recueille? Ce problème épistémologique rejoint le premier: le mot comme signe n'a t-il pas un effet spontané de déréalisation? Si l'homme est constitué par les mythes comme systèmes verbaux, quelle est sa réalité? Est-il réel dans la mesure où il se sent participer aux mythes qui forment son environnement culturel? Et que veut dire alors le mot "vrai"? L'intérêt actuel pour les problèmes linguistiques, et tout spécialement rhétoriques, rejoint l'attention portée aux mythes et à la pensée utopique. Mais ces recherches se poursuivent en ordre dispersé. On a l'impression que la lacune la plus grave est l'absence même d'une philosophie critique du langage, et que le livre attendu est une critique de la raison symbolique.

—Les deux problèmes précédents mêlent leurs préoccupations à l'intérieur d'un nouveau problème moral et politique. La culture française cesserait sans doute d'exister si elle n'essayait pas de réaliser une telle convergence! Le développement des études économiques et politiques en France au cours de ces vingt dernières années a été considérable; je ne puis ici que les mentionner sans pouvoir leur rendre justice directement; elles se situent d'ailleurs dans les cadres philosophiques que nous avons analysés, et nous retrouvons sous une forme neuve le problème de la liberté. On peut même se demander si la dualité politique traditionnelle de la droite et de la gauche n'est pas périmée ou, du moins, demande à être réinterprétée. L'année 1968 a fait découvrir un conservatisme de gauche plus fort que celui de la droite. De là le besoin de repenser la notion de socialisme, la fonction de l'Etat, la relation entre l'Etat et l'individu, la signification de la révolution. Le livre de Camus, *L'Homme révolté,* tant décrié à l'époque (1951), et peu cité aujourd'hui, avait posé le problème: qu'est-ce qu'une révolte? une révolution? et quand Sartre dialogue avec deux jeunes amis, et donne pour titre à ces conversations *On a raison de se révolter* (1974), il révèle une préoccupation analogue et un souci de l'actualité française branchée sur une tradition quasi millénaire: comment concilier les nécessités politiques et les aspirations des individus? comment empêcher l'état de devenir une dictature bureaucratique? Sartre rêve d'un "socialisme libertaire" (voir *Situations, X*). Beaucoup de Français en 1978 rêvent tout simplement d'un socialisme qui soit libéré de l'idéologie bourgeoise, mais s'épargne la phase de la dictature du prolétariat. Ce réflexe spontané de l'intelligence rejoint les efforts de la critique philosophique pour donner à l'homme plus de réalité. Et, en sens inverse, l'opinion publique éclaire les démarches abstraites de la philosophie en dévoilant le souci moral caché: Comment assurer le bonheur de l'homme dans le dérèglement culturel actuel dû essentiellement à la difficulté de trouver un juste équilibre entre production et consommation dans une société technologique en expansion? Vers 1955 un nouveau mot, lancé par Gaston Berger, est entré dans le vocabulaire français et a connu un succès très rapide: prospective. Le mot désigne une science nouvelle: la connaissance de l'avenir grâce à un effort d'imagination intellectuelle qui ne se contente pas d'extrapoler le futur à partir du passé, mais qui cherche à saisir ce qui n'est pas encore, l'avenir comme distinct, comme radicalement différent du passé. Vers la fin des années 50, Berger, accompagné d'hommes comme Pierre Massé, alors commissaire au Plan, montrait comment la réflexion prospective était capable de renouveler les solutions des problèmes économiques et politiques. Pour sa part, et dans le domaine des habitudes sociopolitiques, le mouvement "Prospective" apprenait aux Français à se libérer du poids du passé et à trouver, avec un nouveau sens de la réalité humaine, un bonheur individuel et collectif, dans l'expérience d'un présent exalté par la confiance de l'avenir.

—Enfin il est encore un problème qui, bien qu'informulé, est la cause d'un certain malaise dans l'actualité culturelle française: celui de son universalité. On le sait, l'universalisme spontané de la culture française est devenu une sorte de cliché culturel et philosophique, avec ses modèles de l'honnête homme et de la culture générale. En d'autres termes, la pensée française se pensait immédiatement universelle, immédiatement humaine. Les philosophes que nous avons cités admettent tous ce postulat implicite, ou, en tout cas, ne soulèvent pas le problème d'un passage de "français" à "universel". Toutefois le malaise vient de certaines conséquences inévitables de leurs idées. D'abord, si l'universalité est liée à l'idée de la permanence de la nature humaine, le refus d'une nature humaine permanente devrait entraîner l'impossibilité universaliste. Ensuite s'il faut accepter l'idée de la mort de l'homme comme réalité culturelle et sens de l'univers, alors l'universalisme de la culture française n'est plus qu'un particularisme culturel qui a peut-être fait son temps. De plus, depuis un siècle environ et avec l'expansion colonialiste française, l'universalisme a été associé à une mission impériale et civilisatrice. Ce lien était-il nécessaire ou contingent? Certains pays africains, sous l'impulsion de Léopold Senghor, ont rassemblé leurs aspirations à une libération culturelle autour du mot "négritude". Il est clair que ce mot se dresse en face du mot "universel" qui, lui, est le symbole de la culture française. Or si le mot "négritude" correspond à une réalité humaine profonde, ce n'est pas à "universel" qu'il devrait s'opposer, mais à "francitude"!

—Cette question est aujourd'hui obscurément posée; elle est latente derrière les efforts officiels pour ce qu'on appelle, d'une façon peut-être maladroite mais révélatrice, "la défense de la langue française". Nous retrouvons ici le problème critique posé par les philosophes. Si toute culture est essentiellement un système de valeurs linguistiques, le problème critique doit se formuler ainsi pour les Français: comment affirmer aujourd'hui le droit à l'universalité que revendiquent depuis le XVIe siècle les écrivains français? La réponse à cette question n'est pas politique, mais culturelle, et seul l'avenir proche nous la donnera. Les idées philosophiques en France de 1955 au présent indiquent le début d'une mutation culturelle. Ce qui leur donne un caractère inachevé, mais ce qui leur confère un intérêt passionnant, et explique leur rayonnement.

Parler de problèmes, définir les forces culturelles françaises aujourd'hui comme interrogations, c'est reconnaître que les solutions à l'intérieur desquelles les Français se sont accordés et affrontés depuis une trentaine d'années—les solutions existentialiste, structuraliste, marxiste, psychanalytique, essentiellement, ont été remplacées par des tensions, dans une atmosphère d'attente où le passé le plus immédiat est refusé dans une sorte de critique et de suspension radicales de toutes les certitudes acquises, qu'elles soient épistémologiques, morales, politiques, etc. Au thème déjà vieilli de la mort de l'Homme se sont substituées des prises de conscience de *morts culturelles*—morts de l'existentialisme et du structuralisme, dépassement et annulation de leurs hérauts, qu'ils s'appellent

Sartre, Lévi-Strauss, Barthes, Foucault. Une nouvelle génération de philosophes, que la presse a appelée "les nouveaux philosophes", prend possession de la scène parisienne.[2] Consacré par l'opinion en mai 1977, rassemblant ses forces derrière les murs d'une grande maison d'éditions, Grasset, forteresse rajeunie qui devient rivale de ces autres forteresses qui se sont crues pour un temps inaccessibles et invincibles, les Gallimard, les Seuil, cette génération est faite principalement de professeurs de philosophie et d'écrivains dont la moyenne d'âge est la trentaine. Les journalistes soucieux de *déjà vu* ont parlé de génération perdue, en colère, etc. D'autres étiquettes viendront. . . .

De quoi s'agit-il? Citons d'abord quelques noms et titres, parmi les plus récents (les plus anciens ne descendent pas au-delà de 1970): Bernard-Henry Lévy: *La Barbarie à visage humain* (Grasset, 1977); Jean Paul Dollé: *Haine de la pensée* (Hallier, 1976); André Glucksman: *Les Maîtres penseurs* (Grasset, 1977); Christian Jambert: *Apologie de Platon* (Grasset, 1977); Philippe Némo: *Job et l'excès du mal* (Grasset, 1978).

Ce dernier titre à lui seul est révélateur: Job, le croyant tragique sur son fumier, quand la malédiction a transformé son néant en plénitude de souffrance et d'horreur, est l'image terrible de l'homme en cette fin du XXe siècle—une image qui chasse les images complaisantes de ces héros dont les aventures finalement tournent bien—les Prométhée, les Sisyphe, les Œdipe, le couple Oreste-Electre, et tous leurs délégués romanesques et dramatiques. Nous sommes parvenus à une nouvelle conscience du tragique, préparée sans doute par Rousseau, Nietzsche, Kafka, dont les patronages sont reconnus—non plus lucidité contemplatrice de fatalité ni vertige dans la marche vers la mort, mais conscience impuissante du Mal: on dénonce les échecs épistémologiques, les mystifications des sciences humaines, l'horreur des idéologies, dont la pire est le marxisme. Soljenitsyne est salué comme "notre Dante", "le Shakespeare de notre temps" (B.-H. Levy, *La Barbarie . . .*). Tous les philosophes de notre siècle ont trahi: ils se sont compromis en se faisant défenseurs de la bourgeoisie ou, pire encore, hérauts de la pseudo-révolution marxiste.

Il est temps de prendre conscience d'une vérité oubliée peut-être depuis des millénaires: Le Mal est réel, le Néant n'est pas le contraire de l'Etre et jouissance de non-Etre; il est l'Etre, il est l'âme de nos cultures. Ainsi la conscience critique rejoint la conscience tragique. Et surtout n'essayons pas de transfigurer le Mal en héros ironique et satanique, de convertir nos illusions et impuissances en glorieuses réussites linguistiques! Nous sommes parvenus à une nouvelle profondeur, celle du prisonnier de l'Etre et des Signes, un prisonnier qui refuse le mirage d'une libération, ou même d'une évasion. Personne ne peut dire en toute honnêteté: j'ai choisi la liberté ou je suis un évadé. Une seule tâche: explorer, avec une nouvelle fureur et une impitoyable analyse, les mystères du Mal. Est-ce le glas qui sonne la fin des utopies scientifiques et politiques, la fin de deux siècles de romantisme, qui commencèrent le jour où des Parisiens crurent qu'ils avaient pris la Bastille? Simplement ils y étaient entrés, ils y sont toujours, et beaucoup d'autres avec eux, à la surface de notre planète-prison.

NOTES DES REDACTEURS

1. Groupe de linguistes, dont Roman Jakobson.

2. Voir pour des observations complémentaires du même auteur " 'Les nouveaux philosophes'. Is this the advent of a generation of indignant philosophers? " *Romance Notes*, 18, No. 3 (1978), 410-414.

Biographies

Valéry Giscard d'Estaing, élu président de la Ve République en 1974, à la mort de Georges Pompidou, est né à Coblence (Allemagne). Il entreprit ses études secondaires à Clermont-Ferrand et les termina à Paris au Lycée Louis-le-Grand. Après avoir été diplômé de l'Ecole polytechnique, il poursuivit ses études à l'Ecole nationale d'administration de 1949 à 1951.

En 1954, il assuma la fonction d'inspecteur des Finances. Elu député du Puy-de-Dôme en 1956, il fut ensuite plusieurs fois ministre de l'Economie et des Finances. De 1967 à 1974, il devint successivement maire de Chamalières et Conseiller municipal, avant d'accéder à la présidence de la République. Entre temps, il prit part aux affaires internationales en tant que membre de la délégation française à l'Assemblée générale des Nations unies, en 1956-57, et en tant que président du Conseil pour 1970 de l'OCDE.

Alain de Vulpian, né en 1929, a obtenu le Diplôme de l'Institut d'études politiques de Paris en 1950, avec un mémoire de sociologie électorale sur l'évolution politique du département des Côtes-du-Nord, 1924-1948.

De 1953 à 1954, Alain de Vulpian a pris part à la fondation de la COFREMCA. Il a ensuite occupé le poste de président du groupe COFREMCA, Makrotest, Démoscopie, et également celui de Syntec Informations et Stratégies (association professionnelle des bureaux d'études et de conseil dans les domaines commercial, social et politique). En tant que membre du comité de direction du 3ème cycle de sociologie à Sciences Po, il a assumé la responsabilité d'un séminaire sur le changement socio-culturel.

Les nombreuses fonctions d'Alain de Vulpian, dans les principaux domaines de recherche et d'intervention, visent à mettre en évidence les applications des sciences sociales aux problèmes de changement social, de réponses au changement, de stratégies de changement et d'innovation.

René Lasserre a étudié l'allemand à l'Université de Paris X, les sciences politiques à l'Institut d'études politiques de Paris et au cycle supérieur d'études politiques de la Fondation nationale des sciences politiques, en soutenant une thèse de Doctorat d'Etat intitulée "Syndicalisme et cogestion en R.F.A." sous la direction du professeur Alfred Grosser.

Maître de conférences à l'Institut d'études politiques de Paris, et assistant à l'Université de Paris III, René Lasserre concentre ses recherches dans le domaine des relations du travail, des problèmes sociaux et de politique sociale en France et dans la République Fédérale Allemande.

René Lasserre a publié plusieurs articles dans *La Revue Française de Sciences Politiques, Projet, Etudes, Allemagnes d'Aujourd'hui*, et *Dokumente*. Il a dirigé la rédaction d'un Guide bibliographique pluridisciplinaire, *La France contemporaine* pour l'Institut franco-allemand de Ludwigsburg (Tübingen: Max Niemeyer, 1978).

André de Lattre, né en 1923, est titulaire à la fois d'une Licence ès Lettres (anglais), d'un Diplôme de l'Ecole libre des sciences politiques et d'un Doctorat en Droit.

Sa carrière dans les finances est particulièrement riche. Il fut, tout à tour, Inspecteur général des Finances (1946), Chargé de mission, puis Sous-directeur adjoint à la direction des Finances extérieures du ministère des Finances (1949-1958), Conseiller financier du général de Gaulle (1959), Directeur du Cabinet du ministre des Finances (1960), Directeur des Finances extérieures (1962), Sous-gouverneur de la Banque de France (1966), Directeur général–président du Crédit National (1974).

D'autre part, André de Lattre a publié deux ouvrages importants: *Les Finances extérieures de la France* (Paris: P.U.F., 1959) et *Politique économique de la France depuis 1945* (Paris: Sirey, 1966).

Henri Isaïa, né en 1943, a fait de brillantes études de droit et de sciences politiques. Détenteur d'un Doctorat d'Etat, avec mention Très Bien et éloge du jury, il s'est consacré depuis 1967 à l'enseignement universitaire. Depuis 1973, il est chargé de fonctions de maître-assistant à la Faculté de Droit et des Sciences Economiques de Nice.

Outre la rédaction d'une thèse doctorale sur "La Personnalisation de l'impôt sur le revenu: évolution de 1918 à 1972", Henri Isaïa a contribué, entre autres, à l'ouvrage: *La France et les Communautés européennes,* sous la direction de Joël Rideau et autres (Paris: Librairie Générale de Droit et de Jurisprudence, 1975). Il a également publié plusieurs articles dont celui sur "Les Opinions dissidentes des juges socialistes dans la jurisprudence de la Cour Internationale de Justice"

Alfred Sauvy, "statisticien, économiste, sociologue", selon *Who's who in France, 1975-76,* est le plus célèbre démographe de France. Né en 1898 dans un village des Pyrénées-Orientales, il fit ses études au Collège de Perpignan, au Collège Stanislas à Paris, et à l'Ecole polytechnique. Il fonda l'INED (Institut national d'études démographiques) et le dirigea de 1945 à 1962, quand il fut nommé Conseiller technique. De 1959 à 1969, il fut Professeur au Collège de France; depuis 1970, il y est Professeur honoraire. Il a exercé une influence mondiale en formant une génération de démographes, par sa participation à de nombreuses associations et divers organismes internationaux, dont la Commission de la population aux Nations unies, et surtout par ses écrits: au moins 51 livres publiés entre 1935 et 1977, un grand nombre d'articles, de préfaces, de chapitres dans des ouvrages collectifs, et une rubrique régulière dans *Le Monde.* Ses ouvrages ont été traduits en une quinzaine de langues. Notons: *La Population* (Paris: PUF, 1971. Collection Que sais-je?); *Mythologie de notre temps* (Paris: Payot, 1965, 1971).

Henri Mendras, né en 1927, Docteur ès Lettres, est Professeur de sociologie générale à l'Institut d'études politiques de Paris. Il y est également co-responsable, avec M. Crozier et J. D. Reynaud, de l'Association pour le développement des sciences sociales appliquées et du cycle supérieur de sociologie de l'Institut.

D'autre part, Henri Mendras est directeur de recherche au CNRS, responsable du groupe de recherches sociologiques du CNRS à l'Université de Nanterre et du programme de Diplôme d'Etudes Approfondies et de Doctorat en Sociologie et Economie Rurales. L'Unesco le chargea de diverses missions, dont la fonction de co-directeur du Projet de Recherches comparatives Est-Ouest du Centre de Vienne sur l'avenir des collectivités rurales en Europe.

Tout en étant directeur de la Collection U—Sociologie, chez Armand Colin, Henri Mendras a publié plusieurs études, dont *La Fin des paysans?* (SEDEIS, 1967; A. Colin, 1970); *Sociétés paysannes, éléments pour une théorie de la paysannerie* (Paris: A. Colin, 1976).

François Clerc, né en 1927, Ingénieur en chef du Génie rural et des Eaux et Forêts, a tout d'abord travaillé au Maroc, au ministère de l'Agriculture, puis au commissariat au Plan à Paris, ensuite à la direction de l'Agriculture de la Communauté européenne à Bruxelles de 1961 à 1970. De cette date à 1976, il est Directeur général des services de la plus importante organisation représentative des agriculteurs français, la Fédération nationale des syndicats d'exploitants agricoles. Il est maintenant chef du service des Publications de la Caisse nationale de crédit agricole à Paris. François Clerc est par ailleurs administrateur de la Fondation nationale des sciences politiques à Paris, et correspondant national de l'Académie de l'agriculture.

François Clerc a publié de nombreux articles et études ayant trait à la modernisation rurale dans les pays en voie de développement et aux politiques agricoles des pays industrialisés. Il est, en particulier, l'auteur d'un ouvrage sur *Le Marché commun agricole* (Paris: PUF, 1964, 1973).

René Pucheu, diplômé de l'Institut d'études politiques de Paris, a également obtenu un Diplôme d'Etudes Supérieures. D'abord Chargé de mission au commissariat général au Plan (1968-1971), et Rapporteur de la Commission des affaires culturelles et du groupe Loisirs, il s'occupe actuellement de formation d'adultes dans le cadre d'entreprises, de syndicats, d'associations. D'autre part, René Pucheu est membre du Comité directeur d'*Esprit,* chroniqueur à *La Croix* et au *Français dans le Monde*. Parmi ses publications, notons: *Le Journal, les mythes et les hommes* (Paris: Ed. ouvrières, 1962); *Guide pour l'univers politique* (Paris: Ed. ouvrières, 1967).

Albert Memmi est né en Tunisie où il commença ses études, qu'il poursuivit à la Faculté d'Alger. Ce n'est qu'après la Seconde Guerre mondiale qu'il découvre pour la première fois Paris et la France, en préparant en Sorbonne une agrégation de philosophie.

Sa carrière professorale est des plus riches. Il fut tour à tour directeur d'un laboratoire de psychologie à Tunis; attaché de recherche au CNRS à Paris; Professeur de psychiatrie sociale à l'Ecole pratique des hautes études (Sorbonne); Professeur d'anthropologie à l'Université de Paris X, où il dirige une Unité d'Enseignement et de Recherche pluridisciplinaire des sciences sociales.

Ses diverses publications lui ont mérité le Prix Carthage (1953) et le Prix Fénelon (1954). Il a été publié dans quinze pays différents. Son œuvre comporte des récits, tels que: *La Statue de sel,* préfacé par Albert Camus (Paris: Gallimard, 1953); *Agar* (Paris: Buchet-Chastel, 1955); *Le Scorpion* (Paris: Gallimard, 1969); et des essais, tels que: *Portrait du colonisé,* préfacé par Jean-Paul Sartre (Paris: Buchet-Chastel, 1957); *Portrait d'un juif* (Paris: Gallimard, 1962); *L'Homme dominé* (Paris: Gallimard, 1968); *Juifs et Arabes* (Paris: Gallimard, 1974).

Andrée Michel, actuellement Directeur de recherche au CNRS à Paris, dirige une équipe de recherches essentiellement consacrée à l'étude du changement des rôles masculins et féminins dans la famille et dans la société. Ses recherches en cours concernent l'étude des changements au niveau international: recherches sur les femmes canadiennes, tunisiennes, afghanes, russes, brésiliennes.

D'autre part, Andrée Michel a organisé, au cours de 1975, "l'année de la femme", une table ronde internationale de langue française à Dubrovnik (Yougoslavie), sur "Les alternatives aux rôles traditionnels des sexes". De même, en janvier 1977, elle a organisé un colloque franco-américain, dans le cadre des accords CNRS-National Science Foundation, sur "L'économie de la famille". De plus, elle est co-directrice du Comité international de recherche des rôles des sexes au sein de l'International Sociological Association. Andrée Michel a publié, entre autres, un ouvrage collectif intitulé *Femmes, sexisme et société* (Paris: PUF, 1977).

Philippe Ariès fut l'un des premiers historiens à mettre en évidence les mentalités culturelles. En effet, ses deux ouvrages, *Les Traditions sociales dans les pays de France* (Paris: Nouvelle France, 1943) et *Histoires des populations françaises et de leurs attitudes devant la vie depuis le XVIIIe siècle* (Paris: Self, 1948; Seuil, 1971. Coll. Points, Histoire), appartiennent déjà au chapitre de l'histoire culturelle qui devait effectuer, un quart de siècle plus tard, la fusion de l'histoire et de l'ethnologie.

Avec *L'Enfant et la vie familiale sous l'Ancien Régime* (Paris: Plon, 1960. Coll. Univers historique, 1973), Philippe Ariès contribua à changer radicalement les notions traditionnelles sur la genèse de la famille et de ses liens affectifs. Aux Etats-Unis cette étude, parue sous le titre de *Centuries of Childhood,* occupe une place des plus importantes dans l'enseignement.

L'étude des attitudes humaines à l'égard de la vie amena Philippe Ariès à en rechercher les variantes et changements face au concept de la mort, comme en témoigne un premier volume intitulé: *Essais sur l'histoire de la mort en Occident du Moyen Age à nos jours* (Paris: Seuil, 1975), suivi de *L'Homme devant la mort* (Seuil, 1977).

Paul-Henry Chombart de Lauwe, né en 1913, termina ses études de philosophie et d'ethnologie à l'Université de Paris en 1936. Il fut tout d'abord Chargé de mission scientifique en Afrique centrale, puis en Asie qu'il abandonna pour s'engager comme pilote de chasse dans les Forces françaises combattantes.

Après la guerre, Paul-Henry Chombart de Lauwe fonda le Centre d'ethnologie sociale et se consacra à l'étude du problème des classes sociales, des conditions de vie et des comportements, des transformations de la famille. Depuis 1960, il est Professeur à l'Ecole pratique des hautes études à la Sorbonne. Il se concentre surtout sur la recherche fondamentale et dirige de nouvelles équipes pluridisciplinaires avec les chercheurs du Centre d'ethnologie sociale et de psychologie (processus d'interaction: individus, groupe, société). Il anime également un Comité international qu'il a organisé pour les recherches sur les aspirations, la culture et les transformations sociales, avec des représentants d'une quinzaine de pays.

Parmi ses nombreux ouvrages, on peut citer: *Des Hommes et des villes* (Paris: Payot, 1966); *Pour une sociologie des aspirations* (Paris: Denoël, 1969); *Famille et habitation,* en collaboration, 2 vols. (Paris: CNRS, 1960); *Images de la femme dans la société,* en collaboration (Paris: CNRS, 1963); *Images de la culture,* en collaboration (Paris: Payot, 1966); *Aspirations et transformations sociales,* en collaboration (Paris: Anthropos, 1970).

Gérard Vincent, né en 1922, a été professeur de lycée de 1954 à 1962; il est depuis 1962 Professeur à l'Institut d'études politiques de Paris.

Parmi ses nombreuses publications, notons: *Aujourd'hui 1945-1975* (Paris: Masson, 1975); *Le Peuple lycéen* (Paris: Gallimard, 1974. Collection Témoins); *Les Français 1945-1975, chronologie et structure d'une société* (Paris: Masson, 1977).

Joseph Majault, né en 1916, Directeur-adjoint du Centre national de documentation pédagogique, a représenté la France en tant qu'expert auprès du Conseil de l'Europe et de l'UNESCO (Bureau international d'éducation).

Joseph Majault est, d'autre part, poète, essayiste, ayant publié des études sur Shakespeare, Mauriac, Joyce, Camus, romancier, avec (entre autres) *Les Echéances de Dieu* (Paris: Laffont, 1969). Il a aussi dirigé l'édition de *L'Encyclopédie pratique de l'éducation en France* (Paris: Sede, 1960), et publié différents ouvrages sur les problèmes d'enseignement et d'éducation, notamment: *La Révolution de l'enseignement* (Paris: Laffont, 1967); *L'Enseignement en France* (Londres: McGraw-Hill, 1973).

Maurice Crubellier, né en 1912, Agrégé d'histoire et de géographie, a enseigné dans le second degré et, depuis 1946, est maître de conférences d'histoire moderne et contemporaine à l'Université de Reims dont il dirige le département d'histoire. Maurice Crubellier a publié différents ouvrages sur l'histoire, notamment: *Histoire culturelle de la France: XIXe-XXe siècle* (Paris: Colin, 1974. Collection U).

Francis Balle, né en 1939, directeur de l'Institut français de presse, est maître de conférences à l'Université de Paris II. Il a publié plusieurs études sur la sociologie et les média, notamment: *Sociologie de l'information: Textes fondamentaux,* en collaboration avec J. Padioleau (Paris: Larousse, 1974); *Institutions et publics des moyens d'information* (Paris: Montchrestien, 1974).

Jean Cazeneuve, né en 1915, membre de l'Institut de France, président de la Société de programme TF1, est Professeur à la Sorbonne.
   Parmi ses nombreux ouvrages sur la sociologie et la télévision, notons: *Sociologie de la radio-télévision* (Paris: PUF, 1963, 3ème éd. 1974); *Les Pouvoirs de la télévision* (Paris: Gallimard, 1970); *La Société de l'ubiquité* (Paris: Denoël, 1972); *L'Homme téléspectateur* (Paris: Denoël, 1974).

Joffre Dumazedier, né en 1915, fut élève de Charles Lalo au Lycée Voltaire. Il obtint ensuite une Licence ès Lettres d'enseignement (1937), un Diplôme d'Etudes Supérieures (linguistiques, 1938), et un Doctorat d'Etat sur travaux (9 livres, articles et communications sur la sociologie du loisir, 1953-1974).
   Après avoir pris part à la Résistance, en tant que directeur pédagogique des équipes volantes du maquis* du Vercors, Joffre Dumazedier fut nommé, entre autres, Inspecteur principal d'Education populaire et de la Jeunesse (Académie de Grenoble), Président fondateur de l'Association nationale: Peuple et Culture. Il fut également attaché de recherches auprès d'Henri Wallon, à la Commission de réforme de l'éducation nationale (post-scolaire) et au Laboratoire de psychologie de l'enfant (loisirs des jeunes travailleurs). En 1956, il fut élu Président du Comité de recherche du loisir et de la culture de l'Association internationale de sociologie. Son expertise lui valut d'être invité comme conférencier dans de prestigieuses universités d'Amérique du Nord, d'Amérique du Sud, d'Afrique, d'Europe Occidentale et d'Europe de l'Est.
   Parmi ses nombreuses publications, traduites souvent en plusieurs langues, retenons: *Vers une civilisation du loisir?* (Paris: Seuil, 1962, 1971); *Sociologie empirique du loisir* (Paris: Seuil, 1974. Collection Sociologie; *Le Loisir et la ville: société, éducation et pouvoir culturel,* avec Nicole Samuel (Paris: Seuil, 1976. Coll. Sociologie).

Spécialiste de la recherche sociologique selon les techniques scientifiques, **Claude Fischler** diagnostique l'influence sur la société d'événements ou de phénomènes nouveaux qui, apparemment, ne sembleraient point déclencher de changement culturel.
   Claude Fischler effectue ses recherches dans le cadre du laboratoire de l'Ecole des hautes études en sciences sociales, Paris. Il a également collaboré, avec Edgar Morin, directeur de recherche au CNRS, et le "groupe de diagnostic sociologique", à diverses publications, dont *La Rumeur d'Orléans* (Paris: Seuil, 1970), sur l'antisémitisme; *Le Retour des Astrologues* (Paris: Club de l'Obs., 1971), sur l'astrologie.

Agrégé de l'Université, spécialiste de linguistique appliquée, **Alain Fantapié** a enseigné à l'Université d'Edimbourg (Ecosse), à San José State University (Californie) et au Lycée Louis-le-Grand à Paris. Actuellement Rapporteur au Haut Comité de la langue française où il est plus particulièrement chargé des questions linguistiques et audiovisuelles, responsable du secrétariat permanent du Langage de l'audio-visuel, il est chargé de veiller à la qualité du langage pratiqué par les sociétés de programme de radio et de télévision nationales. Il a notamment publié une méthode d'enseignement du français pour étrangers: *Vivre en français.*

Bruno Vercier, né en 1934, Agrégé de Lettres Modernes, Docteur de l'Université de Paris, est actuellement maître-assistant de littérature française à la Sorbonne, Paris III. Il a également enseigné au Canada, aux Etats-Unis (Middlebury) et en Egypte.

Parmi ses nombreuses publications, notons sa collaboration à *La Littérature en France depuis 1945* (Paris: Bordas, 1969, 1974); *Saint-Exupéry* (Paris: Garnier, 1971. Collection Les Critiques de notre temps).

France Vernillat, Chevalier de l'ordre des Arts et Lettres, a remporté le 1er Prix du Conservatoire (harpe). Chargée de cours d'organologie au Musée du Conservatoire, elle a pris part également à de nombreuses émissions à la radio et à la télévision française sur la musique, la harpe, la chanson et le folklore de France.

Parmi ses nombreuses publications, retenons: *Dictionnaire de la chanson française,* en collaboration avec Jacques Charpentreau (Paris: Larousse, 1968); *La Chanson française,* en collaboration avec Jacques Charpentreau (Paris: PUF, 1971. Coll. Que sais-je?).

Edwin Jahiel est né à Athènes où il commença ses études, pour les compléter par une Maîtrise et un Ph.D. en Langues Romanes à l'Université de Michigan. Depuis 1955, il est Professeur à l'Université d'Illinois, directeur des cours de langues, expert dans le théâtre, tout en faisant partie du département de littérature comparée. Actuellement, Edwin Jahiel est directeur de "Unit for Cinema Studies" dont il fut un des créateurs, et où il enseigne l'art cinématographique. Il a publié de nombreuses études sur le cinéma, le théâtre, la littérature française, la littérature grecque contemporaine, notamment dans *Romance Philology, Symposium, Books Abroad.*

Edouard Morot-Sir, Agrégé de philosophie et Docteur ès Lettres (Sorbonne, 1947), dirigea la commission Fulbright à Paris de 1952 à 1957, et devint ensuite conseiller culturel et représentant des universités françaises aux Etats-Unis (1957-1969). Ancien Professeur de philosophie aux universités du Caire, de Lille et de Bordeaux, il est actuellement titulaire d'une chaire de littérature française, William Rand Kenan, Jr., à l'Université de la Caroline du Nord à Chapel Hill.

Parmi ses nombreuses publications, retenons: *La Pensée française d'aujourd'hui* (Paris: PUF, 1971); *Les Mots de Jean-Paul Sartre* (Paris: Hachette, 1975).

Sources Bibliographiques

Howard Lee Nostrand

Au lieu de la bibliographie d'orientation prévue dans le plan original, qui aurait augmenté le prix de revient de ce volume, nous nous sommes limités aux lectures proposées par nos auteurs, et aux deux listes que voici. La première réunit des sélections d'ouvrages sur la France contemporaine, compilées à l'intention des professeurs. La seconde présente des bibliographies dont les suppléments réguliers mettront à jour la documentation sur les différents aspects de ce vaste sujet. Nous avons donné les renseignements qu'il faut pour s'abonner aux revues mentionnées; pour les bibliographies, on peut consulter le *Manuel de bibliographie* de Louise-Noëlle Malclès (3ème éd., revue et mise à jour par Andrée Lhéritier. Paris: Presses Universitaires de France, 1976). Nous remercions Mme Joyce Barnum, Reference Librarian, Université de Washington, de ses bons conseils.

BIBLIOGRAPHIES SELECTIVES

Ethnographie de la France: Dossier de documentation réalisé en mai 1977 par le Centre de documentation sciences humaines, 54 bd. Raspail, 75270 Paris Cedex 06. Paris: CNRS, 1975. 183 p.
    Basé sur le *Bulletin signalétique.* Un listing supplémentaire est prévu pour chaque année, 1977-, à 100 F.F.

Cambridge Information and Research Services. *Sources of European Economic Information.* 2nd ed. Farmborough, Hampshire: Grower Press, 1977.
    France, pp. 71-80. Liste annotée de périodiques et de livres, généraux ou spécialisés, en anglais ou en français.

HEINZ, Grete. *The French Fifth Republic: Establishment and Consolidation (1958-1965); An Annotated Bibliography of the Holdings at the Hoover Institution.* Stanford, CA: Hoover Institution Press, 1970.

———. *The French Fifth Republic: Continuity and Change, 1966-1970; An Annotated Bibliography of the Holdings at the Hoover Institution.* Stanford, CA: Hoover Institution Press, 1974.
    Les thèmes de l'index par sujets sont particulièrement bien choisis.

LASSERRE, René, éd. *La France contemporaine: Guide bibliographique et thématique.* Tübingen: Max Niemeyer Verlag, 1977. Deutsch-Französisches Institut, Frankreichstudien 1.

D'excellents essais bibliographiques sur la culture contemporaine, p. ex. la littérature, aussi bien que sur la société.

MARC, Edmond. "Description de la culture française." *Le Français dans le monde,* 117 (nov.-déc.) 1975, 53-62.

Une série d'ouvrages soigneusement sélectionnés et annotés sur la France et les Français. La partie "La France" comporte: Introduction historique et essais généraux; Institutions et vie politique; Structures et activités économiques; Groupes sociaux et modes de vie. La partie intitulée "Les Français" comporte: Ouvrages généraux; Ages et sexes; Groupes socioprofessionnels; Villes et campagnes; Vie religieuse; Information et éducation.

NOSTRAND, Howard Lee. "The Sociocultural Background." In *A Critical Bibliography of French Literature. Twentieth Century,* Vol. 1. Ed. Douglas W. Alden. Syracuse, NY: Univ. of Syracuse Press, 1979.

Annoté; accent sur le contexte de la littérature.

SANTONI, Georges. "La France contemporaine: bibliographie." *French Review,* 50, No. 1 (October) 1976, 90-102.

Annoté. S'adresse surtout aux enseignants et comporte donc, marqués d'un astérique, des comptes rendus subjectifs de la vie française. Contient les rubriques: Documents de référence, L'histoire contemporaine, Ouvrages généraux, La famille, La femme, L'enseignement et les jeunes, Les groupes sociaux, L'administration, La politique, Le régionalisme, L'économie, L'urbanisme et l'écologie, La religion, L'information, La civilisation et la culture.

———. "La France et les Français: 1976 et 1977." *French Review* 52, No. 1 (October) 1978, 81-101.

Brèves annotations.

WYLIE, Laurence, et al. "Six Cultures (French, German, Hispanic, Italian, Luso-Brazilian, Russian); Selective and Annotated Bibliographies." In *Reports of Surveys and Studies in the Teaching of Modern Foreign Languages, 1959-1961.* New York: Modern Language Association of America, ? 1961, pp. 253-275.

Voir l'introduction de Wylie, p. 253; son choix d'ouvrages sur la France, pp. 254-57. Des livres agréables à lire et agréablement présentés; certains traitent la 1ère moitié du XXe siècle, tous donnent une information authentique. (Les choix d'ouvrages sur les autres cultures, moins réussis, furent révisés ensuite.)

Note: Les Services culturels de France, 972 Fifth Ave., New York, NY 10021, ont publié en 1978 un bulletin sur les principaux services français de documentation et de bibliographie: *Civilisation française; Petit Guide d'information et de documentation 1978-79.* Distribution gratuite.

BIBLIOGRAPHIES PROGRESSIVES

ACTFL (American Council on the Teaching of Foreign Languages). *Annual Bibliography of Books and Articles on Pedagogy in Foreign Languages,* 1967-. Vol. 4-, in the Library edition of the *MLA International Bibliography.*
>Chaque numéro comporte une section Culture, avec des sous-sections sur la France et, de temps en temps, d'autres pays francophones.

American Geographical Society of New York. *Current Geographical Publications: Additions to the Research Catalogue of the American Geographical Society,* 1938-.
>Mensuel excepté juillet et août. Par pays; comprend les ressources naturelles. Index annuel.

Annuaire statistique de la France. Paris: Institut national de la statistique et des études économiques, 1878-.
>Correspond à *The United States Statistical Abstract,* mais plus riche en analyses secondaires éclairantes, p. ex., des comparaisons avec des périodes antérieures ou avec d'autres pays.

Bibliographie annuelle de l'histoire de France, 1953/54-. Paris.
>Excellent accès par sujets aux ouvrages courants sur la France du Ve siècle à 1958.

Bibliographie courante d'articles de périodiques postérieurs à 1944 sur les problèmes politiques, économiques, et sociaux. [Fondation nationale des sciences politiques.] Boston: G. K. Hall, 1968. 17 v.

———. Suppléments, 1969-.

Bibliographie d'économie politique. 1945/60-. Paris: Sirey, 1963-.

Bibliographie de la France. Livres et matériel d'enseignement. Paris: Cercle de la Librairie, 1976-.
>Annuel. De préscolaire à universitaire.

Bibliographie der Wirtschaftswissenschaften (autrefois *Bibliographie der Sozialwissenschaften*). Göttingen: Vandenhoeck et Ruprecht, 1905-.
>Ouvrages français et étrangers sur la France. Index en allemand et en anglais.

Bibliographie géographique internationale. Paris: Association de Géographes Français, 1891-.
>Organisé par sujets et par régions.

Bibliographie internationale des arts et traditions populaires, 1952/54-. Paris: Commission internationale des arts et traditions populaires.

Bulletin analytique de documentation politique, économique et sociale contemporaine, 1946-. Paris: Presses Universitaires de France. 8 numéros par an.
>Préparé par la Fondation nationale des sciences politiques. Classement par thème; index annuel des sujets traités. Sélection à partir de revues publiées en langues européennes. Notes descriptives.

Bulletin signalétique, 1940-. Paris: CNRS. A partir de 1973, en vente aussi sous forme d'enregistrement sur bande.

Muni d' "abstracts" indicatifs. Les volumes parus comprennent: Sociologie, Ethnologie, Psychologie . . . ; Sciences de l'éducation; Sciences du langage; Philosophie; Sciences religieuses; Art et archéologie.

Catalogue de l'édition française. Paris: VPC Livres; Port Washington, NY: Paris Publications, 1970; 2e éd. 1973; 3e éd. 1974; 4e éd. 1975; 5e éd. 1976.

A partir de 1977, voir *Livres disponibles.*

Conference Group on French Politics and Society. "Quarterly Checklist of Books," 1975-. In CGFPS *Newsletter.* Ed. William G. Andrews. State University College at Brockport, Brockport, NY 14420. $5.

Contemporary French Civilization, 1976-. 3 par an. Phillip Crant, Dept. of Foreign Languages and Literatures, University of South Carolina, Columbia, SC 29208. $8.

Comptes rendus; essais bibliographiques.

DF Actualités. Mensuel, 12 F. par an, France et étranger. La Documentation Française, 29 Quai Voltaire, 75340 Paris Cedex 07.

Sélection judicieuse des publications les plus récentes, principalement étatales.

France-actualité: Index de la presse écrite française, 1978-. Québec.

Répertoire d'une sélection d'articles des quotidiens *Le Figaro, L'Humanité,* et *Le Monde*; il répertorie également tous les articles des hebdomadaires *Le Nouvel Observateur* et *Le Point* ainsi que tous ceux du mensuel *Le Monde diplomatique.* Deux index, l'un par sujet, l'autre jour par jour.

Français (Le) dans le monde, 1961-. 8 par an. 79 bd. Saint-Germain, 75261 Paris Cedex 06. 70F, étranger.

Les bibliographies sur la civilisation sont particulièrement actuelles, orientées vers l'enseignement, et de plus en plus fréquentes.

Französisch heute, 1972-. [Vereinigung der Französischlehrer.] 4 par an. Verlag M. Diesterweg, Hochstrasse 31, 6000 Frankfurt 1, Allemagne de l'Ouest. DM 24.20; U.S., $10.

Comptes rendus critiques d'un bon choix de livres.

French Periodical Index 1973-1974. Compiled by Jean-Pierre Ponchie. Westwood, MS: F. W. Faxon, 1976. xii, 606 p.

Classement de sept périodiques sous 26 rubriques s'intéressant aux aspects historiques contemporains de la culture et de la société françaises dans un contexte mondial; fournit ainsi une certaine diversité d'interprétation. Les sept périodiques sont *L'Express, Le Français dans le monde, Le Monde hebdomadaire* (pour 1974 seulement), *Le Nouvel Observateur, Paris-Match, Réalités,* et *Sondages.* Le second numéro, *French Periodical Index 1975,* paru fin 1976, couvre également *Maclean's, Jeune Afrique* et *Le Monde de l'éducation.* Le troisième numéro, *French Periodical Index 1976,* F. W. Faxon, 1977, ajoute *L'Actualité* (Montréal), *Les Dossiers et documents du monde, Le Monde hebdomadaire.* L'index ne comprend pas les subdivisions des rubriques générales.

French Review, 1927-. [American Association of Teachers of French.] 6 par an. 57 E. Armory, Champaign, IL 61820. $15.

De nombreux comptes rendus de livres, groupés sous des rubriques, dont Littérature et Civilisation.

International Bibliography of Economics, Bibliographie internationale de science économique. Paris: UNESCO, 1952-.

Excellent accès par sujets, mais publié avec deux ans de retard. De même, les trois bibliographies qui suivent.

International Bibliography of Political Science, Bibliographie internationale de science politique, 1952-. Paris: UNESCO, 1954-.

Voir la note sur *International Bibliography of Economics.*

International Bibliography of Social and Cultural Anthropology, Bibliographie internationale d'anthropologie sociale et culturelle. London: Stevens, 1955-.

Voir la note sur *International Bibliography of Economics.*

International Bibliography of Sociology, Bibliographie internationale de sociologie. London: Stevens, 1955-.

Les volumes 1-4 publiés dans *Current Sociology.* Voir la note sur *International Bibliography of Economics.*

Internationale Bibliographie der Zeitschriftenliteratur aus allen Gebieten des Wissens, 1963/64-. ("IBZ") Osnabrück: F. Dietrich, 1965-.

Abteilung B, Internationale Bibliographie der fremdsprachichen Zeitschriftenliteratur, remplace *Bibliographie der fremdsprachichen Zeitschriftenliteratur,* Leipzig: Dietrich, 1911-1964. *Abteilung A* est consacrée aux articles littéraires dans les revues allemandes, *Abteilung C,* aux comptes rendus d'ouvrages. Les rubriques sont classées par thèmes indiqués en allemand.

Livres (Les) de l'année. Paris: Cercle de la Librairie, Bibliographie de la France, 1922-. Remplacé 1971- par *Livres de l'année-Biblio.* Paris: Cercle de la Librairie.

Livres (Les) disponibles 1977: French Books in Print. Paris Publications; aux U.S.A., R. R. Bowker. Consolidation du *Répertoire des livres disponibles* et du *Catalogue de l'édition française.*

Annuel. Index par sujets tous les deux ans, à partir de l'édition publiée en septembre 1978: trop tôt pour traiter complètement la fin de l'année précédente.

Modern Language Journal, 1916-. [National Federation of Modern Language Teachers Associations.] Bi-mensuel, sept.-avril. Box 688, Omaha, NE 68101. $9.

Brefs comptes rendus; accent sur la pédagogie.

Périodex: Index analytique de périodiques de langue française, sept. 1972-. Montréal: La Centrale des Bibliothèques. Mensuel, sauf juillet et août. Compilation annuelle.

Pour chacun des périodiques analysés, de plus en plus nombreux, surtout français et canadiens, chaque numéro indique la dernière livraison couverte. Classement d'après les descripteurs: constitue donc un index méthodique. Chaque entrée comporte une indication du contenu, suivie de l'auteur, du titre, etc. La liste des auteurs est fournie seulement dans les compilations annuelles.

Population Index. Princeton, NJ: Office of Population Research, Princeton University, 1934-.

La démographie au sens large, qui comprend les migrations.

Répertoire des livres de langue française disponibles. Paris: France-Expansion, 1972-75. Distribué aux U.S.A. par R. R. Bowker Co.

A partir de 1977, voir *Livres disponibles.*

Répertoire des thèses de doctorat françaises. Liège: Biblioteca Universitatis Leodensis, 1970-.

Secrétariat d'Etat aux Universités. *Catalogue des thèses de doctorat soutenues devant les Universités françaises.* Paris: Cercle de la Librairie, 1884/85-. Annuel, 1964-.

L'année 1973 publiée en 1976.

S.O.D.E.C. (Service d'orientation et de documentation pour l'enseignement de la civilisation française), 1 ave. Léon-Journault, 92310 Sèvres, France. *Informations S.O.D.E.C.* Mensuel, 1976-. Gratuit.

Les bulletins mensuels, qui classent par matières les articles retenus d'une vingtaine de périodiques, sont réimprimés à partir d'avril 1978 dans l'*AATF National Bulletin* (57 East Armory Ave., Champaign, Illinois 61820) dont le numéro de sept. 1978, pp. 14-15, précise le prix de photocopies des articles retenus: 0,50 FF par page, plus port par avion.

Index des sigles

AFTERM	Association française de terminologie
ANTENNE$_2$	Télévision française, 2ème Chaîne
ASSEDIC	Association pour l'emploi dans l'industrie et le commerce
BSN	Boussois-Sauchon-Neuvecel
CAP	Certificat d'aptitude professionnelle
CECA	Communauté européenne du charbon et de l'acier
CED	Communauté européenne de défense
CEE	Communauté économique européenne (Marché commun)
CEEA	Communauté européenne de l'énergie atomique (Euratom)
CEP	Certificat d'études primaires
CES	Collège d'enseignement secondaire
CET	Collège d'enseignement technique
CFDT	Confédération française démocratique du travail
CGT	Confédération générale du travail
CIA	Central Intelligence Agency
CIC	Crédit industriel et commercial
CNRS	Centre national de la recherche scientifique
CREDOC	Centre de recherches et de documentation sur la consommation
DEUG	Diplôme d'études universitaires générales
ELF	Essences et lubrifiants de France
ENA	Ecole nationale d'administration
ERAP	Entreprise de recherches et d'activités pétrolières
FEN	Fédération de l'éducation nationale
FEOGA	Fonds européen d'orientation et de garantie agricole
FMI	Fonds monétaire international
FNSEA	Fédération nationale des syndicats d'exploitants agricoles
FORMA	Fonds d'organisation et de régularisation des marchés agricoles
FR$_3$	Télévision française, 3ème Chaîne
HLM	Habitation à loyer modéré
IDHEC	Institut des hautes études cinématographiques
IFOP	Institut français d'opinion publique
INED	Institut national d'études démographiques
INSEE	Institut national de la statistique et des études économiques
IVD	Indemnités viagères de départ
JAC	Jeunesse agricole chrétienne
JEC	Jeunesse étudiante chrétienne
JOC	Jeunesse ouvrière chrétienne
MIDEM	Marché international du disque et de l'édition musicale

MRP	Mouvement républicain populaire
NRF	*Nouvelle Revue Française*
OCDE	Organisation de coopération et de développement économique
ONU	Organisation des Nations unies
ORTF	Office de radiodiffusion télévision française
OS	Ouvrier spécialisé
OTAN	Organisation du traité de l'Atlantique Nord
PAC	Politique agricole commune
PCF	Parti communiste français
PDG	Président-directeur général
PMU	Pari mutuel urbain
PNB	Produit national brut
PUF	Presses universitaires de France
RFA	République fédérale allemande
RTF	Radio télévision française
SACILOR	Société des aciéries et laminoires de Lorraine
SEMA	Société d'économie et de mathématiques appliquées
SFIO	Section française de l'Internationale ouvrière
SLON	Société pour le lancement des œuvres nouvelles
SMIC	Salaire minimum interprofessionnel de croissance
SMIG	Salaire minimum interprofessionnel garanti
SNCF	Société nationale des chemins de fer français
SNIAS	Société nationale de l'industrie aérospatiale
SOFRES	Société française d'enquêtes par sondages
TEC	Tarif extérieur commun
TF_1, $ANTENNE_2$, FR_3	Télévision française, 1ère, 2ème et 3ème Chaîne
TNP	Théâtre national populaire
TVA	Taxe à la valeur ajoutée
UNCAL	Union nationale des comités d'action lycéens
UNESCO	United Nations Educational, Scientific and Cultural Organization
USINOR	Union sidérurgique du Nord et de l'Est de la France

Index des noms de personnes

ABBAS, Ferhat   114
ACHARD, Marcel   246
ADAMO, Salvatore   237
ADAMOV, Arthur   226, 228
AGULHON, Maurice   129
AJAR, Émile   232
ALAMO, Frank   234
ALLÉGRET, Marc   244
ALLEN, Woody   252
ALLENDE, Salvador   153
ALLIO, René   254, 260
ALTHUSSER, Louis   102, 231, 271, 274
ALZON, Claude   116
AMADE, Louis   238
ANKA, Paul   233
ANNAUD, J. J.   261
ANOUILH, Jean   228, 246
ANTHONY, Richard   234
ARAGON, Louis   183, 229, 241
ARIÈS, Philippe   125, 140, 288
ARIOSTE, Ludovico, dit l'   228
ARISTOTE   228
ARNAUD, Michèle   239
ARNULF, Jean   236
ARON, Jean-Paul   199, 201
ARON, Raymond   273
ARRABAL, Fernando   232
ARSAN, Emmanuelle   262
ARTAUD, Antonin   225, 226, 229, 231
ASTRUC, Alexandre   247, 249
AUBERT, Michel   241
AUBIER, Pascal   256
AUDRAN, Stéphane   250
AUDRY, Jacqueline   262
AUFRAY, Hugues   234, 235
AUGUSTIN, Saint   96
AURENCHE, Jean   245
AUTANT-LARA, Claude   244
AZNAVOUR, Charles   237, 239

BALLE, Francis   167, 290
BARBARA, Monique Serf, dite   239

BARDOT, Brigitte   247, 258
BARRE, Raymond   46, 47
BARTHES, Roland   222, 223, 224, 228, 230, 231, 269, 275
BATAILLE, Georges   225, 231
BATES, Alan   253
BAUDELAIRE, Charles   177, 223
BAULEZ, Michel   255
BAZIN, André   246, 251
BAZIN, Hervé   144
BÉART, Guy   235, 236, 238
BEAUCARNE, Julos   241
BEAUVOIR, Simone de   224
BEBEL, Auguste   120
BECAUD, Gilbert   236, 237, 238, 239
BECKER, Jacques   244
BECKETT, Samuel   225, 226, 227, 228, 231, 232, 247, 279
BELLON, Yannick   260, 262
BELMONDO, Jean-Paul   258
BELMONT, Charles   260
BENDA, Julien   105
BENVENISTE, Émile   274
BÉRANGER, Pierre-Jean de   234
BERGER, Gaston   281
BERGER, Peter   101
BERGMAN, Ingmar   243
BERGSON, Henri   97, 102
BÉRIMONT, Luc   241
BERNANOS, Georges   250
BERNARD, Claude   272
BERRI, Claude   254
BERTHOUIN, M.   157
BERTIN, Jacques   241
BERTOLUCCI, Bernardo   259
BERTUCELLI, Jean-Louis   259
BLAIN, Gerard   260
BLANCHOT, Maurice   225, 226
BLANCPAIN, Marc   210
BLIER, Bertrand   260
BLONDO, Lucky   234
BLUM, Léon   91

BOCUSE, Paul   200, 201
BOISSET, Yves   256
BONALD, Louis, vicomte de   126
BOND, James   250
BONNEFOY, Yves   232
BOROWCZYCK, Walerian   255
BOSSUET, Jacques   100
BOST, Pierre   245
BOTREL, Théodore   235
BOUCHARD, Gérard   126, 127, 133
BOURBON-BUSSET, Jacques de   139
BOURGET, Paul   270
BOYER, Jacqueline   234
BRANT, Mike   240
BRASSENS, Georges   235, 236, 238, 240, 241
BRAUNBERGER, Pierre   248
BRECHT, Bertolt   228
BRÉHIER, Emile   269
BREL, Jacques   236, 238, 239, 240
BRESSON, Robert   244, 248, 250, 263, 264
BRETON, André   225, 226, 229, 280
BRIAND, Aristide   152
BRILLAT-SAVARIN, Anthelme   201, 205, 206
BROCA, Philippe de   253
BROOKS, Mel   252
BRUCH, Hilde   206
BRUNSCHVICG, Léon   269
BUÑUEL, Luis   248, 253
BURGUIÈRE, André   192
BUTOR, Michel   229, 247

CAMUS, Albert   224, 268, 270
CAMUS, Marcel   248
CAPRI, Agnès   241
CARDINAL, Marie   232
CARÊME, Marie-Antoine   201
CARLI, Patricia   234
CARLOS   241
CARNÉ, Marcel   244
CARTOU, Françoise   127
CASARIL, Guy   261
CASSEL, Jean-Pierre   253

CASSENTI, Frank   260
CAVAILLÈS, Jean   275
CAYATTE, André   244
CAYROL, Jean   249
CAZENEUVE, Jean   167, 212, 290
CÉLINE, Louis-Ferdinand   202, 223, 225, 226, 227, 231, 232
CERTEAU, Michel de   92
CÉSAR   260
CHABROL, Claude   248, 249, 250, 265
CHAPEL, Alain   200
CHAPELAN, Maurice   210
CHAPLIN, Charlie   259
CHARBONNEAUX, G.   272
CHATEAUBRIAND, René, vicomte de   223
CHÉREAU   228
CHOMBARD de LAUWE, Marie-José   140
CHOMBARD de LAUWE, Paul-Henry   134, 140, 289
CHOMSKY, Noam   231
CIXOUS, Hélène   232
CLAIR, René   244
CLAUDEL, Paul   222, 224
CLAUDIAN, Jean   192, 193, 196, 198, 200
CLAVEL, Maurice   94
CLAY, Philippe   236
CLÉMENT, René   244
CLERC, François   75, 287
CLERC, Julien   240
CLOUZOT, Henri-Georges   244
COCKENPOT, Francine   235
COCTEAU, Jean   244, 251, 253
COLETTE, Annie   241
COLLOBERT, Danielle   232
COLOMBO, Pia   241
COMOLLI, Jean-Louis   264
COMPAGNONS de la CHANSON   235, 239
COMPANEEZ, Nina   262
COMTE, Auguste   271, 272
CONDROYER, Philippe   260
CONSTANTINE, Eddie   239
CORNEAU, Alain   261
CORNEILLE, Pierre   228

COSTA-GAVRAS, Henri   255, 256
COUDERC, Roger   213
COULONGES, Georges   239
CRUBELLIER, Maurice   156, 161, 289
CURNONSKY, Maurice-Edmond Sailland dit   199, 206

DALADIER, Edouard   70
DALIDA, Yolande Gigliotti, dite   241
DALLA COSTA, Mariarosa   118
DANTE Alighieri   283
DARBEL, Alain   115
DARNAL, Jean-Claude   236, 239
DASSIN, Joe   240
DAUMANN, Anatole   248
DEBRÉ Michel   91, 149, 150, 211
DELANNOY, Jean   244
DELANOË, Pierre   234, 240
DeLATTRE, André   30, 286
DELECLUSE   239
DELEUZE, Gilles   279
DELLUC, Louis   244, 261, 263, 264
DELON, Alain   258
DELPECH, Michel   240
DELSOL, Paula   262
DEMY, Jacques   251
DENEUVE, Catherine   258
DERAY, Jacques   256
DERRIDA, Jacques   231
DESANTI, Jean-Toussaint   275
DESCARTES, René   271, 276-278, 280
DÉSIRAT, Claude   210, 213
DEVILLE, Michel   262, 263
DISTEL, Sacha   239
DOILLON, Jacques   260
DOLLÉ, Jean-Paul   283
DOUAI, Jacques   235, 239
DREYFUS, Liliane   262
DRACH, Michel   259, 264
DUBILLARD, Roland   232
DUBOIS, Rosalie   234
DUBREUIL, Charlotte   262
DUGOWSON, Maurice   260
DULAC, Germaine   244, 262

DUMAZEDIER, Joffre   177, 290
DURAS, Marguerite   232, 249, 250, 262
DURKHEIM, Emile   118
DUTERTRE, Jean-François   235
DUTRONC, Jacques   237
DUVAL, Daniel   255, 261
DUVIVIER, Julien   244, 261
DYLAN, Bob   234
DYNADIA (groupe)   254
DZIGA-VERTOV (groupe)   254

ÉLUARD, Paul   241
ENRICO, Robert   260
EPSTEIN, Jean   244
ESCARPIT, Robert   92
ESCOFFIER, Auguste   201
ESCUDÉRO, Leny   236
ESTABLET, Roger   210
ETAIX, Pierre   253, 259
ÉTIEMBLE, René   216
EUSTACHE, Jean   254, 260

FACCIOLI, E.   200, 205
FANON, Maurice   236
FANSTEN, Jacques   261
FANTAPIÉ, Alain   209, 291
FARALDO, Claude   261
FAU, Raymond   235
FAYE, Jean-Pierre   231
FERLAND, Jean-Pierre   239
FERRAT, Jean   236, 239
FERRÉ, Léo   236, 237, 239, 241
FERRÉ, Nino   236
FEUILLADE, Louis   244, 251
FEYDER, Jacques   244
FINAS, Lucette   232
FISCHLER, Claude   191, 290
FLAUBERT, Gustave   223, 230, 278
FONTANET, Joseph   149
FORD, John   246
FOUCAULT, Michel   231, 274
FOURASTIÉ, Jean   185
FOURIER, Charles   86

FRANÇOIS, Claude   234
FRANÇOIS, Jacqueline   239
FRANJU, Georges   245, 247, 251
FRÈRES JACQUES, les   239
FREUD, Sigmund   114, 271, 272, 275
FROSSARD, André   101
FUGAIN, Michel   240
FUNÈS, Louis de   246, 258, 263, 265

GABIN, Jean   246, 258
GAINSBOURG, Serge   239
GALBRAITH, John K.   194
GALL, Robert   237
GANCE, Abel   244, 262
GANGUILHEM, G.   105
GARAT, Pierre-Jean   234
GARAUDY, Roger   102
GARBO, Greta   243
GAREL, Philippe   255
GAULLE, Charles de   3, 42, 44, 62, 73, 105, 107, 157
GAULT, Henri   205
GENET, Jean   223, 227, 228
GENETTE, Jean   275
GENOUVRIER, Emile   210
GEORGE, Yvonne   235
GEORGIN, René   211
GIDE, André   143, 222-224
GILSON, René   256
GIRARDOT, Annie   258
GIROUD, Françoise   248
GISCARD d'ESTAING, Valéry   1, 154, 157, 285
GLENMOR   237
GLUCKSMAN, André   283
GODARD, Jean-Luc   206, 247, 249, 254, 256, 262, 264, 265
GODARD, la mère   199
GOEBBELS, Joseph Paul   244
GOLMANN, Stéphane   236, 239
GORIN, J. P.   254
GOUGAUD, Henri   236, 241
GRAMSCI   102
GRANIER-DEFERRE, Pierre   264

GRASSIAN, Dolorès   262
GRÉCO, Juliette   238, 239
GREIMAS, Algirdas Julien   274
GRÉMILLON, Jean   244
GRIMOD de la REYNIÈRE, Alexandre   201
GROTOWSKI, Jerzy   229
GUATTARI, Félix   279
GUESDES, Jules   91
GUICHARD, Olivier, baron   148, 150
GUILBERT, Yvette   235
GUILCHER, Yvon   235
GUILLEMAIN, Claudine   262
GUIOT, Gilles   148
GWERNIG, Youan   237

HABY, René   157
HALEY, Bill   233
HALLYDAY, Johnny   234
HARTMAN-CLAUSSET, Madeleine   262
HEGEL, Friedrich   269, 271, 277, 278
HEMINGWAY, Ernest   216
HERRIOT, Édouard   152
HITCHCOCK, Alfred   250, 251
HITLER, Adolf   243, 255
HORDÉ, Tristan   210, 213
HUGO, Victor   223, 241
HUILLET, Danièle   255
HUSSERL, Edmund   277

IMANOL   237
IONESCO, Eugène   226, 228, 247
ISAÏA, Henri   52, 286
ISAMBERT-JAMATI, Vivian   161
IVENS, Joris   250

JAHIEL, Edwin   243, 291
JALLAUD, Pierre   260
JAMBERT, Christian   283
JEANSON, Henri   245
JESSUA, Alain   254
JESUS-CHRIST   99, 102, 140
JOBERT, Michel   61
JONES, Selman   118
JOURDHEUIL   228

KAFKA, Franz 283
KAMINKA, Didier 261
KANT, Emmanuel 271, 277, 278
KAPLAN, Nelly 262
KARINA, Anna 262
KARMITZ, Martin 256
KAST, Pierre 247
KEATON, Buster 259
KENNEDY, John Fitzgerald 43
KERMADEC, Liliane de 262
KEYNES, John 184
KIERKEGAARD, Sören 269, 277
KLÉBER-COLOMBES 205
KORNILOV, Lavr 150
KOZARINSKY, Édouardo 261
KRISTEVA, Julia 231
KHROUCHTCHEV, Nikita 153, 225

LABRO, Philippe 256
LACAN, Jacques 231, 275
LAFFORGUE, René-Louis 236, 239
La FONTAINE, Jean de 241
LAJOURNADE, Jean-Pierre 255
LALANDE, André 269
LAMA, Serge 239, 241
LANCELOT, Alain 62
LANGEVIN, Paul 156
LANGLOIS, Henri 245, 246, 254, 266
L'ANSELME, Jean 241
LANSMANN, Jacques 237
LARGUIA, Isabel 117
LASRY, Jacques 238
LASSERRE, René 18, 285
LAUTRÉAMONT, Isidore Ducasse, dit le comte de 227, 231
LÉAUD, Jean-Pierre 251
LECLERC, Félix 239
LEFÈBVRE, Charles, Mgr. 92
Le FORESTIER, Maxime 240
LEIRIS, Michel 225, 226
LELOUCH, Claude 251, 255, 260, 264
LEMARQUE, Francis 236, 239
LÉNINE, Vladimir I. Oulianov, dit 150, 152

LENORMAN, Gérard 239
Le PLAY, Frédéric 126, 134
LEVEILLÉE, Claude 239
LÉVESQUE, Raymond 239
LÉVI-STRAUSS, Claude 269, 270, 271, 272, 273, 274, 276
LÉVY, Bernard-Henry 283
LÉVY-BRUHL, Lucien 269
L'HERBIER, Marcel 244
LINDER, Max 259
LIPINSKA, Christine 262
LOCKE, John 277
LOSEY, Joseph 260
LOUKA, Paul 236
LOUKI, Pierre 236, 239
LOUVIER, Nicole 239
LOYOLA, Ignace de 152
LUCAS, Gorge 154
LUMIÈRE, Louis 243

MACHIAVEL, Niccolo 98, 99
MACIAS, Enrico 236
MAGINOT (ligne) 70, 211
MAJAULT, Joseph 156, 158, 289
MALKA, Victor 104
MALLE, Louis 248, 251, 256, 265
MALLET-JORRIS, Françoise 241
MALRAUX, André 105, 177
MANIÈRE, Jacques 202
MAO TSÉ-TOUNG 152
MARBOEUF, Jean 261
MARCELLIN, Raymond 153, 154
MARCUSE, Herbert 154
MARCY, Robert 235
MARITAIN, Jacques 93, 94, 97, 273
MARIVAUX, Pierre Carlet de Chamblain de 131
MARKER, Chris 247, 249, 250, 254
MAROT, Clément 241
MARSHALL, George 31, 177
MARTI 237
MARTIN, Hélène 236, 241
MARX, Karl 102, 118-120, 148, 184, 230, 267, 271-274, 277

MASSÉ, Pierre   281
MATHIEU, Mireille   241
MATRICON, Claude   8
MAUPASSANT, Guy de   5
MAURIAC, François   251
MAURRAS, Charles   98
McLUHAN, Marshall   154, 264
MÉDICIS, Catherine de   200
MEDVEDKINE, Alexandre   254
MEERSON, Lazare   245
MELVILLE, Jean-Pierre   244, 248, 251, 256
MEMMI, Albert   104, 287
MENDEL, Gérard   138
MENDRAS, Henri   75, 287
MERLEAU-PONTY, Maurice   276
MERRI, Martine   236
MEYERSON, Ignace   187
MICHAUX, Henri   225, 226, 232
MICHEL, Andrée   113, 288
MICHELET, Jules   223
MICHELIN, André et Edouard   205
MILLAU, Christian   205
MILLER, Claude   261
MITCHEL, Eddy   234
MITRANI, Michel   259
MITRY, Jean   245
MITSCHERLICH, Alexander   138
MITTERAND, François   153
MNOUCHKHINE, Ariane   228
MOCKY, Jean-Pierre   264
MOIZIARD, Jean   235
MOLLET, Guy   42
MONNET, Jean   40
MONTAGNÉ, Prosper   201
MONTAIGNE, Michel de   271
MONTAND, Yves   235, 236, 258
MONTERO, Germaine   239
MONTUCLARD, Maurice   95
MOREAU, Jeanne   248, 262
MORIN, Edgar   162, 197
MOROT-SIR, Edouard   267, 291
MORVAN-LEVESQUE, Pierre-Yves   92
MOULLET, Luc   255

MOULOUDJI, Marcel   236, 239
MOUNIER, Emmanuel   93, 97
MOUSKOURI, Nana   235
MOUSTAKI, Georges   240
MOZART, Wolfgang Amadeus   131
MUSSET, Alfred de   228
MUSSOLINI, Benito   243

NÉMO, Philippe   283
NEUVILLE, Marie-José   239
NIETZSCHE, Friedrich   271, 283
NIXON, Richard   153

OLLIVIER, James   241
OPHULS, Marcel   259
OPHULS, Max   244, 245, 259
OSWALD, Marianne   241
OVERNEY, Pierre   149

PAGNOL, Marcel   244
PANNET, Robert   96
PATACHOU, Henriette Ragon, dite   238, 239
PATRIC   237
PAUL, Bernard   261
PAUL VI   92
PAULHAN, Jean   225, 226
PERRIER, Catherine   235
PERROT, Marguerite   206
PERROUX, François   99
PETER, PAUL and MARY   236
PHILÉMON et BAUCIS   132-133
PHILIPE, Gérard   244
PIAF, Edith   238, 239, 240
PIAGET, Jean   275
PIALAT, Maurice   254, 259, 260
PICASSO, Pablo   262
PICCOLI, Michel   258
PIE XI   93, 97
PIE XII   100
PINAY, Antoine   41, 42
PINOCHET UGARTE, gen. Augusto   154
PLANCHON, Roger   228
PLEYNET, Marcelin   231

POINT, Fernand 201
POLLET, Jean-Daniel 255, 260
POMPEI, Guiliana 118
POMPIDOU, Georges 44, 149
PONGE, Francis 225, 226, 232
PRÉVERT, Jacques 241, 245
PROBUS, Aemilius 210
PROUDHON, Pierre Joseph 116
PROUST, Marcel 227
PUCHEU, René 90, 287

QUATRE BARBUS, les 235, 239
QUEMADA, Gilbert 213
QUENEAU, Raymond 225, 226, 229, 251

RABELAIS, François 231
RACINE, Jean 100
RAIMON 237
RAPPENEAU, Jean-Paul 263
RAY, Satyajit 243
RÉDA, Jacques 232
REICH, Wilhelm 151, 154
RÉMOND, René 91
RENOIR, Jean 244, 246, 251, 261
RESNAIS, Alain 247, 248, 249, 265
REYNAUD, Paul 70
RICARDOU, Jean 230
RICHARD, Jean 127
RICHTA, Radovan 186
RIESMAN, David 178, 184, 188
RIMBAUD, Arthur 227
RIVETTE, Jacques 247, 256, 264
ROBBE-GRILLET, Alain 177, 230, 231, 247, 249, 250, 269
ROBERT, Yves 264
ROCHE, Maurice 232
RODA-GILL, Étienne 240
ROHMER, Eric 247, 250, 256, 262, 263, 265
RONCONNI 228
RONSARD, Pierre de 241
ROSIER, Michèle 262
ROSSELLINI, Roberto 266
ROTHSCHILD 108

ROUBAUD, Jacques 232
ROUCH, Jean 248, 250
ROUFF, Marcel 199
ROUFFIO, Jacques 260
ROUQUETTE, Yves 237
ROUSSEAU, Jean-Jacques 140, 283
ROUSSEAU, Pierre 236
ROUSSEL, Raymond 225
ROUSSOS, Demis 240
ROY, Claude 232
RUEFF, Jacques 42

SABLON, Germaine 235
SABLON, Jean 235
SADE, Donatien, marquis de 231
SADOUL, Georges 246
SAINT-JUST, Louis de 152
SALVADOR, Henri 237
SAMSON 111
SANGNIER, Marc 97
SANGUINETTI 228
SARDOU, Michel 236, 240
SARRAUTE, Nathalie 222, 229, 247
SARTRE, Jean-Paul 150, 223-225, 227, 230, 268, 270, 271, 273, 275-279
SAUSSURE, Ferdinand de 230, 272, 274
SAUTET, Claude 264
SAUVAGE, Catherine 239
SAUVAGEOT, Aurélien 218
SAUVY, Alfred 69, 286
SCHNAPPER, Dominique 115
SCHUMAN, Robert 57
SCHUMPETER, Joseph 119, 120
SEEGER 241
SEGHERS, Pierre 236, 241
SEMPRUN, Jorge 249
SENGHOR, Léopold 282
SENLIS 239
SÉRIA, Joël 260
SERVILLE, Yvonne 192-194, 196, 198, 200
SHAKESPEARE, William 228, 283
SHEILA, Annie Chancel, dite 234
SHUMAN, Mort 240

SIMON, Claude 232
SJÖSTROM, Victor 243
SOCRATE 94
SOLJENITSYNE, Alexandre 283
SOLLERS, Philippe 231, 232
SOUPAULT, Philippe 226
SOUSSELIER, Jean 172
SPAAK, Charles 245
SPENCER, Herbert 271
STALINE, Joseph 153, 225
STARCK, Johnny 241
STILLER, Mauritz 243
STIVELL, Alan 235, 237
STRAUB, Jean-Marie 255, 264
SUPERVIELLE, Jules 241
SYLVESTRE, Anne 239
SZALAI, A. 185

TACHAN, Henri 241
TACCHELLA, Jean-Charles 261, 264
TAILLEVENT, Guillaume Tirel, dit 200
TAINE, Hippolyte 270
TATI, Jacques 244, 248, 253, 259, 264
TAVERNIER, Bertrand 261, 264
TÉCHINÉ, André 264
TEILHARD de CHARDIN, Pierre 93, 99, 102
THIBAUDEAU, Jean 231
THOMAS, Pascal 260
THOMAS d'AQUIN, Saint 96
THOREZ, Maurice 3
TIRYAKIAN 101
TODOROV, Tzvetan 275
TOURAINE, Alain 27
TOURNIER, Michel 232
TRAUNER, Alexandre 245
TRÉMOLIÈRES, Jean 193, 194
TRÉNET, Charles 238, 241
TRESGOT, Annie 262
TRINTIGNANT, Nadine 262
TROISGROS, Jean et Pierre 200
TRUFFAUT, François 246-251, 254, 261, 265

VADIM, Roger 247, 248
VALÉRY, Paul 222, 223
VALLET, Maurice 240
VANDERLOVE, Anne 241
VARDA, Agnès 247, 252, 261, 262
VARTAN, Sylvie 234
VASSILIU, Pierre 240
VAUCAIRE, Cora 235, 239
VAUTIER, René 256
VENTURA, Lino 258
VERAN, Florence 239
VERCIER, Bruno 221, 291
VERLAINE, Paul 241
VERNEUIL, Henri 255
VERNILLAT, France 233, 291
VIAN, Boris 236
VIANEY, Michel 264
VICTORIA, Reine 216
VIDALIN, Maurice 240
VIGNAULT, Gilles 239
VIGO, Jean 244, 248, 254, 260
VILAR, Jean 181, 228
VILLON, François 241
VINCENT, Gérard 148, 289
VINCENT, Jean-Marie 228
VITRAC, Roger 226
VOLTAIRE, François-Marie Arouet, dit 177
VOVELLE, Michel 129
VULPIAN, Alain de 8, 285

WACHTEL, Nathan 163
WALLON, Henri 156
WAYNE, John 246
WEBER, Max 98, 99
WEILL, Pierre 62
WEINBERG, Rachel 262
WEINGARTEN, Roman 232
WILSON, Bob 229
WRIGHT, John 235

YANNE, Jean 258, 259, 263

ZOLA, Émile 5, 183, 223, 270

Index thématique

Agriculteurs 75, 78-89; -- à temps partiel 84
Agriculture 19, 37-38
Alimentation 81, 89, 191-192
Automobile 3, 179

Bourgeoisie (haute) 21-22, 26; (moyenne) 25-26; (petite) 25

Capitalisme 152-153, 273
Caractère français 3, 12, 14, 59-60 62, 106-107, 273
Catholicisme, catholique: chrétien-revolutionnaire 100-101; complexe de modernité 93-94; complexe de pauvreté 93-94; complexe de puissance 94-95; "conscience malheureuse" 93-94; démocrate-chrétien 97-98; "esprit hiératique" et "esprit progressif" 95-96; libéralisation 95-101, 143; nouveau-militant 97-101; place du -- dans la société française 90-92; regards du -- sur la société 92-95; technocrate d'origine chrétienne 98-100
Catholicismes 102; -- contestataires 96; modernes 96; populaires 96; traditionnels 96
Centralisme administratif 38-39
Chanson: engagée 235-237; -- folklorique 234-235; -- littéraire 241; réaliste et -- sentimentale 240-241; -- "yé-yé" 233-234; diffusion de la -- 234, 236-239; poésie mise en -- 241
Chanteurs: poètes 238, 239-241; -- vedettes 237-241
Chômages 37, 46, 72-73, 151
Cinéma 167, 168, 181; -- des années 64-68, 253-255; -- des années 70, 259-264; -- d'auteur 246-247; -- et littérature 249-250; -- muet 244; -- "nouvelle vague" 247-254; -- parlant 244; -- politique 255-256, 259-260; cinémathèque 405-406, 254, 266; critique cinématographique 263, 254; déclin de fréquentation 257; la femme vue à travers les films 263; films dits "sauvages" 254-255; influence du -- 174, 175; *Les Cahiers du Cinéma* 246, 247; "Nouveau Naturel" 260-262;

production 257-259; public 171, 180; réalisateurs du muet 243-244; réalisateurs du parlant 244-258; réalisatrices 262; vedettes 174, 246, 247, 258
Classes sociales 2, 4-5, 21-23, 24-27
Contraception 70, 72
Critique cinématographique 263; -- gastronomique 205; -- littéraire 275
Cuisine: critique gastronomique 205; déjeuner 193-194; déjeuner (ou dîner) d'affaires 195-196; -- diététique 205-206; gastronomie et alimentation 191-192; gourmandise 201; "grande -- " et "-- traditionnelle" 192-203; le maître queux 200-203; presse et littérature culinaires 191-192; réforme culinaire 203-205; renversement de la sensibilité alimentaire 197-198; technologies alimentaires 196-197; voyage et repas 194-195
Culture 177; -- de l'élite 162, 173; -- de masse 162, 163, 173; -- occidentale 162-163; -- populaire 162, 180
Culture (libération), "négritude" 282; universalité -- 268, 282

Démographie 6, 31-32, 136-137; historique, XIXe siècle-1964 69-72; 1965- 73-74
Disques 237

Ecologie 16, 28, 58, 87-88, 197; dangers de la pollution généralisée 141
Economie (croissance de l' --) 3-4, 19-20; -- rurale 75-77; historique, 1945- 30-31, 40-47
Ecriture textuelle 231-232
Education: rapports avec la culture 161-163
Enfants: rapports avec l'adulte 139-140, 144
Enseignement: centralisation 149; historique, libération -- 156-157; -- des langues étrangères 217; réforme Haby 157-158; rôle de l'école 130-131, 135; situation des femmes dans l'enseignement 115; scolarisation 36-37, 156
Enseignement secondaire: différences sociales entre les élèves 154; "explosion scolaire" 149; insatisfaction face au

Enseignement (cont.)
    système existant 149; les lycéens et le "modèle" américain 152-154; politisation des lycéens 149-150; révoltes lycéennes (1971-74) 148-150
Enseignement supérieur 26, 36, 158-159; -- et autonomie 159; -- et participation 159; -- et programmes d'instruction 159
Epistémologie 268, 270, 274-275, 277, 279-280, 282-283
Esclaves (nouveaux) 111-112
Europe (intégration dans l' --) 50
Européen (Communautés): attitudes des Français 52-65; extension au domaine politique 60-61; historique 1951- 56-58; indépendance -- 63-64; rapprochement franco-allemand 62-63; sécurité -- 62-64
Existentialisme 105, 268, 270, 276, 279
Existentialiste (auto-dépassement) 275-279

Famille 36, 70-71; -- d'agriculteurs 81; changements affectifs 130-132; différenciation par classe sociale 134; historique, Moyen-Age-XVIIIe siècle 126-128; XVIIIe siècle-aujourd'hui 128-133; mariage 132-133; milieu communal (famille ancienne) 127-128; (famille contemporaine) 128-130, 135-136; organisation de l'espace 134-135, 146; organisation du temps 134-135; système patriarcal 121
Femmes: conscience féministe 114, 120-121; émancipation matérielle et juridique 4, 121; les -- vues à travers les films 263; problème féminin traité par la presse et les livres 116; rapports -- hommes 137-139; travail féminin "domestique" 117-118; travail féminin "productif" 114-117

Grèves 41, 44, 185

Hédonisme 9, 188

Immigrants 32, 71, 73
Individualisme 10-12, 188
Industrie 19-20, 32-34; -- automobile 3, 179; productivité 177-178
Informatique 141
Intégration sociale: voir Société française
Interventionnisme d'Etat 38-39

Jeunes: émancipation 4; recherche de communication 146-147; révoltes de -- 144, 145; révoltes lycéennes 148-151; socialisation des -- 150-152; tension entre générations 142

Langage, langue: emprunt de mots anglais 154, 211, 216-217; le français hors de France 217-218; français plus homogène 211-213; néologisme 211, 216-218
Linguistique 104, 231, 263, 267, 272-273, 274, 283, 454; morphologie et syntaxe 214-215; phonétique 212, 213-215; purisme -- 209-211; vocabulaire 216-218
Littérature: catholique 93-94, 97; -- commerciale et -- créatrice 221-224; -- créatrice 232; -- culinaire 191; périodicité, 1955- 224-228
Livres 181; édition 283
Logement 3, 24, 73, 81, 128-129, 135, 182; résidences secondaires 86-87, 179-180
Loisirs 24, 151; attraction exercée par les -- 185-188; camping 179; congés payés 34, 42, 178; dépenses de -- 178-179; éthique du -- 187-188; formes de -- 179-181; Maisons des Jeunes et de la Culture 184; organisation des -- 183-184; voyages 179; à l'étranger 56, 179

Mai 1968 27, 28, 44, 100, 153, 157, 254, 280, 281
Malthusianisme 70, 71, 125, 177
Mariage 132-133, 143-144, 146-147
Marxisme 92, 106, 118, 119, 142, 150, 229, 231, 271, 273, 274, 277, 282, 283
Media de masse 4, 141, 146-147, 162; culture de masse 162-163; développement 167-169, 180-181; influence 173-176; -- sur la langue 212-213; information du public 55-56, 65; -- religieuse 91-92; public 169-173; "vedettisation" 174
Minorités: discrimination contre les étrangers 104-108; les Immigrants 109-110; les Juifs 107-109; les Noirs 110-112; rapports opprimés-oppresseurs 113-114, 119
Mouvements de Libération des Femmes 118, 120-121
Musique: chansons 172, 181, 233-241; instruments de -- traditionnels 235; jazz 233, 234; pop music 154; radio 172, 181; rock and roll 154, 233

Nationalisation 39
Niveaux de vie 23-27, 144-146

Ouvriers 21-23, 25

Participation sociale (besoin de) 5-6, 14-15
Patrimoine 127, 235
Patriotisme 5
Paupérisation 79-80
Paysans 3, 83
Paysannerie 75
Peinture 154
Philosophie 104-106; bergsonisme 270; existentialisme, voir ci-dessus; humanisme 272; marxisme, voir ci-dessus; méthodologie et historique 267-270; "les nouveaux philosophes" 282-283; psychanalyse, voir ci-dessous; rationalisme 269; structuralisme, voir ci-dessous; surréalisme 270, 280
Philosophiques (idées) après 1955 279-282
Population urbaine 20, 35; -- "à la campagne" 84-86, 88-89
Presse: culinaire 191; développement 167-168, 180; -- "féminine" 162; public 170-171
Protection sociale 36-37; des agriculteurs 81
Psychanalyse 142, 231, 263, 271, 272, 275, 281, 282
Publicité 152, 154, 162, 182, 233, 234, 237-238

Radio: développement 167-170, 180; programmes 172, 181; public 170
Régionalisme 35, 49, 78
Régionaliste (folklore) 114, 235, 237
Roman (le nouveau) 229-232, 269

Salariés agricoles 25
Santé 3, 17, 24, 142

Sémiologie 231, 263, 275
Sexes (moindre différenciation des) 14
Sexisme 114
Sexualité 136-137, 138-139, 142, 143
Société française: conflits 26-29; rapports individu et -- 5-6, 9-13; réactions contre les pesanteurs sociales 13-15; -- rurales 77-78; -- urbaines 77-78; transformations de la -- 1-3, 18, 20-23
Socio-culturel: changement 9; mouvement 9-17
Sources d'énergie 33-34
Standing (motivations de) 12, 172-173
Structuralisme 104, 231, 263, 269-275, 276, 282; "structure", définition, 273-274
Suicide 78, 147

Télévision 141, 151, 154; développement 167-170; influence 173-176; programmes 172-173; public 169-171; temps d'utilisation 171-172
Théâtre 225-227
Toxicomanie tabagique 152
Travail 35, 48-49; artisanat domestique 179-180; durée du -- 178, 184; méthodes nouvelles de -- 182; rôle des syndicats 184; -- domestique 145-146, 185; -- féminin 114-118

Valeurs contemporaines 162
Vedettes: chanteurs 237-241; -- de cinéma 246, 248, 258; "vedettisation" 174
Vêtement 154
Vieux: retraités 73-74, 144; tragique de leur condition 5

Vocabulaire

Explication des mots suivis d'un astérisque. Ces mots sont ainsi notés dans le texte la première fois qu'ils paraissent dans un chapitre. Les définitions que nous proposons sont celles qui semblent s'appliquer le mieux au texte en question.

A

abattoir lieu où l'on tue les animaux destinés à la consommation; par extension, massacre
absurde courant de pensée qui affirme le non-sens de l'existence humaine
accommodement adaptation
actionnariat participation aux bénéfices d'une entreprise grâce à la possession d'actions (fractions du capital d'une société)
acuité intensité
affamé qui a faim
afficher faire montre de
affleurement montée à la surface; manifestation
âge (**troisième** _____) vieillesse
agit-prop agitation-propagande
ajustement adaptation, rapport
aléa risque
aléatoire qui repose sur le hasard
alimentation nourriture
alliage mélange
allocations (_____ **familiales**) sommes d'argent données aux familles par l'Etat
aménagement évolution contrôlée; consiste à mettre en rapport l'activité régionale et les besoins économiques d'une région
amoncellement accumulation
amorcer commencer
anomique dérangé
antan autrefois
antinomie contradiction
anxiogène qui cause l'anxiété
apanage un bien exclusif
apparat cérémonie
appoint aide; (à l' _____ de) par le complément de
apport contribution
apprêt préparation
approvisionnement achat de provisions
archétypal qui suit un modèle universel à toute l'humanité
ardu difficile
aristotélicien (**théâtre** _____) théâtre de purification ("kátharsis")
arrangeant conciliant; accommodant
aseptisé désinfecté
assainissement retour à la stabilité
assimiler confondre; ne pas distinguer
astucieux habile; ingénieux
atrophie dépérissement; diminution
atrophié anormalement petit
atténuation diminution
atténuer (**s'** _____) diminuer
aubergine fruit violet qui a un peu la forme d'un concombre
autoconsommation le fait de consommer ses propres produits
autodidacte qui s'instruit soi-même
autodidaxie fait de s'instruire soi-même

autogestionnaire   administré par un comité de ses membres
auto-illusionner   (s' _____) se faire une illusion
auvergnat   habitant l'Auvergne
avatar   tribulation; transformation malheureuse; descendant
avérer   (s' _____)   se montrer; se révéler
avicole   qui a rapport aux volailles

B

baguette   pain long et mince d'environ 300 grammes
bafouer   ridiculiser
bailleur   (_____ de fonds) personne qui fournit de l'argent
baraque   maison provisoire et peu accueillante
barde   poète folklorique
base   (**personnalité de** _____) l'ensemble des traits communs d'un peuple
bazar   magasin non spécialisé
béotien   se dit d'une personne dont le goût n'est pas développé
bergsonisme   Henri Bergson, philosophe français (1859-1941), soutenait que seule l'intuition permet de saisir la réalité
béton   ciment
bidon   récipient; jerrycan
bidonville   agglomération de logements misérables près de grandes villes
bilan   état global; inventaire
bison fûté   buffle intelligent ("smart buffalo"); aussi, présentateur à la radio française conseillant sur l'état d'embouteillage des routes
blanquiste   d'après Louis-Auguste Blanqui, l'un des chefs de la Révolution de 1848
bombance   bon repas

bond   saut
bouée   (_____ de sauvetage) appareil flottant qui permet de sauver les gens qui sont tombés dans l'eau
boulot   travail (fam.)
bousculade   dérangement
braquer   (se _____)   se fixer; se diriger
brassage   mélange
brèche   tour; ouverture (**battre en** _____) attaquer
brechtien   qui ressemble au théâtre de Bertolt Brecht (1898-1956)
bricolage   réparations ou petits travaux faits par un amateur
brouter   manger de l'herbe
brûle-pourpoint   (à _____) brusquement
brut   total avant déductions; sans prétentions littéraires

C

cabestan   (chant de _____) chant de marin
cadre   (_____ moyen et _____ supérieur)   membre du "personnel d'encadrement" (d'administration) d'une entreprise
caf'conc'   café-concert; music-hall
calotte   coiffure ronde, symbole du clergé
canaliser   diriger dans un sens déterminé
canon   règle; loi
cantonner   isoler
canular   mystification; blague
carburant   essence
carcéral   emprisonnant
carence   insuffisance
casanier   qui aime rester chez soi
cassure   arrêt; rupture
catégoriel   relatif à une ou plusieurs catégories
cathartique   purifiant
caution   témoignage qui renforce

centralisme   philosophie qui favorise la centralisation
centripète   ici, anthropocentrique
cèpe   champignon sauvage
chagrin   (une peau de _____) progressivement
chaîne   (travailler à la _____) travailler d'une façon monotone et mécanisée
change   achat ou vente de monnaies étrangères
charabia   langage incompréhensible ou incorrect
charentais   de la Charente, département bien connu pour son cognac
charivari   grand bruit; tumulte
charnière   pivot
charrier   transporter; transmettre
chefaillon   chef (péjoratif)
cheminot   employé de chemin de fer
chosiste   qui tend à transformer des concepts en objets concrets
cible   objet contre lequel on lance un projectile; centre d'attention; but; objectif à atteindre
ciment   consolidation (sens figuré)
cinglant   cruel; vexant
cinquecento   XVIe siècle italien
circonlocution   manière peu directe et volontairement vague de s'exprimer
clivage   séparation
clocher   (de _____) localisé
cloisonné   divisé, ici, en classes sociales
cloisonnement   division, ici, en classes sociales
clus   (trobar _____) compliqué
cocasse   comique et étrange
cocorico   cri du coq
collaborateur   ici, personne qui a collaboré avec l'ennemi
collectivité   communauté
collusion   accord, complicité

colporteur   marchand ambulant
comble   plein
comestible   qui peut être mangé
commensalité   repas en groupe
concentration   ici, fusion, réunion d'entreprises sous une même administration
concordataire   qui concerne le concordat, traité entre le pape et le gouvernement d'un pays
concurrence   rivalité; compétition
concurrent   qui est en rivalité avec quelqu'un
condottiere   chef (à l'origine, chef de soldats mercenaires)
conflit   (_____ algérien) 1954-1962, se termine par l'indépendance de l'Algérie, admise à l'ONU en octobre 1962
conjoint   époux
conjoncture   ensemble des éléments dont dépend la situation économique, démographique, politique ou sociale d'un pays à un moment donné
conjoncturel   relatif à la conjoncture
constantinisme   reconnaissance du christianisme comme religion d'Etat
conteneur   grand récipient métallique utilisé pour le transport des marchandises
cornemuse   instrument de musique à vent composé d'un sac de cuir et de tuyaux
coterie   clique
couche   classe; catégorie
coût   prix
couverture   (_____ de change) valeurs ou sommes déposées en garantie d'une opération financière
crise   (_____ de 1929) le krach de la bourse américaine fit sentir ses premiers contrecoups en France à la fin de 1930

crèche établissement où l'on garde les enfants de bas âge
creuset (au _____ de) au cœur de
crosse symbole du pouvoir épiscopal
crouler s'abattre
cru contraire de cuit
crû augmenté (p.p. de croître)
cube mesure de volume; par extension, volume d'un moteur
cuirasse armure; rigidité
cumulard qui a plusieurs emplois ou fonctions (péjoratif)
curé (bouffer du _____) être anticlérical (péjoratif)

D

débâcle ruine, débandade
débouché possibilité d'emploi
déboucher aboutir
débrousailler préparer la terre en enlevant les brousailles
décalage retard; recul; écart; manque de correspondance
déceler révéler
déchéance dégradation
déchet résidu inutilisable
décollage envol; essor
déconcerter dérouter; désorienter
découpage division
décousu sans liaison
découvert ensemble des créances
défroquer abandonner un état religieux; renoncer à une cause
démagogie action d'exploiter les passions égoïstes des masses
démarrage commencement; mise en marche
démentir contredire
démographie étude statistique de la population
démographique relatif à la démographie

démontage désassemblage
démuni sans argent
denrée produit alimentaire
déphasé désaccordé
dérapage glissement; accident
désaffection détachement
désuet qui n'est plus en usage
détention possession
détourné indirect
détournement (_____ d'argent) vol d'argent dont on est responsable
devise monnaie d'un pays étranger
dévoyé détourné de sa voie, de sa fonction
diachronie étude de faits du point de vue de leur évolution
dialectique qui procède ou qui évolue par étapes successives
diamantin qui est dur ou qui brille comme un diamant
dirigiste contrôlé par l'Etat
discursif qui a rapport au discours
dispendieux qui coûte cher
dispositif mécanisme
distanciation réserve; contraire d'auto-identification
dodo (faire _____) dormir (fam.)
doigté habileté; talent
doter (se _____ de) se donner
douanier employé du service des douanes Voir **protection**
dressage conditionnement

E

ébranlement secousse; perturbation
écharpe (en _____) obliquement
échéance (à brève _____) dans un avenir proche
écrémeuse machine qui sépare la crème du lait

édition	commerce du livre
effectif	nombre de personnes; ici, d'employés
effectuer	faire
effondrement	ruine; déclin extrême
effondrer	abattre; (s' _____) tomber brusquement
effriter	(s' _____) se désagréger
électrophone	tourne-disques
embauche	emploi
embauché	engagé; employé
embonpoint	corpulence
émettre	exprimer
émiettement	dispersion; division
émietter	disperser
émousser	rendre moins coupant, moins fort
emparer	(s' _____ de) conquérir
enchevêtrement	mélange; confusion; embrouillement
enfilade	(en _____) qui se suit
enfoutisme	(je m' _____) indifférence railleuse (grossier)
englouti	submergé; qui a disparu
engouement	admiration
engouffrer	conserver; emmagasiner
engrais	produit qui enrichit la terre
énoncé	contenu d'une communication
énonciation	manière de dire quelque chose
entamer	commencer
entrave	frein; empêchement
entraver	freiner; empêcher
entremettre	(s' _____) intervenir
épargne	le fait d'économiser de l'argent
épiphénomène	phénomène secondaire
épistémologique	relatif à l'étude de l'origine des connaissances humaines
épopée	poème épique
éprouvé	qui a beaucoup souffert
éprouver	endurer; ressentir
équivoque	ambiguïté; incertitude
ergoter	chicaner; arguer
ériger	instituer; élever
ersatz	produit qui imite ou remplace un autre
escompte	réduction faite à une dette quand elle est payée à l'avance; (taux d' _____) (bank) discount rate
ésotérique	limité à des adeptes; obscur
esquive	évasion
essai	(banc d' _____) expérience préliminaire
essaimer	se disperser; s'installer
essor	croissance
estomper	rendre moins net; diminuer; (s' _____) s'atténuer
étayer	servir de support à
ethnographie	étude descriptive d'un groupe culturel
étriqué	étroit; limité
évasion	(_____ fiscale) fait de payer moins d'impôts qu'on ne doit
éventail	ensemble
exaucer	satisfaire; combler
excédent	surplus
excédentaire	de surplus
exécrabilité	abomination; horreur
exégèse	action d'interpréter un texte
exégète	qui interprète les textes
existentialisme	une philosophie de l'action et de la responsabilité humaine

F

f...	(s'en f...) voir **foutre**
fabuler	exagérer

factorielle (analyse _____) méthode statistique pour chercher la corrélation entre différents facteurs variables
faim (laisser sur sa _____) laisser insatisfait
faîte le plus haut degré
famille-souche famille traditionnelle du XIXe siècle, fondée sur le patrimoine héréditaire
fantasme rêve éveillé; imagination
farci rempli
farfelu (adj., n.) personne un peu folle
fausser rendre faux
feindre donner exprès une impression trompeuse
ferme fixe; sans recours
ferroviaire (réseau _____) ensemble des chemins de fer
festin banquet; grand repas
fi (faire _____ de) ne pas faire attention à
fielleux plein d'animosité
filière ici, école intermédiaire
filigrane ici, pensée implicite
fiscale (fraude _____) dissimulation d'impôts
fiscalité lois relatives à l'impôt
fléchir céder; faiblir
flétrir ici, condamner avec mépris
floraison éclosion; multiplication
flou vague
foisonnement multiplication
foncier relatif à la possession ou à l'exploitation de la terre
foncièrement profondément
fourragère relatif à la paille, au foin, à l'herbe, etc.
foutre (s'en _____) s'en moquer (grossier)
franc-parler langage ouvert et direct
frange ici, minorité
friandise sucrerie

Front (_____ populaire) alliance des trois plus grands groupes de gauche
fulgurant très rapide

G

gamelle ustensile de cuisine avec couvercle dans lequel on peut transporter et faire réchauffer un plat cuisiné
gamme série complète de sons, de nuances, de thèmes
gangue enveloppe
gaudriole plaisanterie un peu libre
gauloiserie plaisanterie licencieuse
gausser (se _____) se moquer
gaver (se _____) se nourrir à l'extrême
Gavroche personnage des *Misérables* de Victor Hugo—gamin spirituel et brave
géré dirigé; administré
germe embryon
gérontocratique dirigé par des vieillards
gestion administration
gestionnaire administratif
giron (dans le _____ de) sous le contrôle de
gisement dépôt souterrain
goguenard moqueur
goudronné asphalté
goulot (_____ d'étranglement) passage difficile qui retarde l'écoulement des marchandises
goupillon (le sabre et le _____) l'armée et l'église
greffé ajouté; inséré; implanté
grogne mécontentement
grossesse état d'une femme enceinte

guimbarde petit instrument de musique qui se joue en faisant vibrer une languette d'acier (en anglais: Jew's harp)
gustatif qui a rapport au goût

H

hâbleur qui se vante
hargne mauvaise humeur
hébétude premier degré de la stupeur
hécatombe carnage
hédonisme épicurisme; recherche du plaisir, de la satisfaction
hégélien (schéma _____) processus dialectique en trois étapes: thèse, antithèse, synthèse
hégémonie suprématie
helvétique suisse
hétérodoxie contraire d'orthodoxie
homologue équivalent approximatif
houle mouvement dans les profondeurs d'une mer; animation violente
houleux mouvementé; agité
hypocalorique qui a peu de calories
hypothèque dette; dépendance

I

iconoclastie rejet des traditions
idem de même
images (_____ d'Epinal) images populaires qui étaient fabriquées surtout dans la ville d'Epinal
imberbe qui n'a pas encore de barbe
imbriqué qui recouvre partiellement; lié; entremêlé
immuable invariable
impéritie incompétence

imputer attribuer (une responsabilité à quelqu'un ou quelque chose)
indexation action de faire qu'une valeur change suivant un indice déterminé: indexer un salaire sur le coût de la vie
induit contraire de déduit
ineffable qui ne peut pas être exprimé
inescompté inattendu
infléchir modifier
infléchissement inclination
informatique science qui utilise les ordinateurs pour le traitement de l'information
infrastructure base économique
ingénierie "engineering"
ingérer avaler; manger
iniquité injustice
insécuriser rendre anxieux
instar (à l' _____ de) à l'exemple de
instaurer établir
intarissablement interminablement
intégrer assimiler; accepter dans un groupe
intéressement participation aux bénéfices d'une entreprise
interpellation demande d'explications
interpeller demander des explications
interventionnisme (_____ étatique) doctrine qui préconise l'intervention de l'Etat en matière économique
intraception attitude empathique
issu venant de
issue résultat; aboutissement

J

jacobin républicain ardent
jauger mesurer; apprécier

javanais langue pseudo-étrangère qui consiste à insérer une syllable *av* ou *va* dans les mots
jouvence jeunesse; rajeunissement

K

koestlérien à la manière d'Arthur Koestler (1905-), c'est-à-dire montrant l'individu aux prises avec le totalitarisme

L

landais habitant les Landes (au Sud-Ouest de la France)
laudatif qui loue; élogieux
légal (dépôt _____) remise à l'Etat d'exemplaires d'une production littéraire ou artistique en vue d'un copyright
légiférer faire des lois
légué transmis
leurre piège
leurré trompé
libations ici, boissons alcoolisées
libellé forme d'expression; style
Libération 1944—quand les Allemands furent chassés de France
liquidités argent disponible
logiciel "soft ware" (programme pour un ordinateur)
lombardo-vénétien de la Lombardie et de la Vénétie, régions du Nord de l'Italie
ludique qui concerne le jeu ou le divertissement
lyophillisation conservation des aliments par un procédé d'assèchement

M

machiniste (non _____) non industrialisé
machismo (mot espagnol) domination masculine

maïeuticien adepte de la maïeutique, art de susciter la réflexion
main (_____ -d'oeuvre) ouvriers
maître queux cuisinier
malthusianisme doctrine qui préconise la limitation des naissances
manichéisme dualisme
manutention transport manuel des marchandises
maquis groupe de résistants pendant la Seconde Guerre mondiale
marchandage discussion permettant d'acheter au meilleur prix
marginalisation action de vivre en marge de la société
Marianne personnification de la République française
marine (_____ marchande) navires de commerce
marivaudage propos galants et raffinés (Marivaux, 1688-1763)
masure maison de peu de valeur
matelote plat cuisiné de poissons préparés avec du vin rouge et des oignons
maussade désagréable
mécène riche protecteur des arts (allusion à l'histoire romaine)
médina quartier occupé par les indigènes
mensualisation action de verser un salaire à la fin de chaque mois
métrage longueur d'un film (de 300 à 600 m pour un "court métrage")
métropole Paris; la France
mets (_____ cuisiné) plat cuisiné; contenu d'un plat
microsillon disque à longue durée
midinette nom familier donné aux jeunes ouvrières de la couture, indiquant ici une certaine naïveté
mijoté préparé lentement et avec soin
milieu groupe social

millénaire qui dure pendant des siècles
mine (faire grise _____) accueillir avec froideur
mio abréviation de million
mirifique prodigieux
mitonné préparé avec soin
morphologie forme des mots
motrice (féminin de moteur) qui propulse
moutonnier imitateur; sans initiative

N

nadir point le plus bas
nanti en possession; pourvu
narcissique égocentrique
nataliste qui cherche à augmenter la natalité
naturalisme école littéraire qui applique à l'homme l'esprit des sciences naturelles
naufrage grave accident à un navire; (sens figuré) échec
néfaste désastreux; mauvais; négatif
néomachiavélisme nouveau réalisme politique
néo-thomisme système philosophique dérivant de Saint Thomas d'Aquin où la foi est en harmonie avec la raison
net contraire de brut
névralgique sensible
non-renouvellement fait de ne pas remplacer
non-sequitur séquence sans lien, sans enchaînement
normalisant standardisant
nounours (fam.) ours
noyau ici, unité de base
nuire faire du mal
nuisance inconfort dans l'environnement

O

oblatif relatif à l'offrande; servant la société
obsidionnalité persécution
occurrence cas; occasion
octroi action d'accorder
œnologie science des vins
œuf (hors de l' _____) en dehors du groupe
ordinateur "computer"
ores (d' _____ et déjà) dès aujourd'hui
ostentatoire affecté
outrance (à _____) avec excès
outrecuidance présomption; audace

P

palabre discussion interminable
pallier apporter une solution provisoire
palmarès liste des gagnants; (par extension) ouvrages à succès
panoplie ensemble (ici) d'instruments
pantoufles (chausser des _____) se reposer chez soi dans le confort; s'embourgeoiser
paperasserie quantité abusive d'écritures administratives
parade (de _____) purement extérieur
paradigme structure de base; modèle
parc ensemble
parcellaire fragmentaire; répétitif
paritaire égalitaire
parité équivalence, ici entre les cours de deux monnaies
paroi (_____ du métro) surface intérieure du train souterrain qui traverse Paris

partenaire membre, par ex. d'un couple; pays appartenant au Marché commun
passéiste partisan du passéisme: goût exclusif du passé
passe-passe magie; tromperie
passif bilan négatif; donc, un manque
patienter attendre avec patience
patricien aristocrate romain
patrimoine héritage familial
pâturé consacré au pâturage (terre qui sert à nourrir les animaux)
paumé (fam.) qui ne sait pas où il est; perdu
paupérisation appauvrissement
pavillon maison privée entourée d'un jardin
pécuniaire rémunérateur
pellicule feuille sensible à la lumière, utilisée en photo et en cinéma
pénurie manque (de quelque chose)
perforation relatif aux cartes perforées (IBM)
périgourdin habitant le Périgord (au Sud-Ouest de la France)
périodique journal paraissant à des intervalles réguliers
périphérique en dehors du centre et par conséquent minoritaire
phase (_____ maxima) le plus haut point
phonothèque archives sonores
pied-noir surnom donné aux Français d'Algérie
pis-aller ce qu'on accepte faute de mieux
pléthorique abondant
pluralisme diversité; multiplicité
pochade œuvre vite brossée et plutôt burlesque
pointe (catégorie sociale de _____) catégorie sociale d'avant-garde
pompe magnificence

ponctuel sur un point précis, limité
porcin relatif au porc
portée importance; valeur; petits d'une femelle nés en une fois; (à la _____ de) accessible à; (fausser la _____ de) déformer l'importance ou le sens de quelque chose
postier employé du service des postes
poujadisme mouvement de revendication sociale (1954) de Pierre Poujade
préfectoral qui a rapport aux préfets (chacun des 95 départements de la France est placé sous l'autorité d'un préfet)
prélèvement imposition d'une contribution
primaire (revenu _____) salaire
primaire (secteur _____) ensemble d'activités économiques de matières naturelles, comme l'agriculture et la pêche
printanier du printemps
prise (être en _____ sur) contrôler
processus développement
promouvoir élever (en puissance)
prôner recommander
propédeutique enseignement préparatoire
propension inclination
proprioceptif qualifie ce qui a trait au fonctionnement des récepteurs des muscles et de leurs annexes, et ceux sensibles aux mouvements de la tête (canaux semi-circulaires)
protection (_____ douanière) consiste à imposer des taxes sur les produits étrangers
psychotrope drogue hallucinogène
puériculture soins portés aux petits enfants
pulvérisateur qui réduit en poudre

Q

quattrocento XVe siècle italien
quercynois habitant le Quercy (au Sud-Ouest de la France)
quote-part part revenant à chacun des héritiers
quotidien journal qui paraît tout les jours

R

rabaissé déprécié; humilié
racheter (se _____) réparer un tort
radeau plateforme de sauvetage en bois
radiographie ici, image objective
rébarbatif rude; repoussant
réclusion isolement
reconversion (_____ professionnelle) adaptation à un nouveau métier
recrudescence regain; recommencement
réflexive (philosophie _____) analyse de soi-même
régner dominer
réification action de traiter comme concret ce qui est abstrait
relance fait de donner de la vigueur à quelque chose
remue-ménage confusion; trouble
renchérissement augmentation, ici, de prix
rendement production
répartition distribution
repère marque d'identification qui permet de se retrouver
repérer découvrir; déterminer
reportage rapport où un journaliste relate ce qu'il a observé
répressif qui contient et restreint
réquisitoire reproche; accusation
ressentir sentir
retraité retiré de la vie active
revendication réclamation, contestation
revendiqué réclamé
rhapsodique fait de morceaux cousus ensemble
ribambelle grand nombre
ripaille plaisir de la table; festin gastronomique
roboratif qui fortifie
rogne (à la _____) de mauvaise humeur
roman (nouveau _____) production d'un groupe de romanciers qui ont commencé aux années 50 de renouveler le genre
ronce tige épineuse; mauvaises herbes
roturier personne qui n'est pas de la noblesse
rouage pièce d'un mécanisme
roue (vielle à _____) instrument de musique à cordes qui se joue en tournant une manivelle
rouergat habitant le Rouergue (Midi de la France)
rouillé ici, rauque; grinçant
rubrique article régulier dans un périodique

S

saccade mouvement brusque
saccage destruction
saccager détruire
sacerdoce la fonction de prêtre, de pasteur
sacralisation fait de considérer comme sacré
sanction (sans sa _____ pondérale) sans prendre du poids
sapeur (le tablier de _____) plat lyonnais à base de tripes
satyre obsédé sexuel
sceau cachet officiel
sclérose paralysie

secondaire (secteur _____) ensemble d'activités industrielles qui produisent des matières secondaires
sectoriel limité ou relatif à un secteur, ici, socioprofessionnel
sémiologie étude des signes
sensible tangible
sidérurgie industrie du fer, de l'acier et de la fonte
sied (il _____) il convient
sirventès poème provençal, moral, satirique ou politique
skiffle (_____ group) expression américaine désuète qui veut dire: "a band consisting primarily of rhythm instruments and playing in a shuffle rhythm style"
sol (à même le _____) directement sur la terre
socle base
solde déficit
solder (se _____) résulter
somptuaire luxueux
sort (faire un mauvais _____ à une personne) la battre ou la tuer
sortie (en parlant de devises) fuite de capitaux à l'étranger
souche branche généalogique; (de seconde _____) de secondes noces
souffle (à bout de _____) épuisé; sans inspiration
sourdine (en _____) ici, en silence; secrètement
sous-prolétarien qui a un niveau de vie relativement bas dans la société
stagflation (néologisme) conjonction de stagnation et d'inflation
station ici, lieu où l'on prend les eaux
statique fixé
statutaire légal
strate couche sociale
structuralisme théorie linguistique qui cherche à organiser la langue dans des structures
subjugué dominé
subvenir (_____ aux besoins de) faire vivre; donner directement ou indirectement de l'argent à une personne
subvention subside donné à une personne ou à une organisation
suer (sens figuré) exhaler
suffrage (_____ indirect) élection d'électeurs
surchauffe activité économique excessive
surenchère offre supérieure; exagération en paroles ou actions
surgélation conservation des aliments dans un freezer
surréalisme mouvement littéraire et artistique dont le but fut de s'opposer au rationalisme en libérant les forces de l'inconscient
survenir se présenter; arriver soudainement
survivance vestige
symbolisme mouvement littéraire et artistique (1885-) se servant de symboles pour suggérer les sentiments et les pensées
synchronie ensemble de faits appartenant à un même moment
synchroniste relatif à la synchronie
syncrétisme en gastronomie, mélange de mets
syndicat groupement d'ouvriers, de salariés ou d'autres professionnels

T

taillable (_____ et corvéable) susceptible d'exploitation (la taille et la corvée étaient deux taxes imposées sous l'Ancien Régime
tantinet (un _____) un petit peu

tapageur avec éclat; voyant; bruyant; tumultueux
tare défaut, défectuosité
tarir cesser de couler
tatillon trop méticuleux
tautologique qui dit seulement que $x = x$
taux montant fixé; niveau; degré
teilhardisme théorie philosophique du Père Teilhard de Chardin (1881-1955) d'après laquelle la conscience humaine évolue vers Dieu
terrien qui s'attache à la possession de terres
tertiaire (secteur _____) ensemble d'activités économiques qui ne produisent pas de biens de consommation, comme le commerce et les professions libérales
tirage quantité d'exemplaires imprimés
tollé cri d'indignation
tonitruant qui fait un bruit énorme; qui fait beaucoup d'éclat
tonte action de couper
toscan de la Toscane (région qui comprend Florence)
tournée voyage de ville en ville fait par une compagnie d'acteurs, d'artistes, etc.
tournoi compétition
toxicomanie besoin croissant de drogues
tract feuille de propagande
trait (avoir _____ à) concerner
traite (_____ ignominieuse) trafic honteux
trame déroulement, essence
trébuchement balourdise; hésitation
tréfonds base; fondation
tremplin moyen de prendre de l'élan
trombe (en _____) rapidement et avec éclat
truand homme du "milieu" qui vit du vol et de la prostitution
truffé rempli
tube chanson à succès
tutelle contrôle; dépendance; domination

U

unitaire qui forme une unité
universaliste ici, qui s'adresse à tous les hommes

V

vécu disparu; qui a fini son existence
veillée soirée
velléitaire contraire d'assidu
velléité faible tentative
vent (dans le _____) (fam.) à la mode
vergogne ici, scrupule
verrerie usine où l'on fabrique le verre
verve imagination et création
vestiaire lieu où l'on dépose ses vêtements
viager qui dure pendant la vie d'une personne
vidéocassette appareil ou bande enregistrant images et sons
virulence violence
vitro (in _____) (expression latine) dans le verre; ici, hors de l'organisme
vivoter vivre avec de faibles moyens
vivrier destiné à l'alimentation

X

xénophobie peur des étrangers